JN027613

2025年版

みんなが欲しかった！

介護福祉士の過去問題集

TAC介護福祉士
受験対策研究会

TAC出版
TAC PUBLISHING Group

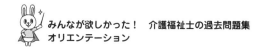
はじめに

　本書は、介護福祉士国家試験の筆記試験合格を目的とした、受験対策用過去問題集です。

　介護福祉士国家試験の内容は、介護の理念、福祉の制度、介護技術の実際、疾患の病態生理、心身のしくみなど幅広く多岐にわたっているため、出題実績に即して、ポイントをおさえた、効率の良い学習を行っていくことが大切です。

　そのため本書は、姉妹書である『みんなが欲しかった！　介護福祉士の教科書』とリンクする形をとり、さらに次のような特長をもった構成に仕上げました。

✓ **合格点を勝ち取るために必要な過去問題を厳選**
第24〜35回の国家試験問題から、頻出項目を着実に習得できる問題を選び抜きました。

✓ **最新の第36回国家試験問題は全問、別冊に収載しました**
国家試験をシミュレーションできるよう、最新問題を別冊に収載しました。解答・解説も本冊巻末にまとめています。

✓ **合格知識を強化できるアイテムも豊富に掲載**
選択肢ごとのていねいな解説、重要事項をまとめた「ポイントチェック」などによって、知識を確認するだけではなく、強化することができます。

　以上のような特長をもつ本書を活用して、1人でも多くの方が介護福祉士の国家資格を取得し、介護の現場で活躍されることを願っております。

2024年4月
TAC介護福祉士受験対策研究会

本書の特長と使い方

　本書では、介護福祉士国家試験の試験科目をCHAPTERとし、CHAPTER内のSECTIONごとに厳選した過去問題を収載しています。

問題の内容が、姉妹書『介護福祉士の教科書』のどのCHAPTER・SECTIONとリンクしているのかを明示しました。

問題にはチェック欄を付しています。有効に活用してください。

問題は、出題傾向・頻出度などを踏まえて**重要度A・B・C**で分類しています。
Aランク　▶　重要な項目です。何度も繰り返し解いてみましょう。
Bランク　▶　比較的重要な項目です。しっかりおさえておきましょう。
Cランク　▶　確実な合格をめざすなら、おさえておきたい項目です。

第31回問題5を示します。全問掲載している第35回と厳選した過去問題を次のように示しています。
35-1 …第35回（全問掲載）
34-1 …第34回以前の問題
なお、法改正、統計数値等の変更があった問題は改題し、"改"を付しています。

最新の第36回（2024年1月実施）国家試験問題は、予行演習ができるように、別冊に収載しました。解答・解説は巻末（419ページ〜）にまとめています。合格を確実なものとするために、チャレンジしてください。

社会と生活のしくみ　　　　　　　　　　　　　　　　　　教科書　CHAPTER 3・SECTION 1

問題1
B　　**31-5**　**家族の機能**

家族の機能に関する次の記述のうち、**最も適切なもの**を1つ選びなさい。

1　衣食住などの生活水準を維持しようとする機能は、生命維持機能である。
2　個人の生存に関わる食欲や性欲の充足、安全を求める機能は、生活維持機能である。
3　子育てにより子どもを社会化する機能は、パーソナリティの安定化機能である。
4　家族だけが共有するくつろぎの機能は、パーソナリティの形成機能である。
5　介護が必要な構成員を家族で支える機能は、ケア機能である。

問題2
B　　**24-5**　**家族形態（核家族）**

核家族に関する次の記述のうち、**最も適切なもの**を1つ選びなさい。

1　経済的な協働がない。
2　生殖がない。
3　家族の基礎的な単位ではない。
4　夫婦、夫婦と子ども又はひとり親と子どもから成る。
5　拡大家族を構成することはない。

START! GOAL!!　クリア！クリア！ 1 2

問題数に応じた進捗度グラフを適宜掲載しました。どこまで学習が進んでいるのかを把握することができます。

本書は、**左ページに問題、右ページに解答・解説を配置する「見開き」の**
構成になっています。頻出ポイントを着実にマスターしていきましょう。

解答・解説のうち、選択肢ごとの○×マーク、キーワ
ードとなる箇所は、**赤シートで隠せる**ようにしました。

解答・解説

問題1 家族には、経済的な協働、生殖、子どもの養育、介護などの機能があり、「家庭」という生活の場を共
有しています。

1 × 記述は、生活維持機能の説明です。
2   記述は、　　　　　　　　　の説明です。
3   記述は、　　　　　　　　機能の説明です。
4   記述は、　　　　　　　　機能の説明です。
5 　 家族によるケア機能とは、専門的な技術を要するケアではなく、介護を必要とする人にとっての情緒
　　からの支援を指します。

正解 　5

問題2 核家族とは、**夫婦のみ、または夫婦と未婚の子、ひとり親と未婚の子で構成される家族**のことです。

1 × 経済的な協働の有無は、核家族の要件ではありませんが、家族の機能には経済的な協働も含まれると
　　考えられます。
2 × 核家族の形態には「子」も含まれるので、「生殖がない」とするのは誤りです。
3 × 一夫多妻などによる複婚家族、親夫婦・子夫婦の同居などによる拡大家族も、核家族の集合体であり、
　　基礎的な家族の単位といえます。
4 ○ 核家族は、記述のとおりの家族形態です。
5 × 親子関係にある**複数**の核家族が同居する家族形態を、拡大家族といいます。

正解 　4

 「核家族」や「拡大家族」という考え方は、アメリカの
人類学者マードックによって提唱されました。

ポイントチェック

家族の概念

家族とは、夫婦関係や血縁関係を中心に、親子、兄弟姉妹、近親者によって構成される集団の
ことをいい、同居の有無は問わない。

定位家族	自分が生まれ育った家族。子どもとして生まれ育つ家族
生殖家族	自分が結婚してつくり上げる家族。親の立場からみた家族
核家族	国勢調査では、❶夫婦のみの世帯、❷夫婦と未婚の子どもからなる世帯、❸ひとり親と未婚の子どもからなる世帯
拡大家族	親と、結婚した子どもの家族が同居するなどの核家族が複数含まれる家族形態。マードックが定義
修正拡大家族	親世代と子ども世代が同居していなくても、近居して訪問しあうなど、経済的・心理的に同居に近い関係を結んでいる家族。リトウォクが定義

キャラクターがつぶやく**プラス
アルファの知識**にも注目してく
ださい。

解答・解説のページには、重要
事項をまとめた「ポイントチェッ
ク」を適宜掲載しています。
基本知識の理解度を高め、正答
率アップにつなげてください。

「ポイントチェック」内のキーワードも
赤シートで隠せるようになっています。

『みんなが欲しかった！
介護福祉士の教科書』を併
用して学習すれば、合格が
ぐっと近くなります。

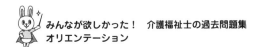

介護福祉士国家試験の概要

介護福祉士は「社会福祉士及び介護福祉士法」によって規定されている、介護福祉職の国家資格です。

介護福祉士になるためには、年1回行われる介護福祉士国家試験に合格し、所定の登録を行う必要があります。

受験資格

介護福祉士国家試験を受験するには、以下の資格取得ルート図のいずれかの過程を経る必要があります（取得見込み含む）。

〈資格取得ルート図〉

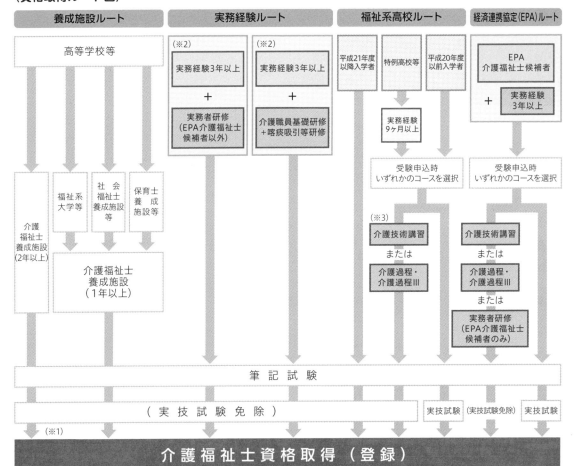

※1 「社会福祉士及び介護福祉士法」の改正により、平成29年度（第30回）から、養成施設ルートが介護福祉士国家試験の受験資格となりました。なお、養成施設を令和8年度末までに卒業する方は、卒業後5年の間は、国家試験を受験しなくても、または、合格しなくても、介護福祉士になることができます。この間に国家試験に合格するか、卒業後5年間続けて介護等の業務に従事することで、5年経過後も介護福祉士の登録を継続することができます。令和9年度以降に養成施設を卒業する方からは、国家試験に合格しなければ介護福祉士になることはできません。

※2 実務経験ルートで受験を希望する方は「実務経験3年以上」だけでは受験できません。

※3 平成20年度以前に福祉系高等学校（専攻科を含む）に入学し、卒業した方、特例高等学校（専攻科を含む）を卒業し、9ヶ月以上介護等の業務に従事した方が、「実技試験の免除」を申請する場合は、「介護技術講習」、「介護過程」、「介護過程III」のいずれかを修了または履修する必要があります。

試験の実施団体

　公益財団法人社会福祉振興・試験センターは、厚生労働大臣の指定機関として、社会福祉士・介護福祉士・精神保健福祉士の国家試験の実施と登録の事務を行っています。

　受験資格のほか、試験に関する質問は、下記、公益財団法人社会福祉振興・試験センターへお問合せください。

公益財団法人社会福祉振興・試験センター

WebSite ▶ http://www.sssc.or.jp/
〒150-0002　東京都渋谷区渋谷1-5-6 SEMPOSビル
国家試験情報専用電話案内　03-3486-7559（音声案内、24時間対応）
試験室電話番号　03-3486-7521（9:00～17:00、土・日・祝を除く）

試験のスケジュール〈2023年度（第36回）実施例〉

受験申込受付期間		2023年8月9日（水）から 2023年9月8日（金）まで（消印有効） ※過去の試験（第10回～35回）で、受験票を受け取った者のうち、受験資格が確定している者は、インターネットによる受験申し込みが可能
受験料		18,380円
筆記試験	受験票発送	2023年12月9日（金）
	試験日	2024年1月28日（日）
	試験地	北海道、青森県、岩手県、宮城県、秋田県、福島県、群馬県、埼玉県、千葉県、東京都、神奈川県、新潟県、石川県、長野県、岐阜県、静岡県、愛知県、京都府、大阪府、兵庫県、和歌山県、鳥取県、島根県、岡山県、広島県、香川県、愛媛県、高知県、福岡県、長崎県、熊本県、大分県、宮崎県、鹿児島県、沖縄県
実技試験受験選択者	筆記試験結果通知及び実技試験受験票発送	2024年2月16日（金） ※実技試験免除で受験申し込みをした者には、3月25日（月）の合格発表時に筆記試験結果に基づく合否を通知。
	実技試験日	2024年3月3日（日）
	試験地	東京都、大阪府
合格発表		2024年3月25日（月）14時

筆記試験の概要〈2023年度（第36回）実施例〉

試験は午前（100分）、午後（120分）の合計220分で行われます。出題形式はマークシートによる5肢択一を基本とする多肢選択形式です。問題用紙に図・表・イラスト・グラフを用いることがあり、合計125問が出題されます。

区　分	領　域	科　目	出題数
午前 （100分）	人間と社会 （18問）	人間の尊厳と自立 （本書：CHAPTER 1）	2問
		人間関係とコミュニケーション （本書：CHAPTER 2）	4問
		社会の理解 （本書：CHAPTER 3）	12問
	こころと からだのしくみ （40問）	こころとからだのしくみ （本書：CHAPTER 4）	12問
		発達と老化の理解 （本書：CHAPTER 5）	8問
		認知症の理解 （本書：CHAPTER 6）	10問
		障害の理解 （本書：CHAPTER 7）	10問
	医療的ケア （5問）	医療的ケア （本書：CHAPTER 8）	5問
午後 （120分）	介護 （50問）	介護の基本 （本書：CHAPTER 9）	10問
		コミュニケーション技術 （本書：CHAPTER10）	6問
		生活支援技術 （本書：CHAPTER11）	26問
		介護過程 （本書：CHAPTER12）	8問
	総合問題 （本書：CHAPTER13）		12問
合　　計			125問

● 配点と合格基準

配点は1問1点の125点満点で、次にあげるアとイの2つの条件を満たすことが合格の条件となります。

ア：問題の総得点の60％程度を基準として、問題の難易度で補正した点数以上の得点の者（2023年度の第36回では67点以上の者）

イ：以下の11科目群すべてにおいて得点があった者

①人間の尊厳と自立、介護の基本　②人間関係とコミュニケーション、コミュニケーション技術　③社会の理解　④生活支援技術　⑤介護過程　⑥こころとからだのしくみ　⑦発達と老化の理解　⑧認知症の理解　⑨障害の理解　⑩医療的ケア　⑪総合問題

実技試験の概要〈2023年度（第36回）実施例〉

実技試験は「介護等に関する専門的技能（介護の原則、健康状況の把握、環境整備、身体介護）」を問うもので、実際のシチュエーションを再現した会場で、5分以内という条件で行われます。

● 配点と合格基準

筆記試験合格者のうち、課題の総得点の60％程度を基準として、課題の難易度で補正した点数以上の得点の者（2023年度の第36回では53.33点以上の者）が合格となります。

過去5年間の受験者数・合格者数の推移

	2019年度 （第32回）	2020年度 （第33回）	2021年度 （第34回）	2022年度 （第35回）	2023年度 （第36回）
受験者数	84,032人	84,483人	83,082人	79,151人	74,595人
合格者数	58,745人	59,975人	60,099人	66,711人	61,747人
合格率	69.9%	71.0%	72.3%	84.3%	82.8%

合格者の内訳

● 性別

区　分	男	女	計	備考
人数（人）	18,580 (19,955)	43,167 (46,756)	61,747 (66,711)	（　）内は 第35回の 試験結果
割合（%）	30.1 (29.9)	69.9 (70.1)	100.0 (100.0)	

● 年齢別

年齢区分 （歳）	～20	21～30	31～40	41～50	51～60	61～	計	備考
人数 （人）	4,857 (5,001)	15,676 (16,934)	11,486 (12,920)	14,941 (16,877)	12,174 (12,197)	2,613 (2,782)	61,747 (66,711)	（　）内は 第35回の 試験結果
割合 (%)	7.9 (7.5)	25.4 (25.4)	18.6 (19.4)	24.2 (25.3)	19.7 (18.3)	4.2 (4.2)	100.0 (100.0)	

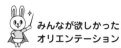
介護福祉士国家試験の出題傾向

　介護福祉士国家試験の筆記試験は、科目ごと（本書におけるCHAPTERごと）に、出題数や範囲の広さが異なります。各科目の出題傾向を把握して、学習の目安にしていきましょう。なお、以下に述べる出題傾向については、旧カリキュラムに基づいて実施された2011年度（第24回）～2021年度（第34回）と新カリキュラム、新国家試験出題基準に基づいて実施された2022年度（第35回）及び2023年度（第36回）を対象にしています。

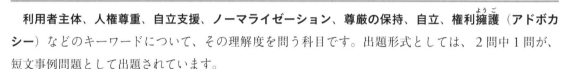

CHAPTER1　人間の尊厳と自立　〔出題数：2問〕

　利用者主体、人権尊重、自立支援、ノーマライゼーション、尊厳の保持、自立、権利擁護（ようご）（**アドボカシー**）などのキーワードについて、その理解度を問う科目です。出題形式としては、2問中1問が、短文事例問題として出題されています。

　「人間の尊厳と自立」では、特に**尊厳**や**自立**といった理念が、憲法や法律のなかでどのように規定されているのかを、しっかりと把握しておくことが大切です。

　また、介護福祉職として利用者主体の支援の実現のために、ノーマライゼーションやQOLなど福祉の理念を理解しているかが問われます。

■CHAPTER1「人間の尊厳と自立」主なSECTIONのポイント

『教科書』のSECTION名	ポイント
人間の尊厳と 人権・福祉理念	「**日本国憲法**」の定める**個人の尊重**や**生存権**について理解しておく。また、ノーマライゼーションに関する**提唱者とその理念**もおさえておく
自立の概念	**権利擁護**（**アドボカシー**）の視点からの支援と、そのための制度の理解、また、**尊厳**や**自立**について明記した福祉や介護に関する法律の条文にも目を通しておく

CHAPTER2　人間関係とコミュニケーション　〔出題数：4問〕

　介護を提供するために必要な**人間関係の形成**、**コミュニケーションの基礎**について問う科目です。第35回試験から出題数が2問から4問になり、出題形式も3問が短文事例問題になりました。

　利用者の状況・状態に応じたコミュニケーションなど、より具体的な技法・技術については、**CHAPTER10**「**コミュニケーション技術**」で問われます。その基礎を学ぶという意味でも、確実に内容を把握しておくことが大切になります。

■CHAPTER 2 「人間関係とコミュニケーション」主なSECTIONのポイント

『教科書』のSECTION名	ポイント
人間関係の形成と コミュニケーションの基礎	**自己覚知**、**他者理解**、**自己開示**、**ラポール**などのキーワードについて理解しておく
チームマネジメント	**リーダーシップ理論**やPDCAサイクル、職場研修における**用語**の意味、**スーパービジョン**等についておさえておく

CHAPTER 3 社会の理解 〔出題数：12問〕

　社会を構成する**家族や社会構造の変容に関する理解**、社会のしくみを支える**社会保険制度の理解**について問う科目です。出題形式としては、従来、毎回2〜3問が短文事例問題として出題されていましたが、この傾向は新国家出題基準においても踏襲されました。

　社会保障の機能や範囲、**社会保障制度や社会福祉の変遷**、**年金保険や医療保険、介護保険制度のしくみやサービス**、「**障害者総合支援法**」による**サービス**、**個人の権利を守る制度**（成年後見制度や個人情報保護法、各虐待防止法）、**生活保護制度**など、各制度の概要を把握しておくことが求められます。

■CHAPTER 3 「社会の理解」主なSECTIONのポイント

『教科書』のSECTION名	ポイント
社会と 生活のしくみ	**家族**の概念、**少子高齢化**の進行、地域社会における活動や事業の広がりについて理解しておく
社会保障の基本的な考え方 と社会保障制度の変遷	**ナショナル・ミニマム**の概念や社会保障の**範囲**、福祉六法の確立、国民皆保険・皆年金体制の確立など日本の社会保障制度の発達を理解する
日本の社会保障の 財源と費用	社会保障の費用と財源、**社会保障給付費**の最新傾向をおさえておく
日本の社会保険制度の概要	社会保険と社会扶助の概念と範囲、**国民年金**の保険者・被保険者、**健康保険や国民健康保険**の保険者・被保険者について理解しておく。また、雇用保険、労災保険の概要も把握しておく
介護保険制度 （SECTION 6〜12）	保険者の**役割**、**被保険者**の種類、財源と**利用者負担**、サービスの種類と内容について理解しておく
障害者総合支援制度	障害福祉サービスの種類と**対象者**、**サービス利用までの流れ**について理解しておく
個人の権利を守る制度	**成年後見制度**の内容と近年の状況、「**個人情報保護法**」「**高齢者虐待防止法**」「**障害者虐待防止法**」の概要についても理解しておく
貧困と生活困窮に 関する制度	「**生活保護法**」の目的と**基本原理・基本原則**、8つの扶助の内容と給付**方法**をおさえておく

CHAPTER 4　こころとからだのしくみ　〔出題数：12問〕

　介護技術の根拠となる人体の構造や機能、心理面の特徴について問う科目です。出題形式としては、2〜3問が短文事例問題ですので、過去問題で慣れておくとよいでしょう。

　主な項目はCHAPTER11「生活支援技術」と対応しているため、併せて理解していくようにしましょう。また、**欲求や記憶などの「こころのしくみ」**、からだの各器官のはたらきや関節運動などをまとめた**「からだのしくみ」**は、この科目のなかでもしっかりと理解しておく必要があります。

■CHAPTER 4 「こころとからだのしくみ」主なSECTIONのポイント

『教科書』のSECTION名	ポイント
こころのしくみの理解	マズローの欲求階層説、記憶のしくみや分類について理解しておく
からだのしくみの理解	**心臓の構造と血液の循環**をはじめ、各器官の構造と機能について理解しておく。また、**関節運動とそれに関わる筋肉の部位**についても整理しておく
移動に関連したこころとからだのしくみ	高齢者に多い**骨折**や**歩行障害**の種類、廃用症候群の概要をおさえ、移動に及ぼす影響を理解しておく
食事に関連したこころとからだのしくみ	五大栄養素、三大栄養素の種類と作用、**摂食から嚥下までの５段階**をおさえておく
排泄に関連したこころとからだのしくみ	尿と便の正常と異常、**尿失禁**の種類と原因、**便秘**の種類と原因について整理しておく
睡眠に関連したこころとからだのしくみ	**レム睡眠**と**ノンレム睡眠**の概要、**不眠症**の種類を理解しておく
人生の最終段階のケアに関連したこころとからだのしくみ	キューブラー・ロスによる「死」の受容の５段階を理解する。また、終末期から危篤状態、死後のからだの変化についておさえておく

CHAPTER 5　発達と老化の理解　〔出題数：8問〕

　人間の成長と発達、老年期を迎えた人の心身の変化、高齢者の疾患や症状の特徴などについて問う科目です。出題形式としては、毎回１〜２問が短文事例問題として出題されており、第36回試験でも２問の出題がありました。

　老化に伴うこころとからだの変化についての出題が多く、**身体的機能、知的・認知機能、精神的機能**にどのような変化がみられるのかを、しっかりと把握しておくことが大切です。また、疾患については、高齢者ならではの特徴とともに、**主要な疾患の概要も理解しておく**ようにしましょう。

■CHAPTER 5 「発達と老化の理解」主なSECTIONのポイント

『教科書』のSECTION名	ポイント
人間の成長と発達	**ピアジェ**、**フロイト**、**ハヴィガースト**、**エリクソン**の発達段階を覚えておく。乳幼児期の発達過程についてもおさえておく
老化に伴うこころとからだの変化	老化に伴う器官・部位別の変化の特徴、**流動性知能**と**結晶性知能**、記憶の分類と老化の影響、ライチャードによる人格の変化の5類型を覚える
高齢者に多い疾患	神経系の疾患（**脳血管疾患**や**パーキンソン病**）、循環器系の疾患（**狭心症**や**心筋梗塞**）、関節や骨に関わる疾患（**関節リウマチ**）、褥瘡、内分泌系の疾患（**糖尿病**）などについて理解しておく

CHAPTER 6 認知症の理解 〔出題数：10問〕

　認知症の人を対象とした**施策**、認知症による**症状**、**原因となる疾患**など、認知症ケアの基礎的な知識について問う科目です。出題形式としては、毎回1～3問が短文事例問題として出題されており、第36回試験でも3問の出題がありました。

　出題の中心となっているのは、認知症の**中核症状**や**行動・心理症状（BPSD）**、認知症の原因疾患となる**アルツハイマー型認知症**や**血管性認知症**、**レビー小体型認知症**、**前頭側頭型認知症**などの特徴です。また、認知症と間違えられやすい**せん妄**の特徴、**若年性認知症**、**地域におけるサポート体制**についても問われることが多くなっています。

■CHAPTER 6 「認知症の理解」主なSECTIONのポイント

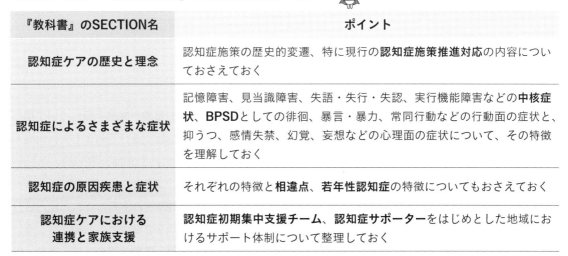

『教科書』のSECTION名	ポイント
認知症ケアの歴史と理念	認知症施策の歴史的変遷、特に現行の**認知症施策推進対応**の内容についておさえておく
認知症によるさまざまな症状	記憶障害、見当識障害、失語・失行・失認、実行機能障害などの**中核症状**、**BPSD**としての徘徊、暴言・暴力、常同行動などの行動面の症状と、抑うつ、感情失禁、幻覚、妄想などの心理面の症状について、その特徴を理解しておく
認知症の原因疾患と症状	それぞれの特徴と**相違点**、**若年性認知症**の特徴についてもおさえておく
認知症ケアにおける連携と家族支援	**認知症初期集中支援チーム**、**認知症サポーター**をはじめとした地域におけるサポート体制について整理しておく

CHAPTER 7 障害の理解 〔出題数：10問〕

　障害者福祉の基本理念や、さまざまな障害に関する基礎的な知識をもとに、その症状や支援の内容について問う科目です。出題形式としては、従来、2問程度が短文事例問題として出題されていましたが、第35回試験では4問第36回試験では3問の出題と増加傾向にあります。

　出題の中心は、**身体障害、精神障害**や**高次脳機能障害、知的障害、発達障害、難病**など、障害ごとの理解度を問う問題です。また、**ICF、ノーマライゼーション、リハビリテーション**などの理念についても、改めておさえておく必要があります。**地域におけるサポート体制**も、重要な項目です。

■CHAPTER 7 「障害の理解」主なSECTIONのポイント　

『教科書』のSECTION名	ポイント
障害の基礎的理解	ICFにおける**3つの生活機能とそれに対応する障害、2つの背景因子**について理解しておく
障害のある人の心理	**障害の受容の過程**と、受容に至る過程で現れる心のはたらきである**適応規制**について理解する
身体障害	**肢体不自由**（脳性麻痺や関節リウマチ、脊髄損傷など）や、**内部障害**（心臓・腎臓・呼吸器・膀胱・肝臓などの障害）のある人への支援について理解しておく
知的障害、精神障害	知的障害のある人への**支援方法**、ダウン症候群の原因と特徴、**統合失調症**や**双極性障害**の特徴について理解しておく
発達障害、高次脳機能障害、難病	**自閉症スペクトラム障害**（広汎性発達障害）のある人の、行動や心理面の特徴、**高次脳機能障害**の主な症状、**筋萎縮性側索硬化症（ALS）**をはじめとする難病の症状や特徴について整理しておく

CHAPTER 8 医療的ケア 〔出題数：5問〕

　介護職に実施が認められた、**医療的ケア＝喀痰吸引・経管栄養の基礎的知識**や実施手順について問う科目です。2016（平成28）年度の第29回国家試験から、新たに領域・科目が設けられました。出題形式としては、第29回試験では短文事例問題が1問、図を用いた問題が1問、第30回、第32回、第33回試験では短文事例問題が1問出題されましたが、第31回と第34回試験では事例問題の出題はありませんでした。新国家試験出題基準となった第35回と第36回試験では1問出題されましたが、出題内容は従来と同様です。いずれにせよ、介護職が行うことができる範囲をしっかりと確認しておきましょう。

　この科目では、実施手順はもちろんのこと、**喀痰吸引や経管栄養の範囲、応急処置の手法、異変・トラブルへの対応法、使用する物品の種類・使用目的**なども理解しておくことが大切です。

■CHAPTER 8 「医療的ケア」主なSECTIONのポイント

『教科書』のSECTION名	ポイント
医療的ケア実施の基礎	医療的ケアに含まれる「喀痰吸引」と「経管栄養」の範囲、**スタンダードプリコーション**（標準予防策）をおさえておく
喀痰吸引の基礎的知識と実施手順	**吸引チューブ**、**洗浄水や消毒液**、**滅菌手袋**など、必要な物品の使用目的について理解しておく。また、**吸引の準備 → 吸引圧の設定 → チューブの挿入と吸引**（挿入できる長さを把握する）**→ 吸引の終了 → 観察や片づけ**に至るまでの手順を、しっかりと整理しておく
経管栄養の基礎的知識と実施手順	**栄養剤**、**イルリガートル**（イリゲーター）、**栄養点滴チューブ**など、必要な物品の使用目的について理解しておく。また、**注入の準備 → 注入の開始 → 注入の終了 → 観察や片づけ**に至るまでの手順を、しっかりと整理しておく

CHAPTER 9 介護の基本 〔出題数：10問〕

　科目名称のとおり、**介護福祉職にとっての基本となる内容が問われる**科目です。出題形式としては、短文事例問題に図記号を用いた出題があるので、福祉関連図記号をチェックしておくとよいでしょう。

　介護福祉士の定義や義務をはじめ、**利用者主体**、**ICF**（国際生活機能分類）、**リハビリテーション**の考え方は、尊厳の保持や自立支援と関わるものです。また、**介護保険のサービスの具体的な内容、多職種連携**（チームアプローチ）や**地域連携**、**リスクマネジメント**なども、その範囲に含まれています。

■CHAPTER 9 「介護の基本」主なSECTIONのポイント

『教科書』のSECTION名	ポイント
介護福祉士制度の成立と介護の現状	介護福祉士制度が創設された背景と「**国民生活基礎調査**」で介護の現状の統計をおさえておく
「社会福祉士及び介護福祉士法」と介護福祉士	社会福祉士及び介護福祉士法に規定された介護福祉士の**定義**と**義務**については必ずおさえておく
自立に向けた介護	**ICF**や**リハビリテーション**の考え方をおさえてたうえでの自立支援を理解する
介護を必要とする人の理解	高齢者の**経済生活**や**社会活動**の実態、障害者の**生活実態**と生活を支える制度等（**年金制度・各種手当**）を確認しておく
協働する多職種の役割と機能	**チームアプローチ**の意義と理念、福祉や保健医療の**専門職**の法定義と職域について整理しておく
介護における安全の確保とリスクマネジメント	インシデントや**ヒヤリ・ハット**、**ハインリッヒの法則**について整理しておく。また、感染対策として、**感染経路、感染予防、主な感染症の特徴**について理解しておく

介護従事者の安全	育児・介護休業法や労働安全衛生法の概要、**ストレスチェック制度**などをおさえておく

CHAPTER10 コミュニケーション技術 〔出題数：6問〕

CHAPTER 2「人間関係とコミュニケーション」の内容を発展させ、**より具体的なコミュニケーション技術について問う**科目です。出題形式としては、事例形式の問題、短文事例問題が出題されることが特徴で、第36回試験では6問中4問が短文事例問題でした。

各項目からバランスよく出題されていて、**利用者・家族との関係づくり、コミュニケーションの実際、利用者の状況・状態に応じたコミュニケーションの技法、チームのコミュニケーション**（記録を含む）などがあります。

■CHAPTER10「コミュニケーション技術」主なSECTIONのポイント

『教科書』のSECTION名	ポイント
介護を必要とする人と家族とのコミュニケーション	**転移と逆転移**など援助過程で生じる感情や、**閉じられた質問・開かれた質問、バイステックの7原則**などについて理解しておく
障害の特性に応じたコミュニケーションの技法	**視覚障害、聴覚障害、言語障害**（構音障害と**失語症**）、**認知症、精神障害**（統合失調症と双極性障害）など、利用者の状況・状態を踏まえたコミュニケーションの取り方を理解しておく
介護におけるチームのコミュニケーション	**記録の種類、記録の方法と留意点、報告の仕方、会議の留意点**について理解しておく

CHAPTER11 生活支援技術 〔出題数：26問〕

利用者の自立を支援するための、介護の技術や知識について問う科目です。出題形式としては、短文事例問題が毎回3〜4問出題されています。第36回では図を用いた問題が1問、短文事例問題が4問出題されました。特徴的だったのは、新国家試験出題基準で追加となった、「福祉用具」から2問の出題がありました。**CHAPTER 3「社会の理解」**の介護保険制度と障害者総合支援制度、**CHAPTER10「コミュニケーション技術」**の障害の特性に応じたコミュニケーションとともにおさえておきましょう。

居住環境の整備、身じたく、移動、食事、入浴・清潔保持、排泄（はいせつ）、家事、睡眠、終末期などについては、その多くは、**CHAPTER 4「こころとからだのしくみ」**とテーマが重なっているため、併せて学習していくと、理解度が深まるでしょう。

■CHAPTER11 「生活支援技術」主なSECTIONのポイント

『教科書』のSECTION名	ポイント
自立に向けた居住環境の整備	廊下、階段、浴室、トイレなど場所ごとの**環境整備**や、介護保険制度による**住宅改修費の支給対象**について理解しておく
自立に向けた移動の介護	**ボディメカニクス**の基本（支持基底面積を広くとるなど）、福祉用具の種類、片麻痺や視覚障害のある人の**歩行介助**について理解しておく
自立に向けた食事の介護	**片麻痺、構音障害、嚥下障害**、などのある人への支援をおさえておく
自立に向けた排泄の介護	差し込み便器、ポータブルトイレやおむつ交換の介助を中心に利用者の状態・状況に応じた排泄の介助を理解しておく
福祉用具の意義と活用	介護保険制度における**福祉用具**、障害者総合支援制度における**補装具**ほか、障害特性に適した福祉用具、自助具、コミュニケーションツールについておさえておく

CHAPTER12 介護過程 〔出題数：8問〕

　「介護過程」は、**利用者の抱える課題を解決するために行われるプロセス**です。その目的や展開の方法を問う科目であり、他科目で学んだ知識や技術を統合して、**プロセスのなかで活用していく能力**が求められています。

　出題形式としては、第26回試験から事例形式の問題（1つの事例に対して2問を出題）が導入され、第36回試験でも2問出題されました。

■CHAPTER12 「介護過程」主なSECTIONのポイント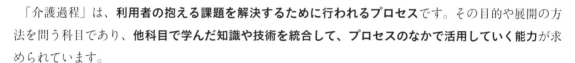

『教科書』のSECTION名	ポイント
介護過程の意義と基礎的理解	**アセスメント**（情報収集や生活課題の明確化を含む）→ **計画の立案**（目標の設定を含む）→ **実施** → **評価**というプロセスごとの目的、留意点を理解しておく

CHAPTER13 総合問題 〔出題数：12問〕

　これまでの科目で学んできた知識および技術を横断的に問う問題を、事例形式で出題する科目です。1つの事例に対して3問、1回の試験で4事例12問が出題されます。

　事例で取り上げられる利用者の疾患や障害は、**認知症、身体障害、知的障害、精神障害、発達障害、糖尿病**など、さまざまです。ここでは、その人の状態・状況に合わせて、どんなサービスや支援内容が適切かを考える必要があります。

もくじ contents

CHAPTER 1 人間の尊厳と自立 /1

CHAPTER 2 人間関係とコミュニケーション /11

CHAPTER 3 社会の理解 /23

CHAPTER
4
こころとからだのしくみ ╱77

CHAPTER
5
発達と老化の理解 ╱123

CHAPTER
6
認知症の理解 ╱147

収載過去問題・掲載ページ

第35回

問題		問題		問題	
問題1	p.4	問題43	p.170	問題85	p.302
問題2	6	問題44	148	問題86	306
問題3	18	問題45	168	問題87	312
問題4	14	問題46	168	問題88	310
問題5	20	問題47	168	問題89	314
問題6	20	問題48	164	問題90	322
問題7	30	問題49	178	問題91	322
問題8	30	問題50	180	問題92	324
問題9	32	問題51	182	問題93	326
問題10	46	問題52	184	問題94	328
問題11	54	問題53	188	問題95	324
問題12	56	問題54	196	問題96	328
問題13	58	問題55	200	問題97	336
問題14	58	問題56	194	問題98	332
問題15	64	問題57	204	問題99	338
問題16	66	問題58	206	問題100	342
問題17	62	問題59	212	問題101	344
問題18	74	問題60	212	問題102	346
問題19	80	問題61	214	問題103	348
問題20	84	問題62	222	問題104	352
問題21	90	問題63	224	問題105	352
問題22	94	問題64	236	問題106	356
問題23	94	問題65	234	問題107	364
問題24	96	問題66	230	問題108	366
問題25	102	問題67	240	問題109	370
問題26	102	問題68	240	問題110	370
問題27	110	問題69	242	問題111	376
問題28	114	問題70	244	問題112	376
問題29	118	問題71	246	問題113	368
問題30	118	問題72	246	問題114	380
問題31	126	問題73	252	問題115	380
問題32	126	問題74	266	問題116	382
問題33	124	問題75	262	問題117	382
問題34	128	問題76	272	問題118	384
問題35	132	問題77	276	問題119	384
問題36	130	問題78	278	問題120	386
問題37	140	問題79	280	問題121	386
問題38	136	問題80	284	問題122	388
問題39	148	問題81	286	問題123	388
問題40	150	問題82	298	問題124	390
問題41	154	問題83	298	問題125	390
問題42	156	問題84	304		

第34回

問題		問題	
問題2	p.8	問題63	p.358
問題3	16	問題64	360
問題4	12	問題65	360
問題6	26	問題66	358
問題7	26	問題67	372
問題9	48	問題68	372
問題10	44	問題70	126
問題11	62	問題74	132
問題12	60	問題76	138
問題13	60	問題78	156
問題14	64	問題79	158
問題15	70	問題80	158
問題16	72	問題81	162
問題18	236	問題82	162
問題19	236	問題84	166
問題20	238	問題85	166
問題21	244	問題86	170
問題22	248	問題88	198
問題24	232	問題90	200
問題25	252	問題92	202
問題26	258	問題94	204
問題27	262	問題95	204
問題29	270	問題96	206
問題30	270	問題98	82
問題31	274	問題99	82
問題32	274	問題100	84
問題33	280	問題101	88
問題35	286	問題102	90
問題37	302	問題103	98
問題40	304	問題105	106
問題41	296	問題108	118
問題42	292	問題109	210
問題43	300	問題110	218
問題44	312	問題112	220
問題45	314	問題114	392
問題47	318	問題115	392
問題48	320	問題116	394
問題49	320	問題117	394
問題51	326	問題118	396
問題52	328	問題119	396
問題53	330	問題120	398
問題54	334	問題121	398
問題55	336	問題122	398
問題59	348	問題123	400
問題60	350	問題124	402
問題61	356	問題125	402
問題62	356		

第29回

問題		問題		問題	
問題2	p.4	問題36	p.286	問題88	p.186
問題6	38	問題37	288	問題89	194
問題7	36	問題50	316	問題98	84
問題8	34	問題56	340	問題104	104
問題9	48	問題65	364	問題109	210
問題10	42	問題69	124	問題110	214
問題12	54	問題74	142	問題111	214
問題16	74	問題75	136	問題113	222
問題31	278	問題76	144		

第36回は別冊に全問を掲載しました。第35回は、本冊に全問、第24〜34回の過去問題は、出題基準に応じて良問をSELECTしました！

第33回

問題		問題		問題	
問題 1	p.4	問題42	p.296	問題80	p.170
問題 4	18	問題43	312	問題81	158
問題 6	28	問題44	314	問題85	150
問題 7	32	問題45	318	問題86	172
問題 8	34	問題46	320	問題87	176
問題 9	42	問題47	320	問題88	178
問題10	46	問題49	330	問題90	186
問題11	52	問題50	326	問題91	188
問題14	56	問題51	334	問題92	200
問題15	58	問題52	336	問題94	190
問題16	66	問題53	332	問題98	82
問題19	238	問題54	338	問題99	96
問題21	240	問題55	338	問題100	90
問題22	242	問題58	346	問題101	98
問題25	234	問題59	348	問題102	100
問題26	250	問題60	350	問題104	108
問題28	264	問題61	356	問題105	110
問題29	264	問題63	358	問題107	112
問題30	268	問題64	360	問題111	216
問題31	268	問題67	374	問題112	224
問題32	272	問題68	374	問題113	220
問題33	278	問題71	128	問題117	404
問題36	288	問題73	134	問題118	406
問題37	298	問題75	140	問題119	406
問題38	304	問題76	144	問題123	408
問題39	308	問題77	152	問題124	410
問題41	300	問題78	154	問題125	410

第32回

問題		問題		問題	
問題 1	p.2	問題39	p.306	問題88	p.182
問題 2	6	問題43	300	問題90	192
問題 3	12	問題45	308	問題92	196
問題 5	30	問題47	310	問題95	202
問題 8	34	問題48	324	問題97	78
問題 9	44	問題49	318	問題101	92
問題10	50	問題51	330	問題102	100
問題14	68	問題55	340	問題104	108
問題16	72	問題56	342	問題105	110
問題20	242	問題57	342	問題106	114
問題23	246	問題58	344	問題109	210
問題25	232	問題62	362	問題111	218
問題26	254	問題63	362	問題112	218
問題27	268	問題68	366	問題117	412
問題28	274	問題71	130	問題118	414
問題29	272	問題73	138	問題119	414
問題30	270	問題74	140	問題123	416
問題36	290	問題79	152	問題124	416
問題37	290	問題82	160	問題125	416
問題38	306	問題83	164		

第31回

問題		問題	
問題 5	p.24	問題74	p.136
問題10	38	問題77	164
問題12	40	問題80	150
問題16	28	問題81	150
問題17	228	問題83	160
問題18	230	問題86	172
問題22	250	問題87	178
問題25	254	問題90	194
問題26	256	問題93	202
問題27	262	問題95	188
問題32	276	問題99	96
問題33	278	問題102	102
問題38	302	問題103	104
問題41	294	問題104	106
問題42	294	問題105	110
問題45	310	問題107	112
問題46	316	問題108	120
問題47	322	問題109	212
問題50	326	問題110	216
問題53	332	問題111	216
問題58	346	問題112	220
問題70	128	問題113	224

第30回

問題		問題	
問題 1	p.6	問題65	p.364
問題 2	8	問題66	368
問題 3	14	問題71	130
問題 9	38	問題72	132
問題10	40	問題75	138
問題11	50	問題79	156
問題13	60	問題81	160
問題14	70	問題82	154
問題15	52	問題85	172
問題19	238	問題89	180
問題22	234	問題90	198
問題23	252	問題92	196
問題25	258	問題94	184
問題26	256	問題97	80
問題27	266	問題99	86
問題28	266	問題102	106
問題30	276	問題106	114
問題34	280	問題107	116
問題36	290	問題108	120
問題41	294	問題109	210
問題53	334	問題110	212
問題58	344	問題113	222
問題60	350		

第28回					
問題 3	p.16	問題23	p.244	問題77	p.162
問題11	54	問題29	250	問題83	152
問題14	68	問題31	256	問題87	182
問題15	70	問題41	284	問題90	192
問題16	72	問題51	288	問題98	78
問題17	228	問題64	368	問題105	86

第26回			
問題 6	p.28	問題55	p.340
問題 8	26	問題73	142
問題10	32	問題90	192
問題12	40	問題98	86
問題13	46	問題102	92
問題27	248	問題103	98

第27回					
問題 1	p.2	問題47	p.292	問題103	p.104
問題10	44	問題69	124	問題105	108
問題17	228	問題77	148	問題106	112
問題31	254	問題87	186	問題107	116
問題41	284	問題98	88		

第25回			
問題 3	p.14	問題69	p.124
問題 8	36	問題71	134
問題15	64	問題74	142
問題30	248	問題101	90
問題64	362		

第24回			
問題 5	24	問題87	176
問題14	66	問題90	190
問題68	366		

CHAPTER

1

人間の尊厳と自立

問題 1
B　**27-1**　「日本国憲法」の定める「人間の尊厳」

　1956年（昭和31年）当時、肺結核（pulmonary tuberculosis）で国立療養所に入所していた朝日茂氏は、単身で無収入だったために生活扶助（月額600円支給）と医療扶助を受けていた。長年、音信不通だった兄を福祉事務所が見つけ、兄から月1,500円の仕送りが行われることになった。これにより福祉事務所は支給していた月額600円の生活扶助を停止し、医療費の一部自己負担額として月900円の負担を求めた。このことが日本国憲法第　　A　　条に反するものとして朝日茂氏は、1957年（昭和32年）、厚生大臣の決定を取り消すことを求める訴訟を起こした。

　この訴訟で焦点となった日本国憲法第　　A　　条が規定する権利として、**正しいものを1つ選びなさい。**

1　参政権

2　自由権

3　請求権

4　生存権

5　平等権

問題 2
B　**32-1**　利用者主体の考え方

　Aさん（78歳、女性、要介護3）は、訪問介護（ホームヘルプサービス）を利用している。72歳から人工透析を受けている。透析を始めた頃から死を意識するようになり、延命治療を選択する意思決定の計画書を作成していた。しかし、最近では、最期の時を自宅で静かに過ごしたいと思い、以前の計画のままでよいか気持ちに迷いが出てきたので、訪問介護（ホームヘルプサービス）のサービス提供責任者に相談した。

　サービス提供責任者の対応として、**最も適切なものを1つ選びなさい。**

1　「この計画書は、医療職が作成するものですよ」

2　「一度作成した計画書は、個人の意向で変更するのは難しいですよ」

3　「意思確認のための話合いは、何度でもできますよ」

4　「そんなに心配なら、特別養護老人ホームに入所できますよ」

5　「この計画書は、在宅ではなく病院での治療を想定したものですよ」

このインジケーターは、各CHAPTER（科目）の過去問題掲載数に応じた進捗度を示しています。どこまで学習が進んでいるか確認しながら、問題を解いていきましょう。

START!
GOAL!!

問題 1 「日本国憲法」の基本原理のひとつは、**基本的人権の尊重**です。基本的人権は、**平等権、自由権、社会権、請求権、参政権**の5つに分類されます。

1 ✕ 参政権は、「日本国憲法」第15条における**選挙で投票する権利**などとして規定されています。問題文の訴訟は生活保護の範囲を競うものですので、参政権は該当しません。

2 ✕ 自由権は、「日本国憲法」第19条における**思想および良心の自由**、第20条における**信教の自由**、第21条における**表現の自由**などとして規定されています。国家権力の介入や干渉を排除して、国民の自由を保障する権利ですので、問題文の訴訟で焦点となる権利ではありません。

3 ✕ 請求権は、「日本国憲法」第32条における**裁判を受ける権利**などとして規定されています。問題文の訴訟は請求権に基づき実施されたものですが、焦点となる権利ではありません。

4 ○ 生存権は、社会権のひとつに含まれるもので、「日本国憲法」第**25**条に規定されています。すべての国民が、**健康で文化的な最低限度の生活を営む権利**を有することを示したものですので、問題文の焦点となる権利といえます。

5 ✕ 平等権は、「日本国憲法」の第14条に規定されています。すべての国民が**法の下に平等**で、人種、信条、性別、社会的身分や門地などにおいて差別されない権利のことをいいますので、問題文の訴訟で焦点となる権利ではありません。

正解 | 4 |

問題 2

1 ✕ 計画書の作成は、医療職だけではなく、医療・ケアチームなどと利用者で**繰り返し話し合い、共有したうえで作成**します。

2 ✕ 一度計画書を作成しても、その後、利用者の意思や意向が変わった場合には、何度でも**内容を撤回したり変更したりすることが可能**です。

3 ○ **解説2**のとおり、意思確認のための話し合いは何度でも可能です。

4 ✕ Aさんは最期の時を自宅で静かに過ごしたいと希望しているので、サービス提供責任者の対応は不適切です。

5 ✕ 計画書は、どのような形で死を迎えたいと考えているかなど、**本人の意思や権利を尊重**したものであり、病院での治療を想定したものではありません。

正解 | 3 |

利用者が、どのような形で死を迎えたいと考えているか、延命処置を望んでいるのかなど、利用者の意思や権利を尊重しつつ家族も含めた意向を確認し、その内容を書面にしたものを、リビングウィルや事前指示書といいます。近年は、人生の最終段階において自らが望む医療・ケアについて、医療・ケアチームなどと話し合い、共有するための アドバンス・ケア・プランニング（ACP）という取組が推奨されています。

問題3 C 33-1 人権や福祉の考え方に影響を与えた人物

人権や福祉の考え方に影響を与えた人物に関する次の記述のうち、**正しいもの**を1つ選びなさい。

1 リッチモンド（Richmond, M.）は、『ソーシャル・ケース・ワークとは何か』をまとめ、現在の社会福祉、介護福祉に影響を及ぼした。

2 フロイト（Freud, S.）がまとめた『種の起源』の考え方は、後の「優生思想」につながった。

3 マルサス（Malthus, T.）は、人間の無意識の研究を行って、『精神分析学入門』をまとめた。

4 ヘレン・ケラー（Keller, H.）は、『看護覚え書』の中で「療養上の世話」を看護の役割として示した。

5 ダーウィン（Darwin, C.）は、『人口論』の中で貧困原因を個人の人格の問題とした。

問題4 B 29-2 ノーマライゼーションの理念

障害児・者に対して、ノーマライゼーション（normalization）の理念を実現するための方策として、**最も適切なもの**を1つ選びなさい。

1 障害の原因となる疾病の完治を目指して治療すること

2 障害種別ごとに、同じ職業に就くことができるように訓練すること

3 障害児と障害者が一緒に施設で暮らすこと

4 普通の生活環境に近づけること

5 障害者の経済的水準を一定にすること

問題5 B 35-1 QOLを高めるための介護実践

利用者の生活の質（QOL）を高めるための介護実践に関する次の記述のうち、**最も適切なもの**を1つ選びなさい。

1 日常生活動作の向上を必須とする。

2 利用者の主観的評価では、介護福祉職の意向を重視する。

3 介護実践は、家族のニーズに応じて行う。

4 福祉用具の活用は、利用者と相談しながら進める。

5 価値の基準は、全ての利用者に同じものを用いる。

問題3

1 ○ 記述のとおりです。**リッチモンド**は、ケースワーク論を確立し、「**ケースワークの母**」とよばれています。

2 × 『**種の起源**』は、**ダーウィン**がまとめました。

3 × 『**精神分析学入門**』をまとめたのは**フロイト**です。

4 × 『**看護覚え書**』をまとめたのは**ナイチンゲール**です。

5 × 『**人口論**』を著したのは**マルサス**です。

正解 | 1 |

問題4

1 × 疾病の完治をめざして治療することは**医療**の目的であり、障害児・障害者の「**普通の生活**」をめざすノーマライゼーションの理念とは異なります。

2 × 障害種別に同じ職業に就くように訓練することは、障害児・障害者本人の**主体性**や**意思**を無視する行為であり、そうした人たちの「**普通の生活**」をめざすノーマライゼーションの理念に反するものです。

3 × ノーマライゼーションの理念には、「**脱施設化**」や、地域における「**普通の生活**」を支え合うことが含まれていますので、障害児と障害者が**施設**で一緒にくらすことは、ノーマライゼーションとは異なる考え方になります。

4 ○ ノーマライゼーションの理念には、障害児・障害者が、健常者と分けへだてなく、地域のなかで**普通**に生活を送れるように、お互いに支え合うという意味が込められています。ノーマライゼーションは、**生活支援**を基本とする社会福祉施策の中心的な理念になっており、最も適切な方策といえます。

5 × 障害者の経済的水準を一定に保つための制度として、障害年金制度がありますが、ノーマライゼーションの理念がめざすのは、障害者と健常者が地域のなかで分けへだてなく**普通**に生活することです。この理念には、障害者であっても職業に就き、一定以上の収入を得ることも**普通**であるという考えも含まれています。そのため、この理念を実現するための方策として適切とはいえません。

正解 | 4 |

問題5

1 × QOL（生活の質）を高めるための介護実践として、介護福祉職には、**利用者のニーズや生活環境を総合的に理解**して、その人に適した介護＝**個別ケア**の方針を検討していくことが求められます。日常生活動作の向上は必須ではありません。

2 × 利用者の主観的評価では、あくまで**利用者本人の主観が基準**であり、介護福祉職の意向に左右されるものとなってはなりません。

3 × **解説1**のとおり、**利用者のニーズ**に応じて行います。

4 ○ 記述のとおりです。介護福祉職は、利用者がもっている力を生かし、支援の内容を自分の判断で選択（**自己選択**）していくことができるように、**自己決定**を尊重することが大切です。

5 × 利用者は、ほかの誰とも異なる**個性**（性格・価値観など）をもった、1人の人間です。介護福祉職には、利用者一人ひとりの**価値観を尊重**することが求められます。

正解 | 4 |

問題6 B | 30-1 自立生活運動

1960年代後半からアメリカで展開した自立生活運動に関する次の記述のうち、**適切なもの**を**1つ**選びなさい。

1 障害者自身の選択による自己決定の尊重を主張している。

2 障害者の自立生活は、施設や病院で実現されるとしている。

3 「ゆりかごから墓場まで」の実現に向けた制度設計を目指している。

4 障害者が機能回復を図ることを「自立」としている。

5 介護者を生活の主体者として捉えている。

問題7 A | 32-2 人権と尊厳

利用者の意思を代弁することを表す用語として、**最も適切なもの**を**1つ**選びなさい。

1 インフォームドコンセント（informed consent）

2 ストレングス（strength）

3 パターナリズム（paternalism）

4 エンパワメント（empowerment）

5 アドボカシー（advocacy）

問題8 A | 35-2 意思決定支援

Aさん（25歳、男性、障害支援区分3）は、網膜色素変性症（retinitis pigmentosa）で、移動と外出先での排泄時に介助が必要である。同行援護を利用しながら、自宅で母親と暮らしている。音楽が好きなAさんは合唱サークルに入会していて、月1回の練習に参加している。

合唱コンクールが遠方で行われることになった。同行援護を担当する介護福祉職は、Aさんから、「コンクールに出演したいが、初めての場所に行くことが心配である」と相談を受けた。

介護福祉職のAさんへの対応として、**最も適切なもの**を**1つ**選びなさい。

1 合唱コンクールへの参加を諦めるように話す。

2 合唱サークルの仲間に移動の支援を依頼するように伝える。

3 一緒に交通経路や会場内の状況を確認する。

4 合唱コンクールに参加するかどうかは、母親に判断してもらうように促す。

5 日常生活自立支援事業の利用を勧める。

START! GOAL!!

問題6

1 ○ 記述のとおりです。自立生活運動（**IL運動**）は、カリフォルニア大学バークレー校在学の重度の障害がある学生ロバーツ（Roberts,E.）による**キャンパス内**での運動から始まりました。

2 × 施設や病院などの管理された環境では、**自立＝自分のことは自分でする**、ことは難しくなります。

3 × 「ゆりかごから墓場まで」は**イギリス**の**社会保障**の基本的な考え方です。

4 × 自立した行動ができるためには機能回復は重要ですが、自立のための前提としては**精神的な自立**が大事になります。

5 × 「生活の主体者」は障害者**自身**です。

正解 [1]

問題7

1 × インフォームドコンセントとは、医師などの医療職が、**医療内容について**説明し、**利用者の同意を得る**ことをいいます。

2 × ストレングスとは、利用者一人ひとりがもつ**意欲、積極性、治癒力、回復力、嗜好、願望**などのことをいいます。

3 × パターナリズムとは、強い立場にある者が、弱い立場にある者の利益になると決めつけ、**本人の意思とは関係なく介入する**ことをいいます。

4 × エンパワメントとは、表に出ていない利用者の**意欲や本来もっている力を引き出し、主体性をもって自己決定していける**ようにすることをいいます。

5 ○ アドボカシー（権利擁護）とは、判断力の低下などにより、自分の権利やニーズを主張することが難しい状態にある**利用者の意思を代弁する**ことをいいます。

正解 [5]

問題8

1 × Aさんは音楽が好きで、合唱コンクールに出演することを希望しています。参加を諦めるように話すことは、介護福祉職の対応として不適切です。

2 × Aさんは、移動だけでなく、外出先での排泄介助も必要としています。合唱サークルの仲間に移動の支援を依頼するように伝えることは、介護福祉職の対応として不適切です。

3 ○ Aさんは、合唱コンクールが遠方で行われることになり、「初めての場所に行くことが心配である」と介護福祉職に相談しています。Aさんと一緒に交通経路や会場内の状況を確認することは、介護福祉職の対応として適切です。

4 × Aさんは25歳であり、事例からも認知機能などに問題があるとは読み取れないことから、合唱コンクールに参加するかどうかは、自分で判断できるといえます。

5 × 日常生活自立支援事業は、**認知症高齢者、知的障害者、精神障害者**などで、**判断能力が不十分な人**の支援を行うための制度です。Aさんは視覚障害者で、認知機能などにも問題はないことから、Aさんは利用対象者ではありません。

正解 [3]

Aさん（80歳、女性、要介護1）は、筋力や理解力の低下がみられ、訪問介護（ホームヘルプサービス）を利用している。訪問介護員（ホームヘルパー）がいない時間帯は、同居している長男（53歳、無職）に頼って生活をしている。長男はAさんの年金で生計を立てていて、ほとんど外出しないで家にいる。

ある時、Aさんは訪問介護員（ホームヘルパー）に、「長男は暴力がひどくてね。この間も殴られて、とても怖かった。長男には言わないでね。あとで何をされるかわからないから」と話した。訪問介護員（ホームヘルパー）は、Aさんのからだに複数のあざがあることを確認した。

訪問介護員（ホームヘルパー）の対応に関する次の記述のうち、**最も適切なもの**を1つ選びなさい。

1　長男の虐待を疑い、上司に報告し、市町村に通報する。
2　長男の仕事が見つかるようにハローワークを紹介する。
3　Aさんの気持ちを大切にして何もしない。
4　すぐに長男を別室に呼び、事実を確認する。
5　長男の暴力に気づいたかを近所の人に確認する。

Aさん（65歳、男性、要介護2）は、昨年、アルツハイマー型認知症（dementia of the Alzheimer's type）と診断された。妻は既に亡くなり、娘のBさん（35歳）は遠方に嫁いでいる。Aさんは、現在、認知症対応型共同生活介護（グループホーム）で生活している。Aさんは介護福祉職に対して、「Bは頭もいいし、かわいいし、きっと妻に似たんだな」とよく話していた。

Bさんが面会に来た時、「誰だい。ご親切にありがとうございます」というAさんの声と、「私はあなたの娘のBよ、忘れちゃったの」「お父さん、しっかりしてよ」と怒鳴るBさんの声が部屋から聞こえた。

介護福祉職がAさんへのアドボカシー（advocacy）の視点からBさんに行う対応として、**最も適切なもの**を1つ選びなさい。

1　Aさんへの行動は間違っていると話す。
2　Bさんに対するAさんの思いを話す。
3　Aさんの成年後見制度の利用を勧める。
4　Aさんとはしばらく面会しないように話す。
5　Bさんの思いをAさんに伝えると話す。

問題9

1 ○ Aさんの発言内容や、Aさんのからだに複数のあざがあることから、Aさんは同居している長男から**身体的虐待**を受けていると考えられます。長男の虐待を疑い、上司に報告し、**市町村**に通報する訪問介護員（ホームヘルパー）の対応は適切です。

2 × 長男の仕事が見つかるようにハローワークを紹介することは、訪問介護員の業ではなく、対応として不適切です。

3 × Aさんの気持ちを尊重することは大切ですが、からだに複数のあざがあるにもかかわらず何もしないのは、訪問介護員の対応として不適切です。生命・からだに重大な危険が生じていない場合でも、市町村に通報するように努めなければなりません。

4 × 虐待の事実を長男に確認するのは、訪問介護員ではなく、**市町村**の役割です。

5 × 長男の暴力に気づいたかどうかを近所の人に確認するのは、訪問介護員（ホームヘルパー）ではなく、**市町村**の役割です。

正解 **1**

問題10

1 × Bさんの行動を**全否定**することは、BさんのAさんへの対応の変化が期待できなくなるおそれがあります。

2 ○ Bさんに対するAさんの日頃の思いを話すことは、Aさんへの**アドボカシー**＝**権利擁護**の視点から最も適切な対応です。

3 × 成年後見制度の利用を勧めることは、現状からは判断できません。

4 × 家族への面会を拒否することは、Aさんの楽しみ、ひいては**自立を妨げる**ことになります。

5 × この状況からは、BさんがAさんに対してどのような思いを抱いているのかが的確に読み取れません。また、Aさんへの**アドボカシー**の視点からの対応ではありません。

正解 **2**

ポイント チェック

主なアドボカシーの種類

■ **対象による分類**

ケースアドボカシー	個人の権利を守る活動
コーズ（クラス）アドボカシー	特定の集団の権利を守る活動

■ **担い手による分類**

セルフアドボカシー	当事者自身やグループが行うアドボカシー
シチズンアドボカシー	当事者を含む市民が行うアドボカシー
リーガルアドボカシー	弁護士や当事者などが協働して行うアドボカシー
パブリックアドボカシー	公的機関や組織などが行うアドボカシー

ポイントチェック一覧

CHAPTER

2

人間関係と
コミュニケーション

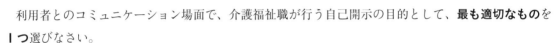

問題 I **A** 32-3 **自己覚知**

他者とのコミュニケーションを通した自己覚知として、**最も適切なもの**を I つ選びなさい。

I 自己の弱みより強みを重視する。

2 自己の感情の動きとその背景を洞察する。

3 自己の行動を主観的に分析する。

4 自己の私生活を打ち明ける。

5 自己の価値観を他者に合わせる。

問題 2 **B** 34-4 **自己開示**

利用者とのコミュニケーション場面で、介護福祉職が行う自己開示の目的として、**最も適切なもの**を I つ選びなさい。

I ジョハリの窓（Johari Window）の「開放された部分（open area）」を狭くするために行う。

2 利用者との信頼関係を形成するために行う。

3 利用者が自分自身の情報を開示するために行う。

4 利用者との信頼関係を評価するために行う。

5 自己を深く分析し、客観的に理解するために行う。

問題 1

　自己覚知とは、**自分自身**のものの見方や考え方について、**客観的な視点**から理解しようとすることをいいます。自分が抱く感情にどのような背景があるのかを洞察することで、先入観をもたずに利用者に接していくことができるようになります。

正解 **2**

　相手に対する理解の心（他者理解）の意識をもつことで、コミュニケーションは、よりスムーズになります。

問題 2　自己開示とは、**自分自身**に関する情報を、**本人の意思**のもとに、特定の他者に言語を介して伝達することです。

1　×　ジョハリの窓は、自分や他人の知っている部分と知らない部分を組み合わせ、4つの窓に分類したものです（ポイントチェック参照）。自己開示は、ジョハリの窓における、**自分も他人も知っている「開かれた窓」**（**開放された部分**）**を広くしていくために**行われるものといえます。

2　○　介護福祉職と利用者・家族が相互に自己開示を行うことで、お互いのことを知ることができ、**良好な関係づくり**につながります。

3　×　介護福祉職が自己開示を行うことで利用者が親しみを覚え、利用者自身の情報開示につながることはありますが、それが目的ではありません。

4　×　自己開示は、利用者との信頼関係を評価するために行うものではありません。

5　×　記述は、**自己覚知**の説明です。

正解 **2**

ジョハリの窓

　自分は知っていて他人は知らない「隠された窓」（隠蔽部分）について語ることで、「開かれた窓」（開放部分）は大きくなる。また、他人は知っていて自分は知らない「気づかない窓」（盲点部分）について語ってもらうことによっても、開放部分は大きくなっていく。なお、「閉ざされた窓」（未知部分）は自分も他人も気づいていない部分で、多くの可能性が秘められている。

●自分は知っている　●自分は知らない

	●自分は知っている	●自分は知らない
●他人は知っている	開かれた**窓**（開放部分）	気づかない**窓**（盲点部分）
●他人は知らない	隠された**窓**（隠蔽部分）	閉ざされた**窓**（未知部分）

問題3 A 35-4 信頼関係の形成

Bさん（80歳、女性）は、介護老人保健施設に入所が決まった。今日はBさんが施設に入所する日であり、C介護福祉職が担当者になった。C介護福祉職は、初対面のBさんとの信頼関係の形成に向けて取り組んだ。

C介護福祉職のBさんへの対応として、**最も適切なものを1つ選びなさい**。

1　自発的な関わりをもつことを控えた。

2　真正面に座って面談をした。

3　自分から進んで自己紹介をした。

4　終始、手を握りながら話をした。

5　孫のような口調で語りかけた。

問題4 A 30-3 コミュニケーションの基本

利用者との関係を構築するためのコミュニケーションの基本として、**最も適切なものを1つ選びな**さい。

1　聞き手に徹する。

2　声の高低や抑揚を一定に保つ。

3　身振りや手振りは最小限にする。

4　介護福祉職の主観を基準にする。

5　利用者の生活史を尊重する。

問題5 A 25-3 コミュニケーションを促す場面づくり

介護職と利用者のコミュニケーションを促す場面づくりに関する次の記述のうち、**最も適切なものを**1つ選びなさい。

1　利用者との関係性をつくる座り方として、直角法より対面法の方が有効である。

2　対面法で座る場合、視線を向けることのできる花瓶などを机の上に置くとよい。

3　利用者に近づけば近づくほど、親密な雰囲気になって利用者は話しやすくなる。

4　利用者が座っているときも、介護職は立ったままで話しかけてよい。

5　介護職が腕や足を組んだ姿勢をとると、利用者はより話しやすくなる。

START!
GOAL!!

問題3 援助をする人と援助を受ける人の間に形成される信頼関係のことをラポールといいます。

1 ✕ 利用者と信頼関係を形成するためには、**自己覚知**と**他者理解**、**自己開示**を基本として、**コミュニケーションを重ねていく**ことが不可欠です。C介護福祉職が自発的な関わりをもつことを控えるのは、Bさんへの対応として不適切です。

2 ✕ 真正面に座って面談をする**対面法**では、視線による**圧迫感が強まり**、相手が緊張したり構えてしまったりすることがあります。C介護福祉職はBさんと、テーブルの角をはさんで**斜めに座る**（**直角法**）と、視線の**圧迫感がやわらぐ**ので、会話をしやすくなります。

3 ○ **解説1**のとおり、C介護福祉職から進んで自己紹介（**自己開示**）をすることは、信頼関係の形成に大いに役立ちます。

4 ✕ 初対面であるBさんに対して、終始、手を握りながら話をしたり、孫のような口調で語りかけたりすることは、相手に**不快感**を与え、Bさんとの信頼関係の形成に**逆効果**となるおそれがあります。

5 ✕ **解説4**のとおりです。

正解 **3**

問題4

1 ✕ コミュニケーションとは利用者と介護福祉職との**相互交流**です。聞き手に徹することは「**傾聴**」していることになりますが、コミュニケーションの基本として最も適切なものとはいえません。「利用者との関係を構築する」とは「**信頼関係を構築する**」ことです。

2 ✕ コミュニケーションにおいては、言語的な手段とともに、**声の高低**や**抑揚**などの非言語的手段も大事な要素ですが、「一定に保つ」のではなく**状況に応じて変化をつける**ことが大切です。

3 ✕ コミュニケーションにおいては、**言語的手段**とともに、**身振り・手振り**などの非言語的**手段**も大事な要素です。「最小限にする」のではなく、利用者とのやりとりのなかで判断して使うようにします。

4 ✕ コミュニケーションの基本は「**受容・共感・傾聴**」です。コミュニケーションの主体は利用者ですので、介護福祉職の主観を基準にした対応は適切ではありません。

5 ○ 利用者の生活史を尊重するとは、利用者の言動を「**受容**」することです。関係構築のためにはまず利用者の過去の生活を理解し受け入れることが大事です。

正解 **5**

問題5

1 ✕ 対面法は、介護職と利用者が向かい合う形で座るため、形式的な面接や相談に適した方法です。**直角法**は、テーブルの角などをはさんで斜めに座るもので、視線を外しやすく、利用者との関係性づくりに適しています。

2 ○ 対面法は、介護職と利用者が向かい合う状態になるため、視線を自然とそちらへ向けられる花瓶などがあると、圧迫感がやわらぎます。

3 ✕ 利用者との実際の距離＝**物理的距離**は、利用者に対する関心や気持ちを表す心の距離＝**心理的距離**と関連しています。しかし、**物理的距離**が近いことを好まない利用者もいることから、適切な距離を保つことが大切です。

4 ✕ 介護職は、目線の高さを利用者に合わせ、リラックスした態度で接するように心がけることが大切です。

5 ✕ 介護職が腕や足を組んだ姿勢をとると、利用者に威圧感や嫌悪感（けんお）を与えることになるため不適切です。

正解 **2**

問題6
A 　28-3 　コミュニケーションの技法（共感）

　共感的態度に関する次の記述のうち、**最も適切なもの**を１つ選びなさい。

１　利用者に対して審判的態度で関わる。

２　利用者の感情をその人の立場になって理解して関わる。

３　利用者と自分の感情を区別せず、同調して関わる。

４　利用者の感情に共鳴して、同情的に関わる。

５　利用者が示す否定的な感情は避けて関わる。

問題7
A 　34-3 　コミュニケーションの技法

　介護福祉職はBさんから、「認知症（dementia）の母の介護がなぜかうまくいかない。深夜に徘徊（はいかい）するので、心身共に疲れてきた」と相談された。介護福祉職は、「落ち込んでいてはダメですよ。元気を出して頑張ってください」とBさんに言った。後日、介護福祉職はBさんに対する自身の発言を振り返り、不適切だったと反省した。

　介護福祉職はBさんに対してどのような返答をすればよかったのか、**最も適切なもの**を１つ選びなさい。

１　「お母さんに施設へ入所してもらうことを検討してはどうですか」

２　「私も疲れているので、よくわかります」

３　「認知症（dementia）の方を介護しているご家族は、皆さん疲れていますよ」

４　「近所の人に助けてもらえるように、私から言っておきます」

５　「お母さんのために頑張ってきたんですね」

問題6 　共感は、受容や傾聴とともに、利用者の話を聴くときに介護福祉職が心に留めておくべき、基本的な姿勢や態度のひとつです。

1　×　共感的態度として求められるのは、利用者のあるがままを受け入れるように努め、介護福祉職の価値観によって評価や批判を加えたりしない**非審判的態度**です。

2　○　共感とは、**利用者の気持ちに心を寄せて、その感情を共有し、理解するように努めること**です。その人の立場になって理解することが求められており、最も適切な記述といえます。

3　×　利用者の感情と自分の感情を区別せず同調することは、共感とは異なります。利用者の感情は、その人だけのものとして区別しながら、受け止めることが大切です。

4　×　利用者の感情に共鳴することは大切ですが、相手と同じ立場に立ちにくい同情を寄せることが求められているわけではありません。

5　×　利用者の感情を共有するためには、**肯定的な感情**も**否定的な感情**も、どちらも受け止めて理解を示していくことが大切です。

正解　2

問題7

1　×　事例文からは、Bさんが母親を施設に入所させたいという希望があるかどうか読み取れません。介護福祉職が施設入所を検討するように発言することは、返答する内容として不適切です。

2　×　「私も疲れているので、よくわかります」という介護福祉職の発言は共感にはあたらず、返答する内容として不適切です。

3　×　Bさんと同じように認知症の人を介護していても、介護の状況やBPSDの症状はそれぞれ異なるため、疲労の度合いも違ってきます。返答する内容として不適切です。

4　×　事例文からは、Bさんが近所の人に助けてほしいという希望があるかどうか読み取れません。介護福祉職の判断で近所の人に助けを求めることは、返答する内容として不適切です。

5　○　「お母さんのために頑張ってきたんですね」という介護福祉職の発言は共感にあたり、返答する内容として適切です。

正解　5

ポイント
チェック

「受容」「共感」「傾聴」

分類	特徴
受容	利用者をありのままに受け入れること。利用者の言動には、何かしらの理由があると考え、批判を加えたりせずに受け入れることから始めること
共感	利用者の気持ちに心を寄せて、その感情を共有し、理解するように努めること
傾聴	利用者の主観的な訴えや心の声に、耳を傾けること。利用者の言葉を妨げず、適度に相槌や頷きをはさむことで、利用者に関心をもって接していることが伝わるようにすること

言語メッセージと非言語メッセージ

Bさん（80歳、男性）は、訪問介護（ホームヘルプサービス）を利用しながら自宅で一人暮らしをしている。最近、自宅で転倒してから、一人で生活をしていくことに不安を持つこともある。訪問介護員（ホームヘルパー）がBさんに、「お一人での生活は大丈夫ですか。何か困っていることはありませんか」と尋ねたところ、Bさんは、「大丈夫」と不安そうな表情で答えた。

Bさんが伝えようとしたメッセージに関する次の記述のうち、**最も適切なもの**を１つ選びなさい。

1　言語メッセージと同じ内容を非言語メッセージで強調している。

2　言語で伝えた内容を非言語メッセージで補強している。

3　言語の代わりに非言語だけを用いてメッセージを伝えている。

4　言語メッセージと矛盾する内容を非言語メッセージで伝えている。

5　非言語メッセージを用いて言葉の流れを調整している。

問題焦点型コーピング

ストレス対処行動の一つである問題焦点型コーピングに当てはまる行動として、**適切なもの**を１つ選びなさい。

1　趣味の活動をして気分転換する。

2　トラブルの原因に働きかけて解決しようとする。

3　運動して身体を動かしストレスを発散する。

4　好きな音楽を聴いてリラックスする。

5　「トラブルも良い経験だ」と自己の意味づけを変える。

問題8 **言語メッセージ**とは、言葉を用いた、**会話**、**文字**、**手話**、**点字**などをいいます。**非言語メッセージ**とは、言葉を用いない、**表情**、**身ぶり・手ぶり**、姿勢、視線、声の強弱や抑揚（準言語）などで感情を表すものをいいます。

1 × 訪問介護員（ホームヘルパー）の質問に対し、Bさんは「大丈夫」と不安そうな表情で答えているところから、言語メッセージと矛盾する内容を非言語メッセージで伝えています。非言語メッセージで強調したり補強したりしているわけではありません。

2 × **解説1**のとおりです。

3 × Bさんは「大丈夫」と答えており、言語の代わりに非言語メッセージを用いたわけではありません。

4 ○ **解説1**のとおりです。

5 × **解説1**のとおりです。

正解 4

問題9 コーピングとは、ストレスが強く存在する場合に、適切な対処でストレス反応を減らそうとする認知的および行動的な努力をいい、問題焦点型コーピングと情動焦点型コーピングに大別されます。

1 × 運動してからだを動かす、好きな音楽を聴くなど、趣味の活動をして気分転換を図るのは、**情動焦点型コーピング**です。

2 ○ 記述のとおりです。**問題焦点型コーピング**は、問題を解決・改善し、ストレスに対処しようとする方法です。

3 × **解説1**のとおりです。

4 × **解説1**のとおりです。

5 × 「トラブルも良い経験だ」と自己の意味づけを変えるのは、自分の考え方・感じ方を変えようとすることであり、**情動焦点型コーピング**に該当します。

正解 2

ポイント チェック

ストレスコーピング

問題焦点型コーピング	ストレスの原因への直接的な働きかけを行う →解決策を考える
情動焦点型コーピング	ストレスの原因によって引き起こされた情動に働きかけを行う →気分転換を行う

問題10 B　35-5 PDCAサイクル

　介護老人福祉施設は、利用者とその家族、地域住民等との交流を目的とした夏祭りを開催した。夏祭りには、予想を超えた来客があり、「違法駐車が邪魔で困る」という苦情が近隣の住民から寄せられた。そこで、次の夏祭りの運営上の改善に向けて職員間で話し合い、対応案を作成した。

　次の対応案のうち、PDCAサイクルのアクション（Action）に当たるものとして、**最も適切なもの**を１つ選びなさい。

1　近隣への騒音の影響について調べる。

2　苦情を寄せた住民に話を聞きに行く。

3　夏祭りの感想を利用者から聞く。

4　来客者用の駐車スペースを確保する。

5　周辺の交通量を調べる。

問題11 B　35-6 OJT

　D介護福祉職は、利用者に対して行っている移乗の介護がうまくできず、技術向上を目的としたOJTを希望している。

　次のうち、D介護福祉職に対して行うOJTとして、**最も適切なもの**を１つ選びなさい。

1　専門書の購入を勧める。

2　外部研修の受講を提案する。

3　先輩職員が移乗の介護に同行して指導する。

4　職場外の専門家に相談するように助言する。

5　苦手な移乗の介護は控えるように指示する。

START!
GOAL!!　クリア！　クリア！
CHAPTER 1　CHAPTER 2

20

解答・解説

問題10 PDCAサイクルは、アメリカの統計学者デミングが提唱した手法で、デミングサイクルとも呼ばれます。さまざまな業種での業務改善に利用することができます。

1 × PDCAサイクルのアクション（Action）は**改善**という意味です。近隣への騒音の影響について調べるのは改善には当たらず、対応案として不適切です。

2 × **解説1**のとおり、苦情を寄せた住民に話を聞きに行くのはアクションには当たりません。

3 × **解説1**のとおり、夏祭りの感想を利用者から聞くのはアクションには当たりません。

4 ○ 近隣の住民から寄せられた苦情の内容は、夏祭りの来客による違法駐車です。来客者用の駐車スペースを確保すれば違法駐車は減ると考えられることから、アクションに当たります。

5 × **解説1**のとおり、周辺の交通量を調べるのはアクションには当たりません。

正解 **4**

問題11

　職務上必要な能力を習得する研修を職場研修といい、**職場内**で行う**OJT**（On-the-Job Training）と**職場外**で行う**Off-JT**（Off-the-Job Training）があります。

　OJTとは、**職場内**で、**具体的な仕事を通じて**、仕事に必要な知識・技術・技能・態度などを**指導教育する**もので、選択肢3の「先輩職員が移乗の介護に同行して指導する」が該当します。選択肢1の「専門書の購入を勧める」は**SDS**（Self Development System：自己啓発援助制度）、選択肢2の「外部研修の受講を提案する」は**Off-JT**、選択肢4の「職場外の専門家に相談するように助言する」は**コンサルテーション**に該当します。選択肢5の「苦手な移乗の介護を控えるように指示する」のは**D介護福祉職**の技術向上につながらず、不適切です。

正解 **3**

ポイント
チェック

職場研修の種類

OJT (On-the-Job Training)	職場内で、具体的な仕事を通じて、仕事に必要な知識・技術・技能・態度などを指導教育するもの。エルダー制度の呼称
Off-JT (Off-the-Job Training)	職場を離れて、業務の遂行の過程外で行われる研修のこと
SDS (Self Development System)	職場内外での職員の自主的な自己啓発活動を職場として認知し、時間面・経済面での援助や施設の提供などを行うもの。自己啓発援助制度の略

ポイントチェック一覧

CHAPTER

3

社会の理解

問題1 **B** **31-5** **家族の機能**

家族の機能に関する次の記述のうち、**最も適切なもの**を1つ選びなさい。

1　衣食住などの生活水準を維持しようとする機能は、生命維持機能である。

2　個人の生存に関わる食欲や性欲の充足、安全を求める機能は、生活維持機能である。

3　子育てにより子どもを社会化する機能は、パーソナリティの安定化機能である。

4　家族だけが共有するくつろぎの機能は、パーソナリティの形成機能である。

5　介護が必要な構成員を家族で支える機能は、ケア機能である。

問題2 **B** **24-5** **家族形態（核家族）**

核家族に関する次の記述のうち、**最も適切なもの**を1つ選びなさい。

1　経済的な協働がない。

2　生殖がない。

3　家族の基礎的な単位ではない。

4　夫婦、夫婦と子ども又はひとり親と子どもから成る。

5　拡大家族を構成することはない。

解答・解説

問題1 家族には、経済的な協働、生殖、子どもの養育、介護などの機能があり、「家庭」という生活の場を共有しています。

1　×　記述は、**生活維持機能**の説明です。
2　×　記述は、**生命維持機能**の説明です。
3　×　記述は、**パーソナリティの形成機能**の説明です。
4　×　記述は、**パーソナリティの安定化機能**の説明です。
5　○　家族によるケア機能とは、専門的な技術を要するケアではなく、介護を必要とする人にとっての情緒**面からの支援**を指します。

正解　| 5 |

問題2 核家族とは、**夫婦のみ、または夫婦と未婚の子、ひとり親と未婚の子で構成される家族**のことです。

1　×　経済的な協働の有無は、核家族の要件ではありませんが、家族の機能には経済的な協働も含まれると考えられます。
2　×　核家族の形態には「子」も含まれるので、「生殖がない」とするのは誤りです。
3　×　一夫多妻などによる**複婚家族**、親夫婦・子夫婦の同居などによる**拡大家族**も、核家族の集合体であり、基礎的な家族の単位といえます。
4　○　核家族は、記述のとおりの家族形態です。
5　×　親子関係にある**複数の**核家族が同居する家族形態を、拡大家族といいます。

正解　| 4 |

「核家族」や「拡大家族」という考え方は、アメリカの人類学者マードックによって提唱されました。

ポイントチェック

家族の概念

　家族とは、夫婦関係や血縁関係を中心に、親子、兄弟姉妹、近親者によって構成される集団のことをいい、同居の有無は問わない。

定位家族	自分が生まれ育った家族。子どもとして生まれ育つ家族
生殖家族	自分が結婚してつくり上げる家族。親の立場からみた家族
核家族	国勢調査では、❶夫婦のみの世帯、❷夫婦と未婚の子どもからなる世帯、❸ひとり親と未婚の子どもからなる世帯
拡大家族	親と、結婚した子どもの家族が同居するなどの核家族が複数含まれる家族形態。**マードック**が定義
修正拡大家族	親世代と子ども世代が同居していなくても、近居して訪問しあうなど、経済的・心理的に同居に近い関係を結んでいる家族。**リトウォク**が定義

問題3 B 34-6改 日本の世帯の現状

2022年（令和4年）の日本の世帯に関する次の記述のうち、**正しいものを1つ**選びなさい。

1 平均世帯人員は、3人を超えている。

2 世帯数で最も多いのは、2人世帯である。

3 単独世帯で最も多いのは、高齢者の単独世帯である。

4 母子世帯数と父子世帯数を合算すると、高齢者世帯数を超える。

5 全国の世帯総数は、7千万を超えている。

問題4 B 26-8改 少子高齢化

少子高齢化に関する次の記述のうち、**正しいものを2つ**選びなさい。

1 1950年（昭和25年）以降、出生数は一貫して低下し続けている。

2 1950年（昭和25年）以降、合計特殊出生率は2.0を超えたことはない。

3 1980年代前半、老年人口割合は年少人口割合を上回った。

4 2000年（平成12年）以降、65歳以上の者のいる世帯は過半数を超えている。

5 2023年（令和5年）現在、高齢化率は20％を超えている。

問題5 B 34-7改 日本の社会福祉を取り巻く環境

2015年（平成27年）以降の日本の社会福祉を取り巻く環境に関する次の記述のうち、**適切なものを1つ**選びなさい。

1 人口は、増加傾向にある。

2 共働き世帯数は、減少傾向にある。

3 非正規雇用労働者数は、減少傾向にある。

4 高齢世代を支える現役世代（生産年齢人口）は、減少傾向にある。

5 日本の国民負担率は、OECD加盟国の中では上位にある。

（注）OECDとは、経済協力開発機構（Organisation for Economic Co-operation and Development）のことで、2023年（令和5年）現在38か国が加盟している。

問題3

1 × 「2022（令和4）年国民生活基礎調査の概況」（厚生労働省）によると、2022（令和4）年の平均世帯人員は**2.25人**で、3人を超えていません。

2 ○ 同調査によると、2022（令和4）年における世帯数で最も多いのは**2人世帯**（夫婦のみの世帯とひとり親と未婚の子のみの世帯）で、1699万6千世帯となっています。

3 × 同調査によると、2022（令和4）年における全国の単独世帯の総数は1785万2千世帯で、そのうち高齢者世帯は873万世帯となっています。

4 × 同調査によると、2022（令和4）年の高齢者世帯は**1693万1千世帯**、母子世帯は56万5千世帯、父子世帯は7万5千世帯となっており、合算すると**64万世帯**となっています。

5 × 同調査によると、2022（令和4）年における全国の世帯総数は**5431万世帯**となっています。

正解 **2**

問題4

1 × 出生数は、1947（昭和22）～1949（昭和24）年の第1次ベビーブームのあと減少傾向が続きましたが、1960年代半ばから**増加傾向**に転じ、1971（昭和46）～1974（昭和49）年の第2次ベビーブームの時期に大きく伸びています。それ以降は減少が続き、1991（平成3）年以降は増加と減少を繰り返しながら、ゆるやかな**減少傾向**となっています。

2 × 合計特殊出生率は、第2次ベビーブームの時期に2.1台で推移し、1975（昭和50）年に2.0を下回ってからは、基本的に**低下傾向**が続いています。近年は横ばい状態で、2022（令和4）年は**1.26**となっています。

3 × 老年人口割合が年少人口割合を上回ったのは、**1997（平成9）年**です。

4 ○ 厚生労働省「2022（令和4）年国民生活基礎調査の概況」によると、65歳以上の者のいる世帯は、全世帯の**50.6％**となっており、1986（昭和61）年の調査開始以来、初めて過半数を超えました。

5 ○ 総務省統計局によると、2023（令和5）年9月15日現在、**高齢化率**（全人口に占める老年人口の割合）は、**29.1％**に達しています。

正解 **4・5**

問題5

1 × 「人口推計（2023年（令和5年）10月1日現在）」（総務省統計局）によると、日本人の人口は1億2119万3千人となっており、2015（平成27）年以降、**減少し続けています**。

2 × 「令和5年版厚生労働白書」（厚生労働省）によると、共働き世帯数は2015（平成27）年以降、**増加傾向**にあります。

3 × 「労働力調査」（総務省統計局）によると、非正規雇用労働者数は2015（平成27）年以降、**増加傾向**にあります。

4 ○ 「人口推計（2023年（令和5年）10月1日現在）」（総務省統計局）によると、**生産年齢人口**（15～64歳）は7395万2千人となっており、2015（平成27）年以降、**減少傾向**にあります。

5 × 2023（令和5）年に財務省から公表された「国民負担率の国際比較（OECD加盟36カ国）」によると、日本の国民負担率は46.8で25位（2023年）となっており、2015（平成27）年以降、OECD加盟国のなかでは**下位**にあり続けています。

正解 **4**

地域における様々な事業主体やサービス提供主体に関する次の記述のうち、**最も適切なもの**を1つ選びなさい。

1　共同募金は、都道府県の区域を単位として行う寄附金の募集であって、地域福祉の推進を図るためのものである。

2　NGO（Non-Governmental Organization）は、営利を直接の目的とはせず、都道府県知事の認証を得て、在宅福祉サービス事業などの社会的活動を行う団体である。

3　NPO（Non-Profit Organization）は、国際人道支援などの社会的活動を行う政府機関である。

4　企業の社会的責任（Corporate Social Responsibility：CSR）による社会貢献は、商品を安い価格で販売するなどの経済活動によって行われる。

5　コミュニティビジネス（community business）とは、市町村が主体となって、まちづくり・環境問題・介護・子育てなどの地域の様々な課題をビジネスの手法で解決するものである。

　社会福祉法人に関する次の記述のうち、**適切なもの**を1つ選びなさい。

1　設立にあたっては、所在地の都道府県知事が厚生労働大臣に届出を行う。

2　収益事業は実施することができない。

3　事業運営の透明性を高めるために、財務諸表を公表することとされている。

4　評議員会の設置は任意である。

5　福祉人材確保に関する指針を策定する責務がある。

　次のうち、セルフヘルプグループ（self-help group）に該当するものとして、**最も適切なもの**を1つ選びなさい。

1　町内会

2　学生自治会

3　患者会

4　専門職団体

5　ボランティア団体

問題6

1　○　共同募金は、赤い羽根共同募金とも呼ばれ、「**社会福祉法**」に規定されている社会福祉事業です。社会福祉法人中央共同募金会を連合体とした、**都道府県ごとの共同募金会**によって実施されています。

2　×　NGOとは、**非政府組織**のことを指します。貧困や環境などの国際問題に対して、**民間の立場から支援**活動を行う団体です。

3　×　NPOとは、非営利組織のことを指します。営利を目的とせず、社会貢献活動に携わる**民間の団体**です。「特定非営利活動促進法」に基づき、都道府県知事から認証を受けた法人は**NPO法人**と呼ばれます。

4　×　企業の社会的責任（CSR）による社会貢献とは、利潤の追求だけではなく、社会に対し**責任**を果たし、共に発展していくための活動を指します。

5　×　コミュニティビジネスとは、**地域住民**が主体となって、地域課題の解決に**ビジネスの手法**で取り組むものです。地域コミュニティの再生や活性化をもたらすものとして期待されています。

正解　**1**

問題7　社会福祉法人は、「社会福祉法」に基づいて創設された、社会福祉事業を行うことを目的とする非営利の法人です。

1　×　社会福祉法人を設立するにあたっては、**都道府県知事または市長**（法人の行う事業が2以上の地方厚生局の区域にわたり、特定の要件を満たす法人は厚生労働大臣）に届け出ます。

2　×　社会福祉法人は、社会福祉事業に支障がない限り、**公益事業と収益事業の実施も可能**です。

3　○　記述のとおりです。公表は、社会福祉法第59条の2第1項および社会福祉法施行規則第10条第1項の規定により、**インターネットの利用により行う**ものとされています。

4　×　社会福祉法第36条において、「社会福祉法人は、**評議員、評議員会、理事、理事会**及び**監事を置かなければならない**」と定められています。

5　×　社会福祉法人は、福祉人材確保に関する指針を策定する責務はありません。

正解　**3**

問題8　セルフヘルプグループは**自助グループ**ともいい、病気や障害などに問題を抱えた当事者同士が課題を共有し、お互いに支援を行うことをいいます。

1　×　**町内会**とは、地域住民の**生活課題**に対処するために、地域生活に関わる施設やサービスを**管理・運営**している組織をいい、セルフヘルプグループには該当しません。

2　×　**学生自治会**とは、学生同士の**親睦**や**自治**などを目的として組織された団体をいい、セルフヘルプグループには該当しません。

3　○　**患者会**とは、同じ病気を抱えた患者やその家族などが集まり、悩みや不安などを話し合う場であり、セルフヘルプグループに該当します。

4　×　**専門職団体**は職能団体ともいい、介護や医療などの専門職が自らの**専門性を向上**させ、待遇等を**維持・改善**していくための組織のことで、セルフヘルプグループには該当しません。

5　×　**ボランティア団体**とは、**公共の利益**のために、**自発的**に、かつ無償で活動を行う集団をいい、セルフヘルプグループには該当しません。

正解　**3**

問題9 A 35-7 **地域福祉の推進**

社会福祉法に基づく、都道府県や市町村において地域福祉の推進を図ることを目的とする団体として、**正しいものを1つ**選びなさい。

1　特定非営利活動法人（NPO法人）
2　隣保館
3　地域包括支援センター
4　基幹相談支援センター
5　社会福祉協議会

問題10 A 35-8 **包摂的なコミュニティ、地域や社会を創るという考え方**

近年、人と人、人と社会とがつながり、一人ひとりが生きがいや役割をもち、助け合いながら暮らしていくことのできる、包摂的なコミュニティ、地域や社会を創るという考え方が示されている。この考え方を表すものとして、**最も適切なものを1つ**選びなさい。

1　ナショナルミニマム（national minimum）
2　バリアフリー社会
3　介護の社会化
4　生涯現役社会
5　地域共生社会

問題11 B 32-5 **自助・互助・共助・公助**

地域包括ケアシステムでの自助・互助・共助・公助に関する次の記述のうち、**最も適切なものを1**つ選びなさい。

1　自助は、公的扶助を利用して、自ら生活を維持することをいう。
2　互助は、社会保険のように制度化された相互扶助をいう。
3　共助は、社会保障制度に含まれない。
4　共助は、近隣住民同士の支え合いをいう。
5　公助は、自助・互助・共助では対応できない生活困窮等に対応する。

START!
GOAL!!　クリア！CHAPTER 1　クリア！CHAPTER 2

問題9

1 × 特定非営利活動法人（NPO法人）は、**特定非営利活動促進法**に基づいて創設された、**不特定かつ多数の者の利益のために活動する法人**です。

2 × 隣保館は、**社会福祉法**に基づいて設置されている施設ですが、「地域社会全体の中で福祉の向上や人権啓発の住民交流の拠点となる開かれたコミュニティーセンターとして、生活上の各種相談事業や人権課題の解決のための各種事業を総合的に行うこと」を目的としています。

3 × 地域包括支援センターは、2005（平成17）年の**介護保険法**改正によって創設された、**地域包括ケアシステム**の中核となる機関です。

4 × 基幹相談支援センターは、**障害者総合支援法**に基づいて設置された、地域における相談支援の中核的な役割を担う機関です。

5 ○ 社会福祉協議会は、**社会福祉法**に基づき、**都道府県**や**市区町村**に設置されている社会福祉法人です。社会福祉を目的とする事業の企画・実施などを通じて、**地域福祉の推進**を図っています。

正解 5

問題10

1 × ナショナル・ミニマムは、20世紀の初め頃にイギリスの**ウェッブ夫妻**によって提唱された理念で、国家が国民に保障する、**最低限度の生活水準**を指します。

2 × バリアフリー社会とは、人が生活を送るうえで問題となる、あらゆる**障壁（バリア）がすべて取り除かれた社会**のことです。

3 × 介護の社会化とは、従来の個々の家族の努力によってではなく、介護を必要とする高齢者を社会全体**で支えていく**考え方をいいます。この考え方を具現化した施策が**介護保険**制度です。

4 × 生涯現役社会とは、働く意欲と仕事能力のある人が、**年齢にかかわりなく**、その力を**十分に発揮できる社会**をいいます。

5 ○ 設問の内容は、2016（平成28）年に閣議決定された「**ニッポン一億総活躍プラン**」で示された地域共生社会の理念です。

正解 5

問題11

1 × 自助とは、自ら働いて、または自らの年金収入などにより、**自らの生活を支え**、自らの健康は、市場サービスを購入するなど、**自ら維持する**ことです。

2 × 互助とは、家族や友人、近隣の助け合いやボランティアなど、**インフォーマルな相互扶助**のことです。

3 × 共助とは、年金保険や医療保険、介護保険などの**社会保険**および**サービス**といった制度化**された相互扶助**のことです。

4 × 記述は、互助の説明です。

5 ○ 公助とは、記述のような状況に対し、所得や生活水準・家庭状況などの**受給要件**を定めたうえで必要な生活保障を行う社会福祉等のことです。

正解 5

問題12　A　26-10　社会保障の機能と範囲

社会保障に関する次の記述のうち、**最も適切なもの**を1つ選びなさい。

1　ナショナルミニマム（national minimum）の理念は、デンマークで生まれた。

2　社会保険制度は、保険料を支払った人に受給権を保障する仕組みである。

3　生活保護制度は、現物給付を行わない。

4　社会福祉制度は、生活困窮者の貨幣的ニーズの充足を目的としている。

5　社会手当制度は、サービスの現物給付を行う。

問題13　C　35-9　50年勧告

我が国の社会保障制度の基本となる、1950年（昭和25年）の社会保障制度審議会による「社会保障制度に関する勧告」の内容として、**最も適切なもの**を1つ選びなさい。

1　生活困窮者自立支援法の制定の提言

2　社会保障制度を、社会保険、国家扶助、公衆衛生及び医療、社会福祉で構成

3　介護保険制度の創設の提言

4　保育所の待機児童ゼロ作戦の提言

5　介護分野におけるICT等の活用とビッグデータの整備

問題14　A　33-7　福祉六法

次のうち、福祉三法に続いて制定され、福祉六法に含まれるようになった法律として、**正しいもの**を1つ選びなさい。

1　社会福祉法

2　地域保健法

3　介護保険法

4　老人福祉法

5　障害者基本法

START! GOAL!!　クリア！クリア！　CHAPTER 1　CHAPTER 2

32

解答・解説

解答・解説

問題12

1　×　ナショナル・ミニマムとは、**国家が国民に保障する**最低限度の生活水準のことを指します。20世紀のはじめ頃に、**イギリスのウェッブ夫妻**によって提唱された考え方です。

2　○　社会保険制度は、被保険者の**保険料**などを財源として、加齢や疾病、失業などのリスクに対し、受給権に基づき一定基準の給付を行う制度です。年金保険、医療保険、雇用保険、労働者災害補償保険、介護保険に分類されます。

3　×　生活保護制度における扶助のうち、**医療扶助**と**介護扶助**は**現物給付**です。

4　×　社会福祉制度は、物品の支給や人的サービスの提供などの**現物給付**によって、**非貨幣的ニーズ**を充足することも目的としています。

5　×　社会手当制度は、社会保険制度のように保険料を納める必要のない、無拠出型の**金銭給付**によって行われる制度です。児童手当、特別障害者手当などがあります。

正解　2

問題13

1　×　生活困窮者自立支援法の制定の提言は、**2013（平成25）年**の「**生活困窮者の生活支援の在り方に関する特別部会**」（社会保障審議会）で行われています。

2　○　1950（昭和25）年の「社会保障制度に関する勧告」（社会保障制度審議会）では、社会保障制度を「**疾病、負傷、分娩、廃疾、死亡、老齢、失業、多子**その他困窮の原因に対し、保険**的方法**又は直接公の**負担**において経済保障の途を講じ、生活困窮に陥った者に対しては、**国家扶助**によって最低限度**の生活を保障**するとともに、公衆衛生及び社会福祉の向上を図り、もってすべての国民が文化的社会の成員たるに値する生活を営むことができるようにすること」と定義しています。

3　×　介護保険制度の創設の提言は、**1995（平成7）年**の「**社会保障体制の再構築（勧告）～安心して暮らせる21世紀の社会をめざして～**」（社会保障制度審議会）で行われています。

4　×　保育所の待機児童ゼロ作戦の提言は、**2001（平成13）年**に閣議決定された「**仕事と子育ての両立支援策の方針について**」（男女共同参画会議）で行われています。

5　×　介護分野におけるICT等の活用とビッグデータの整備は、**2016（平成28）年**の「**医療・介護分野におけるICT活用**」（未来投資会議）で行われています。

正解　2

問題14

　福祉三法とは、1946（昭和21）～1950（昭和25）年にかけて制定された、戦後の**福祉施策の中核**となった法律のことで、**生活保護法、児童福祉法、身体障害者福祉法**の3つを指します。また、福祉六法とは、福祉三法の対象に含まれていなかった人たちへの支援を目的として、1960（昭和35）～1964（昭和39）年にかけて制定された老人福祉法、精神薄弱者福祉法（現：**知的障害者福祉法**）、母子福祉法（現：**母子及び父子並びに寡婦福祉法**）をいいます。

正解　4

CH
3
社会の理解

問題15 B 32-8 社会保障の費用と財源

2015年度（平成27年度）以降の社会保障の財政に関する次の記述のうち、**最も適切なもの**を１つ選びなさい。

1 後期高齢者医療制度の財源で最も割合が大きいものは、後期高齢者の保険料である。

2 社会保障給付費の財源では、税の占める割合が最も大きい。

3 生活保護費の財源内訳は、社会保険料と税である。

4 国の一般会計予算に占める社会保障関係費の割合は、30％を超えている。

5 社会保障給付費の給付額では、医療費の構成割合が最も大きい。

問題16 B 33-8改 社会保障給付費

2021年度（令和３年度）の社会保障給付費に関する次の記述のうち、**正しいもの**を１つ選びなさい。

1 国の一般会計当初予算は、社会保障給付費を上回っている。

2 介護対策の給付費は、全体の30％を超えている。

3 年金関係の給付費は、全体の40％を超えている。

4 医療関係の給付費は、前年度より減少している。

5 福祉その他の給付費は、前年度より減少している。

問題17 B 29-8改 社会保障給付費

社会保障給付費に関する次の記述のうち、**正しいもの**を１つ選びなさい。

1 サービス関連の給付費を除いて、１年間に給付される現金の総額である。

2 2000年度（平成12年度）以降の給付費に占める介護対策の割合は増加傾向にある。

3 2021年度（令和３年度）の給付費の総額は約50兆円である。

4 2021年度（令和３年度）の給付費を制度別にみると、社会保険が約７割を占めている。

5 2021年度（令和３年度）の「年金」「医療」「福祉その他」の部門別割合は約５対４対１である。

解答・解説

問題15

1　✕　後期高齢者医療制度の財源で最も割合が大きいのは、公費（5割）です。後期高齢者の保険料は1割です。

2　✕　「社会保障費用統計（概要）」によれば、2015（平成27）年度以降の社会保障給付費の財源の占める割合で最も大きいのは「社会保険料」で、次いで「税（公費負担）」となっています。

3　✕　生活保護は、社会保険制度ではなく公的扶助であるため、財源はすべて税金（公費負担）で給付が行われています。

4　○　記述のとおりです。

5　✕　「社会保障費用統計（概要）」によれば、2015（平成27）年度以降の社会保障給付費を部門別にみると、総額に占める割合は「年金」が最も大きく、次いで「医療」「福祉その他」の順となっています。

正解　4

問題16

1　✕　2021年度の一般会計当初予算は106兆6097億円、社会保障給付費（138兆7433億円）を下回っています。

2　✕　「2021（令和3）年度社会保障費用統計」によれば、介護対策の給付費は11兆2117億円であり、全体の8.1％を占めています。

3　○　同統計によれば、年金関係の給付費は55兆8151億円であり、全体の40.2％を占めています。

4　✕　同統計によれば、医療関係の給付費は47兆4205億円（全体の34.2％）であり、前年度（42兆7193億円）に比べて増加しています。

5　✕　同統計によれば、福祉その他の給付費は35兆5076億円（全体の25.6％）であり、前年度（33兆8682億円）に比べて増加しています。

正解　3

問題17

1　✕　社会保障給付費とは、1年間のうちに国民に給付された、社会保障制度に関わる金銭・サービスの総額を指すものです。

2　○　社会保障給付費に占める介護対策の割合は、2000（平成12）年度の時点で4.2％。その後は増加傾向が続いており、2021（令和3）年度は8.1％となっています。

3　✕　2021（令和3）年度の社会保障給付費の総額は138兆7433億円です。

4　✕　2021（令和3）年度の社会保障給付費を制度別にみると、社会保険が約9割を占めています。

5　✕　2021（令和3）年度の「年金」「医療」「福祉その他」の部門別割合は、約4（40.2％）対約3.5（34.2％）対約2.5（25.6％）になっています。

1994（平成6）年の高齢社会福祉ビジョン懇談会にて「21世紀福祉ビジョン─少子・高齢社会に向けて─」が発表され、社会保障に占める年金：医療：福祉の割合を5：4：1から5：3：2にすることが提言されました。

正解　2

問題18
B　**29-7** 日本の社会保険制度

日本の社会保険制度に関する次の記述のうち、**適切なもの**を 1 つ選びなさい。

1　加入は、個人が選択できる。

2　保険料だけで運営され、公費負担は行われない。

3　医療保険、年金保険、雇用保険、労災保険、介護保険の 5 つである。

4　給付の形態は、現金給付に限られる。

5　保険料は、加入者個人のリスクに見合った額になる。

問題19
B　**25-8** 年金保険の概要（国民年金）

国民年金の被保険者に関する次の記述のうち、**正しいもの**を 1 つ選びなさい。

1　被保険者にならなければならない者は、被用者でない場合、20歳以上65歳未満の者である。

2　国籍にかかわらず、要件を満たせば被保険者となる。

3　厚生年金の被保険者である者は、国民年金の被保険者にはなれない。

4　20歳以上でも学生である期間は、被保険者にはなれない。

5　厚生年金の被保険者に扶養されている配偶者は、被保険者にはなれない。

問題18

1 × 社会保険のうち、医療保険や年金保険への加入は、個人の選択によるものではなく、「**国民皆保険・国民皆年金体制**」を敷いています。例えば年金保険については、日本国内に居住している**20歳以上60歳未満のすべての人**が、国民年金の被保険者になります。

2 × 日本の社会保険制度は、被保険者の**保険料を主要な財源**として、**公費負担**も併せて行われています。国立社会保障・人口問題研究所「令和2（2020）年度　社会保障費用統計」によると、社会保障給付費の財源（社会保障財源）は、**社会保険料が39.8％**、**公費負担が31.9％**となっています。

3 ○ 記述のとおりです。

4 × 現金給付の大部分は、保険事故の発生によって喪失した所得を補うための所得保障給付で、現物給付の代表的なものは**医療**や**介護**です。

5 × 例えば、介護保険の第1号被保険者の保険料は、市町村ごとに、まず介護サービスの見込量などに基づく基準額が設定されます。基準額に対して所得段階に応じた保険料率をかけることで、段階ごとの保険料が算出されます。こうしたしくみにより低所得者の保険料軽減が図られていますが、加入者個人のリスク（要介護度の上昇などの介護の必要性）に合わせたものではありません。

正解 3

問題19 国民年金の被保険者は、**第1号被保険者**から**第3号被保険者**までに分類されます（ポイントチェックを参照）。

1 × 国民年金の被保険者になることが義務づけられている者は、被用者でない場合＝厚生年金の被保険者などではない者の場合、原則として**20歳以上60歳未満**の者です。

被用者とは、**使用者に雇用されて労働に従事する者**、つまり民間企業の会社員や公務員などを指します。

2 ○ 国籍にかかわらず、**日本国内に住所があれば**、国民年金の被保険者となります。

3 × 年金は**3階建ての構造**になっていて、1階部分は全国民を対象とした**基礎年金**であり、この部分が**国民年金**に該当します。2階部分は国民年金に上乗せして給付されるもので、この部分に**厚生年金**が含まれます。そのため、厚生年金の被保険者となるサラリーマンなどの民間企業の会社員や公務員は、**国民年金に加えて厚生年金に加入**することになります。

4 × **20歳以上**になれば、学生でも国民年金の被保険者となります。ただし、申請によって在学中の保険料納付が猶予される**学生納付特例制度**が設けられています。

5 × 厚生年金の被保険者＝第2号被保険者に扶養されている配偶者は、**第3号被保険者**として国民年金に加入します。

正解 2

医療保険の概要

　Eさん（64歳、男性）は、4年前に企業を定年退職して無職であり、専業主婦の妻と二人で年金生活をしている。他の家族の医療保険の被扶養者ではない。ある日、Eさんは、自宅の庭掃除をしている時に転倒して、大腿骨を骨折（fracture）した。そのため病院で手術をすることになった。

　次の制度のうち、医療費の支払いに適用できるものとして、**正しいものを1つ**選びなさい。

I　国民健康保険

2　介護保険

3　労働者災害補償保険

4　健康保険

5　後期高齢者医療

医療保険の概要

　Cさん（30歳、女性）は介護老人福祉施設で常勤職員として働いている。出産を来月に控えて、産前6週間・産後8週間の予定で産休を取ることにした。

　産休中のCさんの所得の喪失または減少を補填するために、医療保険制度から支給されるものとして、**適切なものを1つ**選びなさい。

I　出産育児一時金

2　休業補償給付

3　傷病手当金

4　育児休業給付

5　出産手当金

労働者災害補償保険制度

　労働者災害補償保険制度に関する次の記述のうち、**正しいものを1つ**選びなさい。

I　パートやアルバイトは、保険給付の対象である。

2　保険料は、雇用主と労働者がそれぞれ負担する。

3　通勤途上の事故は、保険給付の対象外である。

4　業務上の心理的負荷による精神障害は、保険給付の対象外である。

5　従業員がいない自営業者は、保険給付の対象である。

START!
GOAL!!

クリア!
CHAPTER
1

クリア!
CHAPTER
2

38

問題20 **医療保険**には「健康保険」「国民健康保険」「共済組合」「船員保険」「後期高齢者医療制度」があります。

1 ○ Eさんが企業に勤めていたときの医療保険は健康保険であったと考えられますが、退職し、無職である現在は**国民健康保険**の被保険者となります。

2 × 介護保険は、要介護等認定を受けて、介護保険サービスを利用するものです。手術にかかる医療費の支払いに適用できるものではありません。

3 × 労働者災害補償保険は**業務中**や**通勤途中**の災害や事故を原因として労働者が負傷あるいは病気にかかったり死亡したときに保険給付を行うものです。労働者ではないEさんには適用されません。

4 × 企業の被用者ではなくなったEさんは、健康保険の被保険者ではありません。

5 × 後期高齢者医療は、2008（平成20）年に「高齢者医療確保法」のもとでスタートしたもので、75歳以上の人（後期高齢者）が被保険者となるものです。ただし、65〜74歳の人も一定の障害が認められると対象になります。

正解 **1**

問題21

1 × 出産育児一時金は、**健康保険・国民健康保険**などの被保険者やその被扶養者が出産したとき、出産に要する経済的負担を軽減するため、一定の金額を支給するものです。

2 × 休業補償給付は、**労働者災害補償保険**の一種です。労働者が業務災害による療養のため労働することができず、賃金を受けていない場合に、その第4日目から支給が行われます。なお、通勤災害の場合は**休業給付**が支給されます。

3 × 傷病手当金は、**健康保険**などの被保険者を対象として、**業務災害や通勤災害**を原因としない病気や負傷のために療養し、労働することができずに賃金を受けていない場合に、その**第4日目**から支給が行われるものです。

4 × 育児休業給付は、満1歳未満の子どもを養育するために育児休業を取得した、**雇用保険**などの被保険者を対象として、産後休業期間（8週間）の終了後から育児休業給付金を支給するものです。

5 ○ 出産手当金は、**健康保険**などの被保険者が出産のため会社を休み、賃金を受けていない場合に、出産の日以前**42日**から出産の翌日以後**56日目**までの間で、会社を休んだ期間を対象として支給されます。

正解 **5**

問題22

1 ○ 労働者災害補償保険制度では、公務員や小規模な農林水産業の事業に従事する者を除き、**すべての労働者（アルバイトやパートタイム労働者も含む）**が保険給付の対象となります。

2 × 労働者災害補償保険制度の保険料は、**全額事業主**が負担します。労働者本人の負担はありません。

3 × 労働者災害補償保険制度は、**業務災害**のほか、**通勤途中での災害や事故**も、**保険給付**の対象となります。

4 × 厚生労働省が2011（平成23）年に策定した「心理的負荷による精神障害の認定基準」によると、**認定要件を満たした場合**には**保険給付**の対象とされています。

5 × 労働者災害補償保険制度は、**労働者やその遺族の生活の安定を図る**ことを目的としています。従業員がいない自営業者は、原則として**保険給付**の対象外となります。

正解 **1**

問題23　B　26-12　介護保険制度の特徴

介護保険法に関する次の記述のうち、**適切なもの**を**1つ**選びなさい。

1　法の施行前は、国が高齢化対策に関しての計画を策定することはなかった。
2　家族の自助努力による介護の推進を基本としている。
3　保険給付は、介護給付と予防給付の2種類である。
4　国民の共同連帯の理念に基づくものである。
5　介護サービスの提供主体を社会福祉法人に限定している。

問題24　A　30-10　介護保険法の目的

介護保険法第1条に規定されている内容に関する次の記述のうち、**正しいもの**を**1つ**選びなさい。

1　高齢社会対策の基本理念や基本となる事項を定める。
2　福祉サービス利用者の利益の保護及び地域福祉の推進を図る。
3　介護が必要となった者等が尊厳を保持し、その有する能力に応じ自立した日常生活を営めるよう、保険給付を行う。
4　疾病、負傷若しくは死亡又は出産に関して保険給付を行う。
5　老人の福祉に関する原理を明らかにし、老人に対し、心身の健康の保持及び生活の安定のために必要な措置を講じる。

問題25　A　31-12　介護保険制度の動向

2018年（平成30年）に施行された介護保険制度の利用者負担に関する次の記述のうち、**正しいもの**を**1つ**選びなさい。

1　施設の食費は、材料費等の実費を新たに全額自己負担することになった。
2　補足給付の支給要件から資産が除かれた。
3　居宅介護サービス計画費について自己負担が導入された。
4　施設の居住費は、新たに保険給付の対象外とされた。
5　一定以上の所得のある利用者に対して3割負担が導入された。

START!　GOAL!!　クリア！クリア！　CHAPTER 1　CHAPTER 2

40

問題23

1 × 2000（平成12）年に「介護保険法」が施行されるまで、1989（平成元）**年**の「**高齢者保健福祉推進十か年戦略**」（ゴールドプラン）などが策定され、介護サービスの基盤が整えられていきました。

2 × 介護保険制度が創設された背景には、介護の**長期化**や**重度化**、家族の**介護力の低下**などがあります。家族の自助努力による介護の推進は、制度のめざす方向と逆行するものです。

3 × 介護給付、予防給付、市町村特別給付の**3**種類があります。

4 ○ 「介護保険法」第1条の目的に、「**国民の共同連帯の理念に基づき**」介護保険制度を設けることが示されています。これは、介護を必要とする高齢者を**社会全体**で支え合うことを基本とする考え方です。

5 × 介護サービスを提供する事業者は、都道府県や市町村から、法に基づく**指定**を受けて、サービスを実施しています。社会福祉法人だけでなく、**NPO法人**、**株式会社**など、さまざまな提供主体が存在します。

正解 4

問題24

1 × 記述は、**高齢社会対策基本法**第1条に規定されている内容です。

2 × 記述は、**社会福祉法**第1条に規定されている内容です。

3 ○ 介護保険法第1条に規定されている内容です。

4 × 記述は、**健康保険法**第1条に規定されている内容です。

5 × 記述は、**老人福祉法**第1条に規定されている内容です。

正解 3

問題25

1 × 施設の食費は、**2006（平成18）年**に施行された介護保険制度の改正で、すでに**全額自己負担**とされました。

2 × **2015（平成27）年**に施行された介護保険制度改正において、**補足給付の支給要件に資産が**追加されましたが、2018（平成30）年の制度改正で支給要件から**削除されてはいません**。

3 × 居宅介護サービス計画費は、介護保険制度創設当初から**費用の全額**（10割）が給付されており、現在でも**自己負担はありません**。

4 × 記述は、**2006（平成18）年**に施行された介護保険制度の改正内容です。

5 ○ 2018（平成30）年8月から、**第1号被保険者**で**利用者負担が2割**の者のうち特に所得の高い層に対して、**3割負担が導入**されました。

このほか、2018（平成30）年度から、介護医療院と共生型サービスが創設されています。

正解 5

33-9 介護保険の保険者

介護保険法の保険者として、**正しいもの**を１つ選びなさい。

1 社会保険診療報酬支払基金

2 市町村及び特別区

3 国民健康保険団体連合会

4 厚生労働省

5 日本年金機構

 29-10 介護保険の保険者の役割

介護保険制度における保険者の役割として、**正しいもの**を１つ選びなさい。

1 居宅サービス事業者の指定

2 保険給付に関する事務

3 要介護認定の基準の設定

4 介護保険審査会の設置

5 介護支援専門員（ケアマネジャー）の登録

解答・解説

問題26

　介護保険の保険者は、地域住民にとって最も身近な自治体である**市町村**および**特別区**（東京23区）とされています。

被保険者の数が少ない地域などは、市町村の枠を超え、広域連合や一部事務組合が保険者となることも認められています。

正解 2

問題27

1　✕　居宅サービス事業者の指定は、**都道府県**の役割です。

2　〇　償還払いの保険給付の支給など、**保険給付に関する事務**は、保険者である**市町村**などの役割です。

3　✕　要介護認定の基準の設定は、国の役割です。

4　✕　要介護認定の認定結果に対する、被保険者の**不服申立て**を受け付ける介護保険審査会の設置は、**都道府県**の役割です。

5　✕　介護支援専門員（ケアマネジャー）の試験や研修、登録に関する事務は、**都道府県**の役割です。

正解 2

ポイント
チェック

介護保険制度における保険者の主な役割

● 被保険者の資格管理
　→被保険者証の発行、第1号被保険者の保険料の設定（市町村介護保険事業計画に盛り込まれる介護サービスの見込量などに基づき基準額が決められる）、保険料の徴収など

● 市町村介護保険事業計画の策定
　→保険給付を円滑に実施するための計画。**3年を1期として策定**

● サービス事業者の指定：地域密着型サービス事業者など

● 地域支援事業の実施

● 要介護認定等に関わる事務や、**介護認定審査会**の設置

問題28 **A** 34-10 介護保険の財源

介護保険制度の保険給付の財源構成として、**適切なもの**を1つ選びなさい。

1 保険料
2 公費
3 公費、保険料、現役世代からの支援金
4 公費、第一号保険料
5 公費、第一号保険料、第二号保険料

問題29 **A** 32-9 介護保険の被保険者

介護保険制度の被保険者に関する次の記述のうち、**正しいもの**を1つ選びなさい。

1 加入は任意である。
2 第一号被保険者は、65歳以上の者である。
3 第二号被保険者は、20歳以上65歳未満の医療保険加入者である。
4 第一号被保険者の保険料は、都道府県が徴収する。
5 第二号被保険者の保険料は、国が徴収する。

問題30 **A** 27-10 介護保険の被保険者

介護保険の被保険者に関する次の記述のうち、**適切なもの**を1つ選びなさい。

1 40歳以上65歳未満の医療保険加入者は、住所のある市町村の被保険者になる。
2 自宅の住所と違う自治体にある介護保険施設に入所して住所変更した場合は、変更後の市町村の被保険者になる。
3 他の市町村に住所を変更した場合、年度中は転出前の市町村の被保険者の資格を継続する。
4 第1号被保険者の資格の取得および喪失に関する事項は、被保険者本人が市町村に届け出なければならない。
5 他の都道府県に住所を変更した場合、転出前の都道府県に変更届を提出しなければならない。

START! GOAL!! クリア！クリア！ CHAPTER 1 CHAPTER 2

44

問題28

　介護保険制度の保険給付の財源構成は、**公費50％**と**保険料50％**（第１号保険料、第２号保険料）です。選択肢３の公費、保険料、現役世代からの支援金は、**後期高齢者医療制度**の財源構成です。

正解　5

問題29　介護保険の被保険者は、**第１号被保険者**と**第２号被保険者**に分けられます。

1　×　介護保険制度は**社会保険制度**であるため、法に基づいた強制加入となっています。

2　○　記述のとおりです。第２号被保険者の対象となるのは、**市町村の区域内に住所を有する40歳以上65歳未満の医療保険加入者**です。

3　×　第２号被保険者の資格要件は、**40歳以上65歳未満の医療保険加入者**です。

4　×　第１号被保険者の保険料は、**市町村**が徴収します。

5　×　第２号被保険者の保険料は、**医療保険者**が医療保険料と合わせて徴収します。

正解　2

問題30

1　○　介護保険の第１号被保険者の対象となるのは、保険者である**市町村の区域内に住所を有する65歳以上の者**です。第２号被保険者の対象となるのは、**市町村の区域内に住所を有する40歳以上65歳未満の医療保険加入者**です。

2　×　介護保険制度では、特定の市町村に負担が集中しないように、**住所地特例**という制度が設けられています。これは、自宅の住所と異なる市町村にある施設（介護保険施設、有料老人ホーム、養護老人ホームなど）に入所した場合、**入所前の市町村が引き続き保険者となる**制度です。

3　×　他の市町村から住所を変更した場合、転出後の市町村における被保険者の資格は、**転入日から発生**します。

4　×　第１号被保険者の資格の取得や喪失に関する届出は、被保険者が属する世帯の**世帯主**も行うことができます。

5　×　他の都道府県に住所を変更した場合、変更届の提出は、保険者である転出前の**市町村**に対して行います。

正解　1

ポイント
チェック

介護保険被保険者資格の取得と喪失

	資格の取得・喪失日
資格の取得	●第１号被保険者は**65歳の誕生日の前日** ●第２号被保険者は**40歳の誕生日の前日** ●40歳以上65歳未満の医療保険未加入者が、医療保険に加入したときや、その年齢の人が市町村に移転したとき ●住民である40歳以上65歳未満の医療保険加入者、65歳以上の者が適用除外施設を退所したとき
資格の喪失	●死亡した場合は、**死亡日の翌日**に喪失する ●市町村から引っ越した場合は、**翌日**に喪失する ●適用除外施設に入所した場合は、**翌日**に喪失する ●第２号被保険者が医療保険加入者でなくなった場合、**当日**に喪失する

問題31
A　33-10　**要介護認定の流れ**

介護保険制度の利用に関する次の記述のうち、**最も適切なものを1つ**選びなさい。

1　要介護認定は、介護保険被保険者証の交付の前に行う。

2　要介護認定には、主治医の意見書は不要である。

3　要介護認定の審査・判定は、市町村の委託を受けた医療機関が行う。

4　居宅サービス計画の作成は、原則として要介護認定の後に行う。

5　要介護者の施設サービス計画の作成は、地域包括支援センターが行う。

問題32
A　26-13　**要介護認定の流れ**

介護保険法に規定される要介護認定に関する次の記述のうち、**正しいものを1つ**選びなさい。

1　要介護認定の対象は、65歳以上の者に限られる。

2　介護認定審査会は、要介護認定の結果を都道府県へ報告しなければならない。

3　要介護認定の取消しが必要な場合は、都道府県が行わなければならない。

4　市町村は、要介護認定の審査及び判定の基準を定める。

5　市町村は、要介護認定の結果を当該被保険者に通知しなければならない。

問題33
A　35-10　**要介護状態区分の変更申請**

Eさん（75歳、女性、要介護2）は、訪問介護（ホームヘルプサービス）を利用している。最近、Eさんの認知症（dementia）が進行して、家での介護が困難になり、介護老人福祉施設の申込みをすることにした。家族が訪問介護員（ホームヘルパー）に相談したところ、まだ要介護認定の有効期間が残っていたが、要介護状態区分の変更の申請ができることがわかった。

家族が区分変更するときの申請先として、**正しいものを1つ**選びなさい。

1　介護保険の保険者

2　後期高齢者医療広域連合

3　介護保険審査会

4　国民健康保険団体連合会

5　運営適正化委員会

START!
GOAL!!　クリア！クリア！　CHAPTER 1　CHAPTER 2

46

問題31

1　×　要介護認定は、介護保険被保険者証の交付後に行われます。介護保険被保険者証は、**第1号被保険者**は65歳到達月に交付されます。**第2号被保険者**の場合は、**要介護認定を**申請した、または**交付の求め**があった人に交付されます。

2　×　要介護認定では、**介護認定審査会**が一次判定の結果と主治医意見書などを基に二次判定を行います。

3　×　要介護認定の審査・判定（二次判定）は、**市町村**が設置する介護認定審査会が行います。

4　○　要介護度によって**利用できるサービスやその量が**異なるため、居宅サービス計画の作成は、原則として**要介護認定の**後に行われます。

5　×　要介護者に対する**施設サービス計画**の作成は、介護保険施設の介護支援専門員が行います。

正解　4

問題32

1　×　要介護認定の対象には、**40歳以上65歳未満の第2号被保険者**も含まれます。ただし、要介護状態の原因である障害が**特定疾病**によって引き起こされている場合に限られます。

2　×　介護認定審査会は市町村によって設置され、要介護認定における**二次判定**を担います。二次判定の結果は市町村に報告され、要介護1〜5、要支援1・2、非該当のうち、いずれかの認定が行われます。

3　×　要介護認定の取消しを行うのは、保険者である**市町村**です。

4　×　審査・判定は、全国統一の基準によって実施することから、国が決定します。

5　○　要介護認定の結果は、市町村によって、被保険者に郵送で通知されます。

正解　5

問題33

1　○　要介護認定の申請先は、新規認定、更新認定、区分変更認定のいずれも、**介護保険の**保険者となります。

2　×　後期高齢者医療広域連合は、**後期高齢者医療制度**の保険者です。

3　×　介護保険審査会は、市町村の要介護認定の結果に対して被保険者が満足できない場合などに、**不服を申し立てる**機関です。都道府県に設置されます。

4　×　国民健康保険団体連合会は、介護保険制度においては、**介護報酬**の審査・支払い、**介護予防・日常生活支援総合事業**に要する費用の審査・支払い、苦情処理、第三者行為求償事務などの業務を担っています。

5　×　運営適正化委員会は、**都道府県社会福祉協議会**に設置され、**福祉サービス**に関する利用者等からの苦情に対する調査・解決などの業務を担っています。

正解　1

問題34　A　29-9　訪問介護

介護保険制度における訪問介護（ホームヘルプサービス）のサービスに含まれるものとして、**適切なものを1つ選びなさい。**

1　理美容サービス

2　通帳と印鑑の預かり

3　生活等に関する相談・助言

4　庭の草むしり

5　訪問日以外の安否確認

問題35　B　34-9　高齢者の住まいの場

Cさん（78歳、男性、要支援1）は、公的年金（月額19万円）で公営住宅の3階で一人暮らしをしている。妻と死別後も通所型サービスを利用し、自炊を楽しみながら生活している。最近、膝の具合がよくないこともあり、階段の上り下りが負担になってきた。そこで、転居について、通所型サービスのD介護福祉士に相談をした。

次のうち、D介護福祉士がCさんに紹介する住まいの場として、**最も適切なものを1つ選びなさい。**

1　認知症対応型共同生活介護（認知症高齢者グループホーム）

2　介護付有料老人ホーム

3　軽費老人ホームA型

4　サービス付き高齢者向け住宅

5　養護老人ホーム

START!
GOAL!!

クリア！ クリア！
CHAPTER 1　CHAPTER 2

問題34

1　×　理美容サービスは、**業務独占**の国家資格である**理容師**や**美容師**にのみ認められた行為のため、訪問介護のサービスには含まれません。

2　×　通帳と印鑑の管理は、判断能力の低下した認知症高齢者などを対象とした、**成年後見制度**や**日常生活自立支援事業**におけるサービスに含まれています。

3　○　訪問回数が他のサービスと比較して多く、個別に対応することから、利用者の生活を把握して信頼関係を築きやすい立場にあります。そのため**生活上の不安など**に関する**相談や助言**が、その役割として期待されています。

4　×　訪問介護員が行わなくても**日常生活**を営むのに支障がないと判断される行為は、介護保険による訪問介護の対象外になります。具体的には、**草むしり**、**水やり**、**犬の散歩などペットの世話**といったことが挙げられます。

5　×　訪問日以外のサービス提供を行うのは適切とはいえず、安否確認は**地域包括支援センター**などにおいて検討すべき内容といえます。

正解　3

問題35

1　×　Cさんは要支援1で認知症の症状もみられないため、認知症対応型共同生活介護（認知症高齢者グループホーム）は利用できません。

2　×　**介護付有料老人ホーム**は、介護保険制度を利用して入浴・排泄・食事の介護などを提供する施設です。Cさんは膝の具合が悪く、階段の上り下りには負担を感じていますが、それ以外のことは自立している状況です。D介護福祉士がCさんに紹介する住まいの場として不適切です。

3　×　**軽費老人ホームA型**は、**無料**または**低額**な料金で高齢者を入所させ、**食事**などの日常生活上必要なサービスを提供することを目的とした施設です。自炊ができるCさんに紹介する住まいの場として不適切です。

4　○　サービス付き高齢者向け住宅は、**状況把握サービス**、**生活相談サービス**その他の高齢者が日常生活を営むために必要な福祉サービスを提供する賃貸住宅です。住宅内は**バリアフリー構造**となっているため、膝の具合が悪いCさんに紹介する住まいの場として適切です。

5　×　**養護老人ホーム**は、老人福祉法に基づく措置により入所する施設です。Cさんに紹介する住まいの場として不適切です。

正解　4

32-10 介護予防・日常生活支援総合事業

介護予防・日常生活支援総合事業に含まれる事業として、**適切なもの**を1つ選びなさい。

1　家族介護支援事業

2　予防給付

3　介護給付

4　権利擁護事業

5　第一号訪問事業（訪問型サービス）

 30-11 地域ケア会議

介護保険制度における地域ケア会議の目的として、**適切なもの**を1つ選びなさい。

1　居宅サービス計画の作成

2　事業所の事業運営の推進

3　市町村介護保険事業計画の策定

4　個別ケースの課題分析等を行うことによる地域課題の把握

5　介護認定の審査判定

問題36

1 × 家族介護支援事業は、**地域支援事業の任意事業**に含まれます。

2 × 予防給付は、介護保険制度による**保険給付**のひとつです。

3 × 介護給付は、介護保険制度による**保険給付**のひとつです。

4 × 権利擁護事業は、**地域支援事業の包括的支援事業**に含まれます。

5 ○ 第1号訪問事業（訪問型サービス）は、**地域支援事業の介護予防・日常生活支援総合事業**に含まれます。

正解 5

問題37 **地域ケア会議**は、高齢者が地域において**自立した日常生活が送れるように**、支援体制の検討を行う場です。医療・介護の専門職、民生委員やボランティアなど多様な関係者によって構成されます。

1 × 居宅サービス計画は、主として自宅で生活をしている利用者に対するサービス計画の作成で、主として**介護支援専門員**によって作成されます。

2 × 事業所の事業運営の推進を図るための会議は、設置認可者である**都道府県**が中心となって行うものです。

3 × 市町村介護保険事業計画は、国の定めた基本指針に基づいて保険者である**市町村**が地域の要介護者の程度や介護度ごとの人数などを勘案して作成するものです。

4 ○ 記述のとおりです。**地域課題の把握**は、地域ケア会議の目的のひとつです。

5 × 介護認定の審査判定を行うのは、**介護認定審査会**です。

正解 4

ポイント
チェック

地域支援事業の全体像

介護予防・日常生活支援総合事業	●介護予防・生活支援サービス事業（第1号事業） ❶第1号訪問事業　　❷第1号通所事業 ❸第1号生活支援事業　❹第1号介護予防支援事業 ●一般介護予防事業	
包括的支援事業	❶第1号介護予防支援事業（要支援者以外） ❷総合相談支援業務（事業） ❸権利擁護業務（事業） ❹包括的・継続的ケアマネジメント支援業務（事業）	地域包括支援センターの運営
	●地域ケア会議推進事業※ ❺在宅医療・介護連携推進事業 ❻生活支援体制整備事業 ❼認知症総合支援事業	社会保障充実分
任意事業	介護給付等費用適正化事業、家族介護支援事業など	

※地域ケア会議の実施にかかる費用は、「地域ケア会議推進事業」として「社会保障充実分」で計上

問題38 B 33-11 介護保険制度におけるケアマネジメントと介護支援専門員の役割 ☑

　Cさん（75歳、男性、要支援2）は、訪問介護（ホームヘルプサービス）を利用して一人暮らしをしていた。最近、脳梗塞（cerebral infarction）を起こして入院した。入院中に認知症（dementia）と診断された。退院時の要介護度は2で、自宅での生活継続に不安があったため、Uグループホームに入居することになった。

　Uグループホームの介護支援専門員（ケアマネジャー）が行うこととして、**最も適切なものを1つ**選びなさい。

1　訪問介護（ホームヘルプサービス）を継続して受けるために、Cさんを担当していた地域包括支援センターに連絡する。

2　Uグループホームに入居するときに、認知症対応型共同生活介護計画を作成する。

3　地域の居宅介護支援事業所に、Cさんのケアプランを作成するように依頼する。

4　認知症対応型共同生活介護計画の作成をするときに、認知症（dementia）があるCさんへの説明と同意を省略する。

5　日中の活動を充実するために、地域の通所介護（デイサービス）の利用をケアプランに入れる。

（注）　ここでいう「グループホーム」とは、「認知症対応型共同生活介護事業所」のことである。

問題39 B 30-15 介護保険制度における訪問介護員の役割 ☑

　Fさん（75歳、女性、要介護3）は訪問介護（ホームヘルプサービス）を利用して、自宅（持ち家）で一人暮らしをしている。年金と貯金で生活してきたが、貯金もなくなって利用者負担額の支払いができないので、来月から訪問介護（ホームヘルプサービス）を断りたいとG訪問介護員（ホームヘルパー）に相談した。

　G訪問介護員（ホームヘルパー）の対応として、**最も適切なものを1つ**選びなさい。

1　所属する事業所に、来月から訪問介護（ホームヘルプサービス）の利用がなくなると伝える。

2　扶養義務者がいたら、援助をしてもらうように勧める。

3　生活保護制度の申請を勧める。

4　金融機関から借入れをするように勧める。

5　担当の介護支援専門員（ケアマネジャー）に検討を依頼する。

START! GOAL!! クリア！クリア！ CHAPTER 1 CHAPTER 2

52

問題38

1 × 認知症対応型共同生活介護を利用している間は、訪問介護（ホームヘルプサービス）や通所介護（デイサービス）などの居宅サービス（居宅療養管理指導を除く）や地域密着型サービスは**保険給付の**対象外となります。

2 ○ 記述のとおりです。Uグループホームでは、**認知症対応型共同生活介護計画に沿って**サービスが提供されます。

3 × Cさんのケアプランは、地域の居宅介護支援事業所ではなく、Uグループホームの**計画作成担当者**が作成します。

4 × 認知症対応型共同生活介護計画を作成するときは、Cさんやその家族に**計画の内容**を説明し、Cさんの**同意を得なければなりません**。

5 × **解説1**のとおりです。ただし、グループホームは日中の活動を充実するために、保険給付に準ずる通所介護の活用などに努めます。

正解 2

問題39

1 × Fさんの相談に対応せず、所属の事業所に報告するのは、不適切な対応です。

2 × 「扶養義務者がいたら、援助をしてもらうように勧める」のは、訪問介護員の職務外のことで、不適切な対応です。

3 × **解説2**同様、訪問介護員の職務を逸脱した対応です。

4 × **解説2**同様、訪問介護員の職務を逸脱した対応です。

5 ○ Fさんのケアプランを作成した介護支援専門員に、Fさんの意向を伝え、**ケアプランの見直しの必要性**を相談することは、訪問介護員として適切な対応です。

正解 5

利用者と家族に快適な日常生活を実現することと、日常的な訪問を通じて異常や状態変化の早期発見に努めて次の支援に結びつけることが、訪問介護の果たす役割といえます。

問題40 B 28-11 障害者基本法の規定

障害者基本法に関する次の記述のうち、**正しいもの**を1つ選びなさい。

1　障害者は、自助努力によって社会的障壁を解消しなければならない。

2　政府は、「障害者基本計画」を策定しなければならない。

3　都道府県は、障害者政策委員会を設置しなければならない。

4　「障害者差別解消法」の制定に伴って、差別の禁止に関する条文は削除された。

5　基本的施策に防災及び防犯に関する記述はない。

（注）　1　「障害者基本計画」とは、「障害者のための施策に関する基本的な計画」のことである。
　　　　2　「障害者差別解消法」とは、「障害を理由とする差別の解消の推進に関する法律」のことである。

問題41 B 29-12 「障害者差別解消法」の概要

「障害者差別解消法」に関する次の記述のうち、**適切なもの**を1つ選びなさい。

1　就労における具体的な差別を直接明示している。

2　個人による差別行為への罰則規定がある。

3　行政機関等と事業者に対して、不当な差別的取扱いを禁止している。

4　市町村は、障害者差別解消支援地域協議会を設置しなければならない。

5　障害者の差別に関する相談窓口として、相談支援事業所が指定されている。

（注）　「障害者差別解消法」とは、「障害を理由とする差別の解消の推進に関する法律」のことである。

問題42 B 35-11 聴覚障害者への合理的配慮

Fさん（19歳、女性、身体障害者手帳2級）は、先天性の聴覚障害がある。Fさんは大学生で、授業のときは手話通訳者が配置されている。Fさんは筆記による定期試験を受けることになり、試験実施に関する配慮を大学に申し出た。

次の記述のうち、Fさんの申し出を踏まえた合理的配慮として、**最も適切なもの**を1つ選びなさい。

1　受験時間を延長する。

2　試験問題の文字を拡大する。

3　テキストの持ち込みを許可する。

4　試験監督者が口頭で説明する内容を書面で渡す。

5　問題を読み上げる。

問題40

1　×　「障害者基本法」第2条に、社会的障壁とは**障害者が日常生活・社会生活を送るうえで妨げとなるような**制度や慣行、観念などを指すものと規定されています。自助努力ではなく社会全体でその解消に努めることが求められています。

2　○　同法第11条に、**政府（国）は支援のための施策を総合的・計画的に推進するための基本的な計画＝障害者基本計画を策定する義務がある**と規定されています。

3　×　同法第32条に、**内閣府に障害者政策委員会を置く**ものと規定されています。

4　×　2004（平成16）年の「障害者基本法」改正時に、**差別の禁止**が基本的理念のなかに盛り込まれました。その後2011（平成23）年の同法改正時には、第4条に独立した条文として**差別の禁止**が設けられ、現在に至るまで規定されています。

5　×　同法第26条に、国及び地方公共団体は、障害者が地域社会で安全・安心な生活を営めるように、防災及び防犯に必要な施策を行うものと規定されています。

正解　2

問題41

1　×　2016（平成28）年4月の「障害者差別解消法」施行に伴い、「障害者の雇用の促進等に関する法律」（障害者雇用促進法）が改正され、同法に基づき**障害者差別禁止指針**が策定されました。同指針の示す「差別の禁止」の1項目として、障害者であることを理由として募集・採用対象から排除することなどの「**募集及び採用**」が挙げられています。

2　×　事業者が主務大臣による報告の徴収に従わなかったり、虚偽の報告をしたりした場合と、**障害者差別解消支援地域協議会**における秘密保持義務に違反した場合に、罰則があります。個人を対象とした罰則は設けられていません。

3　○　「障害者差別解消法」では、行政機関等と事業者に対して、**不当な差別的取扱いの禁止**と、**合理的配慮の提供**を義務づけています（**合理的配慮の提供**について、事業者は2024〈令和6〉年4月1日より義務化）。

4　×　国や地方公共団体の機関は、障害者差別を解消するための取り組みを効果的・円滑に行うことを目的として、障害者差別解消支援地域協議会を**組織することができる**とされています。設置が義務づけられているわけではありません。

5　×　障害者やその家族、関係者からの差別に関する相談に応じ、紛争防止や解決のための体制整備を図るのは、国や**地方公共団体**とされています。

正解　3

問題42　合理的配慮とは、具体的には時間やルールの変更、補助器具やサービスの提供、設備や施設への配慮などが挙げられます。

1　×　Fさんは、聴覚障害はあるが、手や視覚の機能は**正常**なので、受験時間を延長したり、試験問題の文字を拡大したりする配慮は必要ありません。

2　×　**解説1**のとおりです。

3　×　定期試験なので、**公正・公平**の観点から、テキストの持ち込みを許可することはできません。

4　○　試験監督者が口頭で説明する内容を**書面で渡す**ことは、聴覚障害であるFさんでも内容を理解することができるため、合理的配慮として適切な対応です。

5　×　Fさんは聴覚障害なので、試験問題を読み上げても内容を理解することはできず、対応として不適切です。

正解　4

問題43
B 　35-12　**障害者基本法の改正**

　我が国の「障害者権利条約」の批准（2014年（平成26年））に向けて行われた、障害者基本法の改正（2011年（平成23年））で新たに法律上に規定されたものとして、**適切なもの**を **1** つ選びなさい。

1　自立支援医療（精神通院医療）の開始

2　共同生活援助（グループホーム）の制度化

3　成年後見制度の創設

4　社会的障壁の除去

5　東京2020パラリンピック競技大会の開催

（注）「障害者権利条約」とは、国際連合の「障害者の権利に関する条約」のことである。

問題44
A 　33-14　**障害者総合支援法における障害者の定義**

　「障害者総合支援法」の障害者の定義に関する次の記述のうち、**適切なもの**を **1** つ選びなさい。

1　18歳以上の者である。

2　65歳未満の者である。

3　難病患者は除外されている。

4　発達障害者は除外されている。

5　精神作用物質による依存症の者は除外されている。

（注）　「障害者総合支援法」とは、「障害者の日常生活及び社会生活を総合的に支援するための法律」のことである。

START!
GOAL!!
クリア！クリア！
CHAPTER 1　CHAPTER 2

56

問題43

　2006年に国連が採択した「障害者権利条約」の社会モデルの考え方を踏まえ、2011（平成23）年に「障害者基本法」が改正され、選択肢4の「**社会的障壁の除去**」が新たに規定されました。選択肢1の「自立支援医療（精神通院医療）の開始」、選択肢2の「共同生活援助（グループホーム）の制度化」、選択肢3の「成年後見制度の創設」、選択肢5の「東京2020パラリンピック競技大会の開催」は、いずれも「障害者権利条約」の批准に向けて行われたものではありません。

正解　4

問題44

1　○　「障害者総合支援法」において、**障害者**とは、**身体障害者福祉法、知的障害者福祉法、「精神保健福祉法」、発達障害者支援法に規定される障害者のうち18歳以上の者**、および難病等に該当する者のうち**18歳以上の者**と定義されています。

2　×　解説1のとおりです。

3　×　解説1のとおりです。

4　×　解説1のとおりです。

5　×　「精神保健福祉法」第5条において、精神障害者とは「統合失調症、**精神作用物質による急性中毒又はその依存症**、知的障害その他の精神疾患を有する者」と定義されています。このため、「障害者総合支援法」における障害者の定義に含まれます。

正解　1

ポイント
チェック

障害者福祉関連法における障害者の定義

「障害者総合支援法」「精神保健福祉法」以外の障害者福祉関連法における障害者等の定義は次のとおり。

法律名	呼称	定義
障害者基本法	障害者	身体障害、知的障害、精神障害（発達障害を含む）その他の心身の機能の障害がある者であって、障害および社会的障壁により継続的に日常生活または社会生活に相当な制限を受ける状態にある者
身体障害者福祉法	身体障害者	別表に掲げる身体上の障害※がある18歳以上の者で、都道府県知事から身体障害者手帳の交付を受けた者
発達障害者支援法	発達障害者	発達障害がある者で、発達障害および社会的障壁により日常生活または社会生活に制限を受ける者（18歳未満は「発達障害児」）
障害者虐待防止法/障害者差別解消法	障害者	障害者基本法と同義

※❶視覚障害、❷聴覚または平へい衡こう機能の障害、❸音声機能、言語機能または咀嚼機能の障害、❹肢体不自由、❺心臓、腎臓または呼吸器の機能の障害その他政令で定める障害（膀胱または直腸の機能の障害、小腸の機能の障害、ヒト免疫不全ウイルスによる免疫の機能の障害、肝臓の機能の障害）

問題45 **A** **35-13** 介護給付の支給に至るまでの流れ

　次のうち、「障害者総合支援法」の介護給付を利用するときに、利用者が最初に市町村に行う手続きとして、**適切なもの**を1つ選びなさい。

1　支給申請
2　認定調査
3　審査会の開催
4　障害支援区分の認定
5　サービス等利用計画の作成

(注)「障害者総合支援法」とは、「障害者の日常生活及び社会生活を総合的に支援するための法律」のことである。

問題46 **A** **33-15** 障害支援区分を判定する組織

　「障害者総合支援法」のサービスを利用するための障害支援区分を判定する組織として、**正しいもの**を1つ選びなさい。

1　身体障害者更生相談所
2　協議会
3　基幹相談支援センター
4　居宅介護事業所
5　市町村審査会

(注)「障害者総合支援法」とは、「障害者の日常生活及び社会生活を総合的に支援するための法律」のことである。

問題47 **A** **35-14** 障害者総合支援制度の利用者負担

　「障害者総合支援法」の居宅介護を利用したときの利用者負担の考え方として、**最も適切なもの**を1つ選びなさい。

1　利用したサービスの種類や量に応じて負担する。
2　利用者の負担能力に応じて負担する。
3　利用したサービス費用の一定の割合を負担する。
4　利用したサービス費用の全額を負担する。
5　利用者は負担しない。

(注)「障害者総合支援法」とは、「障害者の日常生活及び社会生活を総合的に支援するための法律」のことである。

START! GOAL!! クリア! クリア! CHAPTER 1 CHAPTER 2

問題45

　障害者総合支援法の介護給付を利用する際は、まず市町村に**支給申請**（選択肢１）をします。その後、市町村の調査員などが利用者の心身の状況などに関する80項目のアセスメントを含む**認定調査**（選択肢２）を行います。アセスメントの内容をコンピュータに入力して**一次判定**をした後に**市町村審査会**が開催され（選択肢３）、一次判定の結果や医師の意見書などに基づき、**二次判定**を行い、その結果を受けて、市町村が**障害支援区分の認定**（選択肢４）をします。市町村によるサービス支給が決定された後は、利用者が依頼した**指定特定相談支援事業者**がサービス担当者会議を開催し、**サービス等利用計画**を作成します（選択肢５）。

正解　| １ |

問題46

１　×　**身体障害者更生相談所**とは、身体障害者本人やその家族に対し、専門的知識と技術を必要とする相談・指導や医学的、心理学的、職能的な判定業務、**補装具の処方および適合判定**などを行う機関です。障害支援区分の判定は行いません。

２　×　**協議会**とは、障害者本人やその家族に対して、**相談支援事業**をはじめとする支援体制の整備を図る組織です。障害支援区分の判定は行いません。

３　×　**基幹相談支援センター**は、地域の中核的機関として**総合的な**相談支援を行うほか、相談支援事業者間の連絡調整や関係機関の連携の支援を行います。障害支援区分の判定は行いません。

４　×　居宅介護事業所は、「障害者総合支援法」における居宅介護の利用者に対して、**居宅介護計画の作成**や、利用者の**居宅**に訪問して入浴・排泄・食事の**介護**などのサービスを提供します。

５　○　**市町村審査会**は、障害支援区分の判定を**中立・公正な立場**で専門的な観点から行う組織です。一次判定の結果と医師の意見書などに基づき、障害支援区分を判定します。

正解　| 5 |

問題47

１　×　利用したサービスの種類や量に応じて負担する方法を**応益負担**といい、**介護保険制度**や**医療保険制度**で採用されています。

２　○　利用者の負担能力に応じて負担することを、**応能負担**といいます。障害者総合支援法に基づく居宅介護などの障害福祉サービスを利用したときは、所得やサービスの量をふまえて計算された額の負担となります。

３　×　障害者総合支援制度では、**所得に応じた**上限額が決められており、その上限額に達するまでは１割**負担**となります。

４　×　障害者総合支援制度では、利用したサービス費用の全額を負担する償還払いも可能ではありますが、基本的には代理受領による**現物給付**が取り入れられています。

５　×　**解説３**のとおりです。ただし、生活保護受給者や低所得者は、利用者負担はありません。

正解　| 2 |

重度訪問介護に関する次の記述のうち、**適切なもの**を **1** つ選びなさい。

1 外出時における移動中の介護も含まれる。

2 知的障害者は対象にならない。

3 利用者が医療機関に入院した場合、医療機関で支援することはできない。

4 訪問看護の利用者は対象にならない。

5 障害が視覚障害のみの場合でも利用できる。

「障害者総合支援法」における補装具として、**正しいもの**を **1** つ選びなさい。

1 車いす

2 手すり

3 スロープ

4 床ずれ防止用具

5 簡易浴槽

(注)「障害者総合支援法」とは、「障害者の日常生活及び社会生活を総合的に支援するための法律」のことである。

Eさん（30歳、女性、知的障害、障害支援区分2）は、現在、日中は特例子会社で働き、共同生活援助（グループホーム）で生活している。今後、一人暮らしをしたいと思っているが、初めてなので不安もある。

次のうち、Eさんが安心して一人暮らしをするために利用するサービスとして、**適切なもの**を **1** つ選びなさい。

1 行動援護

2 同行援護

3 自立訓練（機能訓練）

4 自立生活援助

5 就労継続支援

START! GOAL!! クリア！クリア！ CHAPTER 1 CHAPTER 2

問題48

1 ○ 障害者総合支援制度に基づく**重度訪問介護**は、常時の介護を必要とする、重度の肢体**不自由者・知的障害者**・精神**障害者**を対象に、居宅における入浴・排泄・食事などの**介護**、調理・洗濯・掃除などの**家事**や、外出時における**移動支援**などを行うサービスです。

2 × 解説 1 のとおり、知的障害者も対象になります。

3 × 「障害者総合支援法」の改正により2018（平成30）年4月1日から、日常的に重度訪問介護を利用している最重度の障害者（障害支援区分6）を対象に、医療機関への入院時も一定の支援が可能となりました。

4 × 「障害者総合支援法」に基づく障害福祉サービスと介護保険法に基づくサービスで重複するものは、介護保険が**優先**となります。重度訪問介護と訪問看護では提供するサービスが異なるため、訪問看護の利用者も重度訪問介護の**利用対象となります**。

5 × 解説 1 のとおり、視覚障害のみの場合は利用することができません。

正解 | 1 |

問題49

1 ○ 「補装具」とは、障害者総合支援法第5条第23項に、「障害者等の身体機能を補完し、又は代替し、かつ、**長期間にわたり継続して使用されるもの**その他の厚生労働省令で定める基準に該当するものとして、義肢、装具、**車いす**その他の厚生労働大臣が定めるものをいう」と規定されています。

2 × 「手すり」は、介護保険法における**福祉用具貸与、介護予防福祉用具貸与**として給付されます。

3 × 「スロープ」は、介護保険法における**福祉用具貸与、介護予防福祉用具貸与**として給付されます。

4 × 「床ずれ防止用具」は、介護保険法における**福祉用具貸与**として給付されます。

5 × 「簡易浴槽」は、介護保険法における**特定福祉用具販売、特定介護予防福祉用具販売**の対象です。

正解 | 1 |

問題50

1 × 障害者総合支援制度に基づく**行動援護**は、知的**障害**や精神**障害**によって行動上著しい困難を有し、**障害支援区分3**以上の障害児・者が対象です。Eさんは知的障害を伴っていますが、障害支援区分2に認定されているので、サービスを利用することができません。

2 × 同制度に基づく**同行援護**は、**視覚障害**によって、移動に著しい困難を有する障害児・者が対象です。Eさんは視覚障害を伴っていませんので、サービスを利用することができません。

3 × 同制度に基づく**自立訓練**（機能訓練）は、**身体障害者**が対象です。Eさんは身体障害を伴っていませんので、サービスを利用することができません。

4 ○ 同制度に基づく**自立生活援助**は、施設入所支援や共同生活援助（グループホーム）を利用していた障害者などを対象に、定期的な**巡回訪問**や随時の**対応**により、円滑な地域生活に向けた相談・助言等を行うサービスです。現在、共同生活援助（グループホーム）で生活しているEさんが、安心して一人暮らしをするために利用できるサービスです。

5 × 同制度に基づく**就労継続支援**は、通常の事業所への雇用が困難な障害者が対象です。すでに特例子会社で働いているEさんが、一人暮らしをするために利用するサービスとして適切ではありません。

正解 | 4 |

発達障害のGさん（38歳、男性）は、高校生の頃に不登校になり、ずっとアルバイトをしながら、統合失調症（schizophrenia）の母親（65歳、精神保健福祉手帳2級）を介護してきた。母親に認知症（dementia）が疑われるようになったが、これからも二人で暮らし続けたいと考えたGさんは、相談支援事業所の介護福祉職に相談した。

Gさんに対する介護福祉職の助言として、**最も適切なもの**を**1つ**選びなさい。

1 地域包括支援センターで、介護保険サービスの情報を得ることを勧める。

2 Gさんが正規に雇用されるように、ハローワークに相談に行くことを勧める。

3 Gさんの発達障害について、クリニックで適切な治療を受けることを勧める。

4 母親に、介護老人福祉施設を紹介する。

5 母親に、精神科病院への入院を勧める。

「2016年（平成28年）生活のしづらさなどに関する調査（全国在宅障害児・者等実態調査）」（厚生労働省）における身体障害、知的障害、精神障害の近年の状況に関する次の記述のうち、**正しいもの**を**1つ**選びなさい。

1 最も人数の多い障害は、知的障害である。

2 施設入所者の割合が最も高い障害は、身体障害である。

3 在宅の身体障害者のうち、65歳以上の割合は7割を超えている。

4 在宅の知的障害者の数は、減少傾向にある。

5 精神障害者の8割は、精神障害者保健福祉手帳を所持している。

問題51

1 ○ 地域包括支援センターでは、被保険者の状況を把握し、地域におけるサービスや機関の情報提供、連絡調整、介護を行う家族に対する支援も行っていますので、Gさんに対する介護福祉職の助言として適切です。

2 × Gさんは、母親と二人で暮らし続けたいと考えており、正規雇用を望んでいるわけではありません。Gさんに対する介護福祉職の助言として、不適切です。

3 × Gさんに適切な治療を受ける必要があるかどうかは、**医療職が判断**することです。

4 × **解説2**のとおり、Gさんは母親と二人で暮らし続けたいと考えています。母親に介護老人福祉施設を紹介したり、精神科病院への入院を勧めたりすることは、Gさんに対する介護福祉職の助言として、不適切です。

5 × **解説4**のとおりです。

正解 | 1 |

問題52

1 × 「平成28年生活のしづらさなどに関する調査（全国在宅障害児・者等実態調査）」（厚生労働省）によると、最も人数の多い障害は**身体障害**で、身体障害者手帳所持者は428万7千人です。

2 × 同調査によると、施設入所者の割合が最も高いのは**知的障害**で、12万人（11.1%）です。

3 ○ 同調査によると、在宅の身体障害者のうち、65歳以上の割合は**75.4%**となっています。

4 × 同調査によると、2016（平成28）年における在宅の知的障害者（療育手帳所持者）の数は96万2千人で、前回調査（平成23年）よりも34万人増えています。

5 × 同調査によると、精神障害者の総数は392万4千人で、そのうち精神障害者保健福祉手帳を所持している人は84万1千人で、精神障害者の**約2割**となっています。

正解 | 3 |

ポイント
チェック

在宅の障害者手帳所持者等の推計値

	障害者手帳所持者	障害者手帳の種類（複数回答）			障害者手帳非所持かつ自立支援給付等を受けている者
		身体障害者手帳	療育手帳	精神障害者保健福祉手帳	
平成23年	479.2万人	386.3万人	62.2万人	56.8万人	32.0万人
平成28年	559.4万人	428.7万人	96.2万人	84.1万人	33.8万人

出典：厚生労働省「生活のしづらさなどに関する調査（全国在宅障害児・者等実態調査）」より作成

問題53　B　35-15　個人情報保護法

「個人情報保護法」に基づくプライバシー保護に関する次の記述のうち、**最も適切なもの**を1つ選びなさい。

1　電磁的記録は、個人情報には含まれない。

2　マイナンバーなどの個人識別符号は、個人情報ではない。

3　施設職員は、実習生に利用者の生活歴などを教えることは一切できない。

4　個人情報を第三者に提供するときは、原則として本人の同意が必要である。

5　自治会長は、本人の同意がなくても個人情報を入手できる。

(注)「個人情報保護法」とは、「個人情報の保護に関する法律」のことである。

問題54　A　25-15　成年後見制度・日常生活自立支援事業などの理解

個人の権利を守る制度に関する次の記述のうち、**正しいもの**を1つ選びなさい。

1　成年後見制度は、「後見」と「保佐」の2類型で構成される。

2　日常生活自立支援事業では、利用を開始する際に利用者の判断能力は審査しない。

3　日常生活自立支援事業には、初期相談、利用援助契約などを行う「専門員」が配置される。

4　個人情報の保護に関する法律では、個人の同意のない個人情報の提供は例外なく禁止している。

5　「高齢者虐待防止法」は、介護施設従事者による高齢者虐待については規定していない。

(注)　「高齢者虐待防止法」とは、「高齢者虐待の防止、高齢者の養護者に対する支援等に関する法律」のことである。

問題55　B　34-14改　成年後見制度の動向

「成年後見関係事件の概況（令和5年1月～12月）」（最高裁判所事務総局家庭局）における、成年後見人等として活動している人が最も多い職種として、**正しいもの**を1つ選びなさい。

1　行政書士　　2　司法書士　　3　社会保険労務士　　4　精神保健福祉士　　5　税理士

問題53

1　×　個人情報保護法では、**個人情報**に含まれるものとして、**生存**する個人に関する情報であって、**氏名、生年月日**その他の記述等（文書や図画、電磁的記録に記載もしくは記録され、または**音声**、動作その他の方法を用いて表された一切の事項）により特定の個人を識別することができるもの、または個人識別符号が含まれるものとされています。

2　×　個人識別符号とは、❶特定の個人の身体的特徴を、コンピュータによる処理のために変換した符号（例：**顔、声紋、指紋、歩行の際の姿勢**など）、❷サービスの利用や商品を購入するとき、または個人に発行されるカードなどの書類に記載される、**対象者ごとに異なる符号**（例：**マイナンバー、基礎年金番号、旅券番号、運転免許証番号**など）をいいます。

3　×　生活歴や家族関係など、利用者がどのような**価値観**や考え方をもっているのかといった情報を実習生に提供することは、利用者を介護するうえで必要な情報となります。ただし、実習生に情報を提供する場合は、**利用目的の公表**等を行わなければなりません。

4　○　記述のとおりです。なお、次の事由に該当する場合は、本人の同意は不要です。❶**法令に基づく場合**、❷人の**生命、身体**または**財産の保護**のために必要がある場合であって、本人の同意を得ることが困難であるとき、❸**公衆衛生の向上**または児童の**健全な育成**の推進のために特に必要がある場合であって、本人の同意を得ることが困難であるときなど。

5　×　2015（平成27）年の個人情報保護法の改正により、**すべての事業者**に個人情報保護法が適用されることになりました。この事業者には自治会も含まれますので、会員の個人情報を入手する際は**本人の同意が必要**となります。

正解　4

問題54

1　×　成年後見制度には、**法定後見制度**と**任意後見制度**があり、このうち前者は、「後見」「保佐」「補助」の３類型で構成されています。

2　×　日常生活自立支援事業は、利用者に契約内容を理解する能力があることが、前提になります。

3　○　日常生活自立支援事業に関わる職員として、専門員は、利用者の実態把握と確認、**支援計画の作成**や**契約の締結**に関する業務を行います。なお、支援計画に基づいて実際にサービス提供を行うのは、**生活支援員**です。

4　×　「個人情報の保護に関する法律」（個人情報保護法）では、**利用目的による制限**や、**第三者提供の制限**が規定されています。本人の同意を得ずに個人情報を取り扱うことは原則禁止されていますが、虐待の疑いがあるときなどは、**生命や身体、財産の保護**のため、例外として情報の開示が認められます。

5　×　「高齢者虐待防止法」では、**養護者**と**養介護施設従事者等**について、それぞれ虐待に関する規定を設けています。

正解　3

問題55

「成年後見関係事件の概況−令和5年1月〜12月−」（最高裁判所事務総局家庭局）によると、成年後見人等として活動している人が最も多い職種は**司法書士**（35.9％）で、次いで**弁護士**（26.8％）、**社会福祉士**（18.4％）の順となっています。

正解　2

問題56
A **33-16** 高齢者虐待防止法の概要

「高齢者虐待防止法」に関する次の記述のうち、**適切なもの**を１つ選びなさい。

1 養護者及び養介護施設従事者等が行う行為が対象である。

2 虐待の類型は、身体的虐待、心理的虐待、経済的虐待の三つである。

3 虐待を発見した場合は、施設長に通報しなければならない。

4 立ち入り調査を行うときは、警察官の同行が義務づけられている。

5 通報には、虐待の事実確認が必要である。

(注)「高齢者虐待防止法」とは、「高齢者虐待の防止、高齢者の養護者に対する支援等に関する法律」のことである。

問題57
A **35-16** 高齢者虐待防止法

「高齢者虐待防止法」に関する次の記述のうち、**最も適切なもの**を１つ選びなさい。

1 虐待が起こる場として、家庭、施設、病院の３つが規定されている。

2 対象は、介護保険制度の施設サービス利用者とされている。

3 徘徊しないように車いすに固定することは、身体拘束には当たらない。

4 虐待を発見した養介護施設従事者には、通報する義務がある。

5 虐待の認定は、警察署長が行う。

(注)「高齢者虐待防止法」とは、「高齢者虐待の防止、高齢者の養護者に対する支援等に関する法律」のことである。

問題58
A **24-14** 高齢者虐待への対応

　Dさん（82歳、男性）は長男と同居している。５年前に病気で介護が必要になってからは、長男が日中不在のため、１日のほとんどを一人で過ごしている。訪問介護員がDさん宅を訪問すると、Dさんのベッド周辺にはコンビニエンスストアの菓子パンやおにぎりの食べかすが散乱し、ベッドのシーツや枕カバーも汚れていた。おむつから便がはみ出し異臭があった。このようなことが何回もあったので、訪問介護員が長男と話そうとしたが全く聞こうとしない。

　高齢者虐待への対応として、**最も適切なもの**を１つ選びなさい。

1 長男ができるだけ介護するよう、訪問介護の時間を段階的に減らしていく。

2 Dさんの主治医に相談する。

3 守秘義務があるので、どこへも相談せず長男への説得を続ける。

4 まず警察署に通報し、立入調査をするための援助要請をする。

5 事業所の責任者に報告し、市町村に通報する。

START!
GOAL!! クリア！クリア！ CHAPTER1 CHAPTER2

問題56

1 ○ 記述のとおりです。「高齢者虐待防止法」は、**65歳以上の高齢者**に対する、**養護者**と**養介護施設従事者等**による虐待を、高齢者虐待と定義しています。

2 × 虐待の類型は、**身体的虐待、心理的虐待、経済的虐待、ネグレクト、性的虐待**の5つがあります。

3 × 虐待を発見した場合には、施設長ではなく、**市町村**に**通報**しなければなりません。

4 × **市町村長**は、虐待により高齢者の生命または身体に重大な危険が生じている場合は、地域包括支援センターその他の高齢者の福祉に関する事務に従事する職員に**立入調査**をさせることができます。立入調査にあたって所轄の**警察署長**に援助を求めることはできますが、警察官の同行は義務づけられていません。

5 × 虐待の事実確認は、通報を受けた**市町村**が行いますので、通報時には不要です。

正解 | 1 |

問題57

1 × 高齢者虐待防止法では、高齢者を現に養護している**養護者**（家族など）および老人福祉施設や有料老人ホーム、介護保険施設などの**養介護施設従事者等**から受ける虐待を規定していることから、虐待が起こる場としては、家庭と施設の2つとなります。病院に関する規定はありません。

2 × 同法の対象者は、**65歳以上の高齢者**であり、介護保険制度の施設サービス利用者に限定していません。

3 × 徘徊しないように車いすに固定することは、**身体拘束に該当**します。

4 ○ 養介護施設従事者等による虐待を発見した養介護施設従事者等は、高齢者の**生命・身体に対する危険発生の有無を問わず、市町村**に通報する義務があります。

5 × 虐待の認定は、**市町村**が行います。

正解 | 4 |

問題58

1 × 問題文から読み取れる高齢者虐待の種類は、**ネグレクト**です。このままの状態で訪問介護の時間を減らしても、長男が自発的に介護を行うことは期待できず、対応としては不適切です。

2 × 主治医に相談することは、Dさんの症状をやわらげることにはつながっても、**高齢者虐待の解決**にはつながらないものと考えられます。

3 × 虐待の疑いがあることから、利用者の**生命**や**身体**を保護するためにも、守秘義務の例外として情報を開示し、相談をすることが適切です。

4 × 直接的な暴力は行われておらず、警察署に通報する段階ではないと考えられます。また、立入調査と援助要請を行うのは、**市町村**です。

5 ○ 「高齢者虐待防止法」に基づき、虐待を受けたと思われる高齢者を発見した人が通報するのは、**市町村**です。事業所の責任者への報告は必須ではありませんが、虐待の疑いがあることの報告は重要です。

正解 | 5 |

B 問題59 32-14 障害者虐待防止法の視点

　自閉症（autism）のEさん（22歳、男性、障害支援区分5）は、就労支援施設に通所している。こだわりが強く、毎月購入している雑誌を処分するとパニックになってしまう。

　「障害者虐待防止法」の視点を踏まえて、Eさんの気持ちが安定するように、施設の介護福祉職がEさんにかける言葉として、**最も適切なものを1つ**選びなさい。

1　「決まりですから捨てますよ」

2　「読みたい雑誌はとっておきましょう」

3　「古紙として再生利用しますからね」

4　「Eさんにこの雑誌をあげるわけにはいかないんですよ」

5　「次の新しい雑誌がきますよ」

（注）　「障害者虐待防止法」とは、「障害者虐待の防止、障害者の養護者に対する支援等に関する法律」のことである。

A 問題60 28-14 障害者虐待への対応

　知的障害のあるDさん（40歳、男性）は、就労移行支援事業所を利用して、現在、U株式会社に勤務している。ある時、就労移行支援事業所に勤務するE介護福祉職は、Dさんから、職場で上司から虐待を受けているという相談を受けた。

　E介護福祉職の対応として、**最も適切なものを1つ**選びなさい。

1　我慢して職場を辞めないように助言した。

2　警察に通報した。

3　地域包括支援センターに報告した。

4　Dさんの勤務先がある市町村に通報した。

5　U株式会社に出向いて、虐待をやめるように申し入れた。

START! GOAL!!　クリア！クリア！ CHAPTER 1　CHAPTER 2

68

問題59

E さんは**自閉症でこだわりが強く**、毎月購入している雑誌を処分すると**パニックを起こす**ことから、E さんの気持ちを安定させるには**選択肢2**の「読みたい雑誌はとっておきましょう」が適切な言葉かけといえます。他の選択肢の記述はパニックを起こす要因となり、**心理的虐待につながりかねない**ため、適切な言葉かけとはいえません。

正解 | 2

障害者虐待防止法は、障害者虐待の防止だけではなく、虐待を受けた障害者の保護、自立支援、養護者に対する支援などを行い、障害者の権利を擁護することを目的としたもので、そのためのさまざまな取組みについて規定されています。

問題60 「障害者虐待の防止、障害者の養護者に対する支援等に関する法律」(障害者虐待防止法)には、虐待を受けたと思われる障害者を発見した場合の**通報義務**が定められています。

1 × D さんに現状への我慢を強いるような助言は、**通報義務に反する行為**であり、適切な対応とはいえません。

2 × 「障害者虐待防止法」の定める通報先は**市町村や都道府県**です。虐待の内容も把握できていない状況でもあり、警察に通報する段階ではないと考えられます。

3 × 地域包括支援センターは、「介護保険法」に基づき、**高齢者虐待への対応**などを担う機関です。報告先として適切ではありません。

4 ○ 「障害者虐待防止法」において、**養護者や障害者福祉施設従事者等による虐待の通報先は市町村**、**使用者(上司を含む)による虐待の通報先は市町村または都道府県**とされており、最も適切な対応といえます。

5 × 介護福祉職が虐待をやめるように申し入れても、**状況が改善される保証はなく**、最も適切な対応とはいえません。

正解 | 4

ポイント
チェック

使用者による障害者虐待

　使用者による障害者虐待の場合は、市町村および都道府県に通報する義務がある。通報・届出を受けた市町村は都道府県に通知し、それを受けた都道府県は、都道府県労働局に報告する義務がある。

出典：厚生労働省「障害者虐待の防止、障害者の養護者に対する支援等に関する法律の概要」より作成

問題61 A 30-14 **特定健康診査**

特定健康診査に関する次の記述のうち、**適切なもの**を1つ選びなさい。

1 胸囲の検査が含まれる。

2 生活習慣病（life-style related disease）の検査が含まれる。

3 がん検診が含まれる。

4 受診の後で、希望者には特定保健指導が行われる。

5 対象は75歳以上の者である。

問題62 B 34-15 **保健所**

保健所に関する次の記述のうち、**正しいもの**を1つ選びなさい。

1 保健所の設置は、医療法によって定められている。

2 保健所は、全ての市町村に設置が義務づけられている。

3 保健所は、医療法人によって運営されている。

4 保健所の所長は、保健師でなければならない。

5 保健所は、結核（tuberculosis）などの感染症の予防や対策を行う。

問題63 B 28-15 **医療法に基づく医療提供施設**

医療法上の医療提供施設に関する次の記述のうち、**正しいもの**を1つ選びなさい。

1 病院は、20人以上の入院施設がなくてはならない。

2 歯科を診療科目とする病院を開設することはできない。

3 診療所は、29人以下の入院施設がなくてはならない。

4 調剤を実施する薬局は、医療法上の医療提供施設ではない。

5 介護老人保健施設とは、療養病床を有する病院のことをいう。

START! GOAL!! クリア！クリア！ CHAPTER1 CHAPTER2

問題61

1　×　特定健康審査の項目には含まれません。腹囲の検査が含まれます。

2　○　生活習慣病の検査は、特定健康診査の目的そのものです。

3　×　特定健康審査の項目には含まれません。

4　×　特定保健指導は、特定健康審査の結果に基づいて実施されるもので、希望者を対象にしたものではありません。

特定保健指導は、「 生活習慣病 のリスクは高いが、予防効果 の期待できる人」を対象に行われます。

5　×　特定健康審査の対象者は、**40歳以上75歳未満**の人です。

正解　2

問題62

1　×　保健所の設置は、地域保健法によって定められています。

2　×　保健所は、同法第5条において、都道府県、指定都市、中核市その他の**政令で定める市**または**特別区**に設置すると定められています。

3　×　保健所は、**解説2**の設置主体によって運営されています。

4　×　保健所の所長は、原則として医師とされています。

5　○　記述のとおりです。保健所は、地域保健対策の中心となる機関で、食品衛生、環境衛生、医事・薬事、感染症などの分野について、施策の企画・調整・指導などを行っています。

正解　5

問題63

1　○　「医療法」では、**20人以上**の患者を入院させるための施設をもつものを、病院と規定しています。

2　×　「医療法」において、診療科目に歯科を含める病院の開設は、禁止されていません。

3　×　「医療法」では、**入院施設をもたない**か、**19人以下**の患者を入院させるための施設をもつものを、診療所と規定しています。

4　×　「医療法」第1条の2第2項に、医療提供施設として、**病院、診療所、介護老人保健施設、介護医療院**のほかに、**調剤を実施する薬局**が挙げられています。

5　×　「医療法」における介護老人保健施設は、「**介護保険法**」に規定される同施設を指します。看護、医学的管理のもとで介護・機能訓練その他必要な医療や、日常生活上の世話を行う施設です。

正解　1

問題64
B 28-16 **生活保護制度の概要**

　生活保護制度に関する次の記述のうち、**正しいものを1つ**選びなさい。

1　生活保護で保障される最低限度の生活は、健康で文化的な生活水準を維持することができるものでなくてはならない。

2　生活保護は、利用しているサービス事業所の担当者が本人に代わって申請することができる。

3　生活保護は、世帯を分離して実施することはできない。

4　自分の家や車を所有している人は、全て生活保護の対象とならない。

5　年金や稼動収入がある高齢者は、全て生活保護の対象とならない。

問題65
B 32-16 **生活保護法における補足性の原理**

　生活保護法における補足性の原理の説明として、**適切なものを1つ**選びなさい。

1　国の責任において保護を行う。

2　全ての国民に無差別平等な保護を行う。

3　健康で文化的な生活を維持できる保護を行う。

4　資産・能力等を活用した上で保護を行う。

5　個人または世帯の必要に応じて保護を行う。

問題66
A 34-16 **生活保護制度の概要**

　生活保護制度に関する次の記述のうち、**最も適切なものを1つ**選びなさい。

1　生活保護の給付方法には、金銭給付と現物給付がある。

2　生活保護の申請は、民生委員が行う。

3　生活保護法は、日本国憲法第13条にある幸福追求権の実現を目的としている。

4　生活保護を担当する職員は、社会福祉士の資格が必要である。

5　生活保護の費用は、国が全額を負担する。

問題64

1　○　記述は、生活保護制度の基本原理のひとつである**最低生活保障の原理**の内容です。

2　×　生活保護制度の基本原則のひとつである**申請保護の原則**において、**生活保護は要保護者、その扶養義務者、同居の親族の申請に基づき開始するもの**とされています。

3　×　基本原則のひとつである**世帯単位の原則**に、生活保護は世帯を単位とするものと規定されていますが、それが難しい場合は個人を単位とすることも認められています。

4　×　**最低限度の生活を維持するために必要なもの**と認められれば、家を所有していても生活保護を申請することは可能です。また、車についても、生活保護の申請者が身体障害者であったり、移動の困難な地域にくらしたりしている場合、所有が認められます。

5　×　年金や稼動収入のある高齢者でも、**その額が最低限度の生活を維持するための基準額**（最低生活費）**に達していない場合**、差額分を生活保護費として受給することができます。

正解　1

問題65

1　×　記述は、生活保護法における**国家責任の原理**の説明です。

2　×　記述は、同法における**無差別平等の原理**の説明です。

3　×　記述は、同法における**最低生活保障の原理**の説明です。

4　○　同法における**保護の補足性の原理**とは、保護は、生活に困窮する者が、利用し得る資産・能力などを最低限度の生活の維持のために活用することを要件として行われることをいいます。

5　×　記述は、同法における**必要即応の原則**の説明です。

正解　4

問題66

1　○　記述のとおりです。生活保護制度における扶助のうち、金銭**給付**となるものは生活**扶助**、教育**扶助**、住宅**扶助**、出産**扶助**、生業**扶助**、葬祭**扶助**、現物**給付**となるものは医療**扶助**と介護**扶助**です。

2　×　生活保護の申請は、要保護者、その扶養義務者、**同居の親族**に限られており、民生委員が行うことはできません。なお、要保護者が急迫した状況にあるときは申請がなくても必要な保護を行えます。

3　×　生活保護法は、**日本国憲法第25条**の生存権に基づいて、困窮する**すべての国民**を対象にした、最低限度の生活の保障と自立の助長を目的としています。

4　×　生活保護を担当する職員（現業員）は社会福祉主事の資格が必要です。

5　×　生活保護制度は**公的扶助**であり、その費用は**全額**公費負担で給付されます。国は費用の**4分の3**を負担し、残りの**4分の1**は実施主体である地方公共団体が負担します。

正解　1

B 35-18 **生活困窮者自立支援法の概要**

生活困窮者自立支援法に関する次の記述のうち、**適切なもの**を**1**つ選びなさい。

1 最低限度の生活が維持できなくなるおそれのある者が対象になる。

2 自立を図るために、就労自立給付金が支給される。

3 疾病がある者には、医療費が支給される。

4 子どもへの学習支援は、必須事業とされている。

5 最終的な、「第3のセーフティーネット」と位置づけられている。

A 29-16 **生活困窮者自立支援法の概要**

生活困窮者自立支援法に関する次の記述のうち、**適切なもの**を**1**つ選びなさい。

1 生活困窮者に対する自立支援策を強化して、その自立促進を図ることを目的としている。

2 必須事業として、就労準備支援事業がある。

3 任意事業として、自立相談支援事業がある。

4 住宅を確保する必要があると認められた場合には、生活保護法の住宅扶助が優先される。

5 どのような事業でも、NPO法人等へ委託することはできない。

問題67

1　○　生活困窮者自立支援法の対象は、就労の状況、心身の状況、地域社会との関係性その他の事情により、現に**経済的**に**困窮**し、**最低限度の生活を維持すること**ができなくなるおそれのある者です。

2　×　**就労自立給付金**は、生活困窮者自立支援法ではなく、生活保護法に基づいて支給されます。

3　×　生活困窮者自立支援法では、医療費は支給されません。

4　×　**子どもへの学習支援**は、任意事業とされています。

5　×　生活困窮者自立支援法は、生活保護に至る前の段階からの自立支援策を強化するもので、「**第2のセーフティネット**」に位置付けられています。最終的な、「**第3のセーフティネット**」に位置付けられているのは、生活保護法です。なお、「第1のセーフティネット」は**社会保険制度**です。

正解　| 1 |

問題68

1　○　「生活困窮者自立支援法」は、生活困窮者に対する自立相談支援事業の実施、住居確保給付金の支給など、**生活保護に至る前の段階の自立支援策の強化**を通じて、その自立促進を図ることを目的としています。

2　×　就労準備支援事業は、法制定時は**任意**事業でしたが、2018（平成30）年の法改正により、同年10月1日より、その実施が**努力義務**とされました。

3　×　**自立相談支援事業**は、**必須事業**です。

4　×　必須事業として、離職により住宅を失った・失うおそれの高い生活困窮者に対し、家賃相当の**住居確保給付金**（原則として3か月以内）を支給する制度が設けられています。

5　×　住居確保給付金の支給を除くすべての事業について、都道府県、市、福祉事務所を設置する町村のほか、**社会福祉協議会**や社会福祉**法人**、**NPO法人**などへの委託が可能です。

正解　| 1 |

ポイントチェック

生活困窮者自立支援法による事業

必須事業	自立相談支援事業	生活困窮者の相談を受けて抱えている課題を評価・分析し、ニーズを把握して自立支援計画を策定し、計画に基づく支援を実施
	住居確保給付金	離職により住宅を失った、またはそのおそれが高い生活困窮者に対して、有期で家賃相当額を支給
任意事業	実施努力義務	就労準備支援事業　家計改善支援事業 ｝ 自立相談支援事業と一体的に実施
	一時生活支援事業　など	

ポイントチェック一覧

CHAPTER

4

こころとからだの
しくみ

問題I **A** 28-98 **マズローの欲求階層説**

マズロー（Maslow, A.H.）の欲求階層説における最上位の欲求を表現する発言として、**適切なもの**を I つ選びなさい。

I 「おなかがすいたので食事をしたい」

2 「会社で上司から認められたい」

3 「心の中を打ち明けられる親友がほしい」

4 「平和な社会をつくりたい」

5 「家族の待つ家に帰りたい」

 問題2 **A** 32-97 **マズローの欲求階層説**

マズロー（Maslow, A.）の欲求階層説の所属・愛情欲求に相当するものとして、**適切なものを I つ**選びなさい。

I 生命を脅かされないこと

2 他者からの賞賛

3 自分の遺伝子の継続

4 好意がある他者との良好な関係

5 自分自身の向上

問題1

1　✕　「おなかがすいたので食事をしたい」というのは、人間の生命の維持に関わる本能的な欲求＝**第1段階の生理的欲求**に含まれます。

2　✕　「会社で上司から認められたい」というのは、他者から認められ、尊敬されたいという欲求＝**第4段階の承認・自尊の欲求**に含まれます。

3　✕　「心の中を打ち明けられる親友がほしい」というのは、家族や社会などの集団に所属し、愛されたいという欲求＝**第3段階の所属・愛情の欲求**に含まれます。

4　〇　「平和な社会をつくりたい」というのは、自分の可能性を最大限に生かし、あるべき姿になりたいという欲求＝**第5段階の自己実現の欲求**に含まれます。

5　✕　「家族の待つ家に帰りたい」というのは、住居や健康など、安全の維持を求める欲求＝**第2段階の安全の欲求**に含まれます。

正解　4

問題2

1　✕　記述は、マズローの欲求階層説の**第2段階**である**安全の欲求**に相当します。

2　✕　記述は、マズローの欲求階層説の**第4段階**である**承認・自尊の欲求**に相当します。

3　✕　記述は、マズローの欲求階層説の**第1段階**である**生理的欲求**に相当します。

4　〇　記述は、マズローの欲求階層説の**第3段階**である**所属・愛情の欲求**に相当します。

5　✕　記述は、マズローの欲求階層説の**第5段階**である**自己実現の欲求**に相当します。

正解　4

ポイント
チェック

マズローの欲求階層説

マズローは、人間の欲求を5段階に分け、下位の欲求が満たされることで次の欲求が出現するという、欲求階層説を提唱した。

自己実現の欲求
（自分らしく
生きたい欲求）

承認・自尊の欲求
（他人や社会から認められ
必要とされたい欲求）

所属・愛情の欲求
（家族などに所属し愛されたい欲求）

安全の欲求
（戦争や災害にあわずに過ごしたいという欲求）

生理的欲求
（食欲・睡眠・排泄などの生命維持に関わる欲求）

成長欲求

欠乏欲求

問題3 A 35-19 **ライチャードの老齢期の性格類型**

Hさん（75歳、男性）は、一人暮らしであるが、隣人と共に社会活動にも積極的に参加し、ゲートボールや詩吟、芸術活動など多くの趣味をもっている。また、多くの友人から、「Hさんは、毎日を有意義に生活している」と評価されている。Hさん自身も友人関係に満足している。

ライチャード（Reichard, S.）による老齢期の性格類型のうち、Hさんに相当するものとして、**適切なものを1つ**選びなさい。

1 自責型

2 防衛型（装甲型）

3 憤慨型

4 円熟型

5 依存型（安楽いす型）

問題4 A 30-97 **記憶と学習**

記憶と学習に関する次の記述のうち、**正しいものを1つ**選びなさい。

1 短期記憶とは、数日保持される記憶である。

2 記銘とは、情報を覚えることである。

3 意味記憶とは、自分に起こった出来事の記憶である。

4 道具的条件づけの代表例に「パブロフの犬」がある。

5 観察学習とは、自分の行動を反省することによる学習である。

START!
GOAL!!　クリア！クリア！クリア！　CHAPTER 1　CHAPTER 2　CHAPTER 3

80

問題3　ライチャードは、定年退職後の男性高齢者が、どのような人格の変化を迎えるのかについて、**円熟型**、**依存型**（安楽いす型）、**防衛型**（装甲型）、**憤慨型**（外罰型）、**自責型**（内罰型）の５類型に分類しました。また、この５類型は、退職後の状況に**適応**していくことができるタイプ（円熟型、依存型〈安楽いす型〉、防衛型〈装甲型〉）と、状況に**不適応**なタイプ（憤慨型〈外罰型〉、自責型〈内罰型〉）にも分けることができます。

1　×　**自責型**（内罰型）とは、過去の失敗について自分自身を責め、抑うつ状態になるタイプをいいます。Ｈさんの性格に相当するものではありません。

2　×　**防衛型**（装甲型）とは、老化への不安を押しとどめるために、社会活動を続け、若さを誇示して自己防衛**を図る**タイプをいいます。Ｈさんの性格に相当するものではありません。

3　×　**憤慨型**（外罰型）とは、老化を受け入れず、過去の失敗について他人**を責める**ことで、自分を守ろうとするタイプをいいます。Ｈさんの性格に相当するものではありません。

4　○　**円熟型**とは、現実を受け入れ、積極的に社会活動に参加し、そこに満足**を見出す**タイプをいい、Ｈさんの性格に相当します。

5　×　**依存型**（安楽いす型）とは、社会活動に対しては消極的で、**依存心も強い**が、穏やかに日々を過ごすことができるタイプをいいます。Ｈさんの性格に相当するものではありません。

正解　4

問題4

1　×　短期記憶は、**数十秒程度**保持されるものです。

2　○　記述のとおりです。

3　×　意味記憶は、長期記憶の分類のうち、学習や作業などで得られる**知識の記憶**をいいます。記述は、エピソード記憶の説明です。

4　×　道具的条件づけは、報酬や罰によって形成される学習のことです。代表例は、スキナーのネズミの実験です。パブロフの犬は、**古典的条件づけ**の代表例です。

5　×　観察学習は**モデリング**といわれるもので、自身が体を動かして何かを体験しなくても、モデルとなる人の行動を観察することで成立する学習のことです。

正解　2

**ポイント
チェック**

記憶の分類

記憶の種類	特徴
感覚記憶	目や耳など、感覚器でとらえた情報を瞬間的に記憶する（１～２秒程度）。注意を向けたものが、短期記憶に移行する
短期記憶	感覚記憶のうち、注目した情報を一時的に記憶する（数十秒程度）。繰り返し再生することで、長期記憶に移行する
長期記憶	短期記憶のうち、繰り返し再生された情報を記憶する。ほぼ無限大の量が、半永久的に記憶される [長期記憶の分類] ●手続き記憶：繰り返し練習したりすることで習得した、技術や技能についての記憶（自転車の乗り方など） ●意味記憶：学習や作業によって得られる、一般的な知識に関する記憶（かけ算の九九など） ●エピソード記憶：個人的な体験や出来事に関する記憶

問題5 B 33-98 体温

健康な人の体温に関する次の記述のうち、**適切なもの**を1つ選びなさい。

1 高齢者の体温は小児より高い。
2 早朝の体温が最も高い。
3 腋窩温（えきかおん）は口腔温（こうくうおん）より高い。
4 体温調節中枢は視床下部にある。
5 環境の影響を受けない。

問題6 B 34-98 体温が上昇した原因

Lさん（87歳、男性、要介護1）は、冷房が嫌いで、部屋にエアコンはない。ある夏の日の午後、訪問介護員（ホームヘルパー）が訪問すると、厚手の布団を掛けて眠っていた。布団を取ると大量の発汗があり、体温を測定すると38.5℃であった。朝から水分しか摂取していないという。前から不眠があり、この5日間便秘が続いていたが、食欲はあったとのことである。

次のうち、体温が上昇した原因として、**最も適切なもの**を1つ選びなさい。

1 布団
2 発汗
3 空腹
4 不眠
5 便秘

問題7 A 34-99 老化に伴う視覚機能の変化

老化に伴う視覚機能の変化に関する次の記述のうち、**正しいもの**を1つ選びなさい。

1 水晶体が茶色になる。
2 遠くのものが見えやすくなる。
3 明暗に順応する時間が長くなる。
4 ピントの調節が速くなる。
5 涙の量が増える。

START! GOAL!! クリア！CHAPTER 1 クリア！CHAPTER 2 クリア！CHAPTER 3

82

問題5 体温は、腋窩で測るのが一般的ですが、直腸、口腔内、外耳で行うこともあります。

1　×　一般的な成人の体温は、腋窩温度で**36〜37℃**ですが、基礎代謝の影響により、**高齢者は低く、小児は高め**になります。

2　×　体温は外気温の影響により、**午後2時〜6時頃**が高く、**午前2時〜6時頃**が低くなります。

3　×　体温は、腋窩温よりも**口腔温**のほうが高くなっています。なお、一番高いのは**直腸温**です。

4　○　記述のとおりです。

5　×　**解説2**のとおり、体温は外気温などの**環境の影響を**受けます。

正解　**4**

問題6

1　○　Lさんは、夏の日の午後、エアコンがない部屋で厚手の布団を掛けて眠っていたことで、からだに熱がこもって体温が上昇したと考えられます。

2　×　体温が上昇すると、体温を下げるために視床下部にある体温調節中枢が働いて、皮膚から熱の放散と発汗が行われます。発汗は、Lさんの体温が上昇した原因ではありません。

3　×　空腹や不眠、便秘は、体温が上昇する原因にはなりません。

4　×　**解説3**のとおりです。

5　×　**解説3**のとおりです。

正解　**1**

問題7

1　×　老化に伴う眼のなかの**水晶体の変性**によって透過率が低下し、**黄色**になります。

2　×　老化に伴って生じる**老眼**では、**近方視力が低下**します。記述は遠視の説明です。

3　○　老化により視覚機能が変化すると、**明暗に順応する時間が**長くなります。このため、明るい場所から急に暗い場所に移動したときに**ピントの調節に**時間を要します。

4　×　**解説3**のとおりです。

5　×　老化により涙の量が減少し、ドライアイになりやすくなります。

正解　**3**

問題8
B 35-20 **大脳の機能**

大脳の後頭葉にある機能局在として、**適切なもの**を1つ選びなさい。

1　視覚野

2　聴覚野

3　運動野

4　体性感覚野

5　感覚性言語野（ウェルニッケ野）

問題9
B 34-100 **言葉の発音が不明瞭になる原因**

言葉の発音が不明瞭になる原因として、**最も適切なもの**を1つ選びなさい。

1　唾液の分泌が増加すること

2　舌運動が活発化すること

3　口角が上がること

4　調整された義歯を使用すること

5　口唇が閉じにくくなること

問題10
B 29-98 **副交感神経の作用**

副交感神経の作用として、**正しいもの**を1つ選びなさい。

1　気道の弛緩_{しかん}

2　血糖値の上昇

3　消化の促進

4　心拍数の増加

5　瞳孔の散大

START!
GOAL!!　クリア！ クリア！ クリア！　CHAPTER CHAPTER CHAPTER　1 2 3

84

問題8

1 ○ 視覚野（視覚中枢）は、大脳の**後頭葉**にあります。

2 × 聴覚野（聴覚中枢）は、大脳の側頭葉にあります。側頭葉にはこのほか、感覚**性言語野**（ウェルニッケ野）、味覚**中枢**もあります。

3 × 運動野（運動中枢）は、大脳の前頭葉にあります。前頭葉にはこのほか、**運動性言語野**（ブローカ野）もあります。

4 × **皮膚感覚**などの深部感覚をつかさどっている体性感覚野は、大脳の頭頂葉にあります。

5 × **解説2**のとおりです。

正解 | 1 |

問題9

　口唇が閉じにくくなるなど、発語に関わる器官（**舌や口唇など**）の**動きが**制限されることで、正確な発声・発音が難しくなるものを構音障害といいます。唾液の分泌の増加や舌運動の活発化、口角の上昇、調整された義歯の使用は、言葉の発音が明瞭になります。

正解 | 5 |

問題10

1 × 気道の弛緩（気管支の拡張）によって、呼吸が速くなるのは、交感神経が優位に作用しているときです。

2 × 血糖値の上昇は、交感神経が優位に作用しているときにみられるものです。

3 ○ 消化の促進は、副交感神経が優位に作用しているときにみられるものです。

4 × 心拍数の増加は、交感神経が優位に作用しているときにみられるものです。

5 × 瞳孔の散大は、交感神経が優位に作用しているときです。

正解 | 3 |

ポイント
チェック

交感神経と副交感神経の機能

分類	交感神経がはたらいた場合	副交感神経がはたらいた場合
眼	瞳孔が開く	瞳孔が小さくなる
呼吸	気管支が広がり、呼吸が速くなる	気管支がせばまり、呼吸がゆっくりになる
心臓	心拍数が増加する	心拍数が減少する
血圧・血糖値	血圧・血糖値が上昇する	血圧・血糖値が低下する
消化管	消化運動が抑制される	消化運動が促進される

血管系に関する次の記述のうち、**正しいもの**を **1つ**選びなさい。

1 リンパ管には血液が流れている。

2 末梢動脈には逆流を予防するための弁がある。

3 左心室から出た血液は大静脈へ流れる。

4 肺動脈には静脈血が流れている。

5 下肢の静脈は体表から拍動を触れる。

小腸の一部として、**正しいもの**を **1つ**選びなさい。

1 盲腸

2 空腸

3 S状結腸

4 上行結腸

5 直腸

ランゲルハンス島を有する臓器として、**正しいもの**を **1つ**選びなさい。

1 心臓

2 肝臓

3 腎臓

4 脾臓

5 膵臓

問題11

1 ×　リンパ管には**リンパ液**が流れています。リンパ液は組織液の一部がリンパ管に入って流れる液体です。

2 ×　逆流を予防するための弁があるのは**静脈**です。末梢静脈には**二酸化炭素**や体内で生じた**老廃物**などが含まれていることから、逆流すると体に悪影響をもたらすことになります。

3 ×　左心室から出た血液は**大動脈**に流れます。

4 ○　記述のとおりです。肺動脈には**静脈血**が、肺静脈には**動脈血**が流れています。

5 ×　拍動（脈）を触れることができるのは動脈です。

正解　4

血液の循環は、次の肺循環と体循環に分類されます。
○肺循環：血液は、右心室 → 肺動脈 → 肺 → 肺静脈 →左心房の順に流れる
○体循環：血液は、左心室 → 大動脈 → 組織の毛細血管→ 大静脈 → 右心房の順に流れる

問題12

消化器系は、ひとつなぎの**消化管**、消化液を分泌する**消化腺**、そのほかの付属器官によって構成されています。このうち消化管は、**口腔** → **咽頭** → **喉頭** → **食道** → **胃** → **小腸**→ **大腸** → **肛門**の順につながっています。

消化管のなかで、小腸は、**十二指腸** → **空腸** → **回腸**の順に分類されます。また、大腸は、**盲腸** → 上行結腸 → 横行結腸 → 下行結腸 → S状結腸 → 直腸の順に分類されます。

正解　2

小腸の役割として、十二指腸ではたんぱく質や脂質などの**分解**が、空腸や回腸では栄養分の**吸収**が主に行われます。

問題13　ランゲルハンス島は膵臓のなかにある、島の形をした細胞で、内分泌部としてホルモンを分泌しています。α細胞からは血糖値を上昇させる**グルカゴン**を、β細胞からは血糖値を降下させる**インスリン**を分泌します。

1 ×　心臓は、第2肋骨から第5肋骨の間に位置していて、血液を全身に送り出す**ポンプ**としての機能を果たしています。

2 ×　肝臓は、横隔膜の下、右上腹部の位置にあり、**栄養分の貯蔵**、物質の代謝、胆汁の生成、有害物質の解毒作用といった機能をもちます。

3 ×　腎臓は、後腹膜腔に位置する左右一対の臓器で、尿の生成に関わっています。

4 ×　脾臓は、左上腹部の位置にあり、循環器系の臓器として**免疫**機能・造血機能をもっています。

5 ○　膵臓は、腹腔上後部の位置にあり、外分泌部から膵液、内分泌部から**ホルモン**を分泌しています。

正解　5

問題14
A 34-101 **骨に関する基礎知識**

　骨に関する次の記述のうち、**正しいもの**を**1つ**選びなさい。

1　骨にはたんぱく質が含まれている。

2　骨のカルシウム（Ca）は老化に伴い増える。

3　骨は負荷がかかるほうが弱くなる。

4　骨は骨芽細胞によって壊される。

5　骨のカルシウム（Ca）はビタミンA（vitamin A）によって吸収が促進される。

問題15
B 27-98 **骨格系と筋肉（関節運動）**

　関節運動とその主動作筋（主として働く筋肉）の組合わせとして、**正しいもの**を**1つ**選びなさい。

1　肩関節外転──上腕二頭筋

2　手関節屈曲──上腕三頭筋

3　股関節屈曲──腸腰筋

4　股関節伸展──腹直筋

5　足関節伸展──下腿三頭筋

問題14

1 ○ 骨は、骨質と骨髄で構成されます。骨質は、無機質（**カルシウム**、リンなど）とたんぱく質が主成分です。

2 × 老化に伴ってカルシウムなどの摂取量や吸収量が**減少**するため、骨のカルシウムも減少します。

3 × 骨は、体重による負荷や刺激が加わることで**強くなります**。

4 × 骨芽細胞は、**骨をつくる**はたらきがある細胞です。記述は、**破骨**細胞の説明です。

5 × 骨のカルシウムは、**ビタミンD**によって**吸収**が促進されます。

正解 | 1 |

問題15 選択肢で挙げられている関節運動の**外転**とは、からだの中心から離れていく動作、**屈曲**とは、からだの中心に向かって曲げる動作、**伸展**とは、からだの中心から離れて伸びていく動作をいいます。

1 × 肩関節の外転に関わるのは、**三角筋中部**などの収縮です。上腕二頭筋の収縮は、**肘関節の屈曲**に関わります。

2 × 手関節の屈曲に関わるのは、**橈側手根屈筋**などの収縮です。上腕三頭筋の収縮は、**肘関節の伸展**と関わります。

3 ○ 股関節の屈曲に関わるのは、**腸腰筋**などの収縮です。

4 × 股関節の伸展に関わるのは、**大臀筋**（大殿筋）などの収縮です。

5 × 足関節の伸展に関わるのは、**前脛骨筋**などの収縮です。下腿三頭筋の収縮は、**足関節の屈曲**と関わります。

正解 | 3 |

ポイント
チェック

主な関節運動とその主動作筋

関節動作	主動作筋
肩関節の外転・内転	●外転に関わるのは、三角筋**中部**と棘上筋の収縮 ●内転に関わるのは、大胸筋**胸腹部**などの収縮
股関節の屈曲・伸展	●屈曲に関わるのは、腸腰筋の収縮 ●伸展に関わるのは、大臀筋（大殿筋）の収縮
膝関節の屈曲・伸展	●屈曲に関わるのは、大腿二頭筋の収縮 ●伸展に関わるのは、大腿四頭筋の収縮
肘関節の屈曲・伸展	●屈曲に関わるのは、上腕二頭筋の収縮 ●伸展に関わるのは、上腕三頭筋の収縮
手関節の屈曲・伸展	●屈曲に関わるのは、橈側手根屈筋などの収縮 ●伸展に関わるのは、橈側手根伸筋などの収縮
足関節の屈曲・伸展	●屈曲に関わるのは、下腿三頭筋の収縮 ●伸展に関わるのは、前脛骨筋の収縮

問題16 B `35-21` **立位姿勢を維持するための筋肉**

立位姿勢を維持するための筋肉（抗重力筋）として、**最も適切なもの**を１つ選びなさい。

1　上腕二頭筋
2　大胸筋
3　大腿四頭筋
4　僧帽筋
5　三角筋

問題17 A `34-102` **ボディメカニクス**

介護者が効率的かつ安全に介護を行うためのボディメカニクスの原則に関する次の記述のうち、**適切なもの**を１つ選びなさい。

1　支持基底面を広くする。
2　利用者の重心を遠ざける。
3　腰がねじれた姿勢をとる。
4　重心を高くする。
5　移動時の摩擦面を大きくする。

問題18 C `33-100` **筋力の低下**

１週間の安静臥床で筋力は何％程度低下するか、次のうちから**最も適切なもの**を１つ選びなさい。

1　1％　　2　5％　　3　15％　　4　30％　　5　50％

問題19 B `25-101` **高齢者の転倒による骨折**

次の骨折（fracture）のうち、高齢者の転倒による骨折（fracture）として、**最も少ないもの**を１つ選びなさい。

1　上腕骨近位端骨折（fracture of upper end of humerus）
2　橈骨遠位端骨折（fracture of lower end of radius）
3　脊椎圧迫骨折（compression fracture of spine）
4　大腿骨頸部骨折（femoral neck fracture）
5　骨盤骨折（pelvic fracture）

問題16 抗重力筋とは、重力に抵抗して立位姿勢を維持するためにはたらく筋肉を指します。

1 ✕ 上腕二頭筋は、上腕の**前面**にある筋肉で、**肘関節の屈曲**に関わっています。

2 ✕ 大胸筋は、胸部に扇型に広がっている筋肉で、**肩関節の内転**に関わっています。

3 〇 大腿四頭筋は、立位姿勢を維持するための筋肉（**抗重力筋**）です。大腿四頭筋は大腿部の前面や側面にある筋肉で、**膝関節の伸展**に関わっています。

4 ✕ 僧帽筋は、首の後ろから肩、肩甲骨など、背部の上半分に広がる大きな三角形の筋肉です。

5 ✕ 三角筋は、肩関節を覆っている筋肉で、**肩関節の外転**に関わっています。

正解 3

問題17 ボディメカニクスとは、骨格や筋肉の動きが、相互にどのような影響を与え合っているのかを踏まえて、負担の少ない動作や姿勢について分析する技術といえます。

1 〇 支持基底面を広くとることで、**からだが安定**します。

2 ✕ 利用者の重心を遠ざけるのではなく、介護者と利用者の**重心を近づけ**ます。

3 ✕ からだをねじらず、肩と腰を**平行に保ちます**。

4 ✕ 介護者の膝を曲げて腰を落とし、**重心を低く**します。

5 ✕ 移動時は、利用者の**からだを小さくまとめ**、摩擦面を小さくします。

正解 1

問題18

安静臥床を続けると、筋力は1日で約1～3％、1週間で**10～15％低下する**といわれています。

正解 3

問題19

1 ✕ 上腕骨近位端は、**腕の付け根・肩**にあたる部位です。転倒によって地面に肩を打ち付けることで、骨折するケースが多いです。

2 ✕ 橈骨遠位端は、**手首**にあたる部位です。転倒して手をついたときに骨折するケースが多く、高齢者の場合、複雑に骨折することで治癒が難しくなります。

3 ✕ 脊椎は、**背骨**にあたる部位です。脊椎圧迫骨折では、脊椎に圧力がかかることで、押しつぶされるように骨折をしてしまいます。

4 ✕ 大腿骨頸部は、股関節の近く、**脚の付け根**にあたる部位です。転倒したときに外力が集中しやすく、最も骨折しやすい部位といえます。

5 〇 骨盤は、寛骨・仙骨・尾骨で構成され、転倒による骨折は他と比べて少ないといえます。

正解 5

B 32-101 **大腿骨頸部骨折**

問題20

　高齢者の大腿骨頸部骨折（femoral neck fracture）に関する次の記述のうち、**最も適切なものを１つ**選びなさい。

１　転落によって生じることが最も多い。

２　骨折（fracture）の直後は無症状である。

３　リハビリテーションを早期に開始する。

４　保存的治療を行う。

５　予後は良好である。

A 26-102 **疾患に伴う歩行の特徴**

問題21

　疾患に伴う歩行の特徴として、**正しいものを１つ**選びなさい。

１　パーキンソン病（Parkinson disease）では、小刻み歩行がみられる。

２　筋萎縮性側索硬化症（amyotrophic lateral sclerosis：ALS）では、失調性歩行がみられる。

３　アルツハイマー型認知症（dementia of the Alzheimer's type）では、小振り歩行がみられる。

４　変形性膝関節症（knee osteoarthritis）では、間欠性跛行がみられる。

５　脊柱管狭窄症（spinal stenosis）では、動揺性歩行がみられる。

解答・解説

問題20

1 　✕　高齢者の大腿骨頸部骨折は、**転倒**によって生じることが最も多い骨折です。

2 　✕　骨折すると、患部に強い**痛み**や腫れ、出血、変形などがみられます。

3 　○　大腿骨頸部を骨折すると歩行が困難となり、**寝たきりの状態**につながりやすいなど、QOL（生活の質）が大きく低下します。**外科的治療**を行い、**リハビリテーションを早期に開始する**ことが重要です。

4 　✕　**解説3**のとおり、**外科的治療**を行います。

5 　✕　外科的治療やリハビリテーションを行っても、**受傷前の歩行レベルまで回復しないことも少なくなく**、予後は良好であるとはいえません。

正解　3

問題21

1 　○　パーキンソン病の4つの主症状のひとつに、**姿勢反射障害**があります。これは、姿勢を変えようとしたときなどに、からだのバランスを維持することが難しくなるものです。姿勢反射障害に関わる歩行の障害として、歩幅が極端にせまくなる**小刻み歩行**があります。

2 　✕　筋萎縮性側索硬化症は、**運動ニューロン**（運動するための命令を筋肉に伝える神経）が障害を受けることで、全身の筋力が低下していく疾患です。症状の進行により、**自力での歩行が困難**になります。**失調性歩行**（ぎこちなく不安定な歩き方）は、脊髄小脳変性症でみられます。

3 　✕　アルツハイマー型認知症は、症状の進行によって**軽度・中等度・高度**に分けられます。高度になると全面的に介護が必要な状態になり、**姿勢の維持や**歩行が難しくなっていきます。

4 　✕　変形性膝関節症は、加齢により機能の低下した膝関節に、体重や運動による負荷が加わることで起こります。膝関節の軟骨がすり減り、変形していくのが特徴です。膝を曲げにくくなることで、**前かがみの歩行**がみられます。

5 　✕　脊柱管狭窄症は、加齢によって脊柱管（脊髄などの神経の通り道）がせまくなり、神経が圧迫されることで起こります。特徴的な歩行は**間欠性跛行**と呼ばれ、30分ほど歩くと足のしびれや痛みが増して動けなくなり、休息をはさんで歩き出しては、また痛みを覚えて休む、ということを繰り返すものです。**動揺性歩行**（からだを左右に振りながら歩く症状）は、筋ジストロフィーでみられます。

正解　1

ポイント
チェック

疾患に伴う歩行障害

疾患の種類	歩行の障害と特徴
パーキンソン病	歩幅が極端にせまくなる**小刻み歩行**のほか、すくみ足（歩き始めの一歩目が踏み出せなくなる症状）、突進現象（前のめりになって止まれなくなる症状）がみられる
脊柱管狭窄症	間欠性跛行（足のしびれと痛みから、休息と歩行を繰り返す症状）がみられる
脊髄小脳変性症	失調性**歩行**（ぎこちなく不安定な歩き方）がみられる
筋ジストロフィー	動揺性**歩行**（からだを左右に振りながら歩く症状）がみられる

問題22 B 35-22 廃用症候群

廃用症候群（disuse syndrome）で起こる可能性があるものとして、**最も適切なものを１つ**選びなさい。

1 うつ状態

2 高血圧

3 関節炎

4 徘徊

5 下痢

問題23 A 35-23 褥瘡の好発部位

褥瘡の好発部位として、**最も適切なものを１つ**選びなさい。

1 側頭部

2 頸部

3 腹部

4 仙骨部

5 足趾部

問題22 廃用症候群は生活不活発病とも呼ばれ、長期にわたって運動をしない状態が続いたり、寝たきりの状態が続いたりすることで、心身の機能が低下していく症状をまとめて指すものです。

1 ○ 寝たきりで何もすることができない状態が続くことで、思考力や意欲などの**精神機能が**低下し、うつ状態が起こる可能性があります。

2 × 臥位の状態が続くことで**血圧調整作用が**低下し、座位や立位に体位変換した際に起立性低血圧が起こる可能性がありますが、高血圧になることはありません。

3 × 関節を伸ばしたまま動かさない状態が続くことで、関節のまわりの**筋肉が**硬くなり、関節を動かしにくくなる関節拘縮が起こる可能性がありますが、関節炎になることはありません。

4 × 徘徊は、廃用症候群ではなく、認知症の**行動・心理症状**（BPSD）でみられる症状です。

5 × 活動量が減ることにより、食欲が低下し、食事量の減少から、便秘になる可能性がありますが、下痢になることはありません。

正解 | 1 |

問題23

褥瘡は、からだの一部が**長期間**にわたって圧迫されることで、血液の流れが途絶え、皮膚が赤みをおび、やがてただれた状態になる疾患です。褥瘡の好発部位は、**仰臥位**では仙骨部（選択肢4）、**側臥位**では大転子部、**座位**では仙骨部などです。側頭部、頸部、腹部、足趾部（足の指）は好発部位ではありません。

正解 | 4 |

ポイントチェック

褥瘡の好発部位

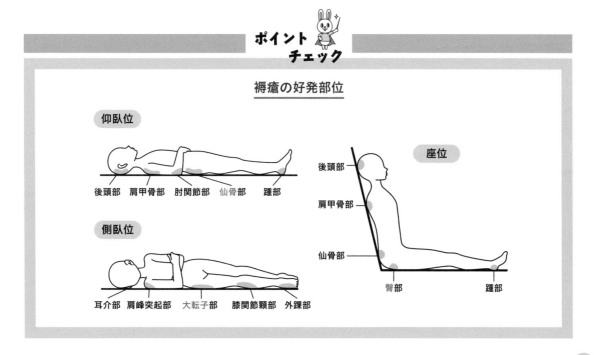

仰臥位
後頭部　肩甲骨部　肘関節部　仙骨部　踵部

側臥位
耳介部　肩峰突起部　大転子部　膝関節顆部　外踝部

座位
後頭部　肩甲骨部　仙骨部　臀部　踵部

問題24 **C** **31-99** 口腔の構造と機能（唾液腺と唾液）

唾液腺と唾液に関する次の記述のうち、**正しいもの**を**1つ**選びなさい。

1　副交感神経は唾液分泌を抑制する。
2　唾液分泌は食事摂取時に限られる。
3　耳下腺の導管は口腔底に開口する。
4　唾液には抗菌作用がある。
5　舌下腺は小唾液腺である。

問題25 **B** **35-24** 口臭の原因

次のうち、口臭の原因になりやすい状態として、**最も適切なもの**を**1つ**選びなさい。

1　唾液の増加
2　義歯の装着
3　歯周病（periodontal disease）
4　顎関節症（temporomandibular joint disorder）
5　低栄養状態

問題26 **B** **33-99** 義歯の影響

義歯を使用したときの影響として、**適切なもの**を**1つ**選びなさい。

1　唾液分泌量が増加する。
2　話す言葉が明瞭になる。
3　舌の動きが悪くなる。
4　口のまわりのしわが増える。
5　味覚が低下する。

問題24

1　×　副交感神経は、唾液分泌を亢進します。

2　×　唾液は、食事摂取時には消化作用として分泌されますが、食物を摂取しなくても、**食物を見たり、匂いを嗅いだり、調理している音を聞いたりする**ことで分泌されることもあります。

3　×　耳下腺の導管は**上顎部**にあり、頬粘膜部に開口します。顎下腺と舌下腺は**下顎部**にあり、口腔底に開口します。

4　○　記述のとおりです。唾液分泌にはこのほか、口腔内の**自浄作用**や湿潤作用、食事摂取時の消化作用などのはたらきがあります。

5　×　舌下腺は、大唾液腺のひとつです。ちなみに、大唾液腺は**耳下腺、顎下腺、舌下腺**の３つからなります。

正解　4

問題25

1　×　**唾液分泌量が**減少すると、食物残渣（食べ物のかす）が口腔内に残りやすくなり、口臭の原因となります。

2　×　義歯の汚れは口臭の原因となりますが、義歯の装着そのものが原因となるわけではありません。

3　○　**歯周病**やう歯（**虫歯**）などの口腔内疾患のほか、**発熱**による口腔内乾燥、鼻炎・呼吸器・消化器疾患があると、**口臭が発生**しやすくなります。こうした疾患が原因で発生する口臭を**病的口臭**といいます。

4　×　**顎関節症**は、顎の関節とその顎に関連する筋肉（咀嚼筋）が原因で起こる疾患です。口臭の発生原因にはなりません。

5　×　たんぱく質やエネルギーが欠乏して**低栄養状態**になると、生活機能とともに免疫力が低下して感染症にかかりやすくなりますが、口臭の発生原因にはなりません。

正解　3

問題26

1　×　義歯を使用しても、唾液分泌量が増加することはありません。

2　○　明瞭な発音には、歯（特に**前歯**）**がある**ことが重要とされています。

3　×　**義歯が**合っていない場合に、舌の動きが悪くなることがあります。

4　×　記述は、**加齢**により顔の**筋肉が**衰えたり肌の**弾力が**失われたりする、歯（特に**前歯**）**がない**などが原因です。義歯の使用による影響ではありません。

5　×　記述は、**味蕾の数の減少**によるものであり、義歯の使用による影響ではありません。

正解　2

A 問題27　34-103　三大栄養素

次のうち、三大栄養素に該当する成分として、**正しいもの**を**1つ**選びなさい。

1　水分

2　炭水化物

3　ビタミン（vitamin）

4　ナトリウム（Na）

5　カルシウム（Ca）

B 問題28　26-103　からだをつくる栄養素

栄養素に関する次の記述のうち、**正しいもの**を**1つ**選びなさい。

1　糖質は、細胞質の主成分となる。

2　脂質は、ホルモン（hormone）の原料となる。

3　カリウム（K）は、血圧を上げる。

4　ビタミンA（Vitamin A）は水溶性である。

5　ビタミンE（Vitamin E）は、腸管からのカルシウム（Ca）の吸収を促進する。

B 問題29　33-101　栄養素の働き

栄養素の働きに関する次の記述のうち、**正しいもの**を**1つ**選びなさい。

1　たんぱく質は、最大のエネルギー源となる。

2　ビタミンD（vitamin D）は、糖質をエネルギーに変える。

3　カリウム（K）は、骨の形成に関わる。

4　ビタミンB1（vitamin B1）は、カルシウム（Ca）の吸収に関わる。

5　ナトリウム（Na）は、血圧の調節に関わる。

問題27

　栄養素には、三大栄養素と五大栄養素という分類があります。三大栄養素とは炭水化物（**糖質**）、脂質、たんぱく質をいい、五大栄養素は三大栄養素に無機質（**ミネラル**）、ビタミンを加えたものです。ナトリウム、カルシウムは**無機質（ミネラル）**に含まれる成分です。

正解 | 2 |

問題28

1	×	糖質は三大栄養素のひとつで、**エネルギー源**となります。脂質の代謝にも関与し、中性脂肪に変化して体内にたくわえられます。なお、細胞質の主成分となるのは、からだの組織をつくる**たんぱく質**です。
2	○	脂質は三大栄養素のひとつで、エネルギー源であるとともに、**細胞膜**や**ホルモン**など生体の構成成分でもあります。
3	×	カリウムは無機質（ミネラル）のひとつで、心臓や筋肉の機能に関わります。細胞内液の浸透圧調節を担い、摂取量が増えると血圧が低下し、不足すると高血圧をまねきます。
4	×	ビタミンは、油脂に溶けやすい脂溶性ビタミンと、水に溶けやすい水溶性ビタミンに分類されます。脂溶性ビタミンには**ビタミンA・D・E・K**、水溶性ビタミンには**ビタミンB$_1$・B$_2$・C**などがあります。
5	×	ビタミンEには、脂質の酸化を予防して、からだを守る作用があります。細胞膜の酸化による老化や動脈硬化などを予防しています。カルシウムの吸収を促進するのは、**ビタミンD**です。

正解 | 2 |

問題29

1	×	栄養素のうち、最大のエネルギー源となるのは脂質です。
2	×	糖質をエネルギーに変える栄養素は、**ビタミンB$_1$**です。
3	×	カリウムは、細胞内液の浸透圧調節に関わります。骨の形成に関わる栄養素は、**カルシウム**やビタミンDなどです。
4	×	カルシウムの吸収に関わる栄養素は、**ビタミンD**です。
5	○	記述のとおりです。食塩、みそ、しょうゆなどに多く含まれ、不足すると**食欲不振**などになります。

正解 | 5 |

ポイントチェック

三大栄養素の主な作用と多く含む食品

栄養素	主な作用	多く含む食品
炭水化物（糖質）	脳やからだを動かす**エネルギー源**になり、脂質の代謝にも関わる	穀物、砂糖、いも類
脂質	細胞膜や**ホルモン**の構成成分であり、からだを動かすエネルギー源になる	肉、バター、マーガリン
たんぱく質	アミノ酸によって構成され、細胞質の主成分となり、筋肉や臓器などのからだの組織をつくる	肉、魚、大豆製品、卵

問題30 **B** `32-102` **摂食から嚥下までの5段階**

摂食・嚥下(えんげ)のプロセスに関する次の記述のうち、**最も適切なもの**を1つ選びなさい。

1 先行期は、唾液分泌が増加する。

2 準備期は、嚥下性無呼吸(えんげせいむこきゅう)がみられる。

3 口腔期(こうくうき)は、喉頭が閉鎖する。

4 咽頭期は、食塊を形成する。

5 食道期は、随意的な運動である。

問題31 **B** `33-102` **摂食から嚥下までの5段階**

Fさん（80歳、女性）は、普段の食事は自立している。日常生活では眼鏡がないと不自由である。ある日、いつもより食事に時間がかかっていた。介護福祉職が確認したところ、Fさんは、「眼鏡が壊れて使えなくなってしまった」と答えた。

食事をとるプロセスで、Fさんが最も影響を受ける段階として、**正しいもの**を1つ選びなさい。

1 先行期

2 準備期

3 口腔期(こうくう)

4 咽頭期

5 食道期

問題30

1 ○ 摂食・嚥下のプロセスの**先行期**は、食べ物を目で見たり、匂いをかいだりすることで、食べてよいものかどうかを認知し、口まで運ぶ段階です。この段階では、条件反射的に**唾液の分泌量**が増加します。

2 × 準備期は、食物を口腔内に入れて、かみくだきながら唾液と混ぜ合わせて、飲み込みやすい食塊をつくる段階です。記述は、咽頭期の説明です。

3 × 口腔期は、舌の運動によって、食塊を咽頭に送り込む段階です。記述は、咽頭期の説明です。

4 × 咽頭期は、食塊を、咽頭から**食道**へ送り込む段階です。

5 × 食道期は、食塊を、食道から胃へ送り込む段階です。軟口蓋と喉頭蓋が開き、食塊は食道の蠕動運動と重力によって、胃に送られます。咽頭期から食道期にかけての運動は**不随意**に行われます。

正解 | 1 |

問題31

　食物を口に入れて（摂食）、かみ砕き（咀嚼）、飲み込む（嚥下）までの過程は、❶先行期 → ❷準備期 → ❸口腔期 → ❹咽頭期 → ❺食道期という5つの段階に分類することができます。Fさんは、眼鏡がないと日常生活が不自由になることから、食事をとるプロセスでは、食物を**視覚**や**嗅覚**により認知する先行**期**が最も影響を受ける段階といえます。準備期、口腔期、咽頭期、食道期は、食物を口腔内に入れた後の段階であり、食事が自立しているFさんが影響を受ける段階とはいえません。

正解 | 1 |

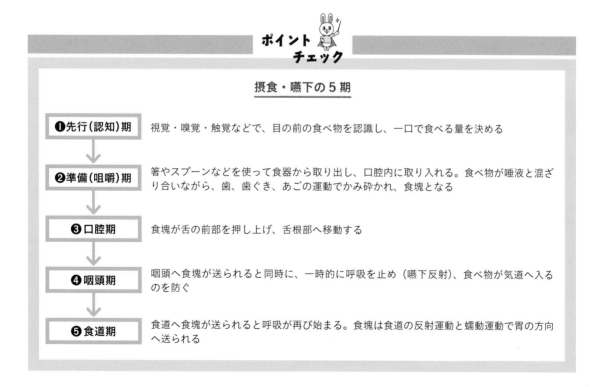

ポイント チェック

摂食・嚥下の5期

❶先行（認知）期	視覚・嗅覚・触覚などで、目の前の食べ物を認識し、一口で食べる量を決める
❷準備（咀嚼）期	箸やスプーンなどを使って食器から取り出し、口腔内に取り入れる。食べ物が唾液と混ざり合いながら、歯、歯ぐき、あごの運動でかみ砕かれ、食塊となる
❸口腔期	食塊が舌の前部を押し上げ、舌根部へ移動する
❹咽頭期	咽頭へ食塊が送られると同時に、一時的に呼吸を止め（嚥下反射）、食べ物が気道へ入るのを防ぐ
❺食道期	食道へ食塊が送られると呼吸が再び始まる。食塊は食道の反射運動と蠕動運動で胃の方向へ送られる

A **35-25** **誤嚥防止の初期対応**

J さん（82歳、女性）は、施設に入所している。J さんは車いすで食堂に来て、箸やスプーンを使って、自分で食事をしている。主食は普通食、おかずは刻み食で全量摂取している。最近、車いすからずり落ちる傾向があり、首が後屈した姿勢で食事をし、むせることが多くなった。

J さんが誤嚥をしないようにするための最初の対応として、**最も適切なもの**を 1 つ選びなさい。

1　食事回数の調整

2　座位姿勢の調整

3　使用食器の変更

4　食事の量の調整

5　食事場所の変更

B **35-26** **誤嚥しやすい高齢者の脱水予防**

次のうち、誤嚥しやすい高齢者の脱水予防のために確認することとして、**最も優先すべきもの**を 1 つ選びなさい。

1　義歯の装着状態

2　上肢の関節可動域

3　睡眠時間

4　夜間の咳込みの有無

5　摂取している水分の形状

B **31-102** **医療職との連携**

D さん（75歳、女性）は、介護老人福祉施設に入所している。糖尿病（diabetes mellitus）があり、インスリン療法を受けている。2 日前から風邪をひいて、食事量が普段の半分程度に減っていたが、医師の指示どおりインスリン注射を継続していた。介護福祉職が朝食を D さんに渡そうとしたところ、顔色が悪く、「胸がどきどきして、ふわふわする」と話し、額には汗が見られた。

考えられる D さんの状態として、**ただちに医療職に相談しなければならないもの**を 1 つ選びなさい。

1　発熱　　　　2　脱水　　　　3　低血糖　　　　4　貧血　　　　5　意識障害

START! GOAL!! クリア！ クリア！ クリア！ CHAPTER 1 CHAPTER 2 CHAPTER 3

102

問題32 誤嚥とは、食物を飲み込む＝嚥下するときに、**食道ではなく、誤って気管に飲み込んでしまうこと**をいいます。

1 × 事例からは、Jさんが食事中にむせることが多くなったことと、食事の回数の因果関係が読み取れません。食事の回数を調整することは、最初の対応として適切とはいえません。

2 ○ Jさんは、車いすからずり落ちる傾向があり、首が後屈した姿勢で食事をしています。さらに、きざみ食は食塊が形成しにくく、気管に入って誤嚥を招きやすくなります。座位姿勢の調整をすることは、最初の対応として適切です。

3 × Jさんは、箸やスプーンを使い、自分で食事をしています。使用食器の変更は、最初の対応として適切とはいえません。

4 × Jさんは、主食は普通食、おかずはきざみ食で、全量摂取しています。食事の量の調整は、最初の対応として適切とはいえません。

5 × Jさんは、車いすで食堂に来て、自分で食事をしています。食事の場所の変更は、最初の対応として適切とはいえません。

正解 2

問題33

1 × 義歯の装着状態は嚥下に影響しますが、脱水予防のために確認することとして、最も優先すべきものではありません。

2 × 上肢の関節可動域、睡眠時間、夜間の咳込みの有無は、脱水予防のために確認することとして、最も優先すべきものではありません。

3 × **解説2**のとおりです。

4 × **解説2**のとおりです。

5 ○ 摂取している水分の形状によっては誤嚥を招き、摂取量が減ることで**脱水**を起こすことにつながります。誤嚥しやすい高齢者の脱水予防のためには、最も優先して確認すべきものといえます。

正解 5

問題34

　Dさんは、風邪を引いて、食事量が普段の半分程度に減っていたにもかかわらず、医師の指示どおりにインスリン注射を継続したことが原因で、**低血糖**におちいったと考えられます。低血糖では、**動悸やめまい**、**発汗**（冷や汗）、**手足の震え**、**顔面蒼白**などの症状がみられ、重度になると**痙攣**や**意識障害**を起こすこともあります。低血糖症状が現れたら、まず**看護師**に**報告**し、**血糖値を測定してもらう**ことが重要です。

正解 3

糖尿病の高血糖時には、口渇や多尿、多飲、かゆみ、体重減少などの症状がみられます。

問題35 B 27-103 入浴による作用

入浴による静水圧の直接的な作用として、**最も適切なもの**を1つ選びなさい。

1 毛細血管の拡張

2 関節への負担の軽減

3 下肢のむくみの軽減

4 体重による負担の軽減

5 老廃物の排泄の促進

問題36 B 29-104 皮膚の機能と汚れ、発汗のしくみ

皮膚に関する次の記述のうち、**正しいもの**を1つ選びなさい。

1 皮膚の表面は弱アルカリ性に保たれている。

2 皮膚から1日に約500～600mlの不感蒸泄がある。

3 汗腺が最も多く分布しているのは額である。

4 体温が低下すると、汗腺が活性化する。

5 高齢期になると、皮脂の分泌が増加する。

問題37 B 31-103 皮膚の乾燥に伴うかゆみ

皮膚の乾燥に伴うかゆみに関する次の記述のうち、**適切なもの**を1つ選びなさい。

1 高齢者では、まれである。

2 水分摂取を控える。

3 顔面に好発する。

4 利用者の爪は短く切る。

5 皮膚をかくことで軽快する。

START! GOAL!! クリア！ CHAPTER 1 クリア！ CHAPTER 2 クリア！ CHAPTER 3

104

問題35 入浴には、**温熱作用、静水圧作用、浮力作用**という３つの作用があります。このうち静水圧作用とは、からだにかかる水の圧力によって心肺機能に影響を与え、**血液**や**リンパ液**の循環を促進するものです。

1 × 毛細血管を拡張させ、血行を促進させるのは、**温熱作用**です。

2 × 関節への負担を軽減させるのは、**浮力作用**です。

3 ○ リンパ液の循環を良好にして、下肢のむくみ（浮腫）を軽減させるのは、**静水圧作用**です。

4 × 体重による負担を軽減させるのは、**浮力作用**です。

5 × 老廃物の排泄を促進して、皮膚を清潔な状態に保つのは、**温熱作用**です。

正解 　3

問題36

1 × 皮膚の表面は、**皮脂膜**という膜におおわれていることで、**pH4.5〜6.0**程度の弱酸性に保たれています。

2 ○ **不感蒸泄**とは、**呼気（吐息）**や**皮膚の表面**から、無意識のうちに排泄される水分（汗を除く）のことを指します。安静時の正常値は**約900ml**で、皮膚の表面から排泄されるのは**500〜600ml程度**とされています。

3 × 汗腺は**エクリン腺**と**アポクリン腺**に大別されます。エクリン腺は口唇と瞼を除いた全身に分布していて、特に**手のひら**をはじめ、足の裏や額などに集中しています。アポクリン腺は、**腋窩（脇の下）**をはじめ、乳輪、外陰部などに分布しています。

4 × 汗の役目は体温の調節です。血液の温度が上昇すると、交感神経が刺激され、皮膚の血管が拡張して**エクリン腺**から汗が出ます。汗の蒸発により、さらなる**体温の上昇**を防ぎます。

5 × 高齢期になると、体内の水分量や**皮脂**の分泌量が減少して、皮膚の表面が乾燥しやすくなります。そのため、細菌をはじめとした有害物質の刺激を受けやすくなります。

正解 　2

皮膚には、汗の分泌や血管の収縮などによって、**体温を
調節する機能**もあります。

問題37

1 × 高齢者は、**体内の水分量や皮脂の減少**によって、**かゆみが生じやすくなります。**

2 × 解説 1 のとおり、水分量の減少はかゆみの原因となります。しっかりと**水分を補給**し、肌の乾燥を防ぎます。

3 × 高齢者の場合、腹部や下肢を中心にかゆみが好発します。

4 ○ 皮膚を爪でかいたりするなど、**皮膚を刺激することで症状が**悪化します。皮膚に無用な刺激を与えないよう、利用者の**爪を短く切ります。**

5 × 解説 4 のとおりです。

正解 　4

A 30-102 集団生活を送る上で注意すべき皮膚疾患

Lさん（84歳、男性、要介護4）は、自宅で妻と暮らしている。数日前から妻が体調を崩しているため、短期入所生活介護（ショートステイ）を利用することになった。利用初日に、介護福祉職が身体の確認をするために着替えを行ったところ、Lさんの腋窩（えきか）と腹部に赤い丘疹が見られ、一部に小水疱（しょうすいほう）を伴っていた。強いかゆみを訴えており、手指間には灰白色の線が見られる。

Lさんに考えられる皮膚疾患について、集団生活を送る上で最も注意すべき**優先度の高いもの**を1つ選びなさい。

1 皮脂欠乏性湿疹（ひしけつぼうせいしっしん）（asteatotic eczema）
2 疥癬（かいせん）（scabies）
3 白癬（はくせん）（tinea）
4 蕁麻疹（じんましん）（urticaria）
5 帯状疱疹（たいじょうほうしん）（herpes zoster）

B 34-105 入浴の効果と作用

Mさん（85歳、男性）は、通所介護（デイサービス）での入浴を楽しみにしていて、いつも時間をかけて湯につかっている。ある時、介護福祉職が、「そろそろあがりましょうか」と声をかけると、浴槽から急に立ち上がりふらついてしまった。

Mさんがふらついた原因として、**最も適切なもの**を1つ選びなさい。

1 体温の上昇
2 呼吸数の増加
3 心拍数の増加
4 動脈血酸素飽和度の低下
5 血圧の低下

A 31-104 入浴介護

入浴介護に関する次の記述のうち、**適切なもの**を1つ選びなさい。

1 家庭内での不慮の事故死のうち、入浴関連はまれである。
2 心臓に疾患のある人には、全身浴を勧める。
3 浴槽からの立ち上がりは、ゆっくり行う。
4 食後すぐの入浴を勧める。
5 入浴後、水分摂取は控える。

START! GOAL!! クリア！ クリア！ クリア！ CHAPTER 1 CHAPTER 2 CHAPTER 3

問題38

1 ✕ 皮脂欠乏性湿疹は、皮脂が減るとともに皮膚の**水分量も**減少して皮膚が乾燥し、かくことで湿疹ができる疾患です。感染することは少ないので優先度は低くなります。

2 ○ 疥癬は感染力が強いので、最も優先度は高くなります。原因は**ヒゼンダニ**の寄生です。

3 ✕ 白癬（水虫）は、皮膚の角質層が**カビ**の一種である真菌に感染して発症するものです。入浴時に感染することもありますが、疥癬より優先度は低いです。

4 ✕ 蕁麻疹は、特定の**アレルギー**によるものです。感染するおそれはありません。

5 ✕ 帯状疱疹は、**水痘・帯状疱疹ウイルス**によるもので、皮膚の一部が盛り上がる**丘疹**がみられ、その一部が破れて**水疱**になることもあります。感染力は弱いので、優先度は低いです。

正解 2

問題39

1 ✕ 入浴により体温は上昇しますが、ふらつく原因とはなりません。

2 ✕ 温かい湯につかることで**副交感神経**が優位にはたらき、呼吸数や心拍数は減少します。

3 ✕ **解説2**のとおりです。

4 ✕ 呼吸器機能障害があると、入浴により動脈血酸素飽和度が低下して息苦しさを感じることがありますが、事例文からMさんに呼吸器機能障害があるとは読み取れず、ふらつく原因とはなりません。

5 ○ 副交感神経が優位にはたらくことで、**血圧は低下**します。Mさんは時間をかけて湯につかっており、介護福祉職の声かけで浴槽から急に立ち上がったことで起立性低血圧を起こし、ふらついてしまったと考えられます。

正解 5

問題40 入浴時間は、からだへの負担を考慮して、10〜15分程度にとどめます。そのうち、お湯につかっている時間は、5分程度にします。

1 ✕ 厚生労働省の人口動態統計によると、家庭内での不慮の事故死のうち、**浴槽内での**溺死**および溺水で死亡**する高齢者の割合が特に高くなっています。

2 ✕ 全身浴では、水面下に沈んだ**身体にかかる圧力（静水圧）によって心臓などに負担がかかる**ため、心臓に疾患のある人には、半身浴を勧めます。

3 ○ 入浴中に浴槽から急に立ち上がると、**血圧が下がって貧血の状態になり**、**失神**を起こしやすくなります。浴槽の縁や手すりなどをつかみ、**ゆっくり立ち上がる**ようにします。

4 ✕ 高齢者は、食後にめまいや立ちくらみが起こる**食後低血圧により失神**を起こしやすいため、食後すぐの入浴を勧めることは、不適切な対応です。

5 ✕ 入浴による発汗作用で体内の水分が失われるため、入浴後は**水分を補給**し、**脱水を予防**します。

入浴後は、気化熱（液体が気体に変わるときに、周囲の熱を吸収すること）で体温が奪われるため、すぐにからだの水分を拭き取るようにします。

正解 3

問題41 C　32-104　正常な尿

正常な尿に関する次の記述のうち、**適切なもの**を１つ選びなさい。

1　１日に約１ｇのたんぱく質が排出される。

2　１日に約10ｇのブドウ糖が排出される。

3　排尿直後はアンモニア臭がする。

4　排尿直後はアルカリ性である。

5　排尿直後は淡黄色で透明である。

問題42 B　27-105　異常な尿量（多尿の原因）

多尿の原因として、**正しいもの**を１つ選びなさい。

1　脱水

2　副交感神経優位

3　前立腺肥大症（prostatic hypertrophy）

4　ビタミンＣ（vitamin C）の過剰摂取

5　糖尿病（diabetes mellitus）

問題43 A　33-104　尿失禁

Ｇさん（83歳、女性）は、認知機能は正常で、日常生活は杖歩行で自立し外出もしていた。最近、外出が減ったため理由を尋ねたところ、咳やくしゃみで尿が漏れることが多いため外出を控えていると言った。

Ｇさんの尿失禁として、**適切なもの**を１つ選びなさい。

1　機能性尿失禁

2　腹圧性尿失禁

3　溢流性尿失禁

4　反射性尿失禁

5　切迫性尿失禁

問題41

1　×　健康な人の場合、1日に約1gの**クレアチニン**が排出されます。たんぱく質は**尿細管**で**再吸収**されて血液に戻ります。

2　×　健康な人の場合、1日に約10gの**尿素窒素**が排出されます。ブドウ糖は**尿細管**で再吸収されて血液に戻ります。

3　×　尿には、尿素や尿酸、クレアチニン、カリウムなどの成分が含まれています。排尿後に空気に触れると**細菌によって尿が分解**され、アンモニア臭がします。

4　×　健康な人の尿は弱酸性（**pH5～7**）です。

5　○　記述のとおりです。健康であっても水分の摂取量や発汗量、食べ物、薬などにより**尿の色や臭いは変化**します。

正解　5

問題42

1　×　多尿とは、尿量が1日に**3000mℓ以上**になった状態をいいます。一方、脱水時には、尿量は減少します。なお、尿量が1日に50～100mℓ以下になった場合は**無尿**、1日に400mℓ以下になった場合は乏尿と呼ばれます。

2　×　副交感神経が優位になると、内臓の動きが活発になります。泌尿器においては、膀胱が収縮し、膀胱括約筋が拡張することで排尿が促されますが、**多尿とは関係がありません**。

3　×　前立腺は、膀胱の出口で尿道を取り囲むように存在している器官です。加齢などによって前立腺肥大症を発症すると、膀胱への刺激・圧迫を原因とする**頻尿**や、症状の進行によって**尿閉**などの排尿困難が現れます。

4　×　ビタミンCの過剰摂取による副作用には、下痢や吐き気などがあります。

5　○　糖尿病では、血液に含まれるぶどう糖の値が上昇し、尿の浸透圧が高くなることで、尿細管における**再吸収**が阻害されて、**多尿**になります。

正解　5

問題43

1　×　**機能性尿失禁**は、認知症によってトイレの場所や便器の使用方法が分からない、または下肢の筋力低下など運動機能の低下によって、トイレまで間に合わずにもれてしまうものをいいます。Gさんは、咳やくしゃみで尿がもれることが多いと言っていることから、機能性尿失禁ではありません。

2　○　**腹圧性尿失禁**は、咳やくしゃみなどで腹圧**がかかる**ことにより、尿がもれてしまうものをいいます。Gさんの尿失禁に該当します。

3　×　**溢流性尿失禁**は、高度の**前立腺肥大症**や**前立腺がん**などから、尿道が**狭窄・閉塞**し、排尿困難によって膀胱に残尿があることで、あふれるようにもれてしまうものをいいます。Gさんの尿失禁には該当しません。

4　×　**反射性尿失禁**は、脊髄損傷などを原因とした**神経障害**により、膀胱に一定量の尿がたまっても**尿意**を感じられず、反射的にもれてしまうものをいいます。Gさんの尿失禁には該当しません。

5　×　**切迫性尿失禁**は、尿をためる機能に障害があり、強い尿意を感じてから、トイレまで我慢できずにもれてしまうものをいいます。Gさんの尿失禁には該当しません。

正解　2

A 35-27 便の生成のしくみ

健康な成人の便の生成で、上行結腸の次に内容物が通過する部位として、**正しいもの**を1つ選びなさい。

| 1 S状結腸 | 2 回腸 | 3 直腸 | 4 下行結腸 | 5 横行結腸 |

問題45

B 31-105 排便のしくみ

排便の仕組みに関する次の記述のうち、**適切なもの**を1つ選びなさい。

1 仰臥位は、排便しやすい姿勢である。
2 交感神経は、直腸の蠕動運動を促進させる。
3 食事をとると、便意はおさまる。
4 息を吐きながら腹圧を低下させると、排便は促される。
5 排便時には、外肛門括約筋を意識的に弛緩させる。

問題46

B 33-105 便秘の原因

次のうち、便秘の原因として、**最も適切なもの**を1つ選びなさい。

1 炎症性腸疾患（inflammatory bowel disease）
2 経管栄養
3 消化管切除
4 感染性腸炎（infectious enteritis）
5 長期臥床

問題47

B 32-105 弛緩性便秘の原因

弛緩性便秘の原因に関する次の記述のうち、最も**適切なもの**を1つ選びなさい。

1 食物繊維の摂取不足
2 排便を我慢する習慣
3 腹圧の低下
4 大腸のけいれん
5 がん（cancer）による通過障害

解答・解説

問題44

　大腸は、盲腸→**上行結腸**→**横行結腸**→**下行結腸**→**S状結腸**→**直腸**の順につながっています。回腸は小腸の一部で、盲腸の手前にあります。

正解　5

問題45

1　×　排便しやすい姿勢は、**座位**です。
2　×　交感神経は、直腸の**蠕動運動を抑制**します。
3　×　食べた物が胃に入ると、大腸の蠕動運動が活発になって便が直腸に送られ、便意を感じるようになります。これを胃・大腸（結腸）反射といいます。
4　×　排便時は、息を止めて**腹圧を高めます**。
5　○　直腸の蠕動運動が起こって便意を感じると、**大脳の指示**により、外肛門括約筋を意識的に弛緩させることで排便が行われます。

正解　5

問題46

1　×　炎症性腸疾患や感染性腸炎は、便秘ではなく、**下痢**の原因となります。
2　×　経管栄養では、栄養剤の**注入速度が速すぎ**たり、**温度が低かっ**たりすると、**下痢**が起こります。便秘の原因とはなりません。
3　×　疾患などのために**胃**や**食道**を切除した場合は、**下痢**をしがちになります。また、直腸や大腸を切除して腹部に人工的な排泄口（**ストーマ**）を設けた場合は、採便用のパック（**パウチ**）を装着します。便秘の原因とはなりません。
4　×　**解説1**のとおりです。
5　○　長期臥床が続くと、腸管の緊張度が弱まり**蠕動運動が低下する**ため、便秘の原因となります。

正解　5

問題47

1　○　弛緩性便秘の原因には、**食物繊維の摂取不足**のほか、加齢、**運動不足**などがあります。
2　×　排便を我慢する習慣があると、**直腸性便秘**が起こります。
3　×　腹圧の低下は、**直腸性便秘**の原因となります。
4　×　大腸の痙攣は、**痙攣性便秘**の原因となります。
5　×　がんによる通過障害は、**器質性便秘**の原因となります。

正解　1

便秘時に排便を促すために行う腹部マッサージは、大腸の流れに沿って、上行結腸 → 横行結腸 → 下行結腸の順に、「の」の字を描くように時計回りにするのが効果的です。

問題48 B　27-106　睡眠のしくみ

睡眠に関する次の記述のうち、**正しいもの**を1つ選びなさい。

1　ヒトは下垂体に体内時計がある。
2　抗ヒスタミン薬は覚醒作用がある。
3　睡眠は深さよりも長さが重要となる。
4　レム睡眠は30分ごとに繰り返し出現する。
5　最も深い眠りの段階はノンレム睡眠である。

問題49 B　33-107　睡眠に関する基礎知識

睡眠に関する次の記述のうち、**適切なもの**を1つ選びなさい。

1　レム睡眠のときに夢を見る。
2　レム睡眠から入眠は始まる。
3　ノンレム睡眠では筋緊張が消失する。
4　ノンレム睡眠では速い眼球運動がみられる。
5　高齢者ではレム睡眠の時間が増加する。

問題50 B　31-107　睡眠に関する基礎知識

睡眠に関する次の記述のうち、**最も適切なもの**を1つ選びなさい。

1　高齢者の中途覚醒は、水分の摂りすぎが原因である。
2　レストレスレッグス症候群（restless legs syndrome）は、下肢を動かすと症状が軽快する。
3　仰臥位で眠ると、いびきが改善する。
4　睡眠時間の確保には、寝だめが有効である。
5　熟睡するには、就寝前の飲酒が有効である。

START!
GOAL!!　クリア！クリア！クリア！　CHAPTER 1　CHAPTER 2　CHAPTER 3

112

問題48

1 × 体内時計は、**約24時間周期で活動と休息を図る**ために存在しています。ヒトの体内時計は、間脳にある**視床下部の視交叉上核**にあります。

2 × ヒスタミンは、**覚醒状態**を維持するためにはたらく物質です。ヒスタミンに対して抗ヒスタミン薬は、主にアレルギー症状を緩和するため服用されますが、**眠気をもたらす作用**があります。

3 × 睡眠の質に関係しているのは、**長さよりも深さ**です。

4 × 睡眠周期においては、**浅い眠りのレム睡眠**と、**深い眠りのノンレム睡眠**が1つのセットになって、**約90分を1周期**として、一晩の間に4～5回繰り返されています。

5 ○ ノンレム睡眠は、**脳が深く眠っている状態の睡眠**です。ノンレム睡眠は4つの段階に分けられ、第4段階に近づくほど睡眠は深くなります。

正解 **5**

問題49

1 ○ 記述のとおりです。**レム睡眠**とは、からだが深く眠っている睡眠のことで、脳は**活動**しているが、からだは**休息**しています。

2 × 入眠直後は**ノンレム睡眠**から始まり、その後**レム睡眠**となり、再び**ノンレム睡眠**となります。

3 × ノンレム睡眠では、ある程度の筋緊張は保持されます。

4 × 速い眼球運動がみられるのは、**レム睡眠**です。

5 × ノンレム睡眠には4段階の眠りの深さがありますが、加齢に伴って**メラトニンの分泌が減少**し、高齢者では、**浅い段階のノンレム睡眠が増加**し、レム睡眠の時間が減少します。

正解 **1**

問題50

1 × 高齢者の中途覚醒は、加齢とともに全般的に**眠りが浅くなる**ことが原因で起こります。

2 ○ 記述のとおりです。レストレスレッグス症候群はむずむず脚症候群ともいわれ、脚がほてり、かきむしりたくなるような不快感やむずむずとした感覚が起こり、眠りが妨げられる症状で、**中途覚醒の原因**となります。

3 × いびきは、**肥満**などが原因で**喉の空気の通りが悪くなる**ことで発生します。仰臥位よりも**横向きの姿勢**のほうが空気の通りが良くなるので、いびきが改善します。

4 × 寝だめは、逆に夜間の睡眠を妨げるなど**生活リズムを崩す**ことにつながるため、有効とはいえません。**規則正しい生活を送り、睡眠のリズムを保つ**ことが重要です。

5 × 就寝前の飲酒は**睡眠の質を悪化させる**ため、控えるようにします。

正解 **2**

A 30-106 **不眠症の種類**

「睡眠の時間は十分にとれているが、ぐっすり眠れた感じがしない状態」に当てはまる不眠症（insomnia）として、**最も適切なもの**を１つ選びなさい。

1　入眠障害

2　中途覚醒

3　熟眠障害

4　早朝覚醒

5　時差症候群（jet lag syndrome）

B 32-106 **抗ヒスタミン薬の睡眠への影響**

抗ヒスタミン薬の睡眠への影響として、**適切なもの**を１つ選びなさい。

1　就寝後、短時間で覚醒する。

2　夜間に十分睡眠をとっても、日中に強い眠気がある。

3　睡眠中に足が痛がゆくなる。

4　睡眠中に無呼吸が生じる。

5　夢の中の行動が、そのまま現実の行動として現れる。

A 35-28 **高齢者の睡眠薬の使用**

高齢者の睡眠薬の使用に関する次の記述のうち、**最も適切なもの**を１つ選びなさい。

1　依存性は生じにくい。

2　翌朝まで作用が残ることがある。

3　食事後すぐの服用が望ましい。

4　アルコールと一緒に飲んでも効果は変わらない。

5　転倒の原因にはならない。

START!
GOAL!!

問題51

1　×　入眠障害は、寝つきが悪く、なかなか眠れない状態をいいます。

2　×　中途覚醒は、眠りが浅く、目が覚めやすい状態をいいます。

3　○　記述のとおりです。熟眠障害が1か月以上も続くときには、喘息・心不全、あるいはうつ病などの疾患がかくれていることが疑われますので、受診が必要になります。

4　×　早朝覚醒は、早朝に目が覚め、そのまま眠れなくなる状態をいいます。

5　×　時差症候群はいわゆる**時差ぼけ**のことです。4〜5時間の時差がある地域へ高速で移動すると、**体内時計と外界の**明暗周期**とのズレが生じ**時差ぼけ状態が生じます。

正解　3

体内時計は、本来は25時間周期を示すものですが、25時間周期では地球の自転周期とのずれが生じているため、体内時計を自転周期の24時間に合わせるように調整しています。その役目を果たしているのが日照時間（太陽の光）です。このように体内時計は地球の自転に同調して24時間周期の概日リズム（ サーカディアンリズム ）を示しています。

問題52

1　×　記述は、**不眠症の中途覚醒**の説明です。

2　○　抗ヒスタミン薬を服用すると、**覚醒状態を維持する**ために機能する物質である**ヒスタミン**のはたらきが抑制されます。そのため、夜間に十分睡眠をとっても、日中に**強い眠気をもたらす**作用があります。

3　×　記述は、**レストレスレッグス症候群**（むずむず脚**症候群**）の説明です。

4　×　記述は、**睡眠時無呼吸症候群**の説明です。

5　×　記述は、**レム睡眠行動障害**の説明です。

正解　2

問題53

1　×　睡眠薬の種類によっては、**長期間にわたって服用したり、医師の指示や本来の目的から逸脱した用法・用量**で服用したりすることで、**薬物依存が生じる**ことがあります。

2　○　高齢者の場合、睡眠薬の服用によって翌朝まで作用が残り、**ふらつき、食欲不振、倦怠感**などの副作用が生じることがあります。

3　×　睡眠薬は、食事後すぐではなく、**就寝する前30分以内**に服用します。

4　×　アルコールと一緒に睡眠薬を服用すると、**薬の作用が増強**したり、**呼吸抑制**や**物忘れ、ふらつき**などの**副作用が生じやすくなったりする**おそれがあります。睡眠薬は、**水またはぬるま湯**と一緒に服用します。

5　×　睡眠薬の副作用によって、**足のもつれ**や**ふらつき**などがみられ、転倒の原因となります。

正解　2

問題54 B 30-107 機能の低下・障害が及ぼす睡眠への影響

　Mさん（85歳、女性）は、認知症（dementia）と診断されている。数日前に介護老人保健施設に入所した。毎日、夕方から夜間にかけて怒りっぽくなり、担当の職員に大声をあげている。物忘れや徘徊もみられる。

　Mさんの現在の状態として、**最も適切なもの**を **1 つ**選びなさい。

1　過眠症（hypersomnia）
2　レム睡眠行動障害（REM sleep behavior disorder）
3　パニック障害（panic disorder）
4　幻覚
5　夕暮れ症候群

問題55 B 27-107 さまざまな睡眠障害

　睡眠障害に関する次の記述のうち、**正しいもの**を **1 つ**選びなさい。

1　入眠障害とは、眠りが浅く途中で何度も目が覚めることである。
2　レストレスレッグス症候群（restless legs syndrome）は、早朝覚醒の原因となる。
3　睡眠が不足すると、副交感神経が活発になる。
4　肥満は、睡眠時無呼吸症候群（sleep apnea syndrome）の原因となる。
5　周期性四肢運動障害は、睡眠中に大声の寝言や激しい動作を伴う。

問題54

1 × **過眠症**とは、日中の**過度**の睡眠、夜間の長時間の睡眠が続くことです。そのために昼間に強い眠気がおそって起きているのが困難になるものです。

2 × レム睡眠（浅い眠り）中は筋肉が弛緩しているため、身体は動かないものですが、**レム睡眠行動障害**では夢のなかでの言動が睡眠中に**異常な行動として出現**します。眠っているのに声を出したり、突然立ち上がって歩いたりすることもあります。

3 × パニック障害は、脳内の不安に関する**神経系の異常**が関係しているといわれ、突然の**動悸**や**息切れ**、**強い不安**を伴う**パニック発作**が生じるものです。

4 × 幻覚は、実際には存在しないものが見える幻視や声が聞こえたりする幻聴が起こることです。認知症の心理面の症状として出現しますが、Mさんにはその症状はみられないので不適切です。

5 ○ 夕暮れ症候群は、夕方になると**落ち着きがなくなり**、些細なことで**声を荒げたり**、「家に帰りたい」と徘徊を始めたりするものです。Mさんの現在の状態として最も適切です。

正解 5

問題55

1 × 入眠障害とは寝つきが悪く、なかなか眠れない状態をいいます。記述は、**中途覚醒**です。

2 × レストレスレッグス症候群は、脚がほてり、かきむしりたくなるような不快感やむずむずとした感覚が起こることで、眠りが妨げられるものです。一方、早朝覚醒は不眠症のひとつで、早朝に目覚め、そのまま眠れなくなる状態をいいます。

3 × 睡眠が不足すると、いらいらや不安感が増幅し、**交感神経**が活性化します。

4 ○ 睡眠時無呼吸症候群は、睡眠中に10秒以上呼吸が止まった状態が一定の回数に上る状態をいいます。肥満による脂肪の増加や、**扁桃肥大**などによって、上気道が狭窄することで起こります。

5 × 周期性四肢運動障害は、睡眠中に手足が数十秒ごとに短く痙攣して動くことで、睡眠が中断されるものです。**中途覚醒**の原因になります。記述は、**レム睡眠行動障害**の症状です。

正解 4

ポイントチェック

さまざまな睡眠障害

種類	特徴
睡眠時無呼吸症候群	睡眠中に10秒以上呼吸が止まる無呼吸の状態が、一定の回数に上るもの。満足に睡眠をとることができず、日中に眠気が起きる。肥満による脂肪の増加や、扁桃肥大などが原因となる
レストレスレッグス症候群（むずむず脚症候群）	脚がほてり、かきむしりたくなるような不快感やむずむずとした感覚が起こり、眠りが妨げられる。中途覚醒の原因となる。下肢を動かすと症状が軽快する
周期性四肢運動障害	睡眠中に、手足に痙攣などが起こることで、睡眠が中断される。中途覚醒の原因となる
レム睡眠行動障害	夢のなかの行動に応じて、睡眠中にもかかわらず、大声を上げたり、手足を激しく動かしたりしてしまう
時差症候群	4～5時間の時差がある地域へ高速で移動すると、体内時計と外界の明暗周期とのズレが生じるいわゆる時差ぼけのこと

問題56 A 35-29 **遺族の精神的、身体的反応**

　大切な人を亡くした後にみられる、寂しさやむなしさ、無力感などの精神的反応や、睡眠障害、食欲不振、疲労感などの身体的反応を表すものとして、**最も適切なもの**を1つ選びなさい。

1　認知症（dementia）
2　グリーフ（grief）
3　リビングウィル（living will）
4　スピリチュアル（spiritual）
5　パニック障害（panic disorder）

問題57 A 34-108 **「死」のとらえ方**

　Bさん（76歳、女性）は、病気はなく散歩が日課である。肺がん（lung cancer）の夫を長年介護し、数か月前に自宅で看取った。その体験から、死期の迫った段階では延命を目的とした治療は受けずに、自然な最期を迎えたいと願っている。
　Bさんが希望する死を表す用語として、**最も適切なもの**を1つ選びなさい。

1　脳死
2　突然死
3　尊厳死
4　積極的安楽死
5　心臓死

問題58 B 35-30 **臨死期の身体の変化**

　死が近づいているときの身体の変化として、**最も適切なもの**を1つ選びなさい。

1　瞳孔の縮小
2　筋肉の硬直
3　発汗
4　結膜の充血
5　喘鳴

問題56 グリーフとは、死別による喪失感、悲嘆、苦悩といった意味があります。

1 × 認知症とは、なんらかの脳の疾患や障害により、正常に発達した**知的機能や認知機能が**低下し、日常生活に**支障をきたす状態**をいいます。

2 ○ グリーフでみられる症状には、**寂しさやむなしさ、無力感、自責の念**などの精神的反応や、**睡眠障害、食欲不振、疲労感、胃腸症状、白髪の急増**などの身体的反応があります。

3 × どのような形で死を迎えるか、延命処置を望むのかどうかなど、終末期に利用者本人が望むケアをあらかじめ書面で示しておくことを**リビングウィル**（**事前指示書**）といいます。

4 × スピリチュアルとは、「**霊的な**」という意味です。WHO（世界保健機関）では、スピリチュアルを「**人間の尊厳**」「**生活の質**」などと解釈しています。

5 × パニック障害は神経症のひとつで、状況とは関係なく、動悸や胸痛、めまい、呼吸困難などの発作症状（**パニック発作**）とともに**激しい不安**に襲われるものをいいます。

正解 **2**

問題57

1 × 脳死とは、脳の機能が消失しても、人工呼吸器などによって心肺機能を維持することが可能な状態をいいます。

2 × 突然死とは、予期しない疾患が急激に発症して悪化し、**24時間以内に死亡**することをいいます。

3 ○ 尊厳死とは、延命治療などを行わずに、自然な状態のままで死を迎えることをいいます。Bさんが希望する死を表す用語として適切です。

4 × 積極的安楽死とは、がんなどの苦痛から解放するために、薬物などを用いて**意図的**に死を迎えさせることをいいます。

5 × 心臓死とは、医師が**死の三徴候**（心停止、自発呼吸の停止、瞳孔散大）を確認した時点をいいます。

正解 **3**

問題58

1 × 死が近づくと、脳の機能が停止し始め、**瞳孔は**散大します。

2 × 筋肉の硬直は、**死後2〜3時間**で始まります。

3 × 死が近づくと**代謝機能が**低下し、**体温も低下して脱水傾向が**強まり、**皮膚が**乾燥します。発汗はみられません。

4 × 死が近づくと**血圧が**低下し、**心拍数は**減少します。結膜の充血は高血圧などが原因で起こります。

5 ○ 死が近づくと、「ヒューヒュー」といった死前喘鳴や、喉からゴロゴロする音が聞かれる死期喘鳴が現れます。

正解 **5**

問題59
B　30-108　臨終期の身体の様子

臨終期の身体の様子に関する記述として、**適切なもの**を１つ選びなさい。

1　手足は温かい。

2　浮腫の出現は少ない。

3　喉からゴロゴロする音が聞かれる。

4　尿量は増加する。

5　呼吸のリズムは規則的である。

問題60
A　31-108　キューブラー・ロスによる死の受容過程

　Eさん（75歳、男性）は、２年前に肺がん（lung cancer）と診断されて、抗がん剤治療を受けていたが、効果がなく１か月前に治療を中止した。その後、日常生活に支援が必要となり、訪問介護（ホームヘルプサービス）を利用することになった。訪問介護員（ホームヘルパー）は初回訪問を終えて帰ろうとした時に、いきなりEさんから、「もう来なくてもいい」と厳しい口調で言われた。また、「どうして私だけが、がん（cancer）にならなければならないのか」という言葉も聞かれた。

　Eさんの心理状態について、キューブラー・ロス（Kübler-Ross, E.）が提唱した心理過程の段階として、**最も適切なもの**を１つ選びなさい。

1　否認

2　怒り

3　取り引き

4　抑うつ

5　受容

問題59

1　✕　臨終期になると**血液循環**も十分でなくなるため、手足は**青白くなり冷たく**なってきます。

2　✕　**血液循環が悪くなる、排尿が十分にできなくなる**ため**浮腫**（**むくみ**）が出現します。

3　〇　喉に痰がたまるため、気管が狭くなりゴロゴロする音が聞かれるようになります。

4　✕　尿量は減少します。排泄器官の衰えが生じますので、便や尿の量は大きく減少します。

5　✕　呼吸のリズムは大きく乱れ**不規則**になります。正常な呼吸数は1分間に15〜20回ですが、臨終期になると**チェーンストークス呼吸**が出現し、弱い呼吸 → 強い呼吸 → 弱い呼吸を経て無呼吸になるというサイクルを繰り返します。

正解　3

問題60

1　✕　否認は「死」の受容の第1段階で、自分が死期を迎えたことへのショックから、**現実を否定しようとする**自己防衛の段階です。Eさんの心理状態には当てはまりません。

2　〇　怒りは「死」の受容の第2段階にあたり、「どうして私だけが……」という**怒りやうらみの感情を抱く**ようになる段階です。Eさんの心理状態に当てはまります。

3　✕　取り引きは「死」の受容の第3段階にあたり、**よい行いをすれば、「死」という運命から逃れられる**と考えるようになる段階です。Eさんの心理状態には当てはまりません。

4　✕　抑うつは「死」の受容の第4段階にあたり、「死」から逃れることはできないことを悟り、**激しい喪失感にとらわれる**ようになる段階です。Eさんの心理状態には当てはまりません。

5　✕　受容は「死」の受容の第5段階にあたり、**現実を受け入れ**、「死」を迎えるそのときまで、**静かに過ごそうと考える**ようになる段階です。Eさんの心理状態には当てはまりません。

正解　2

ポイント
チェック

キューブラー・ロスによる「死」の受容の5段階

　下記の段階は、必ずしも順番どおりに現れるものではなく、異なる段階の状態が同時に現れることもある。

第1段階 否認	自分が死期を迎えたことへのショックから、現実を否定しようとする。自己防衛の段階
↓	
第2段階 怒り	「どうして私が…」という怒りや、うらみの感情を抱くようになる
↓	
第3段階 取引	よい行いをすれば、「死」という運命から逃れられると考えるようになる
↓	
第4段階 抑うつ	「死」から逃れることはできないことを悟り、激しい喪失感にとらわれるようになる
↓	
第5段階 受容	現実を受け入れ、「死」を迎えるそのときまで、静かに過ごそうと考えるようになる

ポイントチェック一覧

CHAPTER

5

発達と老化の理解

問題1　B　27-69　発達段階と発達課題（ピアジェ）

A君は、積み木を飛行機に見立ててB君と遊んでいた。大人がA君とB君の目の前で、おやつのジュースを一人150mℓになるように計った。しかし、同じ大きさのコップがなかったので、それぞれ形の違うコップに入れて与えた。A君にジュースを入れたコップを渡したところ、A君は「B君の方が量が多い」と言って泣き出した。

ピアジェ（Piaget, J.）によるA君の認知発達段階として、**適切なものを1つ**選びなさい。

1　形式的操作期　　2　感覚運動期　　3　前操作期　　4　再接近期　　5　具体的操作期

問題2　B　29-69　発達段階と発達課題（エリクソン）

エリクソン（Erikson, E.）の発達段階説において、青年期の発達課題として、**正しいものを1つ**選びなさい。

1　生殖性の獲得　　2　信頼感の獲得　　3　同一性の獲得　　4　自発性の獲得　　5　親密性の獲得

問題3　B　25-69　発達段階と発達課題（ハヴィガースト）

ハヴィガースト（Havighurst, R.）の示した児童期（中期児童期）の発達課題に関する次の記述のうち、**正しいものを1つ**選びなさい。
1　排泄のコントロールを習得する。
2　読み書き計算などの基礎的技能を習得する。
3　両親や他の大人たちから情緒面で自立する。
4　善悪の区別を習得する。
5　社会的に責任のある行動をとる。

問題4　B　35-33　身体の成長・発達

標準的な発育をしている子どもの体重が、出生時の約2倍になる時期として、**最も適切なものを1つ**選びなさい。

1　生後3か月　　2　生後6か月　　3　生後9か月　　4　1歳　　5　2歳

問題1 ピアジェは、子どもの発達段階を**感覚運動期**（0〜2歳頃まで）、**前操作期**（2〜7歳頃まで）、**具体的操作期**（7〜11歳頃まで）、**形式的操作期**（11歳以降）に分類して、発達の特徴を示しました。

1 × 形式的操作期は、**抽象的**な概念について、論理的思考で考えることができるようになる段階です。

2 × 感覚運動期は、何かしらの動作をすることで、それに伴う刺激と**感覚器官**が結びつき、対象を理解する段階です。

3 ○ 前操作期は、模倣などの**象徴的思考**と、見た目により判断する**直感的思考**を特徴とします。A君は見た目のコップの大きさに影響され、自分のほうがジュースの量が少ないと、判断してしまったものと考えられます。

4 × **再接近期**は、マーラーの乳幼児発達論の15〜24か月の段階として挙げられているもので、ピアジェが提唱した理論ではありません。

5 × 具体的操作期は、具体的な形のあるものを、見た目で判断せずに、**論理的思考**で考えることができる段階です。形の異なる器の中身の量などについても、思考ができるようになります。

正解 **3**

問題2 エリクソンは、人間の生涯にわたる自我の発達に着目して、発達段階を8つに分類し、段階ごとの発達課題を示しました。

1 × 生殖性の獲得は、30〜65歳頃の成年期中期の発達課題です。対する心理社会的危機は停滞で、乗り越えることで獲得される心理特性は、世話です。

2 × 信頼感（基本的信頼）の獲得は、0〜1歳頃の乳児期の発達課題です。対する心理社会的危機は不信で、乗り越えることで獲得される心理特性は、希望です。

3 ○ 同一性の獲得は、12〜20歳頃の青年期の発達課題です。対する心理社会的危機は同一性拡散で、乗り越えることで獲得される心理特性は、忠誠心です。

4 × 自発性（積極性）の獲得は、3〜6歳頃の幼児期後期の発達課題です。対する心理社会的危機は罪悪感で、乗り越えることで獲得される心理特性は、目的です。

5 × 親密性の獲得は、20〜30歳頃の成年期初期の発達課題です。対する心理社会的危機は孤立で、乗り越えることで獲得される心理特性は、愛です。

正解 **3**

問題3 ハヴィガーストは、発達段階を**乳幼児期**（早期児童期）、**児童期**（中期児童期）、**青年期**、**壮年期**、**中年期**、**老年期**に分類し、それぞれの発達課題を示しました。

1 × 排泄のコントロールの習得は、**乳幼児期**（早期児童期）の発達課題です。

2 ○ 読み書き計算などの基礎的技能の習得は、**児童期**（中期児童期）の発達課題です。

3 × 両親や他の大人たちから情緒面で自立するのは、**青年期**の発達課題です。

4 × 善悪の区別の習得は、**乳幼児期**（早期児童期）の発達課題です。

5 × 社会的に責任のある行動をとるのは、**青年期**の発達課題です。

正解 **2**

問題4

標準的な発育をしている子どもの体重は、**生後3〜4か月**で出生時の**約2倍**に、**1年後**には**約3倍**になります。

正解 **1**

問題5

A 34-70 **乳幼児期の言語発達**

乳幼児期の言語発達に関する次の記述のうち、**最も適切なもの**を1つ選びなさい。

1 生後6か月ごろに初語を発するようになる。

2 1歳ごろに喃語を発するようになる。

3 1歳半ごろに語彙爆発が起きる。

4 2歳半ごろに一語文を話すようになる。

5 3歳ごろに二語文を話すようになる。

問題6

B 35-31 **乳幼児期の発達**

今、発達の実験のために、図のようなテーブル（テーブル表面の左半分が格子柄、右半分が透明な板で床の格子柄が透けて見える）の左端に、Kさん（1歳1か月）を座らせた。テーブルの反対側には母親が立っている。Kさんは、格子柄と透明な板との境目でいったん動くのをやめて、怖がった表情で母親の顔を見た。母親が穏やかにほほ笑むと、Kさんは母親の方に近づいていった。

Kさんの行動を説明する用語として、**最も適切なもの**を1つ選びなさい。

1 自己中心性　　2 愛着理論　　3 向社会的行動　　4 社会的参照　　5 原始反射

問題7

C 35-32 **コールバーグの道徳性判断**

コールバーグ（Kohlberg, L.）による道徳性判断に関する次の記述のうち、最も高い発達の段階を示すものとして、**適切なもの**を1つ選びなさい。

1 権威に服従する。

2 罰を回避する。

3 多数意見を重視して判断する。

4 損得で判断する。

5 人間の権利や平等性などの倫理に従って判断する。

問題 5

1　×　子どもが最初に発する言葉を初語といい、**1歳前後**でみられます。

2　×　喃語とは意味のない音節のことで、**生後6か月頃**に発するようになります。

3　○　**1歳半頃**から急速に発語できる単語数が増えていく**語彙爆発**が起きます。

4　×　一語文とは、「だっこ」「まんま」など1単語の発語のことで、**1歳前後**で話すようになります。

5　×　二語文とは、2つの単語をつなげた発語のことで、**1歳半から2歳程度**で話すようになります。

正解　3

問題 6

1　×　2歳頃の幼児は、自分を中心に据えた視点から外界を理解しているため、**他者が自分とは異なる見方・感じ方・考え方をすることを理解できない**傾向にあります。この傾向を自己中心性といいます。

2　×　愛着理論（**アタッチメント理論**）は、**ボウルビィ**が提唱した理論です。子どもは**生後2〜3年**の時期が重要であり、この間に養育者からの適切な愛情が不足すると、その後の社会性の発達に何らかの問題が生じるとしました。

3　×　向社会的行動は、**アイゼンバーグ**が提唱した考え方で、他者の利益のために報酬を期待することなく、**自発的かつ意図的に行う行動**のことです。

4　○　社会的参照とは、子どもが新奇な対象に出合ったときに、**大人の表情を手掛かりにして自分の行動を決める**現象をいいます。**K**さんはいったん動くのをやめましたが、母親が穏やかに微笑む表情を見て、母親のほうに近づいていったことから、社会的参照に該当します。

5　×　出生直後の乳児は、外部からの刺激に対するからだの各部の反応が決まっています。この現象を原始反射といい、口腔内に入ってきた指や乳首を吸う（吸啜**反射**）、手のひらを指でなでると握る（把握**反射**）などがみられます。

正解　4

問題 7　コールバーグは、モラル・ジレンマ課題を用いて各年代（子ども〜青年）の道徳性の判断を分析しました。道徳性の判断には、3水準6段階の発達段階があるとしています。

1　×　選択肢1の「権威に服従する」および選択肢2の「罰を回避する」は、**最も低い発達段階**である「水準1　前慣習的水準」の「段階1　**罰と服従志向**」に当たります。

2　×　**解説1**のとおりです。

3　×　多数意見を重視して判断するのは、「水準2　慣習的水準」の「段階3　**対人関係の調和あるいは『良い子』志向**」に当たります。

4　×　損得で判断するのは、**最も低い発達段階**である「水準1　前慣習的水準」の「段階2　**道具主義的相対主義者志向**」に当たります。

5　○　人間の権利や平等性などの倫理に従って判断するのは、**最も高い発達段階**である「水準3　脱慣習的水準」の「段階6　**普遍的な倫理的原理志向**」に当たります。

正解　5

問題8
B　31-70　**エイジズム**

　高齢者に対する次の見方のうち、**エイジズム（ageism）に該当するもの**を1つ選びなさい。

1　心身機能の個人差が大きくなる。

2　視覚機能が低下する。

3　流動性知能が低下する。

4　認知機能が低下する。

5　頑固な性格になる。

問題9
B　33-71　**喪失体験**

　高齢期の喪失体験と悲嘆に関する次の記述のうち、**最も適切なもの**を1つ選びなさい。

1　喪失体験とは、加齢に伴う身体機能の低下のことである。

2　悲嘆過程とは、病的な心のプロセスのことである。

3　死別後の悲嘆からの回復には、喪失に対する心理的対処だけでなく生活の立て直しへの対処も必要である。

4　ボウルビィ（Bowlby, J.）によれば、悲嘆過程には順序性はない。

5　身近な人との死別後に生じる病的悲嘆への支援では、亡くなった人への愛着をほかに向けることを目標にする。

問題10
C　35-34　**ストローブとシュトによる死別へのコーピング**

　ストローブ（Stroebe, M.S.）とシュト（Schut, H.）による悲嘆のモデルでは、死別へのコーピングには喪失志向と回復志向の2種類があるとされる。

　喪失志向のコーピングとして、**最も適切なもの**を1つ選びなさい。

1　しばらく連絡していなかった旧友との交流を深める。

2　悲しい気持ちを語る。

3　新たにサークル活動に参加を申し込む。

4　ボランティア活動に励む。

5　新しい生活に慣れようとする。

START!
GOAL!!
クリア！　クリア！　クリア！　クリア！
CHAPTER 1　CHAPTER 2　CHAPTER 3　CHAPTER 4

問題8 エイジズムとは、年齢だけを理由にして**高齢者を差別的にとらえる考え方**をいいます。

1 ✕ 心身機能の個人差が大きくなるという見方は、エイジズムには該当しません。
2 ✕ 視覚機能が低下するという見方は、エイジズムには該当しません。
3 ✕ 流動性知能が低下するという見方は、エイジズムには該当しません。

 加齢により、流動性知能は低下しますが、結晶性知能は、長期にわたって維持されます。

4 ✕ 認知機能が低下するという見方は、エイジズムには該当しません。
5 ○ 性格の変化は、個人の生活や価値観、既往歴、周囲の環境の変化など、さまざまな背景が考えられます。高齢者が必ずしも頑固な性格になるわけではないので、エイジズムに該当します。

正解 **5**

問題9

1 ✕ 高齢期における**喪失体験**とは、**健康**の喪失、**配偶者・近しい友人**の喪失など、大切な人物や事物を失う**人生の危機**となるような体験を指します。加齢に伴う身体機能の低下だけでは、喪失体験には含まれません。
2 ✕ **悲嘆過程**とは、大切な人との死別による悲しみが癒され、**心が平穏に戻る**過程のことをいいます。
3 ○ 記述のとおりです。
4 ✕ **ボウルビィ**は、悲嘆過程には❶無感覚な段階、❷失った人物を思慕し探し求める段階、❸混乱と絶望の段階、❹さまざまな程度の再建の段階という**順序性がある**ことを明らかにしました。
5 ✕ 病的悲嘆への支援では、亡くなった人への愛着をほかに向けるのではなく、その愛着がこれからの生活においても価値のあるものとして考えられるようにすることが目標となります。

正解 **3**

問題10 ストローブとシュトが提唱した死別へのコーピング（対処）に関する二重過程モデルでは、喪失傾向と回復傾向の2つのコーピングを想定しています。両者のどちらを重視してコーピングするのか、コーピング自体を回避するのかを、本人自身が葛藤しながら決めることができます。

1 ✕ 記述は、**回復傾向**のコーピングです。
2 ○ 記述は、**喪失傾向**のコーピングです。
3 ✕ 記述は、**回復傾向**のコーピングです。
4 ✕ 記述は、**回復傾向**のコーピングです。
5 ✕ 記述は、**回復傾向**のコーピングです。

正解 **2**

問題11　B　30-71　老化に伴う身体の変化

老化に伴う身体の変化に関する次の記述のうち、**適切なもの**を1つ選びなさい。

1　骨密度が上昇する。

2　唾液の分泌量が増加する。

3　肺活量が増加する。

4　貧血になりやすい。

5　皮膚の表面が湿潤化する。

問題12　B　35-36　高齢期の腎・泌尿器系の状態や変化

高齢期の腎・泌尿器系の状態や変化に関する次の記述のうち、**最も適切なもの**を1つ選びなさい。

1　尿路感染症（urinary tract infections）を起こすことは非常に少ない。

2　腎盂腎炎（pyelonephritis）の主な症状は、頭痛である。

3　尿の濃縮力が低下する。

4　前立腺肥大症（prostatic hypertrophy）では、尿道の痛みがある。

5　薬物が排出される時間は、短くなる。

問題13　B　32-71　加齢に伴う嚥下機能の低下の原因

加齢に伴う嚥下機能の低下の原因に関する次の記述のうち、**正しいもの**を1つ選びなさい。

1　舌骨の位置の上昇

2　咽頭の位置の上昇

3　舌骨上筋の増大

4　喉頭挙上の不足

5　咳嗽反射の増強

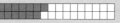

問題11

1　×　加齢とともに骨密度は減少していきます。

2　×　唾液の分泌量は減少します。

3　×　加齢とともに**肺機能の低下**、**呼吸筋の低下**が起こり、肺活量は減少します。

4　○　加齢とともに**造血機能の低下**が起こり、**貧血**を起こしやすくなります。

5　×　高齢者では体内の水分量と皮脂が減少し、**乾燥肌**になります。**掻痒感**（**かゆみ**）も生じることから保湿剤の使用が必要になります。

正解　4

問題12

1　×　尿路感染症は、尿管・膀胱・尿道などの尿路に病原体が侵入して炎症が起きるもので、高齢者に多くみられます。代表的なものに**膀胱炎**、**腎盂腎炎**があります。

2　×　腎盂腎炎の主な症状は、**発熱**、患側腰部の痛み、**尿の混濁**などです。頭痛の症状はありません。

3　○　**慢性腎不全**になり腎機能が低下すると、尿の濃縮力が低下し、**多尿**や**夜間頻尿**、軽度の**貧血**がみられます。

4　×　前立腺肥大症は、男性のみにある前立腺が肥大して尿道を圧迫し、**排尿障害**を引き起こす疾患で、**50歳頃**からみられるようになります。主な症状は、初期には**排尿困難**、**夜間頻尿**、中期には**残尿**が生じます。

5　×　高齢者は、**腎機能の低下**により、薬物が排出されずに**体内に蓄積**され、**作用が増強**することがあります。

正解　3

問題13

1　×　舌骨は、下顎と咽頭の間に存在し、嚥下に関わる骨です。加齢に伴って舌骨の**位置が下がる**ため、**誤嚥しやすく**なります。

2　×　咽頭は、加齢に伴って位置が上昇したり下降したりすることはありません。

3　×　舌骨上筋は嚥下に関わる筋肉で、**喉頭を持ち上げる**役割を果たしています。加齢により舌骨上筋の**筋量は減少**するために**喉頭挙上が不十分**となり、**誤嚥しやすく**なります。

4　○　**解説3**のとおりです。

5　×　咳嗽反射とは、咳などで気管に侵入した異物や分泌物を排除する反射反応をいいます。加齢により**咳嗽反射は低下**するため、**誤嚥しやすく**なります。

正解　4

老化に伴う感覚機能や認知機能の変化に関する次の記述のうち、**最も適切なもの**を１つ選びなさい。

1　大きな声で話しかけられても、かえって聞こえにくいことがある。

2　会話をしながら運転するほうが、安全に運転できるようになる。

3　白と黄色よりも、白と赤の区別がつきにくくなる。

4　低い声よりも、高い声のほうが聞き取りやすくなる。

5　薄暗い部屋のほうが、細かい作業をしやすくなる。

老化に伴う感覚や知覚の変化に関する次の記述のうち、**適切なもの**を１つ選びなさい。

1　「１時（いちじ）」と「７時（しちじ）」のような似た音を聞き取ることが難しくなる。

2　暗さに目が慣れる能力よりも、まぶしさに目が慣れる能力が低下する。

3　味覚の低下は個人差が少ない。

4　高音域よりも、低音域の音が聞こえにくくなる。

5　通常の明るさよりも、薄暗い方がよく物が見える。

加齢の影響を受けにくい認知機能として、**最も適切なもの**を１つ選びなさい。

1　エピソード記憶

2　作業記憶

3　選択的注意

4　流動性知能

5　意味記憶

START!
GOAL!!
クリア！ クリア！ クリア！ クリア！
CHAPTER 1 CHAPTER 2 CHAPTER 3 CHAPTER 4

132

問題14

1 ○ 記述のとおりです。加齢により聴覚機能が低下すると、大きな音は**響いて聞こえにくく**なります。また、聴覚の質的な変化も生じ、音を大きくしすぎると、かえって聞き取りにくくなるという現象も起こります。

2 × 加齢により注意機能が低下すると、**同時に複数のことを行い**にくくなります。このため、会話をしながら運転をすると危険の発見が遅れがちになり、事故を起こすリスクが高まります。

3 × 加齢により視覚機能が低下すると、白と黄色のようにコントラストが弱い色は**区別がつきにくく**なります。白と赤は**コントラストが強い**ので、区別がつきやすくなります。

4 × 加齢により聴覚機能が低下すると、**高い声が聞き取りづらく**なります。高齢者には、意識して低い**声で話しかける**ようにします。

5 × 加齢により視覚機能が低下すると、明るさに対する**感度が鈍く**なるため、薄暗い部屋よりも明るい部屋のほうが細かい作業をしやすくなります。

正解 **1**

問題15

1 ○ 記述のとおりです。老化に伴い、音を識別する力が低下します。

2 × 暗さに目が慣れる**暗順応**と明るさに目が慣れる**明順応**がありますが、老化に伴い先に低下するのは暗順応です。しかし、加齢とともに受容器の機能が低下し、明・暗のいずれの順応も低下します。

3 × 味覚の低下は、味覚を感じる器官の味蕾が老化に伴い減少することによりますが、個人差が大きいです。

味覚は、特に塩味に対する感受性が低下します。そのため、濃い味付けを好むようになりますが、調味料の多用は栄養バランスのかたよりや、血圧の上昇をまねくため、酸味や出汁(だし)、薬味を利かせたり、香辛料を使ったりして、味覚を補うようにするとよいでしょう。

4 × 聴覚の低下は、低音域よりも高音域の音が聞こえにくくなります。

5 × 通常の明るさの方がよく物は見えます。

正解 **1**

問題16

1 × エピソード記憶は**長期記憶**のひとつで、**個人的な**体験や出来事に関する記憶をいい、**加齢の影響を受け**やすい認知機能です。

2 × 作業記憶は**短期記憶**のひとつで、読み書きや計算など、複雑な知的活動の過程の中で使われる記憶をいい、**ワーキングメモリー**とも呼ばれます。繰り返し再生されて長期記憶に移行しない限り、**数十秒程度で**消失します。

3 × 選択的注意とは、さまざまな情報の中から、特定の情報に注意を集中させることをいいます。加齢に伴って、**注意機能は低下**しがちになります。

4 × 流動性知能は、新しいことを学んだり、新しい場面に適応したりするために活用される能力のことです。記憶力や計算力など、生まれもった能力に左右されるため、**加齢の影響を受け**やすい認知機能です。

5 ○ 意味記憶は**長期記憶**のひとつで、単語の意味やかけ算による九九など、学習や作業によって得られる**一般的な知識**に関する記憶をいいます。使用頻度の低い個人の名前や物の名称などを中心に、思い出すのに時間を要するようになりますが、全般的には**加齢の影響を受けに**くいとされています。

正解 **5**

問題17 C `33-73` **高齢者の動機づけ**

意欲が低下した高齢者の動機づけに関する次の記述のうち、**最も適切なものを1つ**選びなさい。

1 高い目標を他者が掲げると、動機づけが強まる。

2 本人が具体的に何をすべきかがわかると、動機づけが強まる。

3 本人にとって興味がある目標を掲げると、動機づけが弱まる。

4 小さな目標の達成を積み重ねていくと、動機づけが弱まる。

5 本人が自分にもできそうだと思う目標を掲げると、動機づけが弱まる。

問題18 B `25-71` **老年期における人格の変化**

Bさん(82歳、男性)は、大企業の営業部長を務めていたが、退職した後も会社のことをいつも気にしている。足が少し不自由なので長男が同居を勧めているが、世話になりたくないと拒否している。Bさんは、自分の庭で野菜を作っている。地域との交流はほとんどない。

ライチャード(Reichard, S.)の老年期における人格の5類型のうち、Bさんに相当するものとして、**正しいものを1つ**選びなさい。

1 円熟型

2 安楽椅子(ロッキングチェアー)型

3 装甲(自己防衛)型

4 憤慨(外罰)型

5 自責(内罰)型

問題17 動機づけとは、目標達成をめざして自発的に何かに取り組もうという意欲を引き出すことです。

1 × 目標は、**本人**にとって**価値**があり、**達成感を味わえる**ものであることが重要です。他者が高い目標を掲げるだけでは、動機づけは強まりません。

2 ○ 記述のとおりです。

3 × 本人にとって興味がある目標を掲げると、**好奇心**が刺激され、動機づけが強まります。

4 × 小さな目標の達成を積み重ねていくことで**自信**につながり、動機づけが強まります。

5 × 本人が自分にもできそうだと思う目標を掲げると、**成功への期待**が高まり、動機づけが強まります。

正解 2

問題18 ライチャードは、定年退職後の男性高齢者が、どのような人格の変化を迎えるのかを、5類型に分類しています（ポイントチェック参照）。

1 × 円熟型は、老化を受け入れ、定年後も**積極的**に社会参加をしていくタイプです。Bさんは地域との交流もなく、円熟型とはいえません。

2 × 安楽いす型は、他人に**依存**していて、**受け身**の姿勢で生きていくタイプです。Bさんの様子とは異なります。

3 ○ Bさんは仕事への責任感が強く、長男の世話を拒否していることから、**自己防衛**を図る装甲型に相当します。

4 × 憤慨型は、老化を受け入れられず、過去にうまくいかなかったことを他人の責任にしたりすることがあります。Bさんには、あてはまりません。

5 × 自責型は、これまでの人生を**失敗**したものととらえ、その原因が**自分自身**にあるとするタイプです。Bさんには、あてはまりません。

正解 3

ポイントチェック

ライチャードによる人格の変化の5類型

分類	類型	特徴
状況に適応	円熟**型**	現実を受け入れ、積極的に社会活動に参加していくことができる
	安楽いす**型**	社会活動に対しては消極的で、依存心も強いが、穏やかに日々を過ごすことができる
	装甲**型**（自己防衛**型**）	老化への不安を押しとどめるために、社会活動を続け、若さを誇示して自己防衛を図る
状況に不適応	憤慨型（外罰型）	老化を受け入れず、過去の失敗について他人**を責める**ことで、自分を守ろうとする
	自責型（内罰型）	過去の失敗について**自分自身を責め**、抑うつ状態になる

問題19 B　31-74　高齢者の疾患と治療

高齢者の疾患と治療に関する次の記述のうち、**最も適切なもの**を1つ選びなさい。

1　複数の慢性疾患を持つことは、まれである。

2　服用する薬剤の種類は、若年者より少ない。

3　服用する薬剤の種類が増えると、薬の副作用は出にくくなる。

4　高血圧症（hypertension）の治療目標は、若年者と同じにする。

5　薬剤の効果が強く出ることがある。

問題20 B　35-38　高齢者の脱水

高齢者の脱水に関する次の記述のうち、**最も適切なもの**を1つ選びなさい。

1　若年者よりも口渇感を感じやすい。

2　体内水分量は若年者よりも多い。

3　起立時に血圧が上がりやすくなる。

4　下痢が原因となることはまれである。

5　体重が減ることがある。

問題21 B　29-75　めまいとその症状

めまいとその症状に関する次の記述のうち、**適切なもの**を1つ選びなさい。

1　メニエール病（Ménière disease）では、立ちくらみが起こる。

2　良性発作性頭位めまい症（benign paroxysmal positional vertigo）では、回転感がある。

3　低血圧によるめまいは、耳鳴りを伴う。

4　不整脈によるめまいは、頭痛を伴う。

5　脳梗塞（cerebral infarction）では、めまいは起こらない。

問題19

1 ✕ 高齢者は、**複数の疾患を併発**し、**合併症も起こりやすく、慢性化しやすい**という特徴があります。

2 ✕ 高齢者は、複数の疾患を併発している場合が多く、服用する薬剤の種類も若年者より**多い**といえます。

3 ✕ 高齢者は、**肝臓・腎臓の機能低下により薬剤の代謝も低下している**ため、服用する薬剤の種類が増えると、**薬の副作用が出**やすくなります。

4 ✕ 高齢者の場合、高血圧症の治療目標は、**若年者よりも緩く設定**します。

5 ◯ **解説3**のとおり、高齢者は生理・生体機能が低下しているため、**薬剤の効果が強く出る**ことがあります。

正解 5

問題20

1 ✕ 高齢者は、**口渇中枢の感受性が低下**しているため、若年者よりも**口渇感を感じにくく**なっています。

2 ✕ 高齢者の体内水分量は、若年者よりも少なくなっています。

3 ✕ 体内の水分と電解質のバランスが崩れて低張性脱水（**食塩欠乏性脱水**）を起こすと、**倦怠感や頭痛**のほか、起立時に**血圧が低下する**起立性低血圧などがみられます。

4 ✕ 下痢により体内の**水分が減少**することで体力を消耗し、脱水におちいることもあります。

5 ◯ 脱水により体内の水分や電解質が失われると、**体重が減少**します。体重が1〜2％減少した場合では軽度の脱水で、**口渇感や尿量の減少**などがみられます。

正解 5

問題21

1 ✕ メニエール病は、内耳がむくんだ状態になる内リンパ浮腫を原因とする疾患です。主な症状は、**耳鳴りや難聴を伴う回転性めまい**です。

2 ◯ 良性発作性頭位めまい症は、頭部外傷などにより、内耳の器官である前庭に異常がみられることで引き起こされる疾患です。起床時などの**激しい回転性めまい**を主症状としていて、めまいが起きたときは頭を動かさないようにすることが大切です。

3 ✕ 低血圧によるめまいは立ちくらみに伴って現れることが多く、そのほかにも**頭痛**、肩こり、吐き気、動悸などの症状がみられます。

4 ✕ 不整脈は、老化や心臓の疾患などを原因として、脈拍のリズムが不規則になった状態を指します。主症状としてめまいのほかに、頻脈の場合は**動悸や胸部の圧迫感**、徐脈の場合は**動作時の息切れ、失神**などを伴います。

5 ✕ 脳梗塞は、脳の血管が詰まることにより、脳細胞に必要な酸素や栄養素が運ばれず、脳の一部が障害される疾患です。特に発作時やその前兆の症状として、**持続的なめまい**が起こります。

正解 2

問題22 A　30-75　パーキンソン病

パーキンソン病（Parkinson disease）の症状として、**適切なものを１つ**選びなさい。

1　後屈した姿勢
2　大股な歩行
3　血圧の上昇
4　頻回な下痢
5　無表情

問題23 B　32-73　心不全

　高齢者において、心不全（heart failure）が進行したときに現れる症状に関する次の記述のうち、**最も適切なものを１つ**選びなさい。

1　安静にすることで速やかに息切れが治まる。
2　運動によって呼吸苦が軽減する。
3　チアノーゼ（cyanosis）が生じる。
4　呼吸苦は、座位より仰臥位（背臥位）の方が軽減する。
5　下肢に限局した浮腫が生じる。

問題24 B　34-76　高齢者の肺炎の特徴

　高齢者の肺炎（pneumonia）に関する次の記述のうち、**最も適切なものを１つ**選びなさい。

1　意識障害になることはない。
2　体温が37.5℃未満であれば肺炎（pneumonia）ではない。
3　頻呼吸になることは、まれである。
4　誤嚥による肺炎（pneumonia）を起こしやすい。
5　咳・痰などを伴うことは、まれである。

START!
GOAL!!

クリア！CHAPTER1　クリア！CHAPTER2　クリア！CHAPTER3　クリア！CHAPTER4

問題22 パーキンソン病は、中脳（姿勢保持の中枢）の黒質に異常が起こり、ドーパミンの産生量が減少することで発症する疾患です。

1　×　パーキンソン病では、前屈した姿勢がみられます。

2　×　パーキンソン病では、**小刻み歩行**がみられます。

3　×　パーキンソン病では、自律神経に関係する**起立性低血圧**がみられることがあります。

4　×　パーキンソン病では、運動量の減少により**便秘**になりやすくなります。

5　○　記述のとおりです。**仮面様顔貌**が特徴的です。

正解　5

パーキンソン病では、嚥下障害がみられることがあります。また、不顕性誤嚥（誤嚥してもむせることがない）が多いため、注意が必要です。

問題23

1　×　記述は、**狭心症**の説明です。

2　×　心不全とは、血液を循環させる心臓の機能が低下して、十分な血液が全身に送り出されなくなった状態をいいます。運動をすることで、呼吸苦が**悪化**します。

3　○　心不全の主な症状として、左心不全では**チアノーゼ**（酸素の欠乏により、皮膚や粘膜が青紫色になる状態）や息切れ、右心不全では呼吸困難、浮腫（むくみ）や食欲不振などが挙げられます。

4　×　心不全で起こる呼吸苦は、仰臥位（背臥位）よりも**起座位**または**半座位**のほうが軽減します。

5　×　右心不全では**下肢**に浮腫がみられますが、進行すると**腹水**や**全身性**の**浮腫**が生じます。

正解　3

問題24 肺炎は、細菌やウイルス（インフルエンザなど）の感染、風邪の悪化、誤嚥などによって、肺に炎症が起きる疾患です。

1　×　肺炎では、重症化すると**意識障害になる**ことがあります。

2　×　高齢者の場合、必ずしも**はっきりとした症状が現れるとは限らず**、体温が37.5℃未満であっても肺炎**と診断される**ことがあります。

3　×　肺に炎症が起きると息苦しさを感じますので、**頻呼吸になりやすい**といえます。

4　○　記述のとおりです。高齢者は、加齢に伴って**嚥下機能が低下**するため、誤嚥性肺炎を引き起こしやすくなります。

5　×　肺炎の主な症状は、**発熱**、**咳**、**痰**、**呼吸困難**などです。

正解　4

問題25 A `35-37` **変形性膝関節症**

老年期の変形性膝関節症（knee osteoarthritis）に関する次の記述のうち、**最も適切なものを１つ選**びなさい。

1　外反型の脚の変形を伴うことが多い。
2　女性のほうが男性より罹患率が高い。
3　積極的に患部を冷やすことを勧める。
4　正座の生活習慣を勧める。
5　肥満のある人には積極的に階段を利用するように勧める。

問題26 B `33-75` **高齢者の転倒**

高齢者の転倒に関する次の記述のうち、**正しいものを１つ選**びなさい。

1　介護が必要になる原因は、転倒による骨折（fracture）が最も多い。
2　服用する薬剤と転倒は、関連がある。
3　転倒による骨折（fracture）の部位は、足首が最も多い。
4　転倒の場所は、屋内では浴室が最も多い。
5　過去に転倒したことがあると、再度の転倒の危険性は低くなる。

問題27 A `32-74` **皮膚の変化と疾患**

Bさん（82歳、男性）は脳卒中（stroke）による右片麻痺がある。ほとんどベッド上の生活で、排泄もおむつを使用している。一週間前から咳と鼻汁があり、37.2℃の微熱で、元気がなく、いつもよりも動きが少なかった。食欲も低下して食事を残すようになっていた。今日、おむつの交換をしたときに仙骨部の皮膚が赤くなり一部に水疱ができていた。

Bさんの皮膚の状態とその対応に関する次の記述のうち、**最も適切なものを１つ選**びなさい。

1　圧迫によって血流が悪くなったためである。
2　仙骨部にこうしたことが起こるのは、まれである。
3　食事量の低下とは無関係である。
4　体位変換は、できるだけ避ける。
5　おむつの交換は、できるだけ控える。

問題25

1　✕　変形性膝関節症では、外反型（X脚）ではなく、**内反型（O脚）**の足の変形を伴うことが多く、次第に歩行困難になっていきます。

2　○　記述のとおりです。変形性膝関節症は、**中年期以降の肥満した女性**に多くみられます。

3　✕　変形性膝関節症では、**患部を温めます**。

4　✕　変形性膝関節症では、**関節可動域が**制限され、膝が曲げにくくなります。膝関節への負荷をやわらげるため、正座や階段の昇降はなるべく避けます。

5　✕　**解説4**のとおり、階段の昇降は膝関節に負荷がかかります。肥満のある人には、食事療法による減量を勧めます。

正解　2

問題26

1　✕　「2022（令和4）年国民生活基礎調査の概況」（厚生労働省）によると、介護が必要となった主な原因は**認知症（16.6％）**が最も多く、次いで**脳血管疾患（16.1％）**、**骨折・転倒（13.9％）**の順となっています。

2　○　記述のとおりです。特に、**降圧薬、睡眠薬、抗うつ薬**などを服用した際は、副作用として、**ふらつき**や転倒などがみられるので注意が必要です。

3　✕　転倒による骨折の部位は、**大腿骨頸部**が最も多くなっています。

4　✕　転倒の場所は、屋内では**階段**が最も多くなっています。

5　✕　過去に転倒したことがあると、再度転倒する危険性は**高まります**。

正解　2

問題27

1　○　Bさんの仙骨部にみられる皮膚の赤みや水疱は、**褥瘡**の症状です。褥瘡は、からだの一部が長期間にわたる圧迫によって血液の流れが途絶えることで発症します。Bさんは、日中のほとんどをベッド上で生活していることや、1週間前からの体調不良の影響でいつもより動きが少なかったことで、褥瘡が発症したと考えられます。

2　✕　**仰臥位**で起こる褥瘡は、仙骨部が最も多くなります。

3　✕　食事量の低下と褥瘡の発症は密接に関係しています。栄養のバランスや水分の補給に配慮し、**栄養状態の改善**に努めます。

4　✕　**解説1**のとおり、褥瘡は圧迫が原因で起こるため、**定期的な**体位変換が重要です。

5　✕　褥瘡は、**身体の不潔や湿潤**とも密接に関係しています。おむつは、汚れたら**速やかに交換**します。交換時にはあわせて**陰部洗浄**を行うなど、からだの清潔の保持に努めます。

正解　1

B 26-73 **肝疾患**

肝疾患（liver disease）に関する次の記述のうち、**正しいものを１つ選びなさい。**

1　A型肝炎（hepatitis A）は、輸血後に発症することが多い。

2　B型肝炎（hepatitis B）は、慢性肝炎（chronic hepatitis）になることはない。

3　C型肝炎（hepatitis C）は、進行すると、肝硬変（liver cirrhosis）、肝がん（liver cancer）へと病態が変化していくことが多い。

4　E型肝炎（hepatitis E）は、日本国内のウイルス肝炎（viral hepatitis）の大部分を占める。

5　アルコール性肝障害（alcoholic liver injury）は、肝硬変（liver cirrhosis）に進行することはない。

B 25-74 **高齢者の排尿障害**

高齢者の排尿障害に関する次の記述のうち、**正しいものを１つ選びなさい。**

1　男性では尿路の通過障害が少ない。

2　女性では腹圧性尿失禁が多い。

3　切迫性尿失禁が少ない。

4　膀胱炎（cystitis）は、悪寒戦慄を伴う。

5　前立腺がん（prostate cancer）によるものは、減少している。

B 29-74 **甲状腺機能低下症**

甲状腺機能低下症（hypothyroidism）の症状として、**適切なものを１つ選びなさい。**

1　浮腫

2　下痢

3　動悸

4　いらいら感

5　手の震え

問題28

1 × A型肝炎は、**経口感染**によって発症します。３か月程度で治癒するため、**慢性化**することはほとんどありません。

2 × B型肝炎は、出産時や性行為を通じた**血液感染**によって発症します。慢性肝炎に移行するのは、全体の**10%程度**です。

3 ○ C型肝炎は、主に輸血時の**血液感染**によって発症します。**慢性化**し、やがて肝硬変や肝がんに移行しやすいのが特徴です。

4 × E型肝炎は、**経口感染**によって発症しますが、肝炎のなかでも日本では発症例の**少ない**タイプです。

5 × アルコール性肝障害は、長期にわたる**アルコール**の過剰摂取を原因として起こります。発症により肝機能の低下をまねき、**肝硬変**に進行する場合があります。

正解 3

問題29

1 × 男性の場合、膀胱の下にある前立腺の肥大などにより、思うように排尿ができなくなる尿路の通過障害が起こりやすくなります。

2 ○ 女性の場合、骨盤底筋群の機能が低下すると、くしゃみなどで腹圧がかかったときに失禁してしまう**腹圧性尿失禁**が多くみられます。

3 × 切迫性尿失禁は、強い尿意を感じてからトイレまで我慢できずに、すぐに尿がもれてしまうタイプの尿失禁です。高齢者では、なんらかの原因で膀胱に尿をためる機能が障害されることで、起こりやすくなっています。

4 × 膀胱炎は、尿道から侵入した細菌が膀胱に達することで起こる感染症です。主な症状は、頻尿、排尿時痛、尿混濁で、**発熱は伴いません**。悪寒戦慄とは、ぞくぞくとした寒気に骨格筋のふるえを伴ったものをいい、**発熱**の初めに感じる症状で、尿路感染症では**急性腎盂腎炎**でみられます。

5 × 前立腺がんは、前立腺肥大とともに**尿路の通過障害**の原因となるもので、日本国内でも近年、罹患者数が**増加**しているがんの一種です。

正解 2

問題30

甲状腺ホルモンは、全身のエネルギー代謝を活性化させる役割を果たしていて、その分泌が低下すると**甲状腺機能低下症**が、分泌が過剰になると**甲状腺機能亢進症**がみられるようになります。甲状腺機能低下症は、**女性の発症率が非常に高く**、**気力や活動性の低下**、緩慢な動作がその特徴とされています。主な症状としては、皮膚の乾燥、顔のむくみ（浮腫）、寒気、便秘、体重の増加などが挙げられます。

一方、甲状腺機能亢進症も、**男性より女性の発症率が高く**、不安感やいらいら感を抱きやすくなるのがその特徴とされています。主な症状には、**動悸**、発汗、振戦（手足のふるえ）、**下痢**、体重の減少などが挙げられます。

正解 1

高齢者の糖尿病（diabetes mellitus）に関する次の記述のうち、**適切なもの**を１つ選びなさい。

１　アミラーゼ（amylase）の作用不足が原因である。

２　ヘモグロビンA１c（HbA１c）の目標値は、若年者に比べて低めが推奨される。

３　若年者に比べて高血糖の持続による口渇感が強い。

４　運動療法は避けたほうがよい。

５　若年者に比べて低血糖の自覚症状に乏しい。

　Aさん（79歳、女性）は、介護老人福祉施設で生活している。糖尿病（diabetes mellitus）でインスリン治療が必要で、１日に一度、昼食後に自己注射をしていて、併せて毎食直前に血糖を下げる薬を内服している。医師からは血糖のコントロール状態は良好であると言われている。ある日、Aさんの医療機関の受診が長びいた。B介護福祉職がAさんに遅めの昼食をとってもらう準備をしていると、Aさんが「頭がふらふらする」と訴えた。冷や汗もかいているようである。

　B介護福祉職によるAさんへの対応として、**最も適切なもの**を１つ選びなさい。

１　昼食をとらずに、すぐにベッドで休んでもらう。

２　昼食前の内服薬をすぐに飲んでもらう。

３　すぐに看護師に血糖を測定してもらう。

４　すぐにインスリン（insulin）を自己注射してもらう。

５　様子を見る。

START!
GOAL!! クリア！ クリア！ クリア！ クリア！ クリア！
CHAPTER CHAPTER CHAPTER CHAPTER CHAPTER
1 2 3 4 5

144

問題31

1 ✕ 糖尿病は、**血糖値**をコントロールする**インスリン**の作用不足が原因で起こります。

2 ✕ **ヘモグロビンA1c**（HbA1c）の値は、**血糖コントロールの状況**を示す大切な指標です。高齢者では、認知機能やADL、IADL、他の疾患などを考慮し、とくに低血糖のリスクがある薬を使用している場合は、若年者に比べて高めの目標値が設定されます。

3 ✕ 若年者に比べて、高齢者は**典型的な症状が出ない**ことがあり、高血糖の状態が続くことによる口渇感が強いとはいえません。

4 ✕ 糖尿病の治療は、**食事療法や運動療法が中心**となります。

5 ◯ **解説3**のとおりです。低血糖では、**空腹感**、**冷や汗**、**動悸**などがあり、重症化すると意識**障害**や**昏睡**に至ります。

正解 | 5

問題32 　Aさんは、インスリン注射を昼食後に行っています。また、毎食直前に血糖降下薬を内服しています。血糖値を下げる効果が現れてきている一方で、昼食をとるのが遅くなったためコントロールがうまくいかず、**低血糖症状**を引き起こしていると考えられます。

1 ✕ 昼食をとらないことにより、さらに**血糖値が下がる**可能性があるため、適切な対応とはいえません。

2 ✕ 一定の条件を満たしたうえでの「一包化された内用薬の内服」の介助は、医行為に該当しない行為とされ、介護福祉職にも実施が可能ですが、Aさんは低血糖症状を示している状態にあるため、内服の指示を行うことはできません。また、昼食時間が遅くなっているところに、昼食前の血糖降下薬を内服すると、さらに**血糖値は下がって**しまうため、基本的な対応としても不適切です。

3 ◯ 血糖値が下がり続けると、Aさんは痙攣(けいれん)や昏睡(こんすい)などの危険な状態におちいるおそれがあります。すぐに看護師に状況を伝え、血糖値の確認をしてもらう必要があります。

4 ✕ インスリンの自己注射は、医行為に該当する行為であり、**介護福祉職**がその指示を行うことはできません。また、インスリンの効果で、さらに**血糖値が下がる**おそれがあるため、不適切な対応といえます。

5 ✕ 様子を見るだけでは症状は改善せず、時間が経つにつれて、さらに**血糖値が下がって**しまうおそれがあるため、適切な対応とはいえません。

正解 | 3

ポイント チェック

インスリン自己注射の留意点

● 食事摂取量に注意をはらい、発熱や食欲不振など体調不良（シックデイ）で摂取量が少ないときの対処法（インスリンの用量を減らす、打たないなど）を確認しておく

● 低血糖の症状がみられたら糖分を補給する。経口摂取が難しい場合は、すぐに医療職に連絡する

● 注射するインスリン製剤の種類、1日の回数、1回の量について、医師の指示を確認しておく

ポイントチェック一覧

CHAPTER

6

認知症の理解

問題1 B 35-44 ユマニチュード

認知症ケアの技法であるユマニチュードに関する次の記述のうち、**正しいものを1つ**選びなさい。

1 「見る」とは、離れた位置からさりげなく見守ることである。

2 「話す」とは、意識的に高いトーンの大きな声で話しかけることである。

3 「触れる」とは、指先で軽く触れることである。

4 「立つ」とは、立位をとる機会を作ることである。

5 「オートフィードバック」とは、ケアを評価することである。

問題2 B 27-77 パーソン・センタード・ケア

イギリスの心理学者キットウッド（Kitwood, T.）が提唱した、「パーソン・センタード・ケア（person-centred care）」の考え方として、**最も適切なものを1つ**選びなさい。

1 認知症（dementia）の人の行動・心理症状（BPSD）を無くすこと

2 認知症（dementia）の人を特別な存在として保護すること

3 認知症（dementia）の人のケアマニュアル（care manual）をつくること

4 認知症（dementia）の人の「その人らしさ」を支えること

5 認知症（dementia）という病気を治療すること

問題3 B 35-39 認知症施策推進大綱

次のうち、2019年（令和元年）の認知症施策推進大綱の5つの柱に示されているものとして、**適切なものを1つ**選びなさい。

1 市民後見人の活動推進への体制整備

2 普及啓発・本人発信支援

3 若年性認知症支援ハンドブックの配布

4 認知症初期集中支援チームの設置

5 認知症カフェ等を全市町村に普及

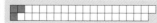

問題1 **ユマニチュード**は、「人間らしさを取り戻す」という意味をもっている造語です。「見る」「話す」「触れる」「立つ」を4つの柱として、知覚、感情、言語による包括的コミュニケーションに基づいた認知症ケアの技法です。

1 × 「見る」とは、相手と**目線を合わせる**ことで「平等な存在であること」、近くから見ることで「親しい関係であること」など、言葉を介さずにメッセージを相手に伝えることです。

2 × 「話す」とは、**低めの声**で「落ち着いた安定した関係」を、**大きすぎない声**で「穏やかな状況」を、**前向きな言葉**を選ぶことで「心地よい状態」を実現できます。

3 × 「触れる」とは、「広い面積で触れる」「つかまない」「ゆっくりと手を動かす」などで、相手に優しさを伝えることです。

4 ○ 記述のとおりです。「立つ」ことは「人間らしさ」のひとつであり、トイレや食堂への歩行、立位でのシャワーや更衣など、介護を行うときにできるだけ立位をとる機会をつくることで、寝たきりになることを防げます。

5 × オートフィードバックは「話す」技術のひとつで、自分が行っている介護の動きを**前向きな言葉**で実況中継するという方法です。

正解 4

問題2

1 × パーソン・センタード・ケアは、認知症の人の**生き方**を尊重して、支えていくことをケアの中心とする考え方です。行動・心理症状（BPSD）をなくすことが目的ではありません。

2 × 利用者が自立しながら、**自分らしく生活**できるように支援することが大切であり、特別な存在として保護することではありません。

3 × 個別性を意識してケアの計画を作成することは必要ですが、マニュアルを作成して一律のケアを行うことは適切ではありません。

4 ○ パーソン・センタード・ケアの基本的な考え方は、「**その人らしさ**」や「**自分らしさ**」を支えることです。

5 × 認知症を治療するということも必要ではありますが、パーソン・センタード・ケアの考え方ではありません。

正解 4

問題3 「認知症施策推進大綱」は、2019（令和元）年6月に「新オレンジプラン」の後継として策定されました。施策の進捗を確認するものとして、❶普及啓発・本人発信支援、❷予防、❸医療・ケア・介護サービス・介護者への支援、❹認知症バリアフリーの推進・若年性認知症の人への支援・社会参加支援、❺研究開発・産業促進・国際展開の5つが柱として示されています。

正解 2

A 問題4　31-80 認知症による物忘れの特徴

　加齢による物忘れと比べたときの、認知症（dementia）による物忘れの特徴として、**最も適切なもの**を1つ選びなさい。

1　見当識障害はない。
2　物忘れの自覚はない。
3　物忘れが進行しない。
4　日常生活に明らかな支障はない。
5　体験の一部分だけを思い出せない。

A 問題5　31-81 認知機能障害

　認知機能障害に関する次の記述のうち、**正しいもの**を1つ選びなさい。

1　記憶障害では、初期から手続き記憶が障害される。
2　見当識障害では、人物の認識は障害されない。
3　失行では、洋服をうまく着られなくなる。
4　失認は、視覚や聴覚の障害が原因である。
5　実行機能の障害では、ADL（Activities of Daily Living：日常生活動作）は障害されない。

A 問題6　35-40 見当識障害

　次の記述のうち、見当識障害に関する質問として、**最も適切なもの**を1つ選びなさい。

1　「私たちが今いるところはどこですか」
2　「100から7を順番に引いてください」
3　「先ほど覚えてもらった言葉をもう一度言ってみてください」
4　「次の図形を写してください」
5　「この紙を左手で取り、両手で半分に折って、私に返してください」

A 問題7　33-85 注意障害

　認知症（dementia）に伴う注意障害に関する次の記述のうち、**最も適切なもの**を1つ選びなさい。

1　周囲から物音が聞こえてくると、食事を中断したままになる。
2　毎日、同じ時間に同じ行動をする。
3　旅行の計画を立てることが難しい。
4　話そうとすることを言い間違える。
5　介護職員から説明を受けたことを覚えていない。

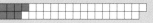

問題4

1　✕　認知症による物忘れでは、時間・場所・人の名前などが分からなくなる**見当識障害がみられます**。

2　〇　認知症による物忘れの場合、体験そのものを忘れてしまい、忘れたという自覚もありません。

3　✕　認知症の症状とともに、**物忘れの程度が進行する**場合もあります。

4　✕　**解説2**のとおり、忘れたという自覚もなくなるので、**日常生活に支障をきたします**。

5　✕　認知症による物忘れでは、体験の**すべて**を思い出せなくなります。

正解　2

問題5

1　✕　手続き記憶とは、スケートの滑り方やピアノの弾き方など、身体で覚えているような情報・記憶をいい、認知症になっても**比較的**忘れにくいといわれています。

2　✕　見当識障害では、**人物の認識が**障害されます。

3　〇　記述のとおりです。失行とは、運動機能に障害などがなく、その行為の内容を理解しているのに、思うような行動や目的に沿った動作がとれなくなる症状です。

4　✕　失認は、**感覚機能は**正常な状態なのに、見たり聞いたりしたことがなんなのか、**正しく認識できなくなる**症状です。

5　✕　実行機能障害は、**物事を計画どおりに行うことができなくなる**障害で、**ADL（日常生活動作）が**障害されます。

正解　3

問題6

　見当識障害は、時間や場所、人物に対する認識が失われる障害です。選択肢1の「私たちが今いるところはどこですか」という質問は「場所」を聞いていますので、見当識障害に関する質問に該当します。他の選択肢の内容はいずれも、時間や場所、人物を問う質問ではありません。

正解　1

問題7

1　〇　記述のとおりです。注意障害は、認知症の**中核症状**のひとつです。

2　✕　記述は、常同行動の説明です。

3　✕　記述は、認知症の**中核症状**のひとつである実行機能障害の説明です。

4　✕　記述は、認知症の**中核症状**のひとつである失語の説明です。

5　✕　記述は、認知症の**中核症状**のひとつである記憶障害の説明です。

正解　1

問題8 **A** 28-83 認知症の行動・心理症状（BPSD）

行動・心理症状（BPSD）に関する次の記述のうち、**最も適切なもの**を１つ選びなさい。

1 徘徊は、認知症（dementia）であれば誰にでも起こる。

2 もの盗られ妄想は、記憶障害とは関係がない。

3 幻視に関して、本人の訴えの内容ははっきりしない。

4 興奮は、ケアの方法によって生じることがある。

5 混乱は、重度の認知症（dementia）の人には見られない。

問題9 **A** 33-77 仮性認知症

うつ病（depression）による仮性認知症（pseudodementia）と比べて認知症（dementia）に特徴的な事柄として、**適切なもの**を１つ選びなさい。

1 判断障害がみられることが多い。

2 不眠を訴えることが多い。

3 誇張して訴えることが多い。

4 希死念慮がみられることが多い。

5 抗うつ薬が効果的であることが多い。

問題10 **A** 32-79 せん妄

高齢者のせん妄（delirium）の特徴として、**最も適切なもの**を１つ選びなさい。

1 薬剤によって生じることがある。

2 症状の変動は少ない。

3 意識レベルは清明であることが多い。

4 徐々に悪化する場合が多い。

5 幻覚を伴うことは少ない。

問題8

1　✕　徘徊とは、あてもなく、あちこちさまよい歩いてしまう症状です。**目的**をもって歩いている場合と、**不安感**から歩き回ってしまう場合とがあり、認知症の人のすべてに起こり得るものではありません。

2　✕　もの盗られ妄想は、「誰かに持ち物を盗まれた」と思い込んでしまう症状です。中核症状のひとつである記憶障害により、自分の持ち物をどこにしまったのかが分からなくなり、引き起こされる可能性があります。

3　✕　幻視とは、実際には存在しないものが見えたりする症状です。亡くなった親族や友人がそばに立っていたなど**具体的な内容を伴う訴え**が多くみられます。

4　○　興奮とは、普段と比べて感情が高ぶった状態におちいる症状です。施設入所などの**環境の変化**に適応できない、**ケアの方法**を受け入れられないといったことから引き起こされる可能性があります。

5　✕　混乱とは、**記憶障害**によって自分のしたことを思い出せない、**見当識障害**によって時間や場所の感覚が失われる、といったことから引き起こされる症状です。認知症の程度を問わず起こり得る症状といえます。

正解　4

問題9

1　○　判断障害は、認知症に特徴的な症状で、**中核症状**のひとつです。

2　✕　不眠は、**うつ病**による仮性認知症で特徴的な症状です。

3　✕　誇大妄想は、**双極性障害**（躁うつ病）で躁**状態**にあるときの特徴的な症状です。

4　✕　希死念慮は、**うつ病**による仮性認知症で特徴的な症状です。

5　✕　抗うつ薬が効果的であることが多いのは、**うつ病**による仮性認知症です。

正解　1

うつ病（高齢者の場合は「老年期うつ病」）は、認知症と似た症状を示すことがあるため、仮性認知症とも呼ばれます。認知症との大きな違いは、仮性認知症の場合は脳の画像検査で異常がみられないこと、 うつ病 が改善されれば症状も消失するということです。

問題10

1　○　せん妄は、**薬剤の**副作用のほか、高熱、脱水などによっても生じます。

2　✕　せん妄の症状は、１日のなかでも**大きく変動**（日内変動）**する**のが特徴です。

3　✕　せん妄は、なんらかの原因で意識レベルが不安定な状態になる意識障害の一種で、軽い**意識の混濁**とともに幻覚・妄想、興奮が伴います。

4　✕　せん妄の症状は**突然現れて、急速に悪化する**場合が少なくありません。

5　✕　**解説3**のとおり、**幻覚を伴います**。

正解　1

問題11　A　33-78　日本における認知症の原因疾患　

　日本における認知症（dementia）の原因のうち、アルツハイマー型認知症（dementia of the Alzheimer's type）の次に多い疾患として、**正しいものを1つ**選びなさい。

1　血管性認知症（vascular dementia）
2　前頭側頭型認知症（frontotemporal dementia）
3　混合型認知症（mixed type dementia）
4　レビー小体型認知症（dementia with Lewy bodies）
5　アルコール性認知症（alcoholic dementia）

問題12　A　30-82　血管性認知症の危険因子　

　血管性認知症（vascular dementia）の危険因子として、**最も適切なものを1つ**選びなさい。

1　認知症（dementia）の家族歴
2　甲状腺機能低下症（hypothyroidism）
3　頭部外傷の既往
4　メタボリックシンドローム（metabolic syndrome）
5　ダウン症候群（Down's syndrome）

問題13　B　35-41　アルツハイマー型認知症のもの盗られ妄想　

　アルツハイマー型認知症（dementia of the Alzheimer's type）の、もの盗られ妄想に関する次の記述のうち、**最も適切なものを1つ**選びなさい。

1　説明をすれば自身の考えの誤りに気づくことが多い。
2　本人の不安から生じることが多い。
3　現実に存在しない人が犯人とされる。
4　主に幻視が原因である。
5　症状の予防には抗精神病薬が有効である。

問題11

「都市部における認知症有病率と認知症の生活機能障害への対応」によると、認知症の主な原因疾患は**アルツハイマー型認知症**が最も多く、次いで血管性認知症、**レビー小体型認知症**、混合型認知症（大半がアルツハイマー型認知症と血管性認知症の合併）、前頭側頭型認知症、アルコール性認知症の順となっています。

正解 | 1 |

問題12

1 × 血管性認知症は家族歴が危険因子とはなりません。**若年性認知症**の一部や**アルツハイマー型認知症**の一部には**遺伝**するものがあるといわれています。

2 × 甲状腺機能低下症は、**甲状腺ホルモンの分泌**が低下することで、**気力の低下**、顔のむくみ、緩慢な動作などが起こってくるもので、血管性認知症の危険因子ではありません。

3 × 頭部外傷の既往が認知症の症状を引き起こすのは、**硬膜下血腫**です。

4 ○ メタボリックシンドロームは、脳血管障害の大きな原因となるため、血管性認知症の危険因子となります。

5 × ダウン症候群とは、**染色体異常**が原因の先天性疾患です。血管性認知症の危険因子ではありません。

正解 | 4 |

問題13 アルツハイマー型認知症でみられるもの盗られ妄想とは、記憶障害により物を置いた場所が分からなくなってしまい、「誰かに持ち物を盗まれた」と訴えることをいいます。

1 × もの盗られ妄想では、本人は誰かに持ち物を**盗まれたことを事実として思い込んでいる**ため、周囲の人が説明をしても自身の考えの誤りに気づくことは稀であると考えられます。

2 ○ 記憶障害により**近時記憶が不鮮明**となり、物を置いた場所が分からなくなってしまったという不安や混乱を理由として、もの盗られ妄想が生じることが多いといえます。

3 × もの盗られ妄想では、**本人の身近にいる家族**などが犯人とされます。

4 × もの盗られ妄想の原因は、**記憶障害**です。

5 × もの盗られ妄想に有効な薬剤はなく、**非薬物療法**が基本となっています。

正解 | 2 |

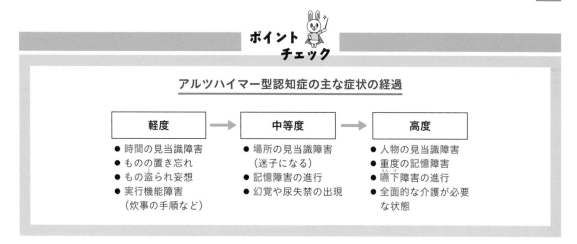

ポイントチェック

アルツハイマー型認知症の主な症状の経過

軽度	→	中等度	→	高度
● 時間の見当識障害 ● ものの置き忘れ ● もの盗られ妄想 ● 実行機能障害 　（炊事の手順など）		● 場所の見当識障害 　（迷子になる） ● 記憶障害の進行 ● 幻覚や尿失禁の出現		● 人物の見当識障害 ● 重度の記憶障害 ● 嚥下障害の進行 ● 全面的な介護が必要 　な状態

問題14 B　34-78　レビー小体型認知症

レビー小体型認知症（dementia with Lewy bodies）の幻視の特徴に関する次の記述のうち、**最も適切なもの**を1つ選びなさい。

1 幻視の内容はあいまいではっきりしない。

2 睡眠中でも幻視が生じる。

3 本人は説明されても幻視という認識ができない。

4 薄暗い部屋を明るくすると幻視が消えることがある。

5 抗精神病薬による治療が行われることが多い。

問題15 B　30-79　前頭側頭型認知症の症状の特徴

前頭側頭型認知症（frontotemporal dementia）の特徴として、**適切なもの**を1つ選びなさい。

1 物忘れの自覚

2 幻視

3 抑うつ

4 急速な進行

5 常同行動

問題16 B　35-42　慢性硬膜下血腫

慢性硬膜下血腫（chronic subdural hematoma）に関する次の記述のうち、**最も適切なもの**を1つ選びなさい。

1 運動機能障害が起こることは非常に少ない。

2 頭蓋骨骨折を伴い発症する。

3 抗凝固薬の使用はリスクとなる。

4 転倒の後、2〜3日で発症することが多い。

5 保存的治療が第一選択である。

START!
GOAL!!
クリア！ CHAPTER 1　クリア！ CHAPTER 2　クリア！ CHAPTER 3　クリア！ CHAPTER 4　クリア！ CHAPTER 5

156

問題14

1 ✕ レビー小体型認知症でみられる幻視は、人物や小動物など、**鮮明で具体的な内容**であるのが特徴です。

2 ✕ 幻視は、**覚醒レベルが低下**したときなどに生じやすくなります。睡眠中には生じません。

3 ✕ 幻視は、本人には本当に見えているため、周囲の人は**受容的態度で接する**ように努めることが大切です。

4 ◯ 薄暗い環境下では**幻視が出現しやすい**ので、部屋を明るくすると幻視が消えることがあります。

5 ✕ レビー小体型認知症は薬剤に対する**過敏性が強く**、抗精神病薬を服用することで**症状が悪化する**おそれがあります。このため、抗精神病薬による治療が行われることが多いとはいえません。

正解 　4

> レビー小体型認知症では**パーキンソン症状**がみられ、その症状のひとつである**筋固縮**により嚥下障害が生じ、誤嚥性肺炎を合併することが少なくありません。

問題15

1 ✕ 前頭側頭型認知症は、物忘れの自覚などの病識がないのが特徴です。

2 ✕ 認知症で幻覚症状として**幻視**が見られるのは、**レビー小体型認知症**です。

3 ✕ 抑うつはみられません。

4 ✕ 進行は緩徐（ゆるやか）です。

5 ◯ 記述のとおりです。**常同行動**とは、同じ行動を繰り返すことです。

正解 　5

問題16

1 ✕ 血腫が脳を圧迫することで、片麻痺や歩行障害などの**運動機能障害**が起こることがあります。

2 ✕ **慢性硬膜下血腫**は、転倒などによる頭部の打撲を原因として、脳を包む硬膜の下に血腫（血管以外の場所で固まった血液）ができることで発症します。

3 ◯ 抗凝固薬は**血栓予防**に使われ、副作用として**出血しやすく**なります。

4 ✕ 転倒などによる受傷後、**数週間～数か月後に症状が現れる**ことが少なくありません。

5 ✕ 慢性硬膜下血腫は、なるべく早期に血腫を除去する**手術**を行うことで、**症状が改善**します。

正解 　3

問題17
B | **33-81** クロイツフェルト・ヤコブ病

　クロイツフェルト・ヤコブ病（Creutzfeldt—Jakob disease）に関する次の記述のうち、**適切なもの**を1つ選びなさい。

1　有病率は1万人に1人である。

2　プリオン病である。

3　認知症（dementia）の症状は緩やかに進行する場合が多い。

4　致死率は低い。

5　不随意運動は伴わない。

問題18
A | **34-79** 軽度認知障害

　軽度認知障害（mild cognitive impairment）に関する次の記述のうち、**最も適切なもの**を1つ選びなさい。

1　本人や家族から記憶低下の訴えがあることが多い。

2　診断された人の約半数がその後1年の間に認知症（dementia）になる。

3　CDR（Clinical Dementia Rating）のスコアが2である。

4　日常生活能力が低下している。

5　治療には、主に抗認知症薬が用いられる。

問題19
A | **34-80** 若年性認知症

　若年性認知症（dementia with early onset）に関する次の記述のうち、**最も適切なもの**を1つ選びなさい。

1　75歳未満に発症する認知症（dementia）である。

2　高齢者の認知症（dementia）よりも進行は緩やかである。

3　早期発見・早期対応しやすい。

4　原因で最も多いのはレビー小体型認知症（dementia with Lewy bodies）である。

5　不安や抑うつを伴うことが多い。

問題17

1 × クロイツフェルト・ヤコブ病の有病率は、**年間100万人に約1人**です。

2 ○ クロイツフェルト・ヤコブ病は、**プリオン**と呼ばれるたんぱく質が脳内に蓄積することで、神経細胞に異常がみられる疾患です。ほかの病型も含めてプリオン病と総称されます。

3 × クロイツフェルト・ヤコブ病は、症状の進行が**非常に速く**、認知症の症状も**急速に進行**します。数か月で**寝たきり**の状態になり、1年から2年ほどの間に**死に至ります**。

4 × **解説3**のとおり、**致死率は**高いといえます。

5 × クロイツフェルト・ヤコブ病では、**ミオクローヌス**と呼ばれる**不随意運動を伴います**。

正解 2

問題18 軽度認知障害（MCI）とは、健常と認知症の中間にあたる段階をいいます。

1 ○ 記述のとおりです。

2 × 軽度認知障害（MCI）と診断された人の約半数は、その後**5年以内**に認知症に移行するとされています。

3 × CDR（臨床認知症評価尺度）は、行動観察により**認知症の重症度を評価する**もので、「健康（0）」「認知症の疑い（0.5）」「軽度（1）」「中等度（2）」「重度（3）」の5段階に分類されます。スコアが2と評価された場合、「**中等度**」の認知症に相当します。軽度認知障害（MCI）のスコアは0.5で、「**認知症の疑い**」に相当します。

4 × 軽度認知障害（MCI）では、全般的な**認知機能は**正常に保たれており、日常生活能力は維持されます。

5 × 軽度認知障害（MCI）の治療では、薬物療法よりも、**食生活の**改善や**適度な**運動、**良質な**睡眠の確保、**知的な活動**などを行って、認知症の**発症リスクを**抑制します。

正解 1

問題19

1 × 若年性認知症とは、**64歳以下**の年齢で発症する認知症をいいます。

2 × 若年性認知症は、若いほど**脳の萎縮が速く**、症状の進行も高齢者の認知症より速いと考えられています。

3 × 若年性認知症は、年齢や症状、ほかの疾患との誤診などにより**診断が**遅れがちになり、**早期発見・早期対応がしづらい**といえます。

4 × 2020（令和2）年に公表された「若年性認知症実態調査結果概要」（厚生労働省）によると、若年性認知症の原因となる疾患で最も多いのは**アルツハイマー型認知症**（52.6％）で、次いで**血管性認知症**（17.1％）、前頭側頭型認知症（9.4％）、外傷による認知症（4.2％）、レビー小体型認知症/パーキンソン病による認知症（4.1％）の順となっています。

5 ○ 若年性認知症では、**不安や抑うつ**を伴うことが多く、うつ病と誤診される場合もあります。

正解 5

B ▐ 30-81 ▐ **知的機能・認知機能の検査**　　　　

認知機能の評価に関する次の記述のうち、**適切なもの**を **1** つ選びなさい。

1 長谷川式認知症スケールで認知症（dementia）の診断が可能である。

2 FAST（Functional Assessment Staging）は、血管性認知症（vascular dementia）の重症度判定に用いる。

3 IADL（Instrumental Activities of Daily Living：手段的日常生活動作）のアセスメント（assessment）は、軽度の認知症（dementia）において有用である。

4 MMSE（Mini-Mental State Examination）は、日常生活の行動観察から知能を評価する検査である。

5 言語機能が障害されると、認知症（dementia）の重症度評価はできなくなる。

C ▐ 31-83 ▐ **抗認知症薬**　　　　

抗認知症薬に関する次の記述のうち、**正しいもの**を **1** つ選びなさい。

1 貼付剤はない。

2 非薬物療法との併用はしない。

3 段階的に投与量を減量していく。

4 副作用として悪心や下痢が生じることがある。

5 ADL（Activities of Daily Living：日常生活動作）が改善することはない。

C ▐ 32-82 ▐ **抗認知症薬**　　　　

抗認知症薬に関する次の記述のうち、**正しいもの**を **1** つ選びなさい。

1 若年性アルツハイマー型認知症（dementia of the Alzheimer's type with early onset）には効果がない。

2 高度のアルツハイマー型認知症（dementia of the Alzheimer's type）には効果がない。

3 レビー小体型認知症（dementia with Lewy bodies）には効果がない。

4 症状の進行を完全に止めることはできない。

5 複数の抗認知症薬の併用は認められていない。

問題20

1　×　長谷川式認知症スケールは、実施時点における**認知機能**を調べるものです。30点満点で20点以下だったときに認知症が疑われることになりますが、認知症と診断されるものではありません。

2　×　FASTは、**アルツハイマー型認知症のADL**を評価して重症度の診断をするものです（ポイントチェック参照）。

3　○　記述のとおりです。手段的日常生活動作（IADL）とは、立つ・座る・歩くなどの基本的動作（ADL）をもとにした、例えば洗濯・掃除・買い物・調理や金銭管理などの動作をいいます。したがってIADLのアセスメントをすることで、認知機能を検査することができます。

4　×　MMSEは、**図形の模写**という動作性の課題の処理をみて認知機能を評価するものです。

5　×　言語機能に障害があっても、**計算能力**や**記憶力**さらに**社会適応能力**に関して家族や**介護者**から情報を得ることや、本人から**筆記**による回答を得ることで評価することができます。

正解　3

問題21

1　×　抗認知症薬の種類には、**錠剤**や**口腔内崩壊錠**（OD錠）、**粉薬**、ゼリー、貼付剤などがあります。

2　×　認知症の治療では、抗認知症薬に加えて、**リアリティ・オリエンテーション**（**現実見当識訓練**）や回想法など、知的機能・認知機能の回復や維持、QOL（生活の質）を高めることを目的とした**非薬物療法も併用されます**。

3　×　認知症の症状の進行に応じて、抗認知症薬の投与量を**段階的に**増量していきます。

4　○　服用開始時や増量時に、副作用として、**悪心**や**嘔吐**、**下痢**、**興奮**などの症状が現れることがあります。

5　×　抗認知症薬の服用により、**ADL**（**日常生活動作**）が改善することもあります。

正解　4

問題22

1　×　若年性アルツハイマー型認知症の場合、抗認知症薬を服用することで**症状の進行をやわらげる**という効果があります。

2　×　高度のアルツハイマー型認知症やレビー小体型認知症に対しては、抗認知症薬である**ドネペジル塩酸塩**や**メマンチン**などを服用することで**症状の進行を**やわらげるという効果があります。

3　×　**解説2**のとおりです。

4　○　記述のとおりです。認知症の薬物療法は**対症**療法であり、**根本的な治療法はありません**。

5　×　アセチルコリンを分解する酵素のはたらきを抑えるコリンエステラーゼ阻害薬と神経保護薬のメマンチンの**併用は可能**です。

正解　4

BPSDに対する抗精神病薬を用いた薬物療法

認知症（dementia）の行動・心理症状（BPSD）に対する抗精神病薬を用いた薬物療法でよくみられる副作用として、**最も適切なもの**を１つ選びなさい。

1　歩幅が広くなる。
2　誤嚥のリスクが高くなる。
3　過剰に活動的になる。
4　筋肉の緊張が緩む。
5　怒りっぽくなる。

軽度の認知症の人に対するケア

軽度の認知症（dementia）の人に、日付、季節、天気、場所などの情報をふだんの会話の中で伝えて認識してもらう認知症ケアとして、**正しいもの**を１つ選びなさい。

1　ライフレビュー（life review）
2　リアリティ・オリエンテーション（reality orientation）
3　バリデーション（validation）
4　アクティビティ・ケア（activity care）
5　タッチング（touching）

認知症の治療（回想法）

回想法に関する次の記述のうち、**最も適切なもの**を１つ選びなさい。

1　記憶力の改善が最も期待できるのは、中等度の認知症（dementia）の人である。
2　認知症（dementia）の人に豊かな情動をもたらすことが期待できる。
3　過去の苦痛や困難な体験を思い出す手がかりを準備すると効果的である。
4　毎回異なる場所で行うと効果的である。
5　回想法に参加した家族介護者は、発症前を思い出してつらくなることが多い。

START!
GOAL!!
クリア！クリア！クリア！クリア！クリア！
CHAPTER CHAPTER CHAPTER CHAPTER CHAPTER
1　2　3　4　5

162

問題23 認知症の行動・心理症状（BPSD）の治療では、一般的にドーパミンのはたらきを抑制する抗精神病薬が用いられます。抗精神病薬を服用することで、幻覚・妄想などの症状が軽減しますが、副作用としてパーキンソン症状が現れます。

1　×　抗精神病薬の副作用として**パーキンソン症状**が現れることで、歩幅が**極端にせまくなります**（小刻み歩行）。

2　○　**解説1**のとおり、**パーキンソン症状**が現れることで、**筋固縮**などによる誤嚥のリスクが高まります。

3　×　抗精神病薬を服用することで、過活動や易怒性（怒りっぽくなる）の症状は軽減します。

4　×　**解説1**のとおり、**パーキンソン症状**が現れることで、筋肉が**固くこわばり**、スムーズに動かせなくなります。

5　×　**解説3**のとおりです。

正解　2

問題24

　軽度の認知症の人に、日付、季節、天気、場所などの情報をふだんの会話の中で伝えて認識してもらう認知症ケアのことを、**リアリティ・オリエンテーション**（**現実見当識訓練**）といいます。1日の流れのなかで適宜はたらきかけをしていく方法（**24時間リアリティ・オリエンテーション**）と、グループを組んで行う方法（**教室リアリティ・オリエンテーション**）があります。

正解　2

問題25 回想法は、比較的保たれている幼少期の記憶などを引き出すことで、認知症高齢者が人生を振り返り、**心の安定を図る**心理療法です。

1　×　回想法は、記憶力の改善を目的に行うものではありません。なお、**重度の認知症の人への実施は避けるべき**とされています。

2　○　回想法は、グループを組んで行う場合もあります。その場合、**当事者同士がコミュニケーションを深め、共感し合うことで、心のはたらきを豊かにする＝豊かな情動をもたらす**ことが期待されています。

3　×　回想法では、苦痛や困難を伴う記憶を引き出すのではなく、幸福感を呼び覚ますことができるように、**懐かしさや楽しさを念頭に置いた体験や思い出を語り合えるようにする**のが適切です。

4　×　回想法の効果を継続させるためにも、**場所は固定して行う**のが適切です。

5　×　回想法で引き出されるのは、認知症高齢者の幼少期の記憶や体験などです。発症直前の状態を思い起こすものではなく、幼少期の出来事を語り合うことで、**家族介護者とも共感し合える**可能性があります。

正解　2

問題26 A | 31-77 | **認知症の人への対応**

介護老人保健施設に入所した認知症高齢者が、夜中に荷物を持って部屋から出てきて、介護福祉職に、「出口はどこか」と聞いてきた。介護福祉職の対応に関する次の記述のうち、**最も適切なものを１つ選**びなさい。

1 「今日はここにお泊りになることになっています」と伝える。
2 「もうすぐご家族が迎えに来るので、お部屋で待っていましょう」と居室に誘う。
3 「トイレですよね」と手を取って案内する。
4 「どちらに行きたいのですか」と声をかけて並んで歩く。
5 「部屋に戻って寝ましょう」と荷物を持って腕を取る。

問題27 B | 32-83 | **前頭側頭型認知症の症状への対応**

前頭側頭型認知症（frontotemporal dementia）の症状のある人への介護福祉職の対応として、**最も適切なものを１つ**選びなさい。

1 徘徊がある場合は、GPS追跡機で居場所を確認する。
2 甘い食べ物へのこだわりに対しては、甘い物を制限する。
3 常同行動がある場合は、本人と周囲の人が納得できる生活習慣を確立する。
4 脱抑制がある場合は、抗認知症薬の服薬介護をする。
5 施設内で職員に暴力をふるったときは、警察に連絡する。

問題28 A | 35-48 | **記憶の種類・性質**

Mさん（88歳、女性）は、アルツハイマー型認知症（dementia of the Alzheimer's type）と診断された。夫と二人暮らしで、訪問介護（ホームヘルプサービス）を利用している。訪問介護員（ホームヘルパー）が訪問したときに夫から、「最近、日中することがなく寝てしまい、夜眠れていないようだ」と相談を受けた。訪問介護員（ホームヘルパー）は、Mさんが長年していた裁縫を日中にしてみることを勧めた。早速、裁縫をしてみるとMさんは、短時間で雑巾を縫うことができた。

Mさんの裁縫についての記憶として、**最も適切なものを１つ**選びなさい。

1 作業記憶　　　2 展望的記憶　　　3 短期記憶　　　4 陳述記憶　　　5 手続き記憶

問題26 認知症高齢者は、施設への入所時などに、環境の変化にとまどい、混乱状態におちいることで、徘徊などの症状が現れることがあります。こうした現象を、リロケーションダメージまたはトランスファーショックなどと呼びます。

1 × リロケーションダメージがみられた場合、「今日はここにお泊まりすることになっています」と伝えても、問題の根本的な解決にはつながりません。症状を予防したり、やわらげたりするには、使い慣れた道具や思い出の品を持ち込み、**なじみのある環境**をつくることが大切です。

2 × 家族が迎えに来る話は真実ではなく、利用者との**信頼関係を損なう**ような対応は不適切です。

3 × 記述のような発言は、介護福祉職の**先入観**や思い込みによるものであり、対応として不適切です。

4 ○ 認知症高齢者が施設の外に出たいという思いを汲み取ったうえで、安全上の観点から介護福祉職もそばで見守るという対応は適切です。

5 × 認知症高齢者に対して、**行動を制止するような行為は効果がありません。**

正解 **4**

問題27

1 × 前頭側頭型認知症では、毎回同じ道を歩く周回という症状がみられます。徘徊とは異なり、**道に迷うことなく自宅などに戻ることができる**ため、GPS追跡機で居場所を確認する必要はありません。

2 × 前頭側頭型認知症の人は**こだわりが強く**、甘い物や特定の食べ物ばかり食べるという**食行動異常**が認められます。糖尿病などの疾患がなければ、特に**制限する必要はありません。**

3 ○ 記述のとおりです。**常同行動**とは、同じ行動を繰り返すことをいいます。

4 × 前頭側頭型認知症の場合、症状の進行を遅らせる抗認知症薬はなく、服用することでかえって**精神症状を悪化させる**など、逆効果となる場合があります。前頭側頭型認知症に対しては、抗精神病薬などによる薬物療法を行う場合があります。

5 × 前頭側頭型認知症の人は、突然、興奮したり暴力をふるったりするなどの脱抑制がみられます。このような場合には、警察に連絡するのではなく、施設の他の入所者や本人に被害が及ばないよう注意しながら、**落ち着くまで見守る**ことが必要です。

正解 **3**

問題28

1 × 作業記憶は**短期記憶**のひとつで、読み書きや計算など、複雑な知的活動の過程の中で使われる記憶をいい、**ワーキングメモリー**とも呼ばれます。繰り返し再生されて長期記憶に移行しない限り、**数十秒程度で消失**します。

2 × 展望的記憶とは、「明日の夕方は友達と映画を観に行く」「食事の後に歯を磨く」など、**今後の予定に対する記憶**をいいます。

3 × 短期記憶とは、感覚記憶のうち、注目した情報を一時的（数十秒程度）に記憶するものをいいます。

4 × 陳述記憶とは、長期記憶のうち、記憶の内容を**言葉で表現**できるものをいい、**意味記憶**と**エピソード記憶**があります。

5 ○ 手続き記憶とは、自転車の乗り方など、繰り返し練習したりすることで**習得した**技術や技能についての記憶を指し、高齢になっても**保持されている**ことが多いと考えられています。Mさんの裁縫についての記憶に該当します。

正解 **5**

Cさん（80歳、女性）は夫（85歳）と二人暮らしである。1年ほど前から記憶障害があり、最近、アルツハイマー型認知症（dementia of the Alzheimer's type）と診断された。探し物が増え、財布や保険証を見つけられないと、「泥棒が入った、警察に連絡して」と訴えるようになった。「泥棒なんて入っていない」と警察を呼ばずにいると、Cさんがますます興奮するので、夫は対応に困っている。

夫から相談を受けた介護福祉職の助言として、**最も適切なもの**を1つ選びなさい。

1 「主治医に興奮を抑える薬の相談をしてみてはどうですか」

2 「施設入所を検討してはどうですか」

3 「Cさんと一緒に探してみてはどうですか」

4 「Cさんの希望通り、警察に通報してはどうですか」

5 「Cさんに認知症（dementia）であることを説明してはどうですか」

認知症（dementia）の人に配慮した施設の生活環境として、**最も適切なもの**を1つ選びなさい。

1 いつも安心感をもってもらえるように接する。

2 私物は本人の見えないところに片付ける。

3 毎日新しい生活体験をしてもらう。

4 壁の色と同系色の表示を使用する。

5 日中は1人で過ごしてもらう。

START!
GOAL!!
クリア！ クリア！ クリア！ クリア！ クリア！
CHAPTER 1　CHAPTER 2　CHAPTER 3　CHAPTER 4　CHAPTER 5

166

問題29 認知症では、記憶障害により物を置いた場所が分からなくなってしまい、誰かに盗られたと訴えるもの盗られ妄想がよくみられます。

1　×　Cさんは泥棒に財布や保険証を盗られ、自分は被害者であると思い込んでいるため、夫の反論が逆効果となり、ますます興奮する事態に陥っています。記述は、介護福祉職の助言として不適切です。

2　×　Cさんの意向に基づかない施設入所を夫に検討するように助言することは、介護福祉職の対応として不適切です。

3　○　もの盗られ妄想がみられる場合は、まずは本人の**訴えを受け止め、一緒に行動する**ことが重要ですので、介護福祉職の助言として適切です。

4　×　Cさんの希望どおりに警察に通報しても根本的な解決にはならないため、Cさんの関心をそらしたり、Cさんの気持ちを満たしたりすることで対応します。

5　×　**解説1**のとおり、Cさんは泥棒に財布や保険証を盗られ、自分は被害者であると思い込んでいます。Cさんに認知症であることを説明しても理解してもらえず、介護福祉職の助言として不適切です。

正解 | 3 |

問題30

1　○　認知症では、記憶障害や見当識障害などにより自分らしさが喪失しやすく、混乱や不安が生じやすくなります。認知症の人にいつも安心感をもってもらえるように接することは重要です。

2　×　利用者が自宅で使用していた生活備品などの私物は、**本人の見える**場所に置くことで、**なじみのある環境**を作ることでき、利用者の安心につながります。

3　×　認知症の人に毎日新しい生活体験をしてもらうことは、大きな**混乱をまねく**要素となります。急激な変化は避け、できる限り**なじみのある環境を整える**配慮が必要です。

4　×　壁の色と同系色の表示を使用すると認識するのが困難になるため、**コントラストの強い色**にします。

5　×　日中は施設の入居者や職員などと交流を図るなど、認知症の人を**孤独にし続けない**ことが大切です。

正解 | 1 |

ポイント
チェック

認知症の人のための安心できる環境づくり

症状に配慮した環境整備を行う	●家具の配置をむやみに変えない ●部屋やトイレに見慣れた（本人が認識できる）表示や目印をつける ●照明や色彩は、本人のなじんでいるものに保つ
自宅に近い環境＝なじみのある環境をつくる	●使い慣れた道具や思い出の品を持ち込む ●なじみの関係の人（家族・友人・職場の人・地域の人）との関係を保てるように支援する
介護福祉職や利用者となじみの関係を築く	●目線を合わせて笑顔で接することで、安心してもらえる介護福祉職になる ●利用者同士が良好な関係を維持できるように仲介する
能力や状態に応じた役割を見つける	●活動への参加の機会を設け、能力の維持や症状の抑制につなげる ●生活歴や特技・趣味を生かして「できること」を発揮してもらうことで、意欲や活力の向上を図る

問題31 B 35-45 認知症サポーター

現行の認知症サポーターに関する次の記述のうち、**最も適切なもの**を1つ選びなさい。

1 ステップアップ講座を受講した認知症サポーターには、チームオレンジへの参加が期待されている。

2 100万人を目標に養成されている。

3 認知症介護実践者等養成事業の一環である。

4 認知症ケア専門の介護福祉職である。

5 国が実施主体となって養成講座を行っている。

問題32 B 35-46 認知症ケアパス

認知症ケアパスに関する次の記述のうち、**最も適切なもの**を1つ選びなさい。

1 都道府県ごとに作られるものである。

2 介護保険制度の地域密着型サービスの1つである。

3 認知症（dementia）の人の状態に応じた適切なサービス提供の流れをまとめたものである。

4 レスパイトケアとも呼ばれるものである。

5 介護支援専門員（ケアマネジャー）が中心になって作成する。

問題33 C 35-47 認知症ライフサポートモデル

認知症ライフサポートモデルに関する次の記述のうち、**最も適切なもの**を1つ選びなさい。

1 各職種がそれぞれで目標を設定する。

2 終末期に行う介入モデルである。

3 認知症（dementia）の人本人の自己決定を支える。

4 生活を介護サービスに任せるプランを策定する。

5 認知症（dementia）の人に施設入所を促す。

START!
GOAL!!　クリア！ クリア！ クリア！ クリア！ クリア！ CHAPTER 1 CHAPTER 2 CHAPTER 3 CHAPTER 4 CHAPTER 5

168

問題31 認知症サポーターは、認知症を正しく理解して、認知症の人とその家族を見守り、支援する民間のサポーターです。

1 ○ 記述のとおりです。チームオレンジとは、ステップアップ講座を受講した**認知症サポーター**が中心となって支援チームをつくり、**認知症の人やその家族に対して具体的な支援をつなぐ仕組み**をいいます。

2 × 認知症サポーターは、厚生労働省が2005（平成17）年度に開始した「認知症を知り地域をつくる10ヵ年」構想の一環である「**認知症サポーター100万人キャラバン**」においては、全国で100万人養成することを目標にしていましたが、令和4年12月31日時点で、1430万7790人となっています。

3 × **解説2**のとおりです。

4 × 認知症サポーターとは、市町村や地域、学校、職場などで実施されている**認知症サポーター養成講座を受講した人**のことをいいます。

5 × 養成講座は、**全国キャラバン・メイト連絡協議会**が、自治体や全国規模の企業・団体と協働して開いています。

正解 | 1 |

問題32

1 × 認知症ケアパスは、**市町村ごとに作成されます**。

2 × 認知症ケアパスは、認知症の人やその家族が、いつ、どこで、どのような医療・介護サービスが受けられるのか、認知症の容態や段階に応じた**サービス提供の流れ**を示したものです。

3 ○ 記述のとおりです。

4 × レスパイトケアとは、介護を行う家族の負担をやわらげ、息抜きのための一時的な休息期間を設けることで、リフレッシュを図ってもらうもののことです。

5 × 認知症ケアパスは、**認知症地域支援推進員**が市町村などと協力して作成します。

正解 | 3 |

問題33

1 × 認知症の人に関わるさまざまな専門職が、ケアを提供するうえでの**目標を共有**します。

2 × 認知症ライフサポートモデルが大切にする6つの考え方として、❶**本人主体のケアを原則**とすること、❷住み慣れた地域で、**継続性のある暮らし**を支える、❸自らの力を最大限に使って暮らすことを支える、❹**早期から終末期まで**の継続的な関わりと支援に取り組むこと、❺家族支援に取り組むこと、❻介護・医療・地域社会の連携による総合的な支援体制を目指すこと、が示されています。認知症の終末期に行う介入モデルではありません。

3 ○ **解説2**のとおり、本人の自己決定を支えることが求められます。

4 × **解説2**のとおり、自らの力を最大限に使って暮らせるようなプランを策定します。

5 × **解説2**のとおり、住み慣れた地域で、継続性のある暮らしを支えます。

正解 | 3 |

問題34
B 34-86 認知症初期集中支援チーム

認知症初期集中支援チームに関する次の記述のうち、**最も適切なもの**を **1** つ選びなさい。

1 自宅ではない場所で家族から生活の様子を聞く。

2 チーム員には医師が含まれる。

3 初回の訪問時にアセスメント（assessment）は不要である。

4 介護福祉士は、認知症初期集中支援チーム員研修を受講しなくてもチームに参加できる。

5 認知症疾患医療センター受診後に、チームが対応方法を決定する。

問題35
B 33-80 認知症初期集中支援チーム

認知症初期集中支援チームに関する次の記述のうち、**適切なもの**を **1** つ選びなさい。

1 認知症（dementia）の人は病院への入院や施設への入所をするべきであるという考えに基づいている。

2 既に認知症（dementia）の診断を受けている人への支援は含まれない。

3 家族への支援は含まれない。

4 支援期間は 2 ～ 3 年である。

5 チーム員会議を開催してケア方針を決定する。

問題36
B 35-43 地域におけるサポート体制

　L さん（83歳、女性、要介護 1 ）は、アルツハイマー型認知症（dementia of the Alzheimer's type）である。一人暮らしで、週 2 回、訪問介護（ホームヘルプサービス）を利用している。

　ある日、訪問介護員（ホームヘルパー）が訪問すると、息子が来ていて、「最近、母が年金の引き出しや、水道代の支払いを忘れるようだ。日常生活自立支援事業というものがあると聞いたことがあるが、どのような制度なのか」と質問があった。

　訪問介護員（ホームヘルパー）の説明として、**最も適切なもの**を **1** つ選びなさい。

1 「申込みをしたい場合は、家庭裁判所が受付窓口です」

2 「年金の振込口座を、息子さん名義の口座に変更することができます」

3 「L さんが契約内容を理解できない場合は、息子さんが契約できます」

4 「生活支援員が、水道代の支払いを L さんの代わりに行うことができます」

5 「利用後に苦情がある場合は、国民健康保険団体連合会が受付窓口です」

問題34

1　✕　認知症初期集中支援チームは、**自宅で生活している認知症の人**や**認知症が疑われる人**、その家族から生活の様子を聞きます。

2　○　認知症初期集中支援チームのチーム員には、認知症サポート医である**医師**のほか、保健師、看護師、作業療法士、介護福祉士などが含まれます。

3　✕　認知症初期集中支援チームは、認知症の**早期診断・早期対応**を図るため、初回の訪問時には、対象者の**アセスメント**などを行います。

4　✕　介護福祉士が認知症初期集中支援チームに参加するためには、国が定める**認知症初期集中支援チーム員研修を受講**し、**試験に合格**しなければなりません。

5　✕　認知症初期集中支援チームが対象者の自宅を訪問し、**チーム員会議で対応方法を決定したあと**、必要に応じて認知症疾患医療センター等を受診します。

正解　2

問題35

1　✕　認知症初期集中支援チームは、「認知症になっても本人の意思が尊重され、できる限り**住み慣れた地域のよい環境で暮らし続ける**ことができる社会」の実現を目指すという考えに基づいて、すべての市町村に設置されています。

2　✕　支援の対象は**40歳以上**で、**自宅で生活している認知症の人**や**認知症が疑われている人**で、一定の要件に該当する人です。

3　✕　支援の対象には、**家族も含まれます**。

4　✕　支援期間は、医療、介護サービスが**安定して利用できるまで**（おおむね6か月）とされています。

5　○　記述のとおりです。認知症初期集中支援チームのメンバーには、医療と介護の専門職（保健師、看護師、作業療法士、精神保健福祉士、社会福祉士、介護福祉士等）および認知症サポート医である医師が含まれます。

正解　5

問題36　日常生活自立支援事業は、認知症高齢者、知的障害者、精神障害者などで、判断能力が不十分な人の支援を行うための制度です。実施主体は、都道府県社会福祉協議会と指定都市社会福祉協議会です。

1　✕　日常生活自立支援事業の利用を申し込む場合は、実施主体から一部業務を委託されている**市町村社会福祉協議会**などが受付窓口となります。

2　✕　日常生活自立支援事業で提供されるサービスは、**福祉サービス利用手続きの代行**、**日常の金銭管理**、**書類等の預かり**など、**日常的な生活援助**の範囲に限られています。年金の振込口座の変更はサービスの範囲には含まれていません。

3　✕　日常生活自立支援事業は、**契約内容を理解する能力をもっている人**が対象となります。

4　○　支援計画に基づき、**生活支援員**が実際のサービス提供（設問では水道代の支払いの代行）を担いますので、訪問介護員（ホームヘルパー）の説明として適切です。

5　✕　日常生活自立支援事業に関する苦情の申し立て先は、**運営適正化委員会**です。

正解　4

Dさん（75歳、男性）は、介護福祉職のEさんの近所に3年前に引っ越してきた。Dさんは引っ越してきた時から一人暮らしである。最近、Dさんは、「米が盗まれてしまって、夕飯が作れなくて困っている。米を貸してほしい」と、夕方、Eさんの家をたびたび訪ねるようになった。Dさんの家族は海外赴任中の息子家族だけだと、以前Dさんから話を聞いたことがある。Eさんは息子と一度も会ったことはない。

　EさんがDさんについて相談する機関として、**最も適切なもの**を1つ選びなさい。

1　福祉事務所
2　地域活動支援センター
3　居宅介護支援事業所
4　認知症疾患医療センター
5　地域包括支援センター

　Cさん（87歳、男性、要介護5）は、重度のアルツハイマー型認知症（dementia of the Alzheimer's type）である。現在、介護老人福祉施設に入所しているが終末期の状態にある。できる限り経口摂取を続けてきたが、誤嚥性肺炎（aspiration pneumonia）を繰り返し、経口摂取が困難となった。臥床状態が続き、声かけに対する反応も少なくなっている。医師から、「死が極めて近い状態である」と伝えられた。

　施設で看取ることになっているCさんへの介護福祉職の対応として、**最も適切なもの**を1つ選びなさい。

1　離床している時間をつくる。
2　会話によって本人の希望を聞く。
3　事前指示書を作成する。
4　苦痛があるかないか、状態を観察する。
5　本人の好きな食事を用意する。

　認知症（dementia）の母親を献身的に介護している息子が、母親に怒鳴られてたたきそうになった。それを見ていた介護福祉職の息子への対応に関する次の記述のうち、**最も適切なもの**を1つ選びなさい。

1　「孝行息子のあなたが手を上げるなんて…」と注意する。
2　「行政に通報します」と告げる。
3　「認知症（dementia）だから怒鳴るのは仕方がない」と慰める。
4　「地域にある認知症（dementia）の人と家族の会を紹介します」と伝える。
5　「懸命に介護をして疲れていませんか」と話を聴く。

問題37 Dさんの症状は、**もの盗られ妄想**と考えられることから、**認知症**を発症している可能性があります。介護福祉職としてはDさんのおかれている環境を理解して、地域における**認知症サポート体制を把握**して、それらの機関と機能的に**連携**することが重要になります。

1　✕　福祉事務所は、主として「**生活保護**」「**児童福祉**」「**母子・父子家庭支援**」などに関する事務を行う機関であり、不適切です。

2　✕　地域活動支援センターは、**障害者の自立を支援**する機関であり、不適切です。

3　✕　居宅介護支援事業所は、**介護保険法**における居宅介護支援を行う事業所です。認知症が疑われる段階で相談する機関としては不適切です。

4　✕　**認知症疾患医療センター**は、認知症の早期診断・早期対応の医療機関として位置づけられています。相談する機関としては不適切です。

5　○　地域における横断的ネットワークとして機能するのが、**地域包括支援センター**であるので、現状を話して**介護保険の利用**、**認知症の診断**など今後の対応を検討するための相談機関として最も適切です。

正解　5

問題38

1　✕　Cさんは臥床状態が続いていることから、離床させて身体的負担を与えるよりも、必要に応じて**体位変換**などを行います。

2　✕　Cさんは声かけに対する反応も少なくなっていることから、会話によって本人の希望を聞くことは困難といえます。

3　✕　意思疎通が困難になったときに備えて、自分が望む医療行為などについて、事前に**書面にしておくもの**を**事前指示書**と呼んでいます。Cさんは声かけに対する反応も少なくなっていることから、事前指示書の作成は困難といえます。

4　○　死が極めて近くても、介護福祉職はCさんの状態を観察し、苦痛や恐怖を**やわらげる**ための支援を行います。

5　✕　Cさんは死が極めて近い状態であり、本人の好きな食事を用意しても、摂取することは困難といえます。

正解　4

問題39

1　✕　認知症介護では、気づかないうちに**家族の疲労やストレスが蓄積**し、認知症高齢者への虐待**の要因**となることがあります。母親をたたきそうになった息子を注意したり、「行政に通報します」と告げたりするのではなく、息子の**立場や思いを理解**するように努めます。

2　✕　**解説1**のとおりです。

3　✕　認知症では、自分のことや周囲のことが理解できず、家族や介護福祉職に対して暴言を口にすることがあります。「認知症だから怒鳴るのは仕方がない」という介護福祉職の発言は、認知症という病気を正しく理解しておらず、対応として不適切です。

4　✕　同じ立場にいる人たちが、**相互に支え合う**ことを**ピア・サポート**といいます。認知症の人と家族の会を紹介することも負担の軽減に有効ですが、まずは**息子の立場や思いを理解する**ほうが先決です。

5　○　記述のとおりです。介護福祉職は息子の負担が少しでもやわらぐよう、**レスパイトケア**を利用できるよう支援していきます。

正解　5

ポイントチェック一覧

CHAPTER

7

障害の理解

問題1 A 33-87 **ICFに基づく「障害の概念」**

ICF（International Classification of Functioning, Disability and Health：国際生活機能分類）の社会モデルに基づく障害のとらえ方に関する記述として、**最も適切なもの**を1つ選びなさい。

1　個人の問題としてとらえる。

2　病気・外傷から直接的に生じる。

3　さまざまな環境との相互作用によって生じる。

4　治療してできるだけ回復させることを目的とする。

5　医療などによる援助を必要とする。

問題2 B 24-87 **ICFに基づく「障害の概念」**

ICF（International Classification of Functioning, Disability and Health：国際生活機能分類）にしたがって次の状態を定義した場合、**正しいもの**を1つ選びなさい。

1　片足を切断しても義足を着けて歩くことができるのは「参加」である。

2　右片麻痺があるが福祉用具を使って食事を作ることができるのは「活動」である。

3　尿失禁が思わぬときに起こるのでゲートボール大会への出場を控えるのは「活動制限」である。

4　調理や掃除等の生活行為ができなくなるのは「参加制約」である。

5　盲導犬利用者が結婚式への出席を断られるのは「活動制限」である。

問題1

1　×　記述は、**医学モデル**の説明です。

2　×　記述は、**医学モデル**の説明です。

3　○　記述のとおりです。

4　×　記述は、**医学モデル**の説明です。

5　×　記述は、**医学モデル**の説明です。

正解　3

問題2　ICF（国際生活機能分類）では、3つの生活機能（「心身機能・身体構造」「活動」「参加」）を掲げ、その機能が制約や制限を受けたときの状態として、「機能障害・構造障害」「活動制限」「参加制約」を掲げています。

1　×　片足を切断しても、義足の使用によって歩行という**生活行為**が可能になっていることから、記述の状態は「活動」です。

2　○　右片麻痺があっても、福祉用具の使用によって、食事を作るという**生活行為**が可能になっていることから、記述の状態は「活動」です。

3　×　尿失禁が思わぬときに起きるため、ゲートボール大会への出場という**社会への参加**が難しくなっていることから、記述の状態は「参加制約」です。

4　×　調理や掃除等の**生活行為**ができなくなるのは、「活動制限」です。

5　×　盲導犬利用者が、結婚式への出席という**社会への参加**を断られるのは、「参加制約」です。

正解　2

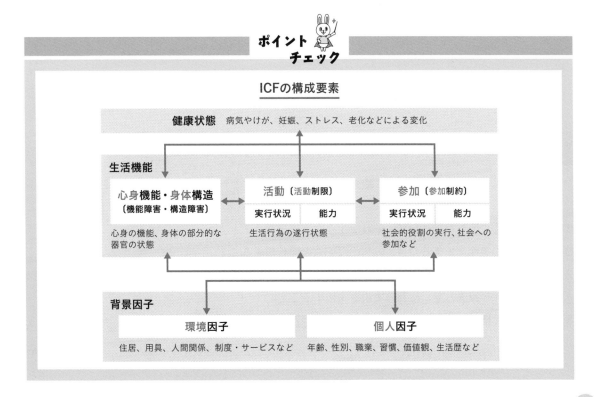

ポイント
チェック

ICFの構成要素

健康状態　病気やけが、妊娠、ストレス、老化などによる変化

生活機能

心身**機能・身体構造**（**機能障害・構造障害**）	活動（活動制限）		参加（参加制約）	
	実行状況	能力	実行状況	能力
心身の機能、身体の部分的な器官の状態	生活行為の遂行状態		社会的役割の実行、社会への参加など	

背景因子

環境因子	個人因子
住居、用具、人間関係、制度・サービスなど	年齢、性別、職業、習慣、価値観、生活歴など

問題3 A 31-87 ノーマライゼーション

ノーマライゼーション（normalization）の理念を8つの原理にまとめた人物として、**正しいもの**を1つ選びなさい。

1 ニィリエ（Nirje, B.）

2 バンク-ミケルセン（Bank-Mikkelsen, N.）

3 ヴォルフェンスベルガー（Wolfensberger, W.）

4 ロバーツ（Roberts, E.）

5 ソロモン（Solomon, B.）

問題4 A 33-88 リハビリテーション

リハビリテーションに関する次の記述のうち、**適切なもの**を1つ選びなさい。

1 語源は、「再び適したものにすること」である。

2 ニィリエ（Nirje, B.）によって定義された。

3 医療の領域に限定されている。

4 自立生活運動とは関係がない。

5 機能回復訓練は社会的リハビリテーションである。

問題5 B 35-49 ストレングスの視点に基づく利用者支援

ストレングス（strength）の視点に基づく利用者支援の説明として、**最も適切なもの**を1つ選びなさい。

1 個人の特性や強さを見つけて、それを生かす支援を行うこと。

2 日常生活の条件をできるだけ、障害のない人と同じにすること。

3 全人間的復権を目標とすること。

4 権利を代弁・擁護して、権利の実現を支援すること。

5 抑圧された権利や能力を取り戻して、力をつけること。

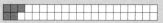

問題 3

1 ○ **スウェーデンのニィリエ**は、知的障害者の生活環境を、一般的な水準に近づけることを目的として、ノーマライゼーションの理念を**8つの原理**にまとめました。

2 × **デンマークのバンク-ミケルセン**は、知的障害児の親の会の運動を受け、ノーマライゼーションの理論化を**最初に行った人物**で、「**ノーマライゼーションの父**」と呼ばれています。

3 × **ヴォルフェンスベルガー**は、アメリカにノーマライゼーションの考え方を広めた人物で、**知的障害者自身が能力を高め、社会的役割を獲得すること**を重視しました。

4 × **ロバーツ**は、1960年代にアメリカで起こった**自立生活運動（IL運動）**を展開した人物で、**障害者自身の選択による**自己決定の尊重を主張しました。

5 × **ソロモン**は、アメリカの黒人の公民権運動を背景にした著書『黒人のエンパワメント』（1976年）において、**エンパワメントの概念を提唱**した人物で、ソーシャルワーク分野でのエンパワメントの重要性を指摘しました。

正解 **1**

問題 4

1 ○ リハビリテーション（Rehabilitation）という言葉を語源からみると、「再び（re）」「適した、ふさわしい（habilis）」「すること（ation）」からなり、「**再び適した状態にすること**」を意味します。

2 × リハビリテーションの定義は、1942年に**全米リハビリテーション協議会**、1968年および1981年に**WHO**（世界保健機関）、1982年に**国連**が示しています。そのなかでも、WHOの1968年の定義では、現在のリハビリテーションの代表的領域である医学的リハビリテーション、教育的リハビリテーション、職業的リハビリテーション、社会的リハビリテーションの**4つ**が明記されました。

3 × **解説 2**のとおり、リハビリテーションは、「**医学**」「**教育**」「**職業**」「**社会**」の4領域に分類されています。

4 × 1960年代に**アメリカ**で起こった**自立生活運動（IL運動）**は、リハビリテーションの目的が、「できないことができるようになる」ことから「**QOLの向上**」へと変わるきっかけになっています。

5 × **機能回復訓練**は、疾病からの回復、障害に対する生活機能の向上をめざすものであり、**医学的リハビリテーション**に分類されます。

正解 **1**

問題 5

1 ○ 記述のとおりです。**ストレングス**とは、利用者一人ひとりがもつ特性、強さ、意欲、能力、長所、願望などを意味します。

2 × 記述は、**ノーマライゼーション**の説明です。

3 × 記述は、**リハビリテーション**の説明です。

4 × 記述は、**権利擁護（アドボカシー）**の説明です。

5 × 記述は、**エンパワメント**の説明です。

正解 **1**

問題6 B 35-50 IL運動

1960年代のアメリカにおける自立生活運動（IL運動）に関する次の記述のうち、**最も適切なもの**を1つ選びなさい。

1 障害があっても障害のない人々と同じ生活を送る。

2 一度失った地位、名誉、特権などを回復する。

3 自分で意思決定をして生活する。

4 医療職が機能回復訓練を行う。

5 障害者の社会への完全参加と平等を促進する。

問題7 A 30-89 ソーシャルインクルージョン

「ソーシャルインクルージョン（social inclusion）」を説明する内容として、**最も適切なもの**を1つ選びなさい。

1 本人の利益のために、本人に代わって意思決定をすること

2 全人間的復権のこと

3 共に生き、支え合うこと

4 障害者の「強さ」に着目して支援すること

5 権利擁護や代弁をする活動のこと

問題6

1 ✕ 記述は、**ノーマライゼーション**の理念です。

2 ✕ 記述は、**リハビリテーション**の説明です。

3 ○ 利用者が、主体的に自分の生活をコントロールしていく**自己決定、自己選択**という考え方は、1960年代のアメリカで起こった、自立生活運動（IL運動）によって広まっていきました。

4 ✕ 記述は、**医学的リハビリテーション**の説明です。

5 ✕ 記述は、1981年に国連が定めた「国際障害者年」のテーマの説明です。

正解 3

問題7

1 ✕ 記述は、**パターナリズム**の説明です。パターナリズムは、日本語では「父権主義」と訳されます。権限などが強い立場の者が、弱い立場の者の利益のために、その人の意思に関わりなく、介入や干渉、意思決定を行うことをいいます。

2 ✕ 記述は、**リハビリテーション**の説明です。

3 ○ 「ソーシャルインクルージョン」は、社会のあらゆる人々をその構成員として**包み込み、共に生き、共に支え合う**ことをめざす理念です。

4 ✕ 記述は、**ストレングスモデル**の説明です。

5 ✕ 記述は、**アドボカシー**の説明です。

正解 3

ポイント
チェック

ソーシャルインクルージョンと関係する理念

　ソーシャルインクルージョンという考え方の前段階には、インテグレーション（統合）やインクルージョン（包括）という理念があり、併せて理解しておくことが重要である。

インテグレーション（統合）	障害者と健常者を区別するのではなく、社会のなかで共に生活できるような状態をめざす理念
⬇	インテグレーションの考え方を発展させると…
インクルージョン（包括）	共生できる場をつくるということに限らず、その人に合った生き方を選んでいけるように、共に支え合うことをめざす理念
⬇	インクルージョンの考え方を社会全体に広げると…
ソーシャルインクルージョン	高齢者や障害者、ホームレスや外国籍の人など、あらゆる人々を社会の構成員として包み込み、共に生き、共に支え合うことをめざす理念

障害者の権利に関する条約で、国際条約上初めて取り上げられた概念として、**正しいものを1つ選**びなさい。

1 完全参加と平等
2 ノーマライゼーション（normalization）
3 障害の予防
4 共生社会
5 合理的配慮

「障害者虐待防止法」における、障害者に対する著しい暴言が当てはまる障害者虐待の類型として、**最も適切なものを1つ選びなさい。**

1 身体的虐待
2 放棄・放置
3 性的虐待
4 心理的虐待
5 経済的虐待

（注）「障害者虐待防止法」とは、「障害者虐待の防止、障害者の養護者に対する支援等に関する法律」のことである。

「障害者差別解消法」に関する次の記述のうち、**適切なものを1つ選びなさい。**

1 法の対象者は、身体障害者手帳を持っている人である。
2 合理的配慮とは、全ての障害者に同じ配慮をすることである。
3 共生社会の実現を目指している。
4 障害者は、合理的配慮の提供に努めなければならない。
5 障害者差別解消支援地域協議会は、民間事業者で組織される。

（注）「障害者差別解消法」とは、「障害を理由とする差別の解消の推進に関する法律」のことである。

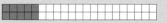
START!
GOAL!! クリア！クリア！クリア！クリア！クリア！クリア！
CHAPTER CHAPTER CHAPTER CHAPTER CHAPTER CHAPTER
1 2 3 4 5 6

182

問題8

1 ✕ 完全参加と平等は、1981年に国連総会で採択された「国際障害者年」のテーマです。

2 ✕ ノーマライゼーションは、1959年にデンマークで制定された「**1959年法**」において、初めて法律の なかに盛り込まれました。その後、1971年に国連総会で採択された「**知的障害者の権利宣言**」に、国 際的な場で初めてその理念が取り入れられました。

3 ✕ 障害の予防は、障害者のリハビリテーションとともに、1975年の国連・経済社会理事会において決議 され、同年採択の「障害者の権利宣言」前文に明記されました。

4 ✕ 共生社会は、2003（平成15）年から2012（平成24）年度を計画期間とした、日本国内の新障害者基 本計画において、**国民誰もが相互に人格と個性を尊重し支え合う社会**を示すものとして、その実現を めざすことが明記された理念です。

5 ◯ 合理的配慮とは、**障害者の性別、年齢、障害の状態に応じて、事物や制度の変更・調整などを行うこ と**です。「障害者の権利に関する条約」において、国際条約上、その概念が初めて取り上げられました。

正解 **5**

問題9

1 ✕ 障害者虐待防止法において、身体的虐待とは、「障害者の身体に外傷が生じ、若しくは生じるおそれの ある暴行を加え、又は正当な理由なく障害者の**身体を拘束すること**」と定義されています。

2 ✕ 同法において、放棄・放置とは、障害者を衰弱させるような著しい減食または長時間の放置、養護者 以外の同居人、施設従業者等または使用者による身体的・性的・心理的虐待と同様の行為の放置等**養 護を著しく怠ること**と定義されています。

3 ✕ 同法において、性的虐待とは、「障害者にわいせつな行為をすること又は障害者をしてわいせつな行為 をさせること」と定義されています。

4 ◯ 同法において、心理的虐待とは、障害者に対する著しい暴言、著しく**拒絶的な対応**、**不当な**差別的言 動その他の障害者に著しい**心理的外傷**を与える言動を行うことと定義されています。

5 ✕ 同法において、経済的虐待とは、養護者、障害者の親族、施設従業者等または使用者が、当該障害者 の**財産を不当に処分**することその他当該障害者から**不当に財産上の利益を得る**ことと定義されていま す。

正解 **4**

問題10

1 ✕ 障害者差別解消法の対象者は、第2条において「**身体障害、知的障害、精神障害**（発達障害を含む。） その他の心身の機能の障害がある者であって、**障害及び社会的障壁により継続的に日常生活又は社会 生活に相当な制限を受ける**状態にあるもの」と規定されています。身体障害者手帳所持者に限りません。

2 ✕ 合理的配慮とは、**障害者の性別、年齢、障害の状態**に応じた、**事物や制度の変更・調整などを行うこ と**を指します。すべての障害者に同じ配慮をすることではありません。

3 ◯ 記述のとおりです。同法第1条に記定されています。

4 ✕ 合理的配慮の提供に努めなければならないのは、**事業者や行政機関等**です。

5 ✕ 障害者差別解消支援地域協議会は、国や**地方公共団体**で組織されます。

正解 **3**

問題11　B　35-52　障害受容

上田敏の障害受容のモデルにおける受容期の説明として、**最も適切なもの**を１つ選びなさい。

1　受傷直後である。

2　障害の状態を否認する。

3　リハビリテーションによって機能回復に取り組む。

4　障害のため何もできないと捉える。

5　障害に対する価値観を転換し、積極的な生活態度になる。

問題12　B　30-94　適応機制

適応機制の１つである「退行」に関する次の記述のうち、**正しいもの**を１つ選びなさい。

1　認めたくない欲求を心の中に抑え込もうとする。

2　欲求を価値の高い行為に置き換える。

3　適当な理由をつけて、自分を正当化しようとする。

4　発達の未熟な段階に後戻りして、自分を守ろうとする。

5　苦しくつらい現実から逃げることで、一時的に心の安定を求める。

START!
GOAL!!
クリア！ CHAPTER 1　クリア！ CHAPTER 2　クリア！ CHAPTER 3　クリア！ CHAPTER 4　クリア！ CHAPTER 5　クリア！ CHAPTER 6

184

問題11 上田敏は、障害受容モデルで、❶ショック期、❷否認期、❸混乱期、❹努力期、❺受容期の5段階のプロセスを示すとともに、一進一退を繰り返しながら、受容という段階に達することになると説明しています。

1 ✕ 記述は、**ショック期**の説明です。障害があるという状態に、**衝撃**を受けている段階で、現実を実感することが難しく、衝撃の大きさから、かえって**無関心**な状態になることもあります。

2 ✕ 記述は、**否認期**の説明です。障害の存在を強く**否定**する段階で、同時に、元通りに回復するという**期待**を抱いている状態でもあります。

3 ✕ 記述は、**努力期**の説明です。感情的な状態を抜け出し、障害のある状態に**適応**するためにはどうすればよいか考え、**努力**していく段階です。

4 ✕ 記述は、**混乱期**の説明です。障害という現実を否定できなくなり、怒りや悲しみ、抑うつといった感情が現れ、**混乱状態**におちいっている段階です。

5 ◯ 受容期は、障害があるという現実を**受け入れ**、人生の**新しい目標**をもち、それに向かい進んでいく段階です。

正解 | 5

問題12 **適応**とは、欲求が満たされ、自分自身の状態やまわりの環境に調和することができた状態をいいます。状況に適応することが難しい場合に、緊張感や不安感からの解放を目的として、さまざまな**適応機制**がはたらきます（選択肢以外の主な適応機制は、ポイントチェックを参照）。

1 ✕ 記述は、抑圧の説明です。

2 ✕ 記述は、昇華の説明です。

3 ✕ 記述は、合理化の説明です。

4 ◯ 耐え難い事態が起こりそれに直面したとき、幼児期などの**未熟な段階に後戻り**することで、自分を守ろうとすることです。

5 ✕ 記述は、逃避の説明です。

正解 | 4

ポイントチェック

適応機制

補償	不得意な分野における**劣等感**を、ほかの分野における**優越感**で補おうとすること
置き換え	ある対象に向けた欲求や感情を、他の対象に向けて表現すること
代償	目的とするものが得られないときに、代わりのもので満足を得ようとすること
同一化（同一視）	他者の名声や権威を自分にあてはめて、欲求を満たそうとすること
投射（投影）	自分の欠点や不都合な感情を、他者のなかにあるものとして、非難することで不安から逃れようとすること
反動形成	表には出したくない欲求や感情と**正反対の行動**をとり、欲求や感情を隠そうとすること

問題13 A | **27-87** 身体障害の種類とその状態

身体障害の種類とその状態の組合わせとして、**適切なものを１つ選びなさい。**

1　聴覚障害————嚥下障害（えんげしょうがい）

2　肢体不自由———構音障害

3　平衡機能障害——意識障害

4　内部障害————呼吸器機能障害

5　視覚障害————半側空間無視

問題14 B | **33-90** 車いす座位での褥瘡好発部位

Dさん（31歳、男性）は、脊髄損傷（spinal cord injury）による対麻痺（ついまひ）で、リハビリテーションのため入院中である。車いすでの日常生活動作（Activities of Daily Living：ADL）は自立したが、退院後自宅で生活するときに、褥瘡（じょくそう）が生じないか心配している。

Dさんの褥瘡（じょくそう）が発生しやすい部位として、**最も適切なものを１つ選びなさい。**

1　頭部

2　上腕部

3　背部

4　腹部

5　坐骨結節部（ざこつけっせつぶ）

問題15 B | **29-88** 聴覚障害（老人性難聴）

老人性難聴（presbycusis）の特徴として、**正しいものを１つ選びなさい。**

1　伝音性難聴に分類される。

2　高音域から始まる。

3　語音明瞭度は高くなる。

4　ウイルス感染で生じる。

5　症状は急激に進行する。

問題13

1 　✕ 　聴覚障害では、音が聞き取りづらい、音を聞き取ることが全くできない、といった症状が現れます。一方、嚥下障害とは、食物の飲み込みが困難になる障害のことで、食物をかみ砕く咀嚼機能の障害もそのなかに含むことがあります。

2 　✕ 　肢体不自由とは、先天的または後天的な原因によって、上肢・下肢・体幹に、麻痺や動作の制限といった運動機能障害がみられるものです。構音障害は、発語に関わる器官が障害されることで、正確な発声・発音が難しくなるものです。

> 肢体不自由の原因として挙げられるのは、脳性麻痺、脳梗塞、関節リウマチ、事故による脊髄損傷などです。

3 　✕ 　平衡機能障害とは、からだのバランスをとる機能に障害が起きている状態を指します。一方、意識障害とは、意識の混濁（もうろうとした状態になること）などによって、注意力が失われたり、物事を正しく認識できなくなったりすることをいいます。

4 　○ 　内部障害とは、身体内部のさまざまな障害をまとめて指す言葉です。「身体障害者福祉法」の別表において、内部障害のひとつに呼吸器機能障害が挙げられています。

5 　✕ 　視覚障害では、視力の低下、視野の狭窄、色覚の異常などの症状が現れます。一方、半側空間無視とは、脳血管疾患などを原因として大脳半球が障害を受け、障害されている側のあらゆる刺激を認識できなくなる状態をいいます。高次脳機能障害のひとつです。

正解　4

問題14

　褥瘡は、からだの一部が長期間にわたって圧迫されることで、血液の流れが途絶え、皮膚が赤みをおび、やがてただれた状態になる疾患です。Dさんが車いすでの生活を送る場合、坐骨結節部や肩甲骨部、尾骨部に褥瘡が好発します。頭部や上腕部、背部、腹部は、好発部位として適切ではありません。

正解　5

問題15 　聴覚障害の一種である難聴には、大きく分けて、外耳や中耳の障害を原因とする伝音性難聴と、内耳や聴覚神経の障害を原因とする感音性難聴があります。

1 　✕ 　老人性難聴は、内耳から先の神経径路の障害などが原因となることから、感音性難聴に分類されます。

2 　○ 　老人性難聴は、高音域の音から聞き取りにくくなるのが特徴です。症状は両方の耳に現れ、徐々に進行していきます。

3 　✕ 　老人性難聴の人は、音がひずんで聞こえるようになるため、何を言われているのかが分からず、言葉の聞き取りは難しくなる＝語音明瞭度は低くなります。

4 　✕ 　ウイルス性難聴は、流行性耳下腺炎（おたふく風邪）を引き起こすムンプスウイルスや、麻疹ウイルスなどを原因とする難聴で、年齢に関係なく発症します。

5 　✕ 　老人性難聴の症状は、徐々に進行していくので、自覚症状に乏しいのがその特徴です。

正解　2

問題16 A 35-53 四肢麻痺を伴う疾患や外傷

次のうち、四肢麻痺を伴う疾患や外傷として、**適切なものを1つ選びなさい。**

1 右脳梗塞（right cerebral infarction）
2 左脳梗塞（left cerebral infarction）
3 頸髄損傷（cervical cord injury）
4 腰髄損傷（lumbar spinal cord injury）
5 末梢神経損傷（peripheral nerve injury）

問題17 B 33-91 脊髄損傷

脊髄の完全損傷で、プッシュアップが可能となる最上位のレベルとして、**最も適切なものを1つ選**びなさい。

1 頸髄（C1〜C3）
2 頸髄（C7）
3 胸髄
4 腰髄
5 仙髄

問題18 A 31-95 関節リウマチの人の日常生活上の留意点

関節リウマチ（rheumatoid arthritis）の人の日常生活上の留意点として、**適切なものを1つ選びな**さい。

1 いすは低いものを使う。
2 膝を曲げて寝る。
3 かばんの持ち手を手で握る。
4 ドアの取っ手は丸いものを使う。
5 身体を洗うときはループ付きタオルを使う。

START!
GOAL!!
クリア! クリア! クリア! クリア! クリア! クリア!
CHAPTER CHAPTER CHAPTER CHAPTER CHAPTER CHAPTER
1 2 3 4 5 6

188

1 × 右脳梗塞および左脳梗塞は、脳の血管に**血栓**が詰まることで発症する疾患で、**片麻痺**が主症状となっています。

2 × **解説1**のとおりです。

3 ○ 脊髄は、**頸髄・胸髄・腰髄・仙髄・尾髄**に分類され、脳とともに中枢神経を担っています。事故などにより脊髄を損傷した場合、神経伝達通路が途切れ、神経の先の部位に麻痺などが起きるようになります。脊髄の中で一番上部にある頸髄が損傷すると、**四肢麻痺（両側の上下肢の麻痺）**が起こり、胸髄以下の損傷では**対麻痺（両側の下肢だけの麻痺）**が現れます。

4 × **解説3**のとおり、腰髄損傷では**対麻痺**が現れます。

5 × 末梢神経系は、**体性神経**（運動神経、感覚神経）と**自律神経**（交感神経、副交感神経）に分けられます。末梢神経が損傷すると、**運動麻痺や感覚麻痺、自律神経障害**（発汗障害など）が現れますが、四肢麻痺は生じません。

正解 3

脊髄は、頸髄、胸髄、腰髄、仙髄、尾髄に分類され、頭部に近い場所を損傷するほど、障害は**重度**となります。

1 × 頸髄（C1〜C3）を損傷した場合は、**四肢麻痺**などの重度な障害となるため、プッシュアップ（肘を伸ばす力）は不可能です。

2 ○ 頸髄（C7）を損傷した場合、肘を伸ばす力は残っており、寝返りや起き上がりなどが可能となります。プッシュアップが可能となる最上位のレベルとして適切です。

3 × 胸髄以下の損傷では、**対麻痺**（両側の下肢だけの麻痺）が現れます。上肢全体は使えますので、プッシュアップは可能です。

4 × **解説3**のとおりです。

5 × **解説3**のとおりです。

正解 2

1 × いすの高さが低いと膝などの**関節に負担**がかかるため、**高いもの**を使います。

2 × 就寝の際は、**膝を伸ばした正しい姿勢で寝る**ようにします。

3 × かばんの持ち手は、手で握らずに**肩にかける**などして、関節への負担を減らします。

4 × ドアの取っ手は、丸型のノブよりも**レバーハンドル**のほうが、関節への負担を軽減することができます。

5 ○ 関節リウマチでは**関節可動域が制限され、さまざまな動きが困難となる**ので、ループ付きタオルや長柄のくしなど、**症状に応じた**自助具を活用するのが望ましいといえます。

正解 5

33-94 心臓機能障害

心臓機能障害のある人に関する記述として、**最も適切なもの**を1つ選びなさい。

1 塩分の制限は必要としない。

2 呼吸困難や息切れなどの症状がみられることが多い。

3 日常生活で外出を避けるべきである。

4 ペースメーカーの装着者は、身体障害者手帳の交付対象から除外される。

5 精神的なストレスの影響は少ない。

24-90 内部障害

内部障害に関する次の記述のうち、**最も適切なもの**を1つ選びなさい。

1 慢性閉塞性肺疾患（chronic obstructive pulmonary disease）では、透析療法が必要となる場合がある。

2 慢性腎不全（chronic renal failure）では、在宅酸素療法が必要となる場合がある。

3 大腸がん（colorectal cancer）では、消化管ストーマが必要となる場合がある。

4 ヒト免疫不全ウイルス（HIV）病（human immunodeficiency virus〔HIV〕disease）では、尿路ストーマが必要となる場合がある。

5 肝硬変（liver cirrhosis）では、埋（植）込式心臓ペースメーカーが必要となる場合がある。

問題19

1　×　心臓機能障害のある人の食事の支援では、**塩分の制限が**必要です。

2　○　記述のとおりです。

3　×　外出を避けることで筋力が**低下し、寝たきりになる**こともあるため、からだの状態をきちんと把握したうえで、**残存機能の維持**を図り、活動を広げられるような援助を心がけます。

4　×　ペースメーカーの装着者は、**身体障害者手帳の**交付対象です。

5　×　心臓機能障害のある人は、呼吸困難や胸痛などの症状のほか、食事、入浴、体調管理など日常生活上で留意しなければならないことが多く、**精神的なストレスの影響は大**きいといえます。

正解　2

問題20

1　×　慢性閉塞性肺疾患では、初期に、薬物**療法**や**呼吸リハビリテーション**などが行われます。透析療法は、主に末期の**腎不全**や**薬物中毒**の治療で行われます。

2　×　慢性腎不全では、症状が進行した場合、**透析療法**の導入が検討されます。在宅酸素療法は、呼吸器**機能障害**のある人が在宅で生活できるように実施する治療方法です。

3　○　大腸がんや直腸がんなどの疾患では、排便のために人工肛門が造設される場合があります。その排出口を**消化管ストーマ**と呼びます。

4　×　ヒト免疫不全ウイルス（HIV）は、**後天性免疫不全症候群**（AIDS）の原因となるウイルスです。尿路ストーマは、排尿のための人工膀胱を造設したときの排出口のことで、**膀胱がん**や**前立腺がん**などの疾患のある人を対象として用いることがあります。

5　×　肝硬変は症状が進行すると、腹水の貯留や食道静脈瘤、黄疸などの症状がみられます。埋（植）込式心臓ペースメーカーは、心拍のリズムを正常に保つために使用されるもので、不整脈などの心臓**機能障害**のある人が対象になります。

正解　3

内部障害は、外見だけでは、どのような障害を受けているのかが伝わりづらい、という特徴があります。障害が見えづらいものである一方、長期にわたる療養が必要になるケースも、少なくありません。障害によって、どのような治療が必要とされているのかをしっかりと理解したうえで、介護にあたることが大切です。

ポイント
チェック

内部障害の種類

● 心臓機能障害　　● 腎臓機能障害　　● 呼吸器機能障害　　● 膀胱または直腸の機能障害

● 小腸機能障害　　● ヒト免疫不全ウイルスによる免疫機能障害　　● 肝臓機能障害

問題21 A 26-90 知的障害のある人のライフステージに応じた支援

知的障害のある人のライフステージ（life stage）に応じた支援に関する次の記述のうち、**最も適切な**ものを1つ選びなさい。

1　乳児期には、身体的な成長と精神的な成長のアンバランスに配慮する。

2　幼児期には、将来の就職を考えた自立プログラムを提供する。

3　成人期には、家族の障害受容を支援する。

4　壮年期には、親と死別した後の生活への適応を支援する。

5　老年期には、障害者福祉サービスの利用を支援する。

問題22 B 28-90 ダウン症候群の症状

ダウン症候群（Down's syndrome）の症状として、**最も頻度の高いもの**を1つ選びなさい。

1　難聴

2　筋緊張の亢進（こうしん）

3　高次脳機能障害

4　片麻痺（かたまひ）

5　腎障害

問題23 B 32-90 内因性精神障害

内因性精神障害に分類される疾患として、**正しいもの**を1つ選びなさい。

1　脳腫瘍（brain tumor）

2　アルコール依存症（alcohol dependence）

3　パニック障害（panic disorder）

4　認知症（dementia）

5　統合失調症（schizophrenia）

START!
GOAL!!
クリア！ クリア！ クリア！ クリア！ クリア！ クリア！
CHAPTER 1　CHAPTER 2　CHAPTER 3　CHAPTER 4　CHAPTER 5　CHAPTER 6

192

問題21

1　✕　乳児期には、家族に子どもの障害受容と、養育方法の支援を行います。

2　✕　幼児期には、子どもが**地域**での生活に溶け込んでいくことができるように、幼稚園や保育所への入園などについて支援を行います。なお、学童期においては、生活の拠点が家庭・学校・地域にまたがるなか、**放課後の過ごし方**などについて支援を行っていくようにします。

3　✕　成人期には、**自立**した生活を送ることができるように、自己選択・自己決定のための支援や**就労**を目的としたサービスの利用などについて支援を行います。

4　◯　壮年期には、両親が**老年期**を迎える時期であることを考慮して、死別後の生活に適応していけるように支援を行います。

5　✕　老年期には、**介護**サービスの利用を視野に入れつつ、住み慣れた地域でくらし続けられるように支援を行います。また、加齢に伴う心身の変化や生活の変化などに対応した支援も行います。

正解　4

問題22

　ダウン症候群は、知的障害の原因となる**染色体異常**のひとつです。46個ある染色体のうち、21番目の染色体が1つ多くなること（**21トリソミー**）が原因で、高齢出産により発症率が高まります。

　ダウン症候群の人は、容貌に特徴があり、一般的に身長が低く、知能や運動機能の発達に遅れがみられるほか、難聴や先天性心疾患を伴うケースが多くあります。また、筋肉の抵抗感が失われた状態＝**筋緊張の**低下がみられ、筋肉を伸ばすと、だらりとした状態のまま上手にもとに戻らない、といった症状もみられます。

正解　1

問題23

1　✕　脳腫瘍は、**外因性精神障害**の**器質性精神障害**に分類されます。

2　✕　アルコール依存症は、**外因性精神障害**の**中毒性精神障害**に分類されます。

3　✕　パニック障害は、**心因性精神障害**に分類されます。

パニック障害については、117ページの問題54選択肢3の解説も参照してください。

4　✕　認知症は、**外因性精神障害**の**器質性精神障害**に分類されます。

5　◯　内因性精神障害は、原因がはっきりとせず、**先天的**な要因が関わっていると考えられる精神障害をいい、主な疾患には**統合失調症**、**双極性障害**などがあります。

正解　5

31-90 統合失調症の特徴的な症状

統合失調症（schizophrenia）の特徴的な症状として、**最も適切なもの**を1つ選びなさい。

1　妄想
2　躁うつ
3　強迫観念
4　振戦せん妄
5　見捨てられ不安

35-56 統合失調症の人の生活理解と支援

　Bさん（21歳、男性）は、統合失調症（schizophrenia）を発症し、継続した内服によって幻覚や妄想などの症状は改善しているが、意欲や自発性が低下して引きこもりがちである。現在、Bさんは、外来に通院しながら自宅で生活していて、就労を考えるようになってきた。

　介護福祉職が就労に向けて支援するにあたり留意すべきこととして、**最も適切なもの**を1つ選びなさい。

1　あいまいな言葉で説明する。
2　代理で手続きを進める。
3　介護福祉職が正しいと考える支援を行う。
4　Bさんに意欲をもつように強く指示する。
5　Bさん自身が物事を決め、実行できるように関わる。

29-89 うつ病の人への対応

　うつ病（depression）で活動性が低下している利用者への介護福祉職の対応として、**適切なもの**を1つ選びなさい。

1　にぎやかな場所に誘う。
2　自殺念慮を打ち明けられても、無関心でいる。
3　訴えに対して、受容的に接する。
4　話が途切れないように、次から次へと話しかける。
5　早く元気になるように、励ます。

問題24

1　○　統合失調症では、妄想（**被害妄想**や**関係妄想**など）や幻覚、させられ体験、感情鈍麻などの症状がみられます。

2　×　躁うつは、**双極性障害**でみられる症状です。

3　×　強迫観念は、**強迫性障害**でみられる症状です。

4　×　振戦せん妄は、**アルコール依存症**でみられる症状です。

5　×　見捨てられ不安は、**境界性パーソナリティ障害**でみられる症状です。

正解　1

問題25

1　×　統合失調症のある人とのコミュニケーションでは、あいまいな言葉を避け、**具体的に話す**ように心がけます。

2　×　Bさんは、継続した服薬により症状が改善し、就労を考えている段階です。代理で手続きを進めるのは、就労に向けた支援として不適切です。

3　×　利用者に対する支援では、介護福祉職の価値観を押しつけるのではなく、利用者の**価値観や考え方を尊重**します。

4　×　Bさんは、意欲や自発性が低下し、引きこもりがちになるなど、**陰性症状**が現れています。介護福祉職には、幻覚や妄想などの症状が回復傾向にあっても、Bさんが苦しみやつらさを感じていることを理解する姿勢が求められます。

5　○　記述のとおりです。介護福祉職は、利用者がもっている力を生かし、支援の内容を自分の判断で選択（自己選択）していくことができるように、**自己決定を尊重**することが大切です。

正解　5

問題26　うつ病では、精神活動が低下して、気分の落ち込みがみられる抑うつ、興味や関心の欠如、不安感・焦燥感、食欲低下や不眠などがみられます。

1　×　うつ病の利用者は、**状況の変化**に適応することが難しく、にぎやかな場所は精神的にも大きな負担となるため、適切な対応とはいえません。

2　×　うつ病の利用者は、悲観的になるあまり、自殺願望が高まった状態＝**自殺念慮**を抱くことも少なくありません。利用者の話を**傾聴**し、1人にさせないように配慮して自殺の予防に努めることが大切です。

3　○　うつ病の利用者に対しては、その人の感情に寄り添い、**受容的な態度**で接することで、安心できる環境を整えていくことが適切です。

4　×　うつ病の利用者は、他人との**コミュニケーション**を図ること自体が負担になるため、次から次へと話しかけると混乱や疲労をまねき適切とはいえません。

5　×　うつ病の利用者は**励まし**を受けても、精神的な負担を感じ、かえって症状を悪化させてしまうため、安易に**励ましてはいけません**。

正解　3

32-92　自閉症スペクトラム障害の特性

問題27 A

　自閉症スペクトラム障害（autism spectrum disorder）の特性として、**最も適切なものを１つ**選びなさい。

1　読み書きの障害
2　社会性の障害
3　注意の障害
4　行為障害
5　連動障害

問題28 A **35-54　学習障害の特徴**

　学習障害の特徴に関する次の記述のうち、**最も適切なものを１つ**選びなさい。

1　読む・書く・計算するなどの習得に困難がある。
2　注意力が欠如している。
3　じっとしているのが難しい。
4　脳の機能に障害はない。
5　親のしつけ方や愛情不足によるものである。

問題29 A **30-92　注意欠陥多動性障害への支援方法**

　G君（12歳、男性）は現在、小学校に通学している。小さい頃から、集中力が乏しい、じっとしていられない、順番が待てないなどの症状が指摘されていた。また、このような行動に対して友人や周囲の大人から注意を受けることが多く、自信が持てないでいた。心配した母親は、紹介を受けて発達障害者支援センターに相談することにした。

　G君に対する支援方法の助言として、**最も適切なものを１つ**選びなさい。

1　一度に多くの指示を伝える。
2　他者との交流を回避する。
3　集中できる環境をつくる。
4　比喩を用いた会話を促す。
5　視覚に強い刺激を与える。

START!
GOAL!!

クリア！ クリア！ クリア！ クリア！ クリア！ クリア！
CHAPTER CHAPTER CHAPTER CHAPTER CHAPTER CHAPTER
1 2 3 4 5 6

196

問題27

1 × 読み書きの障害は**学習障害**（**LD**）の特性です。

2 ○ 自閉症スペクトラム障害（ASD）は、自閉症やアスペルガー症候群などの総称です。主に、**コミュニケーション能力**や社会性**の獲得に障害がみられる**ことが特徴です。

3 × 注意の障害は、**注意欠陥多動性障害**（**ADHD**）の特性です。

4 × 行為障害は**発達障害のひとつで、他者の人権を侵害したり、年齢相応の社会的規範・規則を繰り返し破ったりする**ものです。なお、第5版（DSM-5）では、**素行障害に名称が変わっています。**

5 × 自閉症スペクトラム障害では、**強度行動障害がみられることがありますが、運動障害は特にはみられません。**強度行動障害とは、自分のからだを叩くなどの本人の健康を損ねる行動などが著しく高い頻度で起こるため、特別に配慮された支援が必要な状態をいいます。

正解 2

問題28

1 ○ 学習障害（LD）は発達障害のひとつで、聞く、話す、読む、書く、計算する、推論するといった学習**能力**のうち、特定の能力に障害がみられるものをいいます。

2 × 記述は、**注意欠陥多動性障害**（**ADHD**）の説明です。注意欠陥多動性障害は、**集中力を保つことが難**しく、**不注意な行動**をとってしまったり、**落ち着きなく**動き回ったりするのが特徴です。

3 × **解説2**のとおりです。

4 × 発達障害者支援法によると、発達障害とは、「自閉症、アスペルガー症候群その他の広汎性発達障害、学習障害、注意欠陥多動性障害その他これに類する**脳機能の障害**であってその症状が通常**低年齢**において発現するものとして政令で定めるもの」と定義されています。

5 × 発達障害は、**解説4**のとおり、脳機能の障害が原因です。親のしつけ方や愛情不足、本人の努力不足によって引き起こされる障害ではありません。

正解 1

問題29 問題文の記述から、G君は、**注意欠陥多動性障害**（**ADHD**）が疑われます。障害の特性に合った支援方法の助言をすることが適切です。

1 × 多くの指示を伝えると、混乱が増すばかりなので、不適切な助言です。

2 × 他者にも障害の特性を理解してもらったうえで、交流の機会をつくるように助言するのが適切です。

3 ○ 注意が長続きせず、気が散りやすいのがADHDの症状なので、最も適切な助言です。**集中できる環境**とは、例えば勉強する環境としては、机を部屋の端にする、衝立で仕切りをつくる、机の上を片づけて勉強に必要なもののみを準備することなどです。どのようにしたときに落ち着きがみられるかを**日頃から観察**し、その情報をもって相談するようにします。

4 × 比喩や抽象的な表現は避け、**具体的**な表現を用いて会話をする、指示をするときにも具体的に少ない指示をするように助言することが適切です。

5 × 視覚的な刺激があると、**集中力が保てない**ので、不適切な助言です。

正解 3

30-90 社会的行動障害

高次脳機能障害（higher brain dysfunction）の主な症状の1つである社会的行動障害に関する次の記述のうち、**適切なもの**を1つ選びなさい。

1 自分で計画を立てて物事を実行することができない。

2 2つのことを同時にしようとして混乱する。

3 新しいことを覚えられなくて何度も人に聞く。

4 ちょっとしたことで感情を爆発させる。

5 人に指示をしてもらわないと動けない。

34-88 半側空間無視

半側空間無視に関する次の記述のうち、**最も適切なもの**を1つ選びなさい。

1 食事のとき、認識できない片側に食べ残しがみられる。

2 半盲に対するものと介護方法は同じである。

3 失行の1つである。

4 本人は半側空間無視に気づいている。

5 認識できない片側へ向かってまっすぐに歩ける。

問題30 高次脳機能障害とは、脳血管疾患や脳炎の後遺症、交通事故による脳の損傷によって、記憶力、注意力、判断力、言葉の理解などに障害が現れるものです。

1 × 記述は、遂行機能障害の症状です。
2 × 記述は、注意障害の症状です。
3 × 記述は、記憶障害の症状です。
4 ○ 記述のとおりです。
5 × 記述は、失行の症状です。

正解 4

高次脳機能障害は、外見だけでは障害があることが分かりづらく、本人にも自覚のないことが多いです。そのため、本人や家族、周囲の人も含めて障害に対する理解を深め、症状の内容を把握してもらうように努めることが大切です。

問題31

1 ○ 記述のとおりです。半側空間無視とは、損傷した脳の部位の**反対側**（障害されている側）**のもの**を認識できず、見落としてしまう症状で、高次脳機能障害でみられます。
2 × 半盲とは、視野**の半分が見えない**状態をいい、本人は片側が見えていないという**自覚があります**。一方、半側空間無視の場合は**自覚がない**ため、半盲に対するものとは**介護方法が異なります**。
3 × 半側空間無視は、失行の1つではありません。失行とは、手足の運動機能は障害されていないのに、**思うような動作ができない**状態をいいます。
4 × **解説1**のとおり、本人は半側空間無視に気づいていません。
5 × 半側空間無視がある場合、認識できない片側へ向かってまっすぐに歩けず、認識できる**片側**に寄っていってしまいます。

正解 1

ポイントチェック

高次脳機能障害の主な症状

症状	内容
記憶障害	新しいことを覚えることができない。物の置き場所や、約束を忘れてしまう
注意障害	集中力が保てず、単純なミスが多くなる。同時に2つ以上のことをすると混乱する
遂行機能障害	状況に応じた判断ができない。計画を立てて物事を実行することができない
社会的行動障害	感情のコントロールができず、興奮しやすくなったり、不適切な発言をしたりしてしまう
半側空間無視	損傷した脳の部位の反対側（障害されている側）のものを認識できず、見落としてしまう
失語・失行・失認	話すことや言葉の理解が難しい（失語）、思うような動作（着替えなど）ができない（失行）、見たり聞いたりしたことが分からない（失認）

問題32 A 34-90 筋萎縮性側索硬化症

筋萎縮性側索硬化症（amyotrophic lateral sclerosis：ALS）では出現しにくい症状として、**適切なもの**を**1**つ選びなさい。

1　四肢の運動障害

2　構音障害

3　嚥下障害
<small>えんげしょうがい</small>

4　感覚障害

5　呼吸障害

問題33 A 35-55 脊髄小脳変性症

Aさん（60歳、男性）は、脊髄小脳変性症（spinocerebellar degeneration）のため、物をつかもうとすると手が震え、起立時や歩行時に身体がふらつき、ろれつが回らないため発語が不明瞭である。

次のうち、Aさんの現在の症状に該当するものとして、**最も適切なもの**を**1**つ選びなさい。

1　運動麻痺
<small>うんどうまひ</small>

2　運動失調

3　関節拘縮

4　筋萎縮

5　筋固縮

問題34 B 33-92 筋ジストロフィー

筋ジストロフィー（muscular dystrophy）の病態について、**適切なもの**を**1**つ選びなさい。

1　網膜が変性する。

2　運動神経が変性する。

3　自己免疫が原因である。

4　中脳の黒質が病変部位となる。

5　筋線維に変性が生じる。

問題32 筋萎縮性側索硬化症（ALS）は、運動ニューロン（運動するための命令を筋肉に伝える神経）が障害を受けることで、全身の筋力が低下していき、筋肉がやせおとろえていく疾患です。

1 × 筋萎縮性側索硬化症（ALS）では、**運動ニューロンが障害を受けることで、四肢に運動障害が出現し**ます。

2 × **球麻痺**（延髄にある運動神経の麻痺）により、舌や喉の動作が制限されることで、**構音障害や嚥下障害が**出現します。

3 × **解説2**のとおりです。

4 ○ 視覚、聴覚、嗅覚、味覚、触覚などの**感覚障害は**出現しません。その他、眼球運動**障害**、膀胱・直腸**障害**、褥瘡もみられず、痛覚などの知覚神経や記憶力も保たれます。

5 × 呼吸筋の萎縮によって**呼吸障害が**出現します。

正解 4

問題33

1 × 運動麻痺とは、脳や脊髄などが損傷することで、随意的に手足などが動かしにくくなる状態をいい、脳血管障害や頸髄損傷、脳性麻痺などが原因で起こります。

2 ○ 脊髄小脳変性症の特徴的な症状として、歩行時のふらつき（失調性**歩行**）や動作時の手のふるえといった運動失調のほか、ろれつが回らないといった**言語機能障害**もみられます。

3 × 関節拘縮は、関節を伸ばしたまま動かさない状態が続くことで、関節のまわりの筋肉が硬くなり、関節を動かしにくくなる症状をいい、寝たきりなどによる**廃用症候群**などが原因で起こります。

4 × 筋萎縮は、からだを動かす機会がないため、筋肉が細くなり、**筋力が低下する**症状をいい、寝たきりなどによる**廃用症候群**などが原因で起こります。

5 × 筋固縮は、**筋肉がこわばる**症状をいい、**パーキンソン病**などが原因で起こります。

正解 2

問題34

1 × 筋ジストロフィーは、骨格筋に現れる遺伝子の異常により、**筋線維が変性・壊死する**ことで発症します。網膜は変性しません。

2 × 記述は、**筋萎縮性側索硬化症（ALS）**の説明です。

3 × **解説1**のとおり、筋ジストロフィーの原因は、自己免疫ではなく、骨格筋に現れる**遺伝子の異常**です。

4 × 記述は、**パーキンソン病**の説明です。

5 ○ **解説1**のとおりです。

正解 5

網膜色素変性症（retinitis pigmentosa）の初期の症状として、**最も適切なもの**を1つ選びなさい。

1 硝子体出血

2 口内炎

3 眼圧上昇

4 夜盲

5 水晶体の白濁

　Gさんはパーキンソン病（Parkinson disease）と診断され、薬物療法が開始されている。立位で重心が傾き、歩行中に停止することや向きを変えることが困難である。

　Gさんのこの症状を表現するものとして、**最も適切なもの**を1つ選びなさい。

1 安静時振戦

2 筋固縮

3 無動

4 寡動

5 姿勢保持障害

　パーキンソン病（Parkinson disease）のHさんは、最近、立位時の前傾姿勢が強くなり、歩行時の方向転換が不安定になり始めた。日常生活動作には介助を必要としない。

　Hさんのホーエン・ヤール重症度分類として、**最も適切なもの**を1つ選びなさい。

1 ステージⅠ

2 ステージⅡ

3 ステージⅢ

4 ステージⅣ

5 ステージⅤ

START!
GOAL!!
クリア! クリア! クリア! クリア! クリア! クリア!
CHAPTER CHAPTER CHAPTER CHAPTER CHAPTER CHAPTER
1 2 3 4 5 6

202

問題35

1　×　硝子体出血とは、網膜の血管が破れ出血が硝子体中にたまった状態をいいます。糖尿病性網膜症や加齢黄斑変性症などが原因で起こりますが、**網膜色素変性症ではみられません**。

2　×　口内炎は、**栄養不足やストレス**が原因で生じます。

3　×　眼圧上昇は、緑内障でみられる症状です。

> 日本では、眼圧が正常であるのに、視神経が障害される
> 正常眼圧緑内障が多くみられます。

4　○　網膜色素変性症は、遺伝子の異常により、網膜の細胞の死滅や変性が起きる疾患で、**初期には**夜盲と視野狭窄の症状が現れます。

5　×　水晶体の白濁は、白内障でみられる症状です。

正解　4

問題36　パーキンソン病でみられる特徴的な主症状は、安静時振戦、筋固縮、無動・寡動、姿勢保持障害（**姿勢反射障害**）の4つです。

1　×　安静時振戦は、じっとしている状態のときに、**手足が**ふるえる症状をいいます。

2　×　筋固縮は、筋肉が固くこわばる症状をいいます。

3　×　無動・寡動は、**動作に時間がかかる**症状をいいます。

4　×　解説3のとおりです。

5　○　姿勢保持障害（姿勢反射障害）は、バランスを維持することが難しくなる症状をいいます。歩行中に**重心が前に傾き**、止まれなくなったり（突進現象）、立位で向きを変えることが困難になったりします。Gさんにみられている症状を表現するものとして適切です。

正解　5

問題37

　ホーエン＆ヤールの重症度分類とは、**パーキンソン病**の重症度を分類する指標で、ステージⅠ〜Ⅴまでの5段階になっています。Hさんは、立位時の前傾姿勢が強くなり、歩行時の方向転換が不安定になり始めたことから、**姿勢反射障害**がみられていますが、日常生活動作には介助を必要としていません。この症状に該当するのは**ステージⅢ**です。

正解　3

**ポイント
チェック**

ホーエン＆ヤールの重症度分類

ステージⅠ	一側性障害のみ。機能障害は軽微かなし
ステージⅡ	両側性障害。平衡機能障害はなし
ステージⅢ	軽度から中等度の機能障害。姿勢反射障害、小刻み歩行やすくみ足がみられる。独立した生活が可能
ステージⅣ	高度の機能障害。歩行・起立は介助なしでかろうじて可能。1人での日常生活は困難
ステージⅤ	介助がない限り、寝たきりまたは車いすの生活

問題38 B 34-94 **障害者総合支援法で定める協議会**

「障害者総合支援法」で定める協議会に関する次の記述のうち、**最も適切なもの**を1つ選びなさい。

1 当事者・家族以外の専門家で構成する。

2 療育手帳を交付する。

3 相談支援専門員を配置しなければならない。

4 国が設置する。

5 地域の実情に応じた支援体制の整備について協議を行う。

(注)「障害者総合支援法」とは、「障害者の日常生活及び社会生活を総合的に支援するための法律」のことである。

問題39 A 35-57 **協議会に期待される機能・役割**

Cさん（3歳）は、24時間の人工呼吸器管理、栄養管理と体温管理が必要であり、母親（32歳）が生活全般を支えている。Cさんの母親は、「発達支援やショートステイを活用したいのに、市内に事業所がない。ほかにも困っている家族がいる」とD相談支援専門員に伝えた。

D相談支援専門員が、課題の解決に向けて市（自立支援）協議会に働きかけたところ、市内に該当する事業所がないことが明らかになった。

この事例で、地域におけるサービスの不足を解決するために、市（自立支援）協議会に期待される機能・役割として、**最も適切なもの**を1つ選びなさい。

1 困難な事例や資源不足についての情報の発信

2 権利擁護に関する取り組みの展開

3 地域の社会資源の開発

4 構成員の資質向上

5 基幹相談支援センターの運営評価

問題40 B 34-95 **相談支援専門員**

障害者が障害福祉サービスを利用するために相談支援専門員が作成する計画として、**正しいもの**を1つ選びなさい。

1 地域福祉計画

2 個別支援計画

3 サービス等利用計画

4 障害福祉計画

5 介護サービス計画

問題38

1　×　協議会は、相談支援専門員、障害福祉サービスの事業者、**障害者とその家族**、保健・医療・教育・雇用の関係機関、学識経験者などによって構成されます。

2　×　療育手帳の交付は、**都道府県知事または指定都市市長**が行います。

3　×　協議会には、相談支援専門員の配置は**義務づけられていません**。

4　×　協議会は、障害者総合支援法に基づき、**地方公共団体**が設置します。

5　○　障害者総合支援法において、「協議会は、関係機関等が相互の連絡を図ることにより、地域における障害者等への支援体制に関する課題について情報を共有し、関係機関等の**連携の緊密化**を図るとともに、地域の実情に応じた体制の整備について協議を行う」と規定されています。

正解　5

問題39

　協議会は、相談支援事業をはじめとする障害者への支援体制の整備を図るため、**障害者総合支援法**に基づき、地方公共団体によって設置されます。協議会の機能には、対応が困難な事例や資源不足などについての情報を共有・発信する「情報**機能**」、権利擁護に関する取り組みを展開する「権利擁護**機能**」、地域に不足している社会資源の開発や検討・改善を行う「開発**機能**」、構成員の資質向上の場として活用する「教育**機能**」、基幹相談支援センターの運営評価などを行う「評価**機能**」などがあります。事例では、**C**さんが住む市内におけるサービスの不足を解決することが協議会に期待される役割であり、選択肢3の「地域の社会資源の開発」が該当します。

正解　3

問題40

1　×　地域福祉計画、障害福祉計画は、**都道府県および市町村**が策定します。

2　×　個別支援計画は、サービス等利用計画に基づいて、実際にサービスを提供する**障害福祉サービス事業所のサービス管理責任者**が作成します。

3　○　**サービス等利用計画**は、障害者が障害福祉サービスを利用するために、**指定特定相談支援事業所**に所属する相談支援専門員が作成します。この計画は、障害者の心身の状況や意向などを踏まえて、適切なサービスの組み合わせを定めたものです。

4　×　**解説1**のとおりです。

5　×　介護サービス計画は、一般に**ケアプラン**とよばれるもので、居宅サービス計画、介護予防サービス計画、施設サービス計画があります。

正解　3

Eさん（38歳、男性）は、脳梗塞（cerebral infarction）を発症し、病院に入院していた。退院時に、右片麻痺と言語障害があったため、身体障害者手帳2級の交付を受けた。現在、Eさんと家族の希望によって、自宅で生活しているが、少しずつ生活に支障が出てきている。Eさんの今後の生活を支えるために、障害福祉サービスの利用を前提に多職種連携による支援が行われることになった。

　Eさんに関わる関係者が果たす役割として、**最も適切なもの**を1つ選びなさい。

1　介護支援専門員（ケアマネジャー）が、介護サービス計画を作成する。

2　医師が、要介護認定を受けるための意見書を作成する。

3　基幹相談支援センターの職員が、障害福祉計画を立てる。

4　地域包括支援センターの職員が、認定調査を行う。

5　相談支援専門員が、サービス担当者会議を開催する。

　Hさん（45歳、男性）は、脳梗塞（cerebral infarction）を発症して半年間入院した。退院してからは、障害者支援施設に入所して自立訓練を受けている。2か月ほど過ぎたが、右片麻痺と言語障害が残っている。妻のJさん（35歳）はパート勤務で、小学3年生の子どもがいて、将来が見えずに不安な気持ちである。

　家族に対する介護福祉職の支援として、**最も適切なもの**を1つ選びなさい。

1　家族の不安な気持ちに寄り添い、今の課題を一緒に整理し考えていく。

2　Jさんの気持ちを最優先して方向性を決める。

3　訓練の様子を伝えるために、頻繁にJさんに施設に来てもらう。

4　家族が困っているので専門職主導で方向性を決める。

5　レスパイトケアを勧める。

問題41

1 ✕ Eさんは38歳で、介護保険制度の被保険者ではありません。このため、介護支援専門員（ケアマネジャー）が介護サービス計画を作成したり、医師が要介護認定を受けるための意見書を作成したりすることはできません。

2 ✕ **解説1**のとおりです。

3 ✕ 基幹相談支援センターは、**障害者総合支援法**に基づいて設置された、地域における相談支援の中核的な役割を担う機関です。障害福祉計画を立てるのは、**都道府県**や**市町村**です。

4 ✕ 障害者総合支援制度では、介護給付を利用する際の**障害支援区分**を認定するための調査は、**市町村の調査員**や**相談支援事業者**などが行います。

5 ◯ 市町村が障害福祉サービスの支給決定をした後、**指定特定相談支援事業者の**相談支援専門員がサービス担当者会議を開催します。

指定特定相談支援事業者は、基本相談支援と計画相談支援を担い、サービス等利用計画を作成するサービス利用支援などを行っています。

正解 **5**

問題42

1 ◯ 記述のとおりです。

2 ✕ Hさんは、自立した日常生活や社会生活を営むことができるように、障害者支援施設で自立訓練（機能訓練）を受けています。Hさん本人の希望を確認せずに、Jさんの気持ちを最優先して方向性を決めることは、介護福祉職の支援として不適切です。

3 ✕ Jさんはパート勤務で、小学3年生の子どもがいる状況です。頻繁に障害者支援施設に来てもらうことはJさんにとって負担となるため、介護福祉職の支援として不適切です。

4 ✕ 家族が困っているとはいえ、専門職主導で方向性を決めるのは、介護福祉職の支援として不適切です。

5 ✕ レスパイトケアは、家族の**心身の疲労を回復させる**ことを目的としています。Jさんは将来が見えずに不安な気持ちで過ごしており、レスパイトケアを利用しても不安が払拭されるわけではありません。介護福祉職の支援として不適切です。

正解 **1**

ポイントチェック一覧

医療的ケア

問題1　**B**　**29-109**　**喀痰吸引等を規定した法律**

　介護福祉士の業であって、医師の指示の下に行われる喀痰吸引等を規定した法律として、**正しいものを1つ**選びなさい。

1　社会福祉士及び介護福祉士法　　　2　社会福祉法　　　　　　3　介護保険法
4　医師法　　　　　　　　　　　　　5　保健師助産師看護師法

問題2　**A**　**32-109**　**喀痰吸引の範囲**

　介護福祉士が医師の指示の下で行う喀痰吸引の範囲として、**正しいものを1つ**選びなさい。

1　咽頭の手前まで　2　咽頭まで　3　喉頭まで　4　気管の手前まで　5　気管分岐部まで

問題3　**A**　**34-109**　**経管栄養の行為**

　社会福祉士及び介護福祉士法で規定されている介護福祉士が実施できる経管栄養の行為として、**正しいものを1つ**選びなさい。

1　栄養剤の種類の変更　　　　　　　　　　　2　栄養剤の注入速度の決定
3　経鼻経管栄養チューブの胃内への留置　　　4　栄養剤の注入
5　胃ろうカテーテルの定期交換

問題4　**A**　**30-109**　**喀痰吸引等の指示書**

　医療行為としての喀痰吸引等を行うための指示書に関する次の記述のうち、**正しいものを1つ**選びなさい。

1　医師が作成する。
2　介護支援専門員（ケアマネジャー）が作成する。
3　看護師が作成する。
4　有効期限は3年である。
5　指示内容の実施は、介護福祉士に限定される。

 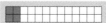

問題 1

　喀痰吸引等の行為は、本来なら医師等のみに認められた「医行為」の一部ですが、2011（平成23）年の「社会福祉士及び介護福祉士法」の改正によって、介護福祉士を含む介護職の業務として認められました。

正解　1

問題 2

　介護福祉士が医師の指示の下で行う喀痰吸引の範囲は、口腔内・鼻腔内の場合は**咽頭の手前まで**を限度とするとされています。また、気管カニューレ内部の場合は**気管カニューレの先端を越えない**ように注意します。

正解　1

問題 3

　経管栄養とは、口からの食物摂取が難しい状態にある人のために、口以外の場所から消化管にチューブを挿入して、**栄養剤**を注入する行為です。一定の要件を満たした介護福祉士は実施することができます。栄養剤の種類の変更や注入速度の決定、経鼻経管栄養チューブの胃内への留置、胃ろうカテーテルの定期交換は、医師または**看護職のみ**が実施できる行為です。

正解　4

問題 4

1　○　**医療行為は医師の業務**ですから、他の者（看護師や介護福祉職）が医療行為をするときには、**医師が作成**した介護職員等喀痰吸引等指示書に基づいて行うことになります。

2　×　介護支援専門員には、医師や看護師あるいは福祉職の人もいますが、介護支援専門員として指示書をつくることはできません。

3　×　看護師は、**医師の指示のもとで診療の補助**を行います。したがって、医療行為をするには医師の指示が必要になります。ただし、**喀痰吸引**は看護師の指示のもとに行いますが、指示書を作成するのは医師です。

4　×　指示書の有効期間は**6か月**です。

5　×　一定の研修を受けた**介護職員**等も指示内容の実施をすることができます。

正解　1

次のうち、スタンダードプリコーション（standard precautions：標準予防策）において、**感染する危険性のあるものとして取り扱う対象**を1つ選びなさい。

1　汗　　2　唾液　　3　経管栄養剤　　4　傷のない皮膚　　5　未使用の吸引チューブ

消毒と滅菌に関する次の記述のうち、**正しいもの**を1つ選びなさい。

1　消毒は、すべての微生物を死滅させることである。　　2　複数の消毒液を混ぜると効果的である。

3　滅菌物には、有効期限がある。　　　　　　　　　　4　家庭では、熱水で滅菌する。

5　手指消毒は、次亜塩素酸ナトリウムを用いる。

次の記述のうち、成人の正常な呼吸状態として、**最も適切なもの**を1つ選びなさい。

1　胸腹部が一定のリズムで膨らんだり縮んだりしている。　　2　ゴロゴロとした音がする。

3　爪の色が紫色になっている。　　　　　　　　　　　　　　4　呼吸数が1分間に40回である。

5　下顎を上下させて呼吸している。

パルスオキシメータ（pulse oximeter）での測定に関する次の記述のうち、**適切なもの**を1つ選びなさい。

1　呼吸回数を測定できる。　　　　　　　　　　2　体温を測定できる。

3　静脈血の酸素飽和度を反映している。　　　　4　末梢の血液循環が悪くても正確な値が出る。

5　健康な人の基準値は95〜100%である。

 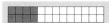

問題5

　感染対策においては、すべての利用者の血液・体液・分泌物（**汗を除く**）、嘔吐物・排泄物、創傷皮膚、使用済の器具・器材などを感染源として扱う、**スタンダードプリコーション**（標準予防策）という考え方があります。このうち、唾液は分泌物に含まれ感染する危険性があるものとして取り扱う対象となりますが、汗や経管栄養剤、傷のない皮膚、未使用の吸引チューブは感染源とはなりません。

正解 2

問題6

1　×　消毒とは、病原性の微生物を害のない程度まで死滅させる方法です。記述は、滅菌の説明です。
2　×　複数の消毒液を混ぜると、**危険を伴う**場合があります。特に次亜塩素酸ナトリウムと酸性タイプの消毒液を混ぜると、**人体に有害な**塩素ガスが発生します。
3　○　記述のとおりです。滅菌物を使用する場合には、❶**滅菌済みの表示**、❷**有効期限**、❸**未開封**の3つを確認します。
4　×　滅菌は、酸化エチレンガスや放射線などを用いて行うため、**専用の施設・設備**が必要です。家庭では行えません。
5　×　手指消毒には、**アルコール**や**塩化ベンザルコニウム**などを用います。次亜塩素酸ナトリウムは、**経管栄養**で用いる器具・器材などに用います。

正解 3

問題7

1　○　記述のとおりです。
2　×　喉の奥からゴロゴロとした音がするのは死期喘鳴で、**危篤時**に現れる身体的変化です。
3　×　爪の色が紫色になるのは、**酸素の欠乏**により**チアノーゼ**を起こした状態です。
4　×　正常な呼吸の回数は、一般的な成人で1分間に**約15〜20回**です。
5　×　下顎を上下させて呼吸するのは下顎呼吸で、**危篤時**に現れる身体的変化です。

正解 1

問題8

1　×　パルスオキシメータは、手の指先に装着して、皮膚を通して動脈血中の**酸素飽和度**（SpO_2：動脈中を流れる赤血球に含まれる**ヘモグロビン**の何％に酸素が結合しているか）と**脈拍**を測定するものです。
2　×　**解説1**のとおりです。
3　×　動脈血の酸素飽和度を測定するものです。
4　×　**末梢血管**が通っている指先の皮膚を通して測定することから、指先が冷えていると末梢血管の血流が悪くなることがあり、正確な測定ができません。
5　○　SpO_2の基準値は、一般的に**96〜99**％とされ、高齢者では少し低下します。**90**％以下の数値では酸素の供給が十分でなく、**呼吸不全**が疑われます。

正解 5

問題9　A　35-61　喀痰吸引前の準備

喀痰吸引を行う前の準備に関する次の記述のうち、**最も適切なもの**を1つ選びなさい。

1　医師の指示書の確認は、初回に一度行う。
2　利用者への吸引の説明は、吸引のたびに行う。
3　腹臥位の姿勢にする。
4　同室の利用者から見える状態にする。
5　利用者に手指消毒をしてもらう。

問題10　A　29-110　喀痰吸引実施時の姿勢

Hさん（90歳、男性）は、介護老人福祉施設に入所中である。呼吸困難はない。ある日、Hさんがベッドに臥床しているときに、痰が口腔内にたまってきたので、介護福祉士は医師の指示どおりに痰の吸引を行うことにした。

このときのHさんの姿勢として、**最も適切なもの**を1つ選びなさい。

1　頭部を肺よりも低くした姿勢
2　仰臥位で顎を引いた姿勢
3　腹臥位で頭部を横にした姿勢
4　ベッドに腰かけた姿勢
5　上半身を10〜30度挙上した姿勢

問題11　A　29-111　吸引チューブを挿入できる範囲

介護福祉士が鼻腔内の吸引を行うときに、吸引チューブを挿入できる範囲の限度として、**正しいもの**を1つ選びなさい。

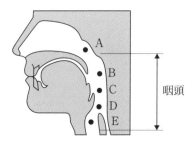

1　A　　2　B　　3　C　　4　D　　5　E

問題9

1　✕　医師の指示書の確認は、初回だけでなく、喀痰吸引を実施するたびに行います。

2　○　記述のとおりです。

3　✕　喀痰吸引時の姿勢は、口腔内の場合は**上体を起こし**、鼻腔内の場合は上半身を**10～30°**挙上した姿勢にします。

4　✕　喀痰吸引時には、同室の利用者から見えないようにカーテンやスクリーンを使用するなど、**プライバシーの保護**に十分配慮します。

5　✕　喀痰吸引を行う前に手指消毒をするのは、実施者である**介護福祉職**です。利用者は行う必要はありません。

正解　2

問題10　喀痰吸引では通常、**ベッドの頭部側を挙上**したほうが痰を十分に吸引しやすくなります。

1　✕　頭部を肺の位置よりも低くしてしまうと、痰が吸引しにくくなるため適切とはいえません。

2　✕　仰臥位（あおむけの体位）で顎を引くと、利用者の口腔内を十分に確認することができず、吸引しにくい体位にもなるため適切とはいえません。

3　✕　腹臥位（うつぶせの体位）では口腔内の状態が確認しにくく、吸引も難しい体位になるため適切とはいえません。

4　✕　ベッドに腰かけた姿勢では吸引チューブを挿入しづらく、痰がのどの奥に落ちていってしまうおそれもあるため、適切とはいえません。

5　○　ベッドの頭部側＝上半身を10～30度挙上すると、**吸引チューブ**が挿入しやすくなるため、痰を十分に吸引できる体位といえます。

正解　5

問題11

　介護福祉士を含む介護職に実施が認められた喀痰吸引は、❶口腔内の喀痰吸引、❷鼻腔内の喀痰吸引、❸気管カニューレ内部の喀痰吸引の3点です。

　このうち❶と❷は、吸引チューブを挿入できる範囲について、「咽頭の手前までを限度とする」と規定されています。問題に示された図のうち、正しい位置はAです。

　なお、挿入できるチューブの長さは、口腔内が8～10cm程度、鼻腔内が8～10cm程度、気管カニューレ内部が10cm程度とされています。

正解　1

❸気管カニューレ内部の喀痰吸引では、気管カニューレの先端を越えないように注意します。

喀痰吸引の実施が必要と判断された利用者に対して、喀痰吸引を行うことに関する次の記述のうち、**最も適切なもの**を1つ選びなさい。

1 日中は、1時間おきに吸引を行う。

2 食後の吸引は避ける。

3 入浴時は、その前後に吸引を行う。

4 就寝後は吸引を控える。

5 仰臥位を2時間保ってから行う。

介護福祉職が実施する喀痰吸引で、口腔内と気管カニューレ内部の吸引に関する次の記述のうち、**最も適切なもの**を1つ選びなさい。

1 気管カニューレ内部の吸引では、カニューレの内径の3分の2程度の太さの吸引チューブを使用する。

2 気管カニューレ内部の吸引では、滅菌された洗浄水を使用する。

3 気管カニューレ内部の吸引では、頸部を前屈した姿勢にして行う。

4 吸引時間は、口腔内より気管カニューレ内部のほうを長くする。

5 吸引圧は、口腔内より気管カニューレ内部のほうを高くする

気管切開をして人工呼吸器を使用している人の喀痰吸引に関する次の記述のうち、**正しいもの**を1つ選びなさい。

1 気管カニューレを抜いて、吸引を行う。

2 頸部を前屈した姿勢にして、吸引を行う。

3 1回の吸引時間は、20〜30秒とする。

4 吸引チューブの挿入の深さは、気管分岐部の手前までである。

5 吸引を終了した後は、人工呼吸器の作動状況を確認する。

問題12

1　✕　喀痰吸引は、咳が上手にできない、痰が固く粘り気が強いなど、**自力で痰を排出することが難しくなった場合**に行います。

2　✕　喀痰吸引は、**食後や入浴前後、体位の変換後**などにも行われます。なお、食後間もない時は、口腔の奥にある**咽頭壁を刺激すると嘔吐反射が誘発される**ので、注意して行います。

3　○　浴室内の**蒸気により痰の量が増える**ことがあるため、喀痰吸引の実施が必要と判断された利用者には、**入浴の前後**に吸引を行います。

4　✕　**解説1**のとおりです。就寝中も必要に応じて喀痰吸引を行います。

5　✕　**仰臥位**では、背中側の**肺の奥に痰がたまる**ので、体位を**側臥位**に変えることで重力を利用して痰を出しやすくできます。これを**体位ドレナージ**といいます。

正解　3

問題13

1　✕　気管カニューレ内部の吸引では、使用する吸引チューブの太さは、気管カニューレの内径の**2分の1以下**が目安とされています。

2　○　気管カニューレ内部の吸引では、**清潔を保つ**ため、**滅菌された洗浄水**を使用します。

3　✕　気管カニューレは、利用者の頸部に装着されています。このため、頸部を前屈した姿勢では、吸引チューブを挿入できません。

4　✕　吸引時間や吸引圧は、**医師の指示書**で定められたとおりに実施します。介護福祉職の判断で変更してはいけません。

5　✕　**解説4**のとおりです。

正解　2

問題14

1　✕　気管切開をしている人の場合は、**気管カニューレ内にチューブを挿入**して吸引します。

2　✕　気管切開をしている人の場合、頸部に気管カニューレを装着しています。頸部を前屈した姿勢では、気管カニューレ内に**チューブを挿入**できません。

3　✕　1回の吸引時間は、**医師の指示どおりの時間内（10～15秒以内）**とします。

4　✕　吸引チューブの挿入の深さは、**気管カニューレの先端を越えない範囲**とされています。

5　○　記述のとおりです。

正解　5

ポイントチェック

人工呼吸器を使用した人への喀痰吸引

侵襲的人工呼吸療法	気管切開を行ったうえで気管カニューレを挿入し、酸素を送り込む方法。気管カニューレ内部の喀痰吸引の対象となる
非侵襲的人工呼吸療法	口や鼻、鼻だけをおおうマスクを通じて、酸素を送り込む方法。口腔内・鼻腔内吸引の対象となる

問題15
A **34-110** **喀痰吸引実施上の留意点**

　気管カニューレ内部の喀痰吸引で、指示された吸引時間よりも長くなった場合、吸引後に注意すべき項目として、**最も適切なものを1つ**選びなさい。

1　体温

2　血糖値

3　動脈血酸素飽和度

4　痰の色

5　唾液の量

問題16
B **32-111** **喀痰吸引実施上の留意点**

　Kさん（76歳）は、日頃から痰がからむことがあり、介護福祉士が喀痰吸引を行っている。鼻腔内吸引を実施したところ、吸引物に血液が少量混じっていた。Kさんは、「痰は取り切れたようだ」と言っており、呼吸は落ち着いている。

　このときの介護福祉士の対応に関する次の記述のうち、**最も適切なものを1つ**選びなさい。

1　出血していそうなところに吸引チューブをとどめる。

2　吸引圧を弱くして再度吸引をする。

3　血液の混じりがなくなるまで繰り返し吸引をする。

4　鼻腔と口腔の中を観察する。

5　鼻腔内を消毒する。

問題17
A **32-112** **喀痰吸引に必要な物品**

　口腔内・鼻腔内の喀痰吸引に必要な物品の管理に関する次の記述のうち、**最も適切なものを1つ**選びなさい。

1　吸引チューブの保管方法のうち、乾燥法では、浸漬法に比べて短時間で細菌が死滅する。

2　浸漬法で用いる消毒液は、72時間を目安に交換する。

3　吸引チューブの洗浄には、アルコール消毒液を用いる。

4　吸引チューブの洗浄水は、24時間を目安に交換する。

5　吸引物は、吸引びんの70〜80％になる前に廃棄する。

問題15

　気管カニューレ内部の喀痰吸引は、**人工呼吸器**を使用している利用者に対して行います。喀痰吸引をしている間は、気管カニューレと人工呼吸器の回路を接続しているコネクターを外しますので、医師から指示された吸引時間よりも長くなってしまった場合は、利用者が**低酸素状態**におちいるおそれがあります。喀痰吸引終了後、速やかにコネクターを接続し、パルスオキシメータで動脈血酸素飽和度が**90％以上**であることを確認します。

正解 | 3 |

問題16

1　✕　出血が**少量**の場合は、**直ちに吸引を**中止して、吸引圧が強くなかったかを確認し、**看護職**に連絡を取ります。

2　✕　吸引圧は、**医師の指示**どおりに設定します。**介護福祉士の判断で吸引圧を変えてはなりません**。

3　✕　**解説1**のとおり、**直ちに吸引を**中止します。

4　〇　喀痰吸引実施後は、利用者の口腔内と鼻腔内の状態を観察し、出血や傷の有無を確認します。

5　✕　**解説1**のとおりです。出血が多量の場合は、中止後に**顔を横に向けた**あと、看護職に連絡を取ります。

正解 | 4 |

問題17

1　✕　吸引チューブの保管方法は、吸引チューブの**外側を**清浄綿で清拭し、**内側を**洗浄水で洗い流したあとに、**蓋付きの容器**に入れます。浸漬法と乾燥法は保管方法の違いであり、消毒方法ではありません。

2　✕　浸漬法で用いる消毒液は、**少なくとも24時間おきに交換**します。

3　✕　口腔内・鼻腔内には**常在菌**が存在するため、吸引チューブの洗浄には**水道水**を用います。

4　✕　吸引チューブの洗浄水は、**少なくとも8時間おきに交換**します。

5　〇　記述のとおりです。

正解 | 5 |

ポイント
チェック

吸引チューブの保管方法	
乾燥法	吸引チューブに水滴がなくなるまで乾かし、蓋付きの乾燥容器で保管する方法
浸漬法	吸引チューブを消毒液に浸して保管する方法。消毒液は、24時間おきに交換する

問題18　B　34-112　半固形タイプの栄養剤の特徴

経管栄養で用いる半固形タイプの栄養剤の特徴に関する次の記述のうち、**最も適切なもの**を 1 つ選びなさい。

1　経鼻経管栄養法に適している。

2　液状タイプと同じ粘稠度である。

3　食道への逆流を改善することが期待できる。

4　仰臥位（背臥位）で注入する。

5　注入時間は、液状タイプより長い。

問題19　B　31-112　経管栄養の実施手順

胃ろうによる経管栄養の実施手順として、栄養剤を利用者のところに運んだ後の最初の行為として、**最も適切なもの**を 1 つ選びなさい。

1　体位の確認

2　物品の劣化状況の確認

3　栄養剤の指示内容の確認

4　本人であることの確認

5　経管栄養チューブの固定状況の確認

問題20　A　33-113　経管栄養実施上の留意点

経管栄養の実施に関する次の記述のうち、**最も適切なもの**を 1 つ選びなさい。

1　経管栄養の準備は、石鹸と流水で丁寧に手を洗ってから行う。

2　栄養剤は、消費期限の新しいものから使用する。

3　胃ろうや腸ろう周囲の皮膚は、注入開始前にアルコール消毒を行う。

4　カテーテルチップシリンジは、1 回使用したら廃棄する。

5　口腔ケアは、数日に 1 回行う。

問題18

1 × 半固形タイプの栄養剤は、**胃ろうや腸ろう**で使用されます。

2 × 半固形タイプの栄養剤は、液状タイプよりも**粘稠度が**高くなっています。

3 ○ **解説2**のとおり、半固形タイプの栄養剤は粘稠度が高いので、胃内容物の食道への逆流を改善し、誤嚥予防に効果があります。

4 × 栄養剤の逆流を防止するため、仰臥位（背臥位）ではなく、半座位（**ファーラー位**）の姿勢にして注入します。

5 × 半固形タイプの栄養剤は、液状タイプよりも注入時間が短くなります。

正解 3

問題19

1 × 体位や経管栄養チューブの固定状況の確認などの環境整備は、ケアを実施し、利用者に**経管栄養についての説明が済んだ**後に行います。

2 × 物品の劣化状況の確認は、**実施の準備段階**で行います。

3 × 栄養剤の指示内容の確認は、**実施の準備段階**で行います。

4 ○ 利用者に直接本人確認するほか、リストバンドやベッドのネームプレートなどで確認する場合もあります。

5 × **解説1**のとおりです。

正解 4

問題20

1 ○ 記述のとおりです。

2 × 栄養剤は、**消費期限の短い、古いもの**から使用していきます。

3 × 皮膚の炎症を予防するため、胃ろうや腸ろうの周囲は**清潔を保持**しますが、アルコール消毒を行う必要はありません。**注入終了後に胃や腸の内容物の漏れがみられた場合は、ぬるま湯**に浸したガーゼなどで拭き取ります。

4 × カテーテルチップシリンジとは、半固形化栄養剤や白湯の注入に使用する**注射器**のことです。カテーテルチップシリンジは、使用後は**中性洗剤**で洗浄し、**再利用**します。

5 × 経管栄養を行っている場合、**唾液による自浄作用が低下**するため、口腔ケアは、毎回行います。

正解 1

ポイント
チェック

介護職の実施できる経管栄養

胃ろうによる経管栄養	腹部の表面から胃まで貫通したろう孔を開けて、栄養剤を注入する方法
腸ろうによる経管栄養	胃の切除などにより胃ろうが難しい場合に、腹部の表面から空腸まで貫通したろう孔を開けて、栄養剤を注入する方法
経鼻経管栄養	鼻腔から食道を経て胃（または十二指腸・空腸）までチューブを挿入して、栄養剤を注入する方法

問題21
A 29-113 経管栄養実施上の留意点

経鼻経管栄養を行っている利用者に対して、栄養剤を流す前に経鼻経管栄養チューブの確認をすると、固定テープがはずれて、鼻腔（びくう）の入口付近でチューブが10cm抜けていた。

このときの介護福祉士の対応として、**適切なもの**を1つ選びなさい。

1 抜けた部分を元に戻す。
2 チューブを鼻から抜く。
3 胃内に挿入されているかどうかを、気泡音で確認する。
4 そのまま注入を開始する。
5 注入は行わずに、看護職に状況を報告する。

問題22
A 35-62 胃ろうによる経管栄養での生活上の留意点

胃ろうによる経管栄養での生活上の留意点の説明として、**最も適切なもの**を1つ選びなさい。

1 「日中は、ベッド上で過ごします」
2 「夜寝るときは、上半身を起こした姿勢で寝ます」
3 「便秘の心配はなくなります」
4 「口から食べなくても口腔（こうくう）ケアは必要です」
5 「入浴は清拭に変更します」

問題23
B 30-113 経管栄養により生じる危険と安全確認

Aさん（85歳）は、胃ろうを造設している。介護福祉士は、栄養剤を注入する前にAさんの排尿を促して、排尿があったのを確認した後に注入を開始した。注入する栄養剤は体温に近い温度で用意して、注入中の体位は角度10度の仰臥位（ぎょうがい）で行った。栄養剤の量と注入の速度は、指示のとおりに行った。注入中に、Aさんが嘔吐（おうと）した。

嘔吐（おうと）の原因として、**最も可能性の高いもの**を1つ選びなさい。

1 注入前の排尿
2 栄養剤の温度
3 注入中の体位
4 栄養剤の量
5 注入の速度

問題21　経管栄養における、介護福祉士の職務の範囲や、連携に関する問題です。

1　×　注入前に栄養チューブが抜けていることに気づいた場合は、栄養剤の注入を開始せず、**看護職**に状況報告をし、対処してもらうのが適切です。

2　×　**解説1**の場合と同様に、介護福祉士が直接処置に携わるのではなく、**看護職**に状況報告をするのが適切です。

3　×　経鼻経管栄養において、栄養チューブが正確に胃内に挿入されているかどうかの確認は、**医師**または**看護職**が行います。

4　×　異変やトラブルに該当する状況であるため、栄養剤の注入を開始せず、**看護職**に状況報告するのが適切です。

5　○　栄養チューブが抜けている場合をはじめ、経管栄養に関わる異変やトラブルが発生した際には、**看護職**に必ず状況報告します。

正解　5

問題22

1　×　栄養剤の逆流を防ぐため、経管栄養が終了後、**30分から1時間程度は半座位（ファーラー位）の姿勢を保持**しますが、それ以外はベッド上で過ごす必要はありません。

2　×　就寝時の姿勢に決まった体位はありません。利用者のこれまでの生活様式や意向に沿って、できるだけ希望を取り入れた姿勢にします。

3　×　経管栄養時には、**水分や食物繊維の不足**、運動不足、**腸の蠕動運動の低下**などが原因で、便秘が生じます。

4　○　経管栄養を実施している場合、口腔から食べ物を摂取しないことで唾液による**自浄作用が低下**し、細菌が増殖しやすい状態となります。このため、経管栄養終了後、しばらく時間を置いてから、口腔内をスポンジブラシなどで湿らせてから口腔ケアを実施します。

5　×　入浴については、胃ろうの周辺に感染などの兆候がなければ、そのまま**入浴可能**です。発赤など感染の兆候がみられても、フィルム等で患部を保護することで、入浴が可能となります。

正解　4

問題23

1　×　注入前の排尿は適切な対応であり、嘔吐の原因とは考えられません。

2　×　栄養剤の温度は、**体温に近い温度で用意した**とあるので適切な対応であり、嘔吐の原因とは考えられません。

栄養剤の温度が冷たいと、下痢を起こす原因となります。

3　○　注入中の体位で望ましいのは半座位です。角度10度の仰臥位では**腹部に圧力**がかかっているので、スムーズな流入ができず、嘔吐の原因として、最も可能性が高いです。

4　×　経管栄養時の**嘔吐の原因**として多いのが、**注入速度が速すぎる、注入量が多すぎる**ことですが、これらは指示のとおりに行ったとあることから、嘔吐の原因としては可能性が低いと考えられます。

5　×　**解説4**のとおりです。注入速度が速すぎると下痢を起こす原因にもなります。

正解　3

問題24 **B** | 31-113 **イルリガートルを用いた経鼻経管栄養**

イルリガートル（注入ボトル）を用いた経鼻経管栄養に関する次の記述のうち、**最も適切なもの**を1つ選びなさい。

1　栄養剤は、半固形化栄養剤を用いる。
2　嘔気（おうき）があるときは、注入速度を遅くして滴下する。
3　イルリガートルに栄養剤を入れてから、2時間後に滴下する。
4　栄養剤の液面は、胃から50cm程度高くする。
5　使用した物品は、消毒用エタノールにつけて消毒をする。

問題25 **B** | 33-112 **経管栄養に必要なケア**

Hさん（80歳、男性）は嚥下機能（えんげきのう）の低下があり、胃ろうを1か月前に造設して、自宅に退院した。現在、胃ろう周囲の皮膚のトラブルはなく、1日3回の経管栄養は妻と介護福祉職が分担して行っている。経管栄養を始めてから下肢の筋力が低下して、妻の介助を受けながらトイレへは歩いて行っている。最近、「便が硬くて出にくい」との訴えがある。

Hさんに対して介護福祉職が行う日常生活支援に関する次の記述のうち、**最も適切なものを1つ選**びなさい。

1　入浴時は、胃ろう部を湯につけないように注意する。
2　排泄時（はいせつじ）は、胃ろう部を圧迫するように促す。
3　排便は、ベッド上で行うように勧める。
4　経管栄養を行っていないときの歩行運動を勧める。
5　栄養剤の注入量を増やすように促す。

問題26 **A** | 35-63 **経管栄養中の嘔吐への対応**

Fさん（87歳、女性）は、介護老人福祉施設に入所している。嚥下機能（えんげきのう）が低下したため、胃ろうによる経管栄養が行われている。担当の介護福祉士は、Fさんの経管栄養を開始して、しばらく観察した。その後、15分後に訪室すると、Fさんが嘔吐（おうと）して、意識はあるが苦しそうな表情をしていた。介護福祉士は、すぐに経管栄養を中止して看護職員を呼んだ。

看護職員が来るまでの介護福祉士の対応として、**最も優先すべきものを1つ選びなさい**。

1　室内の換気を行った。
2　ベッド上の嘔吐物（おうとぶつ）を片付けた。
3　酸素吸入を行った。
4　心臓マッサージを行った。
5　誤嚥（ごえん）を防ぐために顔を横に向けた。

START!　クリア！クリア！クリア！クリア！クリア！クリア！クリア！クリア！
GOAL!!　CHAPTER CHAPTER CHAPTER CHAPTER CHAPTER CHAPTER CHAPTER CHAPTER
　　　　1　2　3　4　5　6　7　8

224

問題24

1　×　経鼻経管栄養の場合、栄養チューブが胃ろうで用いるものよりも細く、**栄養剤が詰まりやすくなる**ため、半固形化栄養剤ではなく**液体栄養剤**を用います。

2　×　嘔気があるときは、**直ちに注入を中止**し、様子をみます。嘔吐した場合は、誤嚥予防のために**顔を横に向け、看護職に連絡**します。

3　×　イルリガートルに栄養剤を入れ、**準備が完了した時点**で利用者に注入開始の声かけをし、滴下を開始します。

4　○　記述のとおりです。

5　×　使用した物品は、中性洗剤で洗浄したあと、**次亜塩素酸ナトリウムに一定時間浸して消毒**します。

正解　4

問題25

1　×　胃ろうや腸ろうを造設した場合、胃ろう部等の周囲の皮膚に感染**の徴候がみられなければ**、特に保護する必要もなく**普通に入浴できます**。Hさんは、胃ろう周囲に皮膚のトラブルはないため、介護福祉職の対応として適切ではありません。

2　×　胃ろう部を圧迫すると、胃の**内容物が漏れる**おそれがあるため、介護福祉職の対応として適切ではありません。

3　×　Hさんは現在、妻の介助を受けながらトイレへ歩いて行っています。ベッド上では、排便に適した座位の姿勢をとることが難しく、介護福祉職の対応として適切ではありません。

4　○　運動不足などが原因で大腸の緊張度が弱まり、**蠕動運動が低下**すると、**弛緩性便秘**になります。Hさんは、経管栄養を始めてから下肢の筋力が低下しており、経管栄養を行っていないときに歩行運動を勧めることは、適切な対応といえます。

5　×　栄養剤の注入量は、Hさんの**主治医**が決定します。介護福祉職の判断で量を増やすことはできません。

正解　4

問題26

1　×　Fさんは、経管栄養中に嘔吐し、意識はあるが苦しそうな状況です。部屋の換気の優先度は低く、看護職員が来るまでの介護福祉職の対応として不適切です。

2　×　**解説1**のとおり、ベッド上の嘔吐物を片付ける優先度は低く、看護職員が来るまでの介護福祉職の対応として不適切です。

3　×　酸素吸入は**医行為**に当たりますので、介護福祉職が行うことはできません。

4　×　Fさんの意識はありますので、心臓マッサージを行う必要はありません。

5　○　経管栄養中に嘔吐した場合は、**誤嚥予防**のため、Fさんの顔を横に向ける必要があります。看護職員が来るまでの介護福祉職の対応として適切です。

正解　5

ポイントチェック一覧

CHAPTER

9

介護の基本

問題1 **B** 27-17 **介護福祉士制度が創設された背景**

介護福祉士制度が創設された背景にあるものとして、**最も適切なもの**を1つ選びなさい。

1 高齢化率が14%を超えて、高齢社会になった。

2 介護保険法が制定されて、新しい介護サービス提供の仕組みが創設された。

3 日本学術会議が、介護職員の専門性と資格制度についての意見を出した。

4 特別養護老人ホームの制度ができて、介護職員が必要になった。

5 高齢者保健福祉推進十か年戦略（ゴールドプラン）の策定によって、介護サービスの拡充が図られるようになった。

問題2 **B** 28-17改 **少子高齢化による世帯の変化**

2022年（令和4年）の「国民生活基礎調査」（厚生労働省）に関する次の記述のうち、2013年（平成25年）と2022年（令和4年）の65歳以上の者のいる世帯について、**正しいもの**を1つ選びなさい。

1 65歳以上の者のいる世帯は、どちらも全世帯の6割を超えている。

2 「親と未婚の子のみの世帯」は、2022年（令和4年）は2013年（平成25年）に比べて減少している。

3 「夫婦のみの世帯」は、2022年（令和4年）は2013年（平成25年）に比べて減少している。

4 「単独世帯」は、2022年（令和4年）は2013年（平成25年）に比べて増加している。

5 「三世代世帯」は、どちらも65歳以上の者のいる世帯の3割を超えている。

問題3 **C** 31-17 **介護を受けたい場所**

2012年度（平成24年度）「高齢者の健康に関する意識調査結果」（内閣府）の介護を受けたい場所に関する次の選択肢のうち、**最も多かったもの**を1つ選びなさい。

1 「子どもの家で介護してほしい」　　　　2 「介護老人福祉施設に入所したい」

3 「自宅で介護してほしい」　　　　　　　4 「病院などの医療機関に入院したい」

5 「民間の有料老人ホームなどを利用したい」

 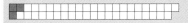

問題1 「社会福祉士及び介護福祉士法」の制定によって、介護職の国家資格である「介護福祉士」が制度化されたのは、1987（**昭和62**）**年**です。この年を基準にして、各選択肢の出来事が起こった年を確認していきましょう。

1 ✕ 高齢化率が14％を超えて高齢社会になったのは、1994（**平成6**）**年**です。

2 ✕ 「介護保険法」が制定されたのは、1997（**平成9**）**年**です。

3 ◯ 1987（昭和62）年、日本学術会議の社会福祉・社会保障研究連絡委員会が、当時の厚生大臣に対して、**「社会福祉におけるケアワーカー（介護職員）の専門性と資格制度について」**意見を提出したことが、制度創設の背景にあります。

4 ✕ 特別養護老人ホームの制度ができたのは、「老人福祉法」の制定された1963（**昭和38**）**年**です。制度創設に直接結びついているわけではありません。

5 ✕ 「高齢者保健福祉推進十か年戦略」（ゴールドプラン）が策定されたのは、1989（**平成元**）**年**です。

正解 **3**

問題2

1 ✕ 全世帯のうち、65歳以上の者のいる世帯の割合は、2013（平成25）年で**44.7％**、2022（令和4）年で**50.6％**となっています。

2 ✕ 「親と未婚の子のみの世帯」の割合は、2013（平成25）年が**19.8％**、2022（令和4）年が**20.1％**で増加しています。

3 ✕ 「夫婦のみの世帯」の割合は、2013（平成25）年が**31.1％**、2021（令和3）年が**32.1％**で増加しています。

4 ◯ 「単独世帯」の割合は、2013（平成25）年が**25.6％**、2021（令和3）年が**31.8％**で増加傾向にあります。

5 ✕ 「三世代世帯」の割合は、2013（平成25）年が**13.2％**、2021（令和3）年が**7.1％**で、いずれも3割を下回っています。

正解 **4**

問題3

　2012（平成24）年度高齢者の健康に関する意識調査結果（内閣府）によると、介護を受けたい場所で最も多かったのは、**「自宅で介護してほしい」**（34.9％）で、次いで「病院などの医療機関に入院したい」（20.0％）、「介護老人福祉施設に入所したい」（19.2％）、「介護老人保健施設を利用したい」（11.8％）、「民間の有料老人ホームなどを利用したい」（3.0％）、「子どもの家で介護してほしい」（2.4％）の順となっています。

正解 **3**

A ｜35-66｜ **介護福祉士の責務** ☑☑

　社会福祉士及び介護福祉士法に規定されている介護福祉士の責務として、**最も適切なもの**を１つ選びなさい。

1　地域生活支援事業その他の支援を総合的に行う。

2　介護等に関する知識及び技能の向上に努める。

3　肢体の不自由な利用者に対して必要な訓練を行う。

4　介護保険事業に要する費用を公平に負担する。

5　常に心身の健康を保持して、社会的活動に参加するように努める。

 A ｜31-18｜ **介護福祉士の義務** ☑☑

　社会福祉士及び介護福祉士法における介護福祉士の義務として、**適切なもの**を１つ選びなさい。

1　家族介護者の介護離職の防止

2　医学的管理

3　日常生活への適応のために必要な訓練

4　福祉サービス関係者等との連携

5　子育て支援

START! GOAL!! クリア！CHAPTER 1　クリア！CHAPTER 2　クリア！CHAPTER 3　クリア！CHAPTER 4　クリア！CHAPTER 5　クリア！CHAPTER 6　クリア！CHAPTER 7　クリア！CHAPTER 8

230

問題4

1 × 記述は、障害者総合支援法第1条（目的）に関する内容です。

2 ○ 記述は、社会福祉士及び介護福祉士法**第47条の2**（資質向上の責務）に関する内容で、「社会福祉士又は介護福祉士は、社会福祉及び介護を取り巻く環境の変化による業務の内容の変化に適応するため、相談援助又は介護等に関する**知識及び技能の向上**に努めなければならない。」とされています。

3 × 記述は、**身体障害者福祉法**第4条の2第3項に定められている**介助犬訓練事業**に関する内容です。

4 × 記述は、介護保険法第4条第2項に定められている内容で、「国民は、**共同連帯の理念**に基づき、介護保険事業に要する費用を**公平に負担**するものとする。」とされています。

5 × 記述は、**老人福祉法**第3条に定められている内容で、「老人は、老齢に伴つて生ずる心身の変化を自覚して、常に**心身の健康を**保持し、又は、その知識と経験を活用して、社会的活動に**参加**するように努めるものとする。」とされています。

正解 **2**

問題5

1 × 家族介護者の介護離職の防止については、社会福祉士及び介護福祉士法では**規定されていません**。

2 × 医学的管理については、同法では**規定されていません**。

3 × 日常生活への適応のために必要な訓練は、同法では**規定されていません**。

4 ○ 福祉サービス関係者等との連携は、同法**第47条第2項**において、**介護福祉士の**義務として規定されています。

5 × 子育て支援は、同法では**規定されていません**。

正解 **4**

ポイント
チェック

介護福祉士の義務

義務	義務の内容
誠実**義務**	担当する者が個人の尊厳を保持し、自立した日常生活を営むことができるよう、常にその者の立場に立って、誠実に業務を行わなければならない
信用**失墜行為の禁止**	介護福祉士の信用を傷つけるような行為をしてはならない
秘密**保持義務**	正当な理由なく、業務に関して知り得た人の秘密を漏らしてはならない。介護福祉士でなくなったあとにおいても、同様とする
連携	認知症等、担当する者の心身の状況等に応じて、福祉サービス等が総合的かつ適切に提供されるよう、福祉サービス関係者等との連携を保たなければならない
資質向上の責務	介護を取り巻く環境の変化による、業務の内容の変化に適応するため、知識および技能の向上に努めなければならない

A 32-25 **介護福祉職の倫理**

介護福祉職の倫理に関する次の記述のうち、**最も適切なもの**を1つ選びなさい。

1　介護の技術が伴わなくても、利用者の要望を最優先に実施した。

2　利用者が求めた医行為は、実施が可能である。

3　個人情報の取扱いについて、利用者に説明して同意を得た。

4　暴力をふるう利用者を自室から出られないようにした。

5　業務が忙しかったので、施設の廊下で職員同士の打合せを行った。

 A 34-24 **介護福祉士の職業倫理**

介護福祉士の職業倫理に関する次の記述のうち、**最も適切なもの**を1つ選びなさい。

1　介護が必要な人を対象にしているため、地域住民との連携は不要である。

2　全ての人々が質の高い介護を受けることができるように、後継者を育成する。

3　利用者のためによいと考えた介護を画一的に実践する。

4　利用者に関する情報は、業務以外では公表してよい。

5　利用者の価値観よりも、介護福祉士の価値観を優先する。

START!
GOAL!!
クリア！ クリア！ クリア！ クリア！ クリア！ クリア！ クリア！ クリア！
CHAPTER CHAPTER CHAPTER CHAPTER CHAPTER CHAPTER CHAPTER CHAPTER
1　2　3　4　5　6　7　8

232

問題6

1 × 介護の技術が伴わないのに、利用者に援助を実施することは、**介護事故につながる**おそれがあり、適切とはいえません。

2 × 介護福祉職が実施できる医行為は、「**社会福祉士及び介護福祉士法**」で認められている医行為（**医師の指示の下に行う喀痰吸引および経管栄養**）に限定されており、実施にあたっては一定の要件を満たす必要があります。このため、利用者が医行為を求めても、介護福祉職が実施できるとは限りません。

3 ○ 記述のとおりです。

4 × 記述は**身体拘束に該当**するため、介護福祉職が行ってはならない行為です。

5 × 介護福祉職には**秘密保持義務**が課されています。業務が忙しいからといって、施設の廊下で職員同士の打合せを行うと、利用者の**個人情報が第三者に漏れてしまう**おそれがあります。

正解 | 3 |

問題7 介護福祉士の職能団体である日本介護福祉士会は、**日本介護福祉士会倫理綱領**を職業倫理として定めています（ポイントチェック参照）。

1 × 倫理綱領の「6.地域福祉の推進」において、「地域において生じる介護問題を解決していくために、専門職として常に**積極的な態度で住民と接し**、介護問題に対する深い理解が得られるよう努める（後略）」と示されており、地域住民との連携は不可欠です。

2 ○ 倫理綱領の「7.後継者の育成」において、「介護福祉士は、すべての人々が将来にわたり安心して質の高い介護を受ける権利を享受できるよう、介護福祉士に関する**教育水準の向上**と後継者**の育成**に力を注ぎます」と示されています。

3 × 倫理綱領の「4.総合的サービスの提供と積極的な連携、協力」において、「利用者に**最適なサービスを総合的に提供**していくため、福祉、医療、保健その他関連する業務に従事する者と**積極的な連携**を図り、協力して行動します」と示されており、介護を画一的に実践することは不適切です。

4 × 倫理綱領の「3.プライバシーの保護」において、「プライバシーを保護するため、職務上知り得た**個人の情報を守ります**」と示されており、利用者に関する情報を業務以外で公表することは不適切です。

5 × 倫理綱領の「1.利用者本位、自立支援」において、「すべての人々の基本的人権を**擁護**し、一人ひとりの住民が心豊かな暮らしと老後が送れるよう**利用者本位の立場**から**自己決定を最大限尊重**し、（後略）」と示されており、利用者の価値観よりも介護福祉士の価値観を優先することは不適切です。

正解 | 2 |

ポイントチェック

日本介護福祉士会倫理綱領

日本介護福祉士会倫理綱領は、前文と8つの項目からなる。前文および問題7の解説に記述がある項目以外は次のとおり。

2.専門的サービスの提供	介護福祉士は、常に専門的知識・技術の研鑽さんに励むとともに、豊かな感性と的確な判断力を培い、深い洞察力をもって専門的サービスの提供に努めます。 また、介護福祉士は、介護福祉サービスの質的向上に努め、自己の実施した介護福祉サービスについては、常に専門職としての責任を負います。
5.利用者ニーズの代弁	介護福祉士は、暮らしを支える視点から利用者の真のニーズを受けとめ、それを代弁していくことも重要な役割であると確認したうえで、考え、行動します。

問題8 B 30-22 **プライバシーの保護**

個人情報を使用するに当たり、本人や家族への説明と同意が不要となるケースとして、**適切なもの**を1つ選びなさい。

1 意識消失とけいれん発作を起こした利用者の個人情報を救急隊員に提供する場合

2 指定介護事業者が、サービス担当者会議に利用者の個人情報を提供する場合

3 行事で撮影した利用者の顔写真を、施設の広報誌に使用する場合

4 転居先の施設の求めに応じて、利用者の個人情報を提供する場合

5 実習生が、利用者の個人情報を閲覧する場合

問題9 B 33-25 **プライバシーの保護**

介護施設におけるプライバシーの保護として、**最も適切なもの**を1つ選びなさい。

1 ユニット型施設は個室化が推進されているため、各居室で食事をしてもらった。

2 個々の利用者の生活歴の情報を、ルールに従って介護職員間で共有した。

3 個人情報記録のファイルを、閲覧しやすいように机の上に置いたままにした。

4 着衣失行があるため、トイレのドアを開けたままで排泄の介護を行った。

5 家庭内の出来事や会話の内容は、情報に含まれないため記録しなかった。

問題10 C 35-65 **「求められる介護福祉士像」**

「求められる介護福祉士像」で示された内容に関する次の記述のうち、**最も適切なもの**を1つ選びなさい。

1 地域や社会のニーズにかかわらず、利用者を導く。

2 利用者の身体的な支援よりも、心理的・社会的支援を重視する。

3 施設か在宅かに関係なく、家族が望む生活を支える。

4 専門職として他律的に介護過程を展開する。

5 介護職の中で中核的な役割を担う。

(注)「求められる介護福祉士像」とは、社会保障審議会福祉部会福祉人材確保専門委員会「介護人材に求められる機能の明確化とキャリアパスの実現に向けて」(2017年(平成29年)10月4日)の中で示されたものを指す。

START!
GOAL!!

クリア! クリア! クリア! クリア! クリア! クリア! クリア! クリア!
CHAPTER CHAPTER CHAPTER CHAPTER CHAPTER CHAPTER CHAPTER CHAPTER
1 2 3 4 5 6 7 8

234

問題8

1 ○ 個人情報保護法において、人の**生命**、**身体**または**財産**の保護のために必要がある場合であって、本人の同意を得ることが困難であるときは本人の同意を得ないで第三者に提供してもよいことになっています。

2 × サービス担当者会議という施設内の会議であっても、本人の同意は必要です。また、会議に参加した人はそれらの情報を第三者に漏らしてはならない**守秘義務**が課されています。

3 × 顔写真は、個人情報保護法の「**特定の個人を識別することができるもの**」に該当します。広報誌に使用する場合、本人の同意は必要です。

4 × 施設を変わるとケアプランの継続あるいは見直しをすることになります。そのときに以前の入居施設での情報が必要になりますが、その際にも施設間で個人情報保護が図られるとともに、本人の同意を得る必要があります。

5 × 実習生を受け入れるにあたっては、受け入れ施設の指導者が事前に「個人情報の取扱い」についての指導をすることが必要です。

正解 | 1 |

問題9

1 × ユニット型施設は**個室化が推進**されていますが、食事はできる限り、利用者の居室ではなく、**食堂**でとるようにします。

2 ○ 記述のとおりです。

3 × 個人情報記録のファイルを机の上に置いたままにすると、**個人情報の漏洩**につながるおそれがあります。記録は閲覧が済んだら、速やかに**鍵のかけられる場所に保管**します。

4 × 施設において排泄介助を行うときは、利用者の**自立**を支援しながら、**羞恥心に配慮**し、プライバシーを守るための環境づくりを心がけることが大切です。着衣失行がある利用者のズボンと下着を脱がせたら、介護福祉職は**トイレのドアを閉め、そばを離れます**。

5 × 利用者の家庭内の出来事や会話の内容は、生活支援に必要な情報が含まれていることもあるため、記録する必要があります。

正解 | 2 |

問題10

2017（平成29）年10月にとりまとめられた、厚生労働省社会保障審議会福祉部会福祉人材確保専門委員会の報告書「介護人材に求められる機能の明確化とキャリアパスの実現に向けて」で「求められる介護福祉士像」が見直され、❶尊厳と自立を支えるケアを実践する、❷専門職として自律的に介護過程の展開ができる、❸身体的な支援だけでなく、心理的・社会的支援も展開できる、❹介護ニーズの複雑化・多様化・高度化に対応し、本人や家族等のエンパワメントを重視した支援ができる、❺QOL（生活の質）の維持・向上の視点を持って、介護予防からリハビリテーション、看取りまで、対象者の状態の変化に対応できる、❻地域の中で、施設・在宅にかかわらず、本人が望む生活を支えることができる、❼関連領域の基本的なことを理解し、多職種協働によるチームケアを実践する、❽本人や家族、チームに対するコミュニケーションや、的確な記録・記述ができる、❾制度を理解しつつ、地域や社会のニーズに対応できる、❿介護職の中で**中核的**な役割を担う、の10項目に加え、高い倫理性の保持も挙げられていました。ほかの選択肢の内容は示されていません。

正解 | 5 |

問題11
A 35-64 利用者主体の支援

利用者主体の考えに基づいた訪問介護員（ホームヘルパー）の対応に関する次の記述のうち、**最も適切なものを1つ**選びなさい。

1 トイレの窓は換気が必要であると判断し、開けたままにしておいた。

2 認知症（dementia）の人が包丁を持つのは危険だと判断し、訪問介護員（ホームヘルパー）が調理した。

3 煮物を調理するとき、利用者に好みの切り方を確認してもらった。

4 糖尿病（diabetes mellitus）のある利用者には、買い物代行で菓子の購入はしないことにした。

5 次回の掃除のために、訪問介護員（ホームヘルパー）が使いやすい場所に掃除機を置いた。

問題12
A 34-18 利用者主体の支援

利用者主体の考えに基づいた介護福祉職の対応に関する次の記述のうち、**最も適切なものを1つ**選びなさい。

1 1人で衣服を選ぶことが難しい利用者には、毎日の衣服を自分で選べるような声かけをする。

2 食べこぼしが多い利用者には、こぼさないように全介助する。

3 認知症（dementia）の利用者には、排泄の感覚があっても、定時に排泄の介護を行う。

4 転倒しやすい利用者には、事故防止のため立ち上がらないように声をかける。

5 入浴が自立している利用者も、危険を避けるため個別浴ではなく集団での入浴とする。

問題13
A 34-19 自立支援の考え方

利用者の自立支援に関する次の記述のうち、**最も適切なものを1つ**選びなさい。

1 利用者の最期の迎え方を決めるのは、家族である。

2 利用者が話しやすいように、愛称で呼ぶ。

3 利用者が自分でできないことは、できるまで見守る。

4 利用者の生活のスケジュールを決めるのは、介護福祉職である。

5 利用者の意見や希望を取り入れて介護を提供する。

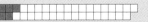

問題11

　利用者主体の考えとは、利用者がもっている力を生かし、支援の内容を自分の判断で選択（**自己選択**）していくことができるように、**自己決定**を尊重することをいいます。選択肢3の「煮物を調理するとき、利用者に好みの切り方を確認してもらった。」という内容は利用者主体の考えに基づいており、適切な対応といえます。ほかの選択肢の内容は訪問介護員（ホームヘルパー）主体の考えに基づいており、不適切です。

正解　3

問題12

1　○　記述のとおりです。
2　×　食べこぼしが多い利用者に対しては、その原因をアセスメントし、必要に応じて**自助具を活用する**などの支援が大切です。
3　×　認知症の利用者でも排泄の感覚がある場合には、排泄パターンを注意深く観察して**記録**に残し、排泄サインを察知したら速やかに**トイレに誘導**するように対応します。
4　×　転倒事故を防止するために、利用者が立ち上がらないように声をかけることは**行動制限**にあたり、利用者主体の考えに基づいた介護福祉職の対応として適切ではありません。
5　×　入浴時における危険を避けるため、入浴が自立している利用者を個別浴から集団浴に変えることは不適切な対応です。利用者の状態に応じて、脱衣室と浴室は温度差を小さくしてヒートショックを予防する、手すりを設置する、半身浴やぬるめの湯にするなど、利用者一人でも**安心・安全・安楽**に入浴できるように支援します。

正解　1

問題13

1　×　利用者の最期の迎え方を決めるのは、**利用者本人**です。
2　×　利用者を愛称で呼ぶのは、介護福祉職として不適切な対応です。声かけの際は、「鈴木さん」「佐藤さん」など**個人名**で呼び、自尊心を傷つけることのないように支援します。
3　×　利用者が自分でできないことは、利用者自身でできるように介護福祉職が適切に支援していきます。
4　×　利用者の生活のスケジュールを決めるのは、**利用者本人**です。
5　○　利用者の意見や希望を取り入れて介護を提供することは、利用者の自己決定による自立支援にあたります。

正解　5

問題14
A 30-19 **自立支援の考え方**

介護における自立に向けた支援に関する記述として、**最も適切なものを1つ**選びなさい。

1 機能回復訓練を中心に介護計画を作成すること
2 他者の支援を受けずに、自らの力で生活できる状態にすること
3 本人の意思よりも、介護者からみた自立を優先すること
4 介護を受けていても社会参加できるように支援すること
5 自分で着衣し終わるまで、何時間でも介護者が見守ること

問題15
A 33-19 **ICFの考え方**

ICF（International Classification of Functioning, Disability and Health：国際生活機能分類）における環境因子を表す記述として、**最も適切なものを1つ**選びなさい。

1 アルツハイマー型認知症（dementia of the Alzheimer's type）である。
2 糖尿病（diabetes mellitus）があるため服薬をしている。
3 医者嫌いである。
4 町内会の会長を務めていた。
5 娘が近隣に住み、毎日訪問している。

問題16
A 34-20 **ICFの考え方**

Gさん（70歳、男性、要介護2）は、パーキンソン病（Parkinson disease）と診断されていて、外出するときは車いすを使用している。歩行が不安定なため、週2回通所リハビリテーションを利用している。Gさんは、1年前に妻が亡くなり、息子と二人暮らしである。Gさんは社交的な性格で地域住民との交流を望んでいるが、自宅周辺は坂道や段差が多くて移動が難しく、交流ができていない。

Gさんの状況をICF（International Classification of Functioning, Disability and Health：国際生活機能分類）で考えた場合、参加制約の原因になっている環境因子として、**最も適切なものを1つ**選びなさい。

1 パーキンソン病（Parkinson disease）
2 不安定な歩行
3 息子と二人暮らし
4 自宅周辺の坂道や段差
5 車いす

問題14

1 × 自立に向けた介護支援では**利用者の主体性を尊重**し、利用者が自己選択と自己決定できるように支援します。機能回復訓練中心の計画立案は適切ではありません。

2 × 介護計画の到達目標を、「他者の支援を受けずに自立生活ができる状態にする」は理想ですが、最も適切な支援とはいえません。

3 × 介護の基本は、**利用者が何を望んでいるかを把握**し、それに向かって利用者の意欲や本来もっている力を引き出しながら自立できるように支援することです。

4 ○ 介護を受けながらも**社会活動に参加できるように支援**することは適切な対応です。社会参加することで回復意欲が高まり、自立促進効果も期待できます。

5 × 着衣失行がみられる利用者に対しては、効率よく着衣ができるように支援するべきです。何時間も見守ることは自立に向けた支援とはいえません。

正解 | 4 |

問題15

1 × アルツハイマー型認知症であることは、ICF（国際生活機能分類）の「健康状態」にあたります。

2 × 糖尿病があるため服薬をしていることは、ICFの「活動」にあたります。

3 × 医者嫌いであることは、ICFの「個人因子」にあたります。

4 × 町内会の会長を務めていたということは、ICFの「参加」にあたります。

5 ○ 娘が近隣に住み、毎日訪問しているという状況は、ICFの「環境因子」にあたります。

正解 | 5 |

問題16

1 × パーキンソン病は病気（疾病）であり、ICF（国際生活機能分類）における**健康状態**にあたります。

2 × 不安定な歩行は、パーキンソン病の症状である姿勢反射障害により心身機能に障害を来した状態であり、**機能障害**にあたります。

3 × 息子と二人暮らしは、**G**さんが生活を送るうえでの人間関係であり、**環境因子**にあたりますが、参加制約の原因とはなっていません。

4 ○ 自宅周辺の坂道や段差は、外出時に車いすを使用している**G**さんが地域住民と交流をすることを阻害しており、参加制約の原因になっている環境因子として適切です。

5 × 車いすは、**G**さんが生活を送るうえで必要な福祉用具であり、**環境因子**にあたりますが、参加制約の原因とはなっていません。

正解 | 4 |

Aさん（85歳、女性、要介護1）は夫と二人暮らしで、訪問介護（ホームヘルプサービス）を利用している。Aさんは認知症（dementia）の進行によって、理解力の低下がみられる。ある日、Aさんが訪問介護員（ホームヘルパー）に、「受けているサービスをほかのものに変更したい」「夫とは仲が悪いので話したくない」と、不安な様子で話した。

意思決定支援を意識した訪問介護員（ホームヘルパー）の対応として、**最も適切なもの**を**1つ**選びなさい。

1　Aさんとの話し合いの場に初めから夫に同席してもらった。
2　Aさんにサービス変更の決断を急ぐように伝えた。
3　Aさんと話す前に相談内容を夫に話した。
4　サービスを変更したい理由についてAさんに確認した。
5　訪問介護員（ホームヘルパー）がサービス変更をすることを判断した。

問題18　A　33-21　**高齢者のリハビリテーション**　

高齢者のリハビリテーションに関する次の記述のうち、**最も適切なもの**を**1つ**選びなさい。

1　機能訓練は、1回の量を少なくして複数回に分けて行う。
2　基本的な動作を行う訓練は、物理療法である。
3　関節障害のある人の筋力訓練は、関節を積極的に動かすことが効果的である。
4　パーキンソン病（Parkinson disease）の人の訓練では、体幹をひねることは避ける。
5　関節リウマチ（rheumatoid arthritis）の人の訓練は、朝に行うことが効果的である。

問題19　A　35-68　**どこでも、だれでも、自由に、使いやすくという考え方**

すべての人が暮らしやすい社会の実現に向けて、どこでも、だれでも、自由に、使いやすくという考え方を表す用語として、**適切なもの**を**1つ**選びなさい。

1　ユニバーサルデザイン（universal design）
2　インフォームドコンセント（informed consent）
3　アドバンス・ケア・プランニング（advance care planning）
4　リビングウィル（living will）
5　エンパワメント（empowerment）

START! GOAL!!　クリア！CHAPTER 1　クリア！CHAPTER 2　クリア！CHAPTER 3　クリア！CHAPTER 4　クリア！CHAPTER 5　クリア！CHAPTER 6　クリア！CHAPTER 7　クリア！CHAPTER 8

240

問題17

1 × Aさんは、「夫とは仲が悪いので話したくない」と不安な様子で話しており、話し合いの場に初めから夫に同席してもらうことは、Aさんの主体的な意思表示が困難になるおそれがあります。意思決定支援を意識した訪問介護員（ホームヘルパー）の対応として不適切です。

2 × Aさんは認知症の進行によって理解力が低下しており、サービス変更の決断を急ぐように伝えることは、訪問介護員（ホームヘルパー）の対応として不適切です。

3 × Aさんと話す前に相談内容を夫に話すことは、Aさんとの**信頼関係を損なう**おそれがあり、訪問介護員（ホームヘルパー）の対応として不適切です。

4 ○ サービスを変更したい理由についてAさん本人に確認することは、意思決定支援を意識した訪問介護員（ホームヘルパー）の対応として適切です。

5 × 訪問介護員（ホームヘルパー）の判断でサービス変更をすることは、Aさんの意思決定を支援しておらず、訪問介護員（ホームヘルパー）の対応として不適切です。

正解 **4**

問題18

1 ○ 記述のとおりです。1回の量を多くすると**からだに負担**がかかり、逆効果となります。

2 × 基本的な動作を行う訓練は、物理療法ではなく、運動療法や電気刺激などの物理的手段により、**基本的動作能力**の回復をめざす**理学療法**です。

3 × 関節障害のある部位を積極的に動かすと、利用者に苦痛を与えるだけでなく、**筋肉や靭帯などを損傷してしまう**おそれがあります。**無理のない範囲**で筋力訓練を行う必要があります。

4 × パーキンソン病のある人の訓練では、**ゆっくりと頭部や体幹をひねる運動**を行います。

5 × 関節リウマチのある人は、**朝のこわばり**がみられるため午後に運動をします。

正解 **1**

問題19

1 ○ バリアフリーの考え方を発展させ、すべての人にとって使いやすいデザインや設計を追求した考え方をユニバーサルデザインといい、次の7原則によって成り立っています。❶どんな人でも公平に使えること（公平性）、❷柔軟に使用できること（自由度）、❸使い方が簡単で分かりやすいこと（単純性）、❹必要な情報がすぐに分かること（**分かりやすさ**）、❺うっかりミスが危険につながらないこと（安全性）、❻少ない力で効率的に、楽に使えること（**身体的負担の軽減**）、❼利用する十分な大きさと空間を確保すること（**スペースの確保**）。

2 × インフォームドコンセントとは、医師などの医療職が、医療内容について説明し、利用者の同意**を得る**ことをいいます。

3 × アドバンス・ケア・プランニング（ACP）とは、人生の最終段階において**自らが望む医療・ケアについて、医療・ケアチーム等と話し合い、共有する**ための取組をいいます。

4 × リビングウィルとは、どのような形で死を迎えるか、延命処置を望むのかどうかなど、**終末期に自らが望むケアをあらかじめ書面**で示しておくことをいいます。

5 × エンパワメントとは、表に出ていない利用者の**意欲や本来もっている力を引き出し、主体性をもって自己決定していける**ようにすることをいいます。

正解 **1**

問題20 A 33-22 その人らしさの理解

施設利用者の多様な生活に配慮した介護福祉職の対応として、**最も適切なもの**を 1 つ選びなさい。

1　夜型の生活習慣がある人に、施設の就寝時刻に合わせてもらった。

2　化粧を毎日していた人に、シーツが汚れるため、化粧をやめてもらった。

3　本に囲まれた生活をしてきた人に、散乱している本を捨ててもらった。

4　自宅で畳に布団を敷いて寝ていた人に、ベッドで寝てもらった。

5　自宅で夜間に入浴をしていた人に、夕食後に入浴してもらった。

問題21 A 32-20 その人らしさの理解

　Hさん（80歳、女性、要介護 1 ）は、アルツハイマー型認知症（dementia of the Alzheimer's type）である。20年前に夫が亡くなった後は、ずっと一人暮らしをしている。これまでの生活を続けていきたいので、訪問介護（ホームヘルプサービス）を利用することにした。

　訪問介護員（ホームヘルパー）のHさんへの対応として、**最も適切なもの**を 1 つ選びなさい。

1　Hさんの意向を確認して、今までどおり畳で布団の使用を継続した。

2　入浴後、手ぬぐいで体を拭いていたが、バスタオルに変更した。

3　訪問介護員（ホームヘルパー）の判断で、食事の前にエプロンをつけた。

4　整理整頓のために、壁に立てかけてあった掃除機を押し入れに片づけた。

5　Hさんの気持ちを切り替えるために、家具の配置を換えた。

問題22 B 35-69 夕暮れ症候群への対応

　Bさん（82歳、女性、要介護 2 ）は、若いときに夫を亡くし、家で仕事をしながら子どもを一人で育てた。夫や子どもと過ごした家の手入れは毎日欠かさず行っていた。数年前に、アルツハイマー型認知症（dementia of the Alzheimer's type）と診断され、認知症対応型共同生活介護（認知症高齢者グループホーム）に入居した。夕方になると、「私、家に帰らないといけない」と介護福祉職に何度も訴えている。

　Bさんに対する介護福祉職の声かけとして、**最も適切なもの**を 1 つ選びなさい。

1　「仕事はないですよ」

2　「ここが家ですよ」

3　「外に散歩に行きますか」

4　「家のことが気になるんですね」

5　「子どもさんが『ここにいてください』と言っていますよ」

START! GOAL!!　クリア! CHAPTER 1　クリア! CHAPTER 2　クリア! CHAPTER 3　クリア! CHAPTER 4　クリア! CHAPTER 5　クリア! CHAPTER 6　クリア! CHAPTER 7　クリア! CHAPTER 8

242

1 × 記述は、利用者の多様な生活に配慮しているとはいえず、介護福祉職の対応として適切ではありません。利用者の同意を得たうえで、徐々に施設の就寝時刻に合わせられるように支援します。

2 × 化粧をすることは、利用者の**意欲や残存機能の**向上につながるため、シーツが汚れるという理由でやめてもらうのは、介護福祉職の対応として適切ではありません。

3 × 利用者の生活習慣を尊重し、散乱している本を利用者と一緒に片づけるなどの支援をします。

4 × 利用者の生活習慣を尊重し、施設でも布団を敷いて寝られるような配慮が必要です。

5 ○ 利用者の自宅での生活に配慮していることから、介護福祉職の対応として適切です。

正解 | 5 |

　Hさんは、20年前に夫が亡くなった後もずっと一人暮らしをしており、これまでの生活を続けていきたいと希望しています。選択肢1の「Hさんの意向を**確認**して、今までどおり畳で布団の使用を継続した」ことは、訪問介護員（ホームヘルパー）の対応として適切といえます。他の選択肢のように、Hさんの意向を確認せずに、訪問介護員（ホームヘルパー）の判断で現状を変えることは、**利用者主体**の考え方に反しており、適切な対応とはいえません。

正解 | 1 |

　認知症高齢者が夕方になると落ち着きがなくなり、自分の家に帰ろうとする症状を**夕暮れ症候群**といい、認知症の**行動・心理症状**（BPSD）の徘徊でみられる症状です。認知症の中核症状である**見当識障害**などにより、自分の居場所が分からなくなることに起因していると考えられています。Bさんが「私、家に帰らないといけない」と何度も訴えたのは、夫や子どもと過ごした家の手入れは毎日欠かさず行っていたことが背景にあります。選択肢4の「家のことが気になるんですね」という発言は、Bさんの気持ちに寄り添っており、介護福祉職の言葉かけとして適切です。

　ほかの選択肢については、Bさんの行動の理由を考えずに選択肢1の「仕事はないですよ」や選択肢2の「ここが家ですよ」、選択肢3の「外に散歩に行きますか」と発言しても根本的な問題の解決とはならないこと、また、選択肢5は虚偽の発言であることから、いずれも介護福祉職の言葉かけとして不適切です。

正解 | 4 |

介護を必要とする人の理解

Hさん（75歳、女性、要介護2）は、孫（17歳、男性、高校生）と自宅で二人暮らしをしている。Hさんは関節疾患（joint disease）があり、通所リハビリテーションの利用を開始した。介護福祉職が送迎時に孫から、「祖母は、日常生活が難しくなり、自分が食事を作るなどの機会が増え、家事や勉強への不安がある」と相談された。

介護福祉職の孫への対応として、**最も適切なもの**を1つ選びなさい。

1　「今までお世話になったのですから、今度はHさんを支えてください」
2　「家事が大変なら、Hさんに介護老人福祉施設の入所を勧めましょう」
3　「高校の先生や介護支援専門員（ケアマネジャー）に相談していきましょう」
4　「家でもリハビリテーションを一緒にしてください」
5　「近所の人に家事を手伝ってもらってください」

障害者に関するマーク

介護保険施設の駐車場で、下記のマークを付けた車の運転手が困った様子で手助けを求めていた。介護福祉職の対応として、**最も適切なもの**を1つ選びなさい。

1　手話や筆談を用いて話しかける。
2　杖を用意する。
3　拡大読書器を使用する。
4　移動用リフトを用意する。
5　携帯用点字器を用意する。

障害者を対象とした年金・手当・扶助

障害者の年金、手当、扶助に関する次の記述のうち、**正しいもの**を1つ選びなさい。

1　障害基礎年金の障害等級は、1級と2級である。
2　障害基礎年金と老齢厚生年金は、併給できない。
3　障害基礎年金は、全額が生活保護の収入認定の対象外となる。
4　特別障害者手当は、市町村の条例によって実施される。
5　2013年（平成25年）の生活保護基準の見直しに伴って、障害者加算が廃止された。

START!　GOAL!!　クリア！CHAPTER 1　クリア！CHAPTER 2　クリア！CHAPTER 3　クリア！CHAPTER 4　クリア！CHAPTER 5　クリア！CHAPTER 6　クリア！CHAPTER 7　クリア！CHAPTER 8

244

問題23

1　✕　Ｈさんの孫は、介護福祉職に「家事や勉強への不安がある」と相談しています。記述は、介護福祉職の対応として不適切です。

2　✕　Ｈさんや孫の意見を聞くことなく、介護老人福祉施設への入所を勧めることは、介護福祉職の対応として不適切です。

3　○　高校の先生や介護支援専門員（ケアマネジャー）に相談することは、Ｈさんの孫が抱えている家事や勉強への不安の払拭につながり、適切な対応といえます。

4　✕　**解説１**のとおり、Ｈさんの孫は家事や勉強への不安があると訴えています。さらに孫の負担を増やすような発言は、介護福祉職の対応として不適切です。

5　✕　近所の人に家事を手伝ってもらうことは、Ｈさんの**プライバシーを侵害**する恐れがありますので、介護福祉職の対応として不適切です。

正解　3

問題24

　設問のマークは聴覚障害者標識といい、普通自動車免許を取得した者で、政令で定める程度の聴覚障害であることを理由に免許に条件を付されている者が運転する車に表示するものです。

1　○　聴覚障害者標識をつけていることから、車の運転者に対し、**手話や筆談**を用いて話しかけることは、介護福祉職の対応として適切です。

2　✕　杖は、**片麻痺**のある人などが使用する福祉用具であり、介護福祉職の対応として不適切です。

3　✕　拡大読書器は、**弱視**の人を対象としたコミュニケーションツールであり、介護福祉職の対応として不適切です。

4　✕　移動用リフトは、**自力で移動**できない人を対象とした福祉用具であり、介護福祉職の対応として不適切です。

5　✕　携帯用点字器は、**視覚障害者**を対象としたコミュニケーションツールであり、介護福祉職の対応として不適切です。

正解　1

問題25

1　○　障害基礎年金の障害等級には１級と２級があり、等級によって支給額が異なっています。

2　✕　老齢厚生年金は、厚生年金の被保険者期間が１か月以上あり、老齢基礎年金の受給資格期間を満たした人が65歳になったときに、上乗せして支給されるものです。2006（平成18）年４月より、**老齢基礎年金**と**障害基礎年金**のどちらかを選択して、**老齢厚生年金と併給する**ことが可能となっています。

3　✕　障害基礎年金は生活保護の収入認定に含まれ、**生活保護費から障害基礎年金**の支給額が差し引かれる形になります。

4　✕　特別障害者手当は、政令で定める程度の著しく重度の障害のため、常時の介護を必要とする在宅の20歳以上の人に支給されるものです。「**特別児童扶養手当等の支給に関する法律**」に基づき、実施されています。

5　✕　生活保護を受給している場合生活保護費から**障害基礎年金**の支給額が差し引かれますが、一方で障害の程度に応じた加算（障害者加算）が設けられています。2013（平成25）年の生活保護基準見直しの際にも、廃止されていません。

正解　1

問題26
A 35-71 **介護保険施設における専門職の役割**

　介護保険施設における専門職の役割に関する次の記述のうち、**最も適切なもの**を１つ選びなさい。

1　利用者の栄養ケア・マネジメントは、薬剤師が行う。

2　認知症（dementia）の診断と治療は、作業療法士が行う。

3　利用者の療養上の世話又は診療の補助は、社会福祉士が行う。

4　日常生活を営むのに必要な身体機能改善や機能訓練は、歯科衛生士が行う。

5　施設サービス計画の作成は、介護支援専門員が行う。

問題27
B 32-23 **サービス提供責任者の役割**

　訪問介護事業所のサービス提供責任者の役割に関する次の記述のうち、**最も適切なもの**を１つ選びなさい。

1　利用者の生活課題に沿って、居宅サービス計画書を作成する。

2　具体的な援助目標及び援助内容を記載した訪問介護計画書を作成する。

3　利用者の要望に応じて、他の事業所との利用調整を行う。

4　判断能力が十分でない人に対して、日常的な金銭管理を行う。

5　居宅サービス事業者を招集して、サービス担当者会議を開催する。

問題28
B 35-72 **チームアプローチ**

　介護の現場におけるチームアプローチ（team approach）に関する次の記述のうち、**最も適切なもの**を１つ選びなさい。

1　チームメンバーが得た情報は、メンバー間であっても秘密にする。

2　チームメンバーの役割分担を明確にする。

3　利用者を外してチームを構成する。

4　医師がチームの方針を決定する。

5　チームメンバーを家族が指名する。

問題26

1　×　栄養ケア・マネジメントは、**管理栄養士**と医師、歯科医師、看護師および介護支援専門員その他の職種が共同して行います。**薬剤師**は、調剤、医薬品の供給など、薬事衛生に携わります。

2　×　記述は、医師の説明です。作業療法士は、手芸・工作などの作業（ADL〈日常生活動作〉訓練も含む）を通じて、**応用的動作能力**や、**社会的適応能力**の回復をめざします。

3　×　記述は、**看護師**の説明です。社会福祉士は、福祉に関する相談に応じ、助言・指導や、福祉サービス関係者等との**連絡・調整**を行います。

4　×　記述は、理学療法士の説明です。歯科衛生士は、**歯科予防処置**や**歯科診療の補助**、介護福祉職への**口腔ケアの指導**などを行います。

5　○　介護保険施設の入所者に対しては、施設の介護支援専門員（**計画担当介護支援専門員**）が**施設サービス計画**を作成します。

正解　| 5 |

問題27

1　×　記述は、**居宅介護支援事業者**の介護支援専門員（ケアマネジャー）の役割です。

2　○　記述のとおりです。サービス提供責任者はこのほか、利用者の状態やサービスに対する意向の定期的な確認、訪問介護員の技術指導などにも携わります。

3　×　記述は、**介護支援専門員**の役割です。

4　×　記述は、社会福祉協議会の**生活支援員**の役割です。

5　×　記述は、**介護支援専門員**の役割です。

正解　| 2 |

通称「サ責」とよばれるサービス提供責任者の任用要件は、介護福祉士、実務者研修修了者、旧介護職員基礎研修課程修了者、旧ヘルパー1級取得者です。

問題28

1　×　チームのメンバーは、利用者に関する**情報**を適宜交換し、目的や目標を共有しながら連携・協働していきます。

2　○　記述のとおりです。チームアプローチでは、異なる専門性をもった職種がそれぞれの技術や知識を基に**役割分担**を行いながら、利用者の自立を支援し、自己実現を図っていきます。

3　×　チームアプローチでは、利用者を中心とした**ケアチーム**が形成されます。

4　×　チームアプローチにおいては、特定の専門職がリーダーシップをとるということはありません。さまざまな職種が集まり、生活課題の把握や、支援の方向性を定めていくために、**ケアカンファレンス**を開催します。

5　×　チームのメンバーは、家族が指名するのではなく、利用者の**ニーズ**や**生活課題**に合わせて構成されます。

正解　| 2 |

問題29 **A** 25-30 民生委員

民生委員に関する次の記述のうち、**正しいもの**を1つ選びなさい。

1　要介護者の自宅を毎月訪問することになっている。

2　担当する要介護者の数は決まっている。

3　児童委員を兼ねている。

4　都道府県知事が任命する。

5　任期は10年である。

問題30 **A** 26-27 地域包括支援センター

地域包括支援センターに関する次の記述のうち、**正しいもの**を1つ選びなさい。

1　高齢者にかかわるボランティアや民生委員などと連携する。

2　介護福祉士が配置されることになっている。

3　各種介護保険サービスを包括的に提供する。

4　要介護高齢者にかかわるケアマネジメント業務を行う。

5　小学校区ごとに設置されることになっている。

問題31 **A** 34-22 サービス担当者会議

介護保険制度のサービス担当者会議に関する次の記述のうち、**最も適切なもの**を1つ選びなさい。

1　会議の招集は介護支援専門員（ケアマネジャー）の職務である。

2　利用者の自宅で開催することが義務づけられている。

3　月1回以上の頻度で開催することが義務づけられている。

4　サービス提供者の実践力の向上を目的とする。

5　利用者の氏名は匿名化される。

START! GOAL!! クリア! クリア! クリア! クリア! クリア! クリア! クリア! クリア! CHAPTER 1 CHAPTER 2 CHAPTER 3 CHAPTER 4 CHAPTER 5 CHAPTER 6 CHAPTER 7 CHAPTER 8

248

問題29

1　✕　民生委員は、担当区域の住民の生活状態を、**必要に応じて適切に把握すること**と規定されていますが、**毎月訪問すること**にはなっていません。

2　✕　民生委員は、各市町村の区域ごとに担当区域を決めて活動を行いますが、**担当する人数の規定**はありません。また、担当するのは区域で援助が必要な人であり、**要介護者**に限定されてはいません。

3　○　「児童福祉法」によって、民生委員は**児童委員**を兼任することが定められています。地域の子どもたちが元気に安心してくらせるように見守り、子育ての不安や妊娠中の心配事などの相談・支援を行います。

4　✕　民生委員は、市町村に設置された民生委員推薦会が推薦した者を**都道府県知事**が推薦し、**厚生労働大臣**が委嘱するものと定められています。

5　✕　任期は**3年**で、再任も可能です。ただし、補欠の民生委員の任期は、前任者の残任期間とされています。

正解　3

問題30

1　○　地域包括支援センターの設置者は、**包括的支援事業**の効果的実施のため、介護サービス事業者や医療機関、民生委員などとの連携に努める必要があります。

2　✕　地域包括支援センターには、第1号被保険者3000〜6000人ごとに、**社会福祉士、主任介護支援専門員、保健師**（またはこれらに準ずる者）を、常勤専従で各1名配置することになっています。

3　✕　各種介護保険サービスを包括的に提供するのではなく、地域住民の保健医療の向上や福祉の増進を包括的に支援することを目的として、主に包括的支援事業を地域において一体的に実施しています。

4　✕　**要支援者と介護予防・生活支援サービス事業対象者**に、介護予防ケアマネジメント業務を行います。

5　✕　市町村の人口規模や業務量などの地域の特性に配慮し、最も効果的・効率的に業務が行えるよう、市町村の判断により設置されます。小学校区ごとではなく、おおむね**人口2万〜3万人程度**を目安に設置されています。

正解　1

問題31

1　○　**サービス担当者会議**では、保健、医療、福祉などさまざまな分野の専門職が参加して利用者の状況などに関する情報を共有し、ケアプランの内容について専門的見地から意見を述べます。

2　✕　サービス担当者会議の開催場所は**義務づけられていません**。利用者の自宅や主治医の診療所、地域包括支援センターなど、**利用者や参加者が集まりやすい場所**で開催されます。

3　✕　サービス担当者会議の開催頻度は**義務づけられていません**。ケアプランの新規**作成時、変更時、更新認定時、区分変更認定時**には、やむを得ない場合を除き**必ず開催**します。

4　✕　サービス担当者会議の目的は、介護支援専門員（ケアマネジャー）が作成したケアプラン原案の内容を、サービス提供に関わる専門職や、利用者・家族に**説明**し、**意見を求め、同意を得る**ことにあります。

5　✕　サービス担当者会議は、サービス提供に関わる専門職が利用者の状況などに関する情報を共有することが目的です。このため、氏名は**匿名化されません**が、利用者の個人情報を用いる場合は、あらかじめ利用者から文書により**同意を得なければなりません**。

正解　1

問題32　B　28-29　リスクマネジメントの留意点　

リスクマネジメントに関する次の記述のうち、**最も適切なもの**を1つ選びなさい。

1　細心の準備をすれば、事故は起こらない。

2　小さな介護事故は、個人で対応する。

3　介護事故の報告を済ませたら、その後の対応は組織の代表者に一任すればよい。

4　介護業務に慣れると事故は起こらない。

5　ヒヤリ・ハット事例の収集・分析が、事故を防ぐことにつながる。

問題33　B　33-26　ハインリッヒの法則　

ハインリッヒ（Heinrich, H.）の法則に関する記述として、**最も適切なもの**を1つ選びなさい。

1　機能障害、能力障害、社会的不利という障害をとらえるための分類である。

2　人間の自己実現に向けた欲求を5つの階層で示したものである。

3　一つの重大事故の背景には、多くの軽微な事故とヒヤリハットが存在する。

4　患者が余命を知らされてから死を受容するまでの心理的プロセスである。

5　生活課題を抱えた人の支援をする上で必要な7つの原則である。

問題34　C　31-22　防災に関する図記号　

防災に関する次の図記号が意味している内容として、**正しいもの**を1つ選びなさい。

1　避難所

2　避難場所

3　土石流注意

4　地滑り注意

5　津波注意

問題32 介護におけるリスクマネジメント（危機管理）は、**事故を未然に防ぐ**ことと、仮に事故が起きても迅速に処理し、**その被害を最小限に抑える**ことを目的としています。

1 × リスクマネジメント（危機管理）においては、**どんなに細心の注意を払って準備をしても事故が起こり得る**と想定して、対応策を検討することが大切です。

2 × 小さな介護事故であっても、利用者の安全を確保するために、**事業所や施設などの組織やチームで対応する**ことが適切です。

3 × 代表者へ介護事故に関する報告を済ませたあとも、事故に立ち会った介護福祉職は、利用者・家族への対応や、事故報告書の作成などを担う必要があります。

4 × 「介護業務に慣れれば事故は起こらない」という予断が、新たな事故をまねくおそれがあります。勤務経験の長さにかかわらず事故は起こり得るという想定のもとに、リスクマネジメントに取り組む姿勢が求められます。

5 ○ 事故につながるおそれのあった「ヒヤリ」としたこと、「ハッ」としたこと＝**ヒヤリ・ハット**事例を収集・分析し、**インシデントレポート**などとしてまとめることで、以後の予防対策に活用していきます。

正解 **5**

問題33

1 × 記述は、ICIDH（国際障害分類）の内容です。

2 × 記述は、**マズローの欲求階層説**です。人間の欲求を、**生理的欲求**、**安全の欲求**、所属・愛情の欲求、承認・自尊の欲求、自己実現の欲求の5段階の階層で示しています。

3 ○ 記述のとおりです。**ハインリッヒの法則**では、1件の重大な労働災害発生の背景には同種の軽い労働災害が29件、傷害事故には至らなかった同種の事故が300件あるとしています。「1：29：300の法則」ともいわれています。

4 × 記述は、アメリカの精神科医**キューブラー・ロス**による「死」の受容に至るまでの5段階のことです。

5 × 記述は、**バイステックの7原則**です。主に、相談援助の場で原則として守られているもので、介護の場でも応用されています。

正解 **3**

問題34

　防災に関する図記号は、2013（平成25）年に改正された災害対策基本法に基づき、避難場所等がどの災害に対応しているか誰でも分かるように**日本工業規格（JIS）**に災害種別の図記号が追加されました。設問の図記号は避難場所を意味しており、津波・高潮、洪水・内水氾濫、崖崩れ・土石流・地滑り、大規模な火事などの災害に適した場所が指定されています。

正解 **2**

ちなみに、選択肢1の避難所は右の図記号になります。

問題35 A 35-73 危険予知と危険回避

利用者の危険を回避するための介護福祉職の対応として、**最も適切なものを1つ**選びなさい。

1 スプーンを拾おうとして前傾姿勢になった車いすの利用者を、目視で確認した。

2 廊下をふらつきながら歩いていた利用者の横を、黙って通り過ぎた。

3 食事介助をしていた利用者の姿勢が傾いてきたので、姿勢を直した。

4 下肢筋力が低下している利用者が、靴下で歩いていたので、スリッパを履いてもらった。

5 車いすの利用者が、フットサポートを下げたまま立ち上がろうとしたので、またいでもらった。

問題36 A 34-25 施設における個人情報の安全管理対策

施設における利用者の個人情報の安全管理対策として、**最も適切なものを1つ**選びなさい。

1 介護福祉職が個人所有するスマートフォンの居室への持込みは制限しない。

2 不要な個人情報を破棄する場合は、万が一に備えて復元できるようにしておく。

3 利用者からの照会に速やかに応じるために、整理用のインデックス（index）は使用しない。

4 個人情報に関する苦情対応体制について、施設の掲示板等で利用者に周知徹底する。

5 個人情報の盗難を防ぐために、職員の休憩室に監視カメラを設置する。

問題37 B 30-23 介護老人福祉施設における防災対策

介護老人福祉施設における防災対策に関する次の記述のうち、**最も適切なものを1つ**選びなさい。

1 消防法において、年1回以上の消火・避難訓練が義務づけられている。

2 大規模災害時には、災害派遣医療チーム（DMAT）の活動拠点本部になることが義務づけられている。

3 災害対策基本法に基づき、避難行動要支援者名簿の作成が、施設長に義務づけられている。

4 避難訓練は、混乱が想定される夜間は避ける。

5 施設が作成する非常災害対策計画の内容は、職員間で十分に共有する。

問題35 利用者の安全を確保するためには、事故の防止と、仮に事故が起きてもその被害を最小限に抑えるリスクマネジメント（危機管理）と、想定される事故に対して、具体的な対策を立てておくセーフティマネジメント（安全管理）が重要です。

1 × 車いすの利用者がスプーンを拾おうとして前傾姿勢になった場合、**そのまま転落するおそれ**があります。目視で確認するのではなく、**利用者のからだを支えます**。

2 × 利用者が廊下をふらつきながら歩いていた場合、転倒してけがをするおそれがあります。黙って通り過ぎるのではなく、利用者のからだを支えたり、車いすに乗せたりするなどして**転倒を予防**します。

3 ○ 片麻痺があると、食事中に患側にからだが傾いてバランスを崩し、いすから転落したり、誤嚥したりするおそれがあります。利用者の姿勢を直すことは、危険を回避するための介護福祉職の対応として適切です。

4 × スリッパは滑りやすく、脱げやすいため、**転倒するおそれ**があります。下肢筋力が低下している利用者には、踵がある靴タイプのものが適しています。

5 × 車いすのフットサポートをまたぐと、つまずいて転倒するおそれがあります。**車いすのフットサポートを上げてから**、利用者に立ち上がってもらいます。

正解 **3**

問題36 居宅サービスや施設など介護現場における利用者の個人情報の安全管理対策として、「医療・介護関係事業者における個人情報の適切な取扱いのためのガイダンス」（厚生労働省）が策定されています。

1 × 個人情報の安全管理が図られるよう、介護福祉職が個人所有するスマートフォンを利用者の居室に持ち込むことは**制限されています**。

2 × 不要な個人情報を廃棄する場合は、焼却や溶解など、データを**復元不可能**なかたちにします。

3 × 利用者の個人情報は、利用者本人からの照会に**速やかに対応**できるよう、インデックスの整備など**検索可能な状態で保存**しておきます。

4 ○ 記述のとおりです。

5 × 個人情報の盗難を防止するため、職員の休憩室ではなく、利用者の**個人情報を保管している場所**に監視カメラを設置します。

正解 **4**

問題37

1 × 介護老人福祉施設は、消防法施行令第3条により**特定防火対象物**とされており、**年2回以上の消火・避難訓練**をすることが義務づけられています。

2 × DMATは災害の急性期（おおむね48時間以内）に活動できる機動性をもった、専門的な研修・訓練を受けた災害派遣医療チームで、災害対策基本法に基づく防災基本計画に組み込まれています。活動拠点本部となるのは、**DMAT指定医療機関**です。**国立病院機構**や**日本赤十字病院**などが該当します。

3 × 避難行動要支援者名簿は、**市町村長**が作成することが義務づけられています。なお、避難行動要支援者とは、高齢者、障害者、乳幼児その他の特に配慮を要する者（要配慮者）のうち、災害時などに自力で避難することが困難で、円滑・迅速な避難のために特に支援を要する者とされています。

4 × 夜間に災害が発生することは当然予測されることから、夜間における避難訓練も行われます。

5 ○ 介護老人福祉施設は、**解説1**のとおり特定防火対象物とされているので、**非常災害対策計画**の作成が義務づけられています。施設職員間で内容を周知徹底し、共有します。

正解 **5**

問題38
A `31-25` **感染対策**

　介護老人福祉施設の感染対策に関する次の記述のうち、**適切なもの**を**1つ**選びなさい。

1　感染対策のための委員会を開催することは任意である。

2　手洗いは、消毒液に手を浸して行う。

3　洗面所のタオルは共用にする。

4　入所者の健康状態の異常を発見したら、すぐに生活相談員に報告する。

5　おむつ交換は、使い捨て手袋を着用して行うことが基本である。

 問題39
A `32-26` **感染対策（MRSA）**

　高齢者介護施設で、MRSA（メチシリン耐性黄色ブドウ球菌）の保菌者が確認されたときの対応に関する次の記述のうち、**最も適切なもの**を**1つ**選びなさい。

1　入所者全員の保菌の有無を調べる。

2　接触感染予防策を実施する。

3　保菌者のレクリエーションへの参加を制限する。

4　保菌者は最初に入浴する。

5　通常用いられる消毒薬は無効である。

 問題40
A `27-31` **感染対策（疥癬）**

　疥癬（かいせん）（scabies）とその対策に関する次の記述のうち、**適切なもの**を**1つ**選びなさい。

1　マダニが皮膚に寄生することで発生する皮膚病である。

2　感染した皮膚には変化が見られない。

3　感染した利用者は他の利用者と同室でよい。

4　感染した利用者の衣類や寝具の洗濯は他の利用者のものと一緒でよい。

5　感染した利用者の入浴は、順番を最後にする。

START! GOAL!! クリア！ CHAPTER 1　クリア！ CHAPTER 2　クリア！ CHAPTER 3　クリア！ CHAPTER 4　クリア！ CHAPTER 5　クリア！ CHAPTER 6　クリア！ CHAPTER 7　クリア！ CHAPTER 8

254

問題38

1　✕　介護保険施設では、感染症（食中毒を含む）の発生や感染拡大を防止するために、**感染対策委員会を開催しなければならないこと**が運営基準で規定されています。

2　✕　手指の消毒には、**速乾性擦式アルコール製剤**を使います。

3　✕　感染を防ぐため、洗面所などのタオルは共用にせず、**使い捨てのペーパータオルなどを使用**します。

4　✕　入所者の健康状態の異常を発見したら、すぐに**看護職員または医師に報告**します。

5　〇　記述のとおりです。おむつ交換をするごとに**使い捨て手袋を**取り替え、また、手袋を外した際には**手洗いを実施**します。

正解　5

施設の感染対策については、厚生労働省が高齢者介護施設における感染対策マニュアルを公表していますので、基本的な内容を理解しておきましょう。

問題39　感染対策においては、感染予防の３つの原則（❶**感染源を排除する**、❷**感染経路を遮断する**、❸宿主〈感染症の原因となる微生物が寄生した人〉**の抵抗力を高める**）を念頭に、対策を整えておくことが大切です。

1　✕　MRSA（メチシリン耐性黄色ブドウ球菌）は、**免疫機能の低下した子どもや高齢者が発症しやすい**感染症です。発熱や咳、痰などの**症状のない入所者**に対して、保菌の有無を調べる**必要はありません**。

2　〇　接触感染とは、**病原体が付着した皮膚・物品・器具などに触れることで感染**するものです。MRSA（**メチシリン耐性黄色ブドウ球菌**）は接触感染の代表的な感染症であるため、接触感染予防策を実施することは有効です。

3　✕　高齢者介護施設内で**スタンダードプリコーション**（標準予防策）が徹底されていれば、通常の入所生活においては、保菌者のレクリエーションへの**参加を制限するなどの対応は不要**です。

4　✕　**解説２のとおり、保菌者の入浴は最後にする**など、接触感染の予防に努めることが重要です。

5　✕　MRSA（メチシリン耐性黄色ブドウ球菌）には、**アルコール**など通常用いられる消毒薬が有効です。

正解　2

問題40

1　✕　疥癬は、**ヒゼンダニ**というダニの一種が、皮膚の角層内に寄生して起こる、皮膚疾患です。**接触感染**による感染症に含まれます。

2　✕　疥癬に感染すると、皮膚に激しい**かゆみ**が生じます。からだの各部に赤いぶつぶつがみられ、指や手の平、手首などに産卵場所となる**疥癬トンネル**という発疹が出ます。

3　✕　感染拡大を防ぐため、感染した利用者を個室に移すなどの対応が必要です。

4　✕　感染した利用者が使用した衣類や寝具からも感染する可能性があるので、**別々に洗濯する必要があります**。

5　〇　感染拡大を防ぐため、感染した利用者の入浴は最後にします。

正解　5

CH
9
介護の基本

問題41 **B** 31-26 **燃え尽き症候群（バーンアウト）**

燃え尽き症候群（バーンアウト（burnout））の特徴として、**最も適切なもの**を１つ選びなさい。

1 首から肩、腕にかけて凝りや痛みが生じる。

2 人格・行動変化や失語がみられる。

3 無気力感、疲労感や無感動がみられる。

4 身体機能の低下がみられる。

5 日中に耐え難い眠気が生じる。

問題42 **B** 28-31 **労働安全衛生法**

労働安全衛生法に定められている内容に関する次の記述のうち、**正しいもの**を１つ選びなさい。

1 労働災害の防止に関する措置への労働者の協力

2 労働者の介護休業

3 女性労働者の婚姻、妊娠、出産等を理由とする不利益取扱いの禁止

4 常時20名以上の労働者を使用する事業場の衛生委員会の設置

5 労働者の１日の法定労働時間

問題43 **B** 30-26 **ストレスチェック制度**

「ストレスチェック制度」に関する次の記述のうち、**適切なもの**を１つ選びなさい。

1 ストレスチェックは会社の上司が実施する。

2 ストレスチェックは、労働者数30人以上の事業者に義務づけられている。

3 労働者のメンタルヘルス不調の未然防止が主な目的である。

4 実施した結果は、事業者から労働者に対して通知することが義務づけられている。

5 各事業所で２年に一度実施することが規定されている。

(注) 「ストレスチェック制度」とは、労働安全衛生法で定める「労働者に対して行う心理的な負担の程度を把握するための検査及びその結果に基づく面接指導の実施等を事業者に義務づける制度」のことである。

START! GOAL!! クリア！ クリア！ クリア！ クリア！ クリア！ クリア！ クリア！ クリア！ CHAPTER 1 CHAPTER 2 CHAPTER 3 CHAPTER 4 CHAPTER 5 CHAPTER 6 CHAPTER 7 CHAPTER 8

256

問題41

1 × 記述は、**頸肩腕症候群**などにみられる特徴です。

2 × 記述は、**前頭側頭葉変性症**などにみられる特徴です。

3 ○ 燃え尽き症候群（バーンアウト）は、**仕事に対して熱意をもって臨んでいる人**に、多くみられます。**無気力感**や**疲労感**、**無感動**などの症状が現れ、仕事への意欲も失われていくため、業務に支障が出ることも考えられます。

4 × 燃え尽き症候群では、**身体機能は低下しません**。

5 × 記述は、過眠症などにみられる特徴です。

正解 3

問題42 「労働安全衛生法」は、**労働者の安全・健康と、快適な職場環境づくり**を目的とした法律です。

1 ○ 「労働安全衛生法」第4条に、**労働者は、事業者などが実施する**労働災害の防止に関する措置に協力する努力義務がある、と規定されています。

2 × 労働者の介護休業は、「育児休業、介護休業等育児又は家族介護を行う労働者の福祉に関する法律」（育児・介護休業法）に規定されています。

3 × 女性労働者の婚姻、妊娠、出産等を理由とする不利益取扱い（退職理由にしたり解雇したりすること）の禁止は、「雇用分野における男女の均等な機会及び待遇の確保等に関する法律」（男女雇用機会均等法）に規定されています。

4 × 「労働安全衛生法」第18条に規定される衛生委員会は、**常時50人以上の労働者が働く事業場**に設置するものとされています（「労働安全衛生法施行令」第9条）。衛生委員会は、衛生に関する規程の作成や、定期健康診断などの結果に対する対策などを検討します。

5 × 労働者の1日の法定労働時間は、「労働基準法」に規定されています。

正解 1

問題43

1 × ストレスチェックの実施者は、医師、保健師、**厚生労働大臣の定める研修を受けた**看護師・精神保健福祉士です。

2 × ストレスチェックは、労働者が**50人以上いる事業所**に義務づけられています。

労働者が50人未満の事業所は、努力義務となっています。

3 ○ 労働者が自分のストレス状態を知ることで、ストレスに対処したり、医師の面接を受けて助言をもらったりすることで、うつなどの**メンタルヘルス不調を未然に防止**することが目的です。

4 × 実施した結果（ストレスの**程度**の評価、高ストレスか否か、医師の**面接指導**が必要か否か）は**実施者から本人に直接通知**されます。事業者が結果内容を入手するには本人の同意が必要になります。

5 × 年1回実施することが義務づけられています。

正解 3

CH 9 介護の基本

問題44 B 34-26 介護従事者の安全

訪問介護員（ホームヘルパー）が、利用者や家族からハラスメント（harassment）を受けたときの対応に関する次の記述のうち、**最も適切なもの**を1つ選びなさい。

1 利用者に後ろから急に抱きつかれたが、黙って耐えた。

2 利用者から暴力を受けたので、「やめてください」と伝え、上司に相談した。

3 利用者が繰り返す性的な話を、苦痛だが笑顔で聞いた。

4 家族から暴言を受けたが、担当なのでそのまま利用者宅に通った。

5 家族からサービス外のことを頼まれて、断ったら怒鳴られたので実施した。

問題45 B 30-25 「育児・介護休業法」

「育児・介護休業法」に基づく、休業や休暇などの取得に関する次の記述のうち、**適切なもの**を1つ選びなさい。

1 育児休業期間は、子が満3歳になるまでである。

2 子の小学校就学前まで短時間勤務制度を活用できる。

3 子が病気等をしたときは、3歳まで年に10日間の看護休暇を取得できる。

4 要介護状態にある家族の通院の付添いをするときは、介護休暇を取得できる。

5 介護休業とは、2か月以上要介護状態が続いている家族を介護するためのものである。

（注）「育児・介護休業法」とは、「育児休業、介護休業等育児又は家族介護を行う労働者の福祉に関する法律」のことである。

START! GOAL!! クリア！ CHAPTER 1 クリア！ CHAPTER 2 クリア！ CHAPTER 3 クリア！ CHAPTER 4 クリア！ CHAPTER 5 クリア！ CHAPTER 6 クリア！ CHAPTER 7 クリア！ CHAPTER 8 クリア！ CHAPTER 9

258

問題44

　介護現場におけるハラスメントには、身体的暴力（たたかれる、蹴られるなど）、精神的暴力（怒鳴る、大声を出すなど）、セクシュアルハラスメント（抱きしめる、性的な話をするなど）があります。利用者やその家族からハラスメントを受けた場合は、我慢せずに上司に相談し、**組織的・総合的な対応**を講じます。また、事業者は、利用者からのハラスメントを介護現場における**権利侵害**ととらえ、ハラスメントに対する**基本方針**を策定して職員、利用者、家族に周知したり、職員が報告・相談しやすい**窓口**を設置したりするなどの取り組みを行う必要があります。

正解 　2

問題45

1　×　育児休業は、原則として、**1歳未満の子**がいる場合に、**1歳の誕生日**に達するまでの間に、取得することができます。
2　×　短時間勤務制度を活用できるのは、**3歳まで**です。
3　×　子が病気等をしたときは、小学校就学前まで**年5日**まで取得することができます。
4　○　記述のとおりです。
5　×　介護休業の申出条件は、**2週間以上にわたって対象家族が要介護状態**にあることです。

正解 　4

ポイントチェック

「育児・介護休業法」の定める主な支援制度

分類	制度の概要
出生時育児休業（産後パパ育休）	男性労働者が事業主に申請することで、子の出生から**8週間**を経過する日の翌日までに、**4週間**まで取得できる（2回まで分割して取得可能）
育児休業	原則として、**1歳未満の子**がいる場合に、1歳の誕生日に達するまでの間に、取得することができる（出生時育児休業を除く。2回まで分割して取得可能）。保育園に入れないなど一定の要件を満たす場合は1歳6か月まで延長可（再延長は2歳まで）
子の看護休暇	小学校就学前の子1人につき、病気やけがをした子の看護、予防接種や健康診断を目的として、**年5日**まで取得することができる（時間**単位**で取得可能）
介護休業	**要介護状態**[※1]にある家族1人につき、通算で**93日**まで取得することができる（3回まで分割して取得可能）
介護休暇	**要介護状態**にある家族1人につき、**年5日**まで取得することができる（時間**単位**で取得可能）。対象家族[※2]の介護のほか、通院**の付き添い**なども含まれる
短時間勤務制度	事業主は、**3歳未満の子**がいる労働者が**申請**すれば、所定労働時間を短縮（原則1日6時間）させなければならない
所定外労働の制限	事業主は、**3歳未満の子**がいる労働者が**申請**すれば、所定労働時間を超えて労働させてはならない

※1　要介護状態…負傷、疾病、身体上または精神上の障害により、2週間以上の期間にわたり常時介護を必要とする状態
※2　対象家族…労働者の配偶者、父母、子、祖父母、兄弟姉妹、孫、配偶者の父母

ポイントチェック一覧

コミュニケーション技術

問題1　B　35-75　利用者の家族との関係づくり

　利用者の家族と信頼関係を形成するための留意点として、**最も適切なものを1つ選びなさい。**

1　家族の希望を優先する。

2　話し合いの機会を丁寧にもつ。

3　一度形成した信頼関係は、変わらずに継続すると考える。

4　家族に対して、「こうすれば良い」と指示を出す。

5　介護は全面的に介護福祉職に任せてもらう。

問題2　A　34-27　コミュニケーションの基本

　介護福祉職が利用者とコミュニケーションをとるときの基本的な態度として、**最も適切なものを1つ選びなさい。**

1　上半身を少し利用者のほうへ傾けた姿勢で話を聞く。

2　利用者の正面に立って話し続ける。

3　腕を組んで話を聞く。

4　利用者の目を見つめ続ける。

5　緊張感が伝わるように、背筋を伸ばす。

問題3　B　31-27　逆転移

　利用者とのコミュニケーションにおいて逆転移が起きている事例に該当するものとして、**最も適切なものを1つ選びなさい。**

1　自分が利用者を嫌いなのに、利用者が自分を嫌っていると思い込む。

2　亡くなった祖母と似ている利用者に、無意識に頻繁に関わる。

3　利用者に対する不満を直接ぶつけずに、机を強くたたいて発散する。

4　敬意を抱いている利用者の口癖を、自分もまねて用いる。

5　利用者に対する嫌悪の感情を抑え、過剰に優しく利用者に接する。

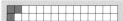

問題1

1　✕　利用者と家族の希望が異なる場合、利用者の家族と信頼関係を形成するためであっても、家族の希望を優先するのではなく、利用者の希望を家族に伝え、**両者の意向を調整**する役割を果たします。

2　○　話し合いの機会を丁寧にもつことで**相互理解**が深まり、利用者の家族と信頼関係を形成するのに役立ちます。

3　✕　利用者の家族と信頼関係が形成できても、介護福祉職の言動や態度などが原因で信頼関係を損なうこともあります。介護福祉職には、十分な信頼関係が築けているかを**常に見直す**ことが求められます。

4　✕　利用者の家族に対して、「こうすれば良い」と一方的に指示を出すと反発を招きかねず、逆効果です。家族が行っていることに対しては、否定せずに**十分な労いの言葉**をかけ、よりよい方法を一緒に**検討**するなど、信頼関係の形成につなげていきます。

5　✕　家族はチームの重要な**構成メンバー**であり、利用者の望む生活を実現していくために協働していく支援の**パートナー**でもあります。利用者への介護について家族がどのように考えているのか、その意向をくみ取ることで、信頼関係の形成につなげていきます。

正解　2

問題2

1　○　記述のとおりです。利用者に向かって**からだを少し傾ける**姿勢をとることで、利用者の話に、関心をもって耳を傾けていることが伝わります。

2　✕　正面に立って話し続けると、利用者は緊張したり構えてしまったりするおそれがあります。このため、利用者と目線を合わせて**やや斜め前に位置する**ほうが望ましいといえます。

3　✕　聞き手が腕を組んでいると、自分の話に関心がないと利用者に思われてしまうおそれがあります。腕や足を組まず、**開放的な姿勢**をとるようにします。

4　✕　話を聞く際に利用者の目を見つめ続けると、視線による**圧迫感が強まり**、話しづらい雰囲気になる場合があります。利用者の緊張が和らぐよう、**適度に視線を外す**ようにします。

5　✕　背筋を伸ばすなど、利用者に緊張感が伝わるような姿勢は、円滑なコミュニケーションの妨げとなります。**適度にリラックスした態度**で話を聞くようにします。

正解　1

問題3

　逆転移とは、援助者が**自分の親や子などに向けていた無意識な感情や葛藤を、利用者に対して向けるようになること**をいいます。ちなみに、利用者が援助者にそうした感情などを向けるようになることは**転移**といいます。

正解　2

ポイント
チェック

援助過程で生じる感情

転移	利用者がかつて抱いていた様々な感情を、援助者に向ける（投影する）こと → 転移を援助関係の進展に活用することは可能
逆転移	援助者がかつて抱いていた様々な感情を、利用者に向けること → 逆転移は避けるべきもの
選好感情	援助者が自らの好みで利用者を序列化したり、偏った気持ちで見たりすること

次の事例を読んで、**問題4**、**問題5**について答えなさい。

〔事　例〕

　Fさん（85歳、女性）は、中等度の認知症（dementia）がある。同居していた娘の支援を受けて生活してきたが、症状が進行してきたために、介護老人福祉施設への入所が決まった。

　入所当日、介護福祉職はFさんの付き添いで来た娘に初めて会った。介護福祉職が、「はじめまして。よろしくお願いします」と挨拶をすると、娘は少し緊張した様子で、「お願いします」とだけ答えた。娘は、介護福祉職の問いかけに応えるまで時間がかかり、また、あまり多くを語ることはなかった。

　持参した荷物の整理を終えて帰宅するとき、娘が寂しそうに、「これから離れて暮らすんですね」とつぶやいた。

問題4
B 33-28 **利用者の家族との関係づくり**

初対面の娘と関係を構築するために介護福祉職がとる対応として、**最も適切なもの**を1つ選びなさい。

1　友人のような口調で話す。
2　相手のペースに合わせて、表情を確認しながら話す。
3　会話が途切れないように積極的に話す。
4　密接距離を確保してから話す。
5　スキンシップを用いながら話す。

問題5
A 33-29 **共感**

帰宅するときの娘の発言に対する、介護福祉職の共感的な言葉かけとして、**最も適切なもの**を1つ選びなさい。

1　「心配しなくても大丈夫ですよ」
2　「私も寂しい気持ちは一緒です」
3　「元気を出して、お母さんの前では明るく笑顔でいましょう」
4　「お母さんに毎日会いに来てください」
5　「お母さんと離れて暮らすと寂しくなりますね」

START!
GOAL!!
クリア！ クリア！ クリア！ クリア！ クリア！ クリア！ クリア！ クリア！ クリア！
CHAPTER CHAPTER CHAPTER CHAPTER CHAPTER CHAPTER CHAPTER CHAPTER CHAPTER
1　2　3　4　5　6　7　8　9

264

問題4

1 × 初対面であるFさんの娘に対して、友人のような口調で話すことは、娘と関係を構築するために介護福祉職がとる対応として適切ではありません。

2 ○ **相手のペースに合わせ**、表情や感情、ものの見方などを確認しながら話す傾聴の姿勢が大切です。

3 × 記述は、介護福祉職がとる対応として適切ではありません。会話のなかでみられる沈黙には、過去を思い出したり、どう話そうか迷ったりしているなど、それ自体に意味があります。介護福祉職は、Fさんの娘がいつでも話を切り出せるような雰囲気づくりを心がけます。

4 × 密接距離は**親しい間柄の距離**（0〜45cm）であり、初対面であるFさんの娘に対してとる距離ではありません。相手の気持ちを察しながら個人的な関心や関係を話し合う**個人的距離**（45〜120cm）をとって話すのが適切といえます。

5 × 初対面であるFさんの娘に対して、スキンシップを用いながら話すことは、**不快感を与え**、娘との関係構築に**逆効果となる**おそれがあります。

正解 2

問題5

　共感とは、相手の気持ちに心を寄せて、その感情を共有し、理解するように努めることをいいます。選択肢5の「お母さんと離れて暮らすと寂しくなりますね」という介護福祉職の発言は、Fさんの娘の「これから離れて暮らすんですね」という発言に含まれる感情を受け止めたものであり、共感的な言葉かけといえます。その他の選択肢の介護福祉職の発言は感情を共有しておらず、共感的な言葉かけにはあたりません。

正解 5

ポイントチェック

イーガンのSOLER

　相手の話に、関心をもって耳を傾けていることが伝わるようにする技法として、イーガンの示すSOLER（ソーラー）という考え方がある。これは、話を聞くときの姿勢を示した5つの英単語の頭文字をとったものである。

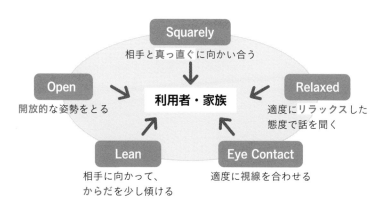

Squarely 相手と真っ直ぐに向かい合う

Open 開放的な姿勢をとる

利用者・家族

Relaxed 適度にリラックスした態度で話を聞く

Lean 相手に向かって、からだを少し傾ける

Eye Contact 適度に視線を合わせる

265

問題6
B 30-27 **受容**

受容の説明に関する次の記述のうち、**最も適切なもの**を**1**つ選びなさい。

1 価値観を尊重する。
2 問題行動を否定する。
3 言い分に同調する。
4 感情を分析する。
5 否定的感情を抑圧する。

問題7
A 35-74 **閉じられた質問**

次のうち、閉じられた質問として、**適切なもの**を**1**つ選びなさい。

1 「この本は好きですか」
2 「午後はどのように過ごしますか」
3 「困っていることは何ですか」
4 「どのような歌が好きですか」
5 「なぜそう思いますか」

問題8
B 30-28 **開かれた質問をする目的**

コミュニケーションがより円滑になるように、開かれた質問をする目的として、**最も適切なもの**を**1**つ選びなさい。

1 初対面の利用者と会話を始めるときに緊張をほぐすきっかけをつくる。
2 話す気分になれなくて口数が少ない利用者と会話を続ける。
3 漠然としていて伝わらない利用者の考えを明確にする。
4 重度の認知症（dementia）でコミュニケーション能力が低下している利用者から情報を得る。
5 利用者の繰り返す同じ話を一旦止める。

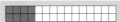
START!
GOAL!!
クリア！ クリア！ クリア！ クリア！ クリア！ クリア！ クリア！ クリア！ クリア！
CHAPTER CHAPTER CHAPTER CHAPTER CHAPTER CHAPTER CHAPTER CHAPTER CHAPTER
1 2 3 4 5 6 7 8 9

266

1 ○ **受容**とは利用者の感情や言動をありのまま**受け入れる**ことです。

2 ✕ 問題行動を否定することは、対象者の**価値観を否定**することになります。非審判的態度で接することが重要です。

3 ✕ 記述は、コミュニケーション技法の共感の説明です。

4 ✕ 記述は、**バイステックの7原則**の統制された情緒的関与の説明です。

5 ✕ 否定的あるいは肯定的な感情を抑圧することは、**バイステックの7原則**の意図的な感情表出を抑制することになります。対象者が自由に感情を表現できるように援助することが重要です。

正解 | 1 |

閉じられた質問とは、「はい」や「いいえ」など、一言で答えられるような、**簡単な質問**をいいます。選択肢1の「この本は好きですか」という質問に対し、相手は「はい」または「いいえ」で答えられますので、**閉じられた質問**に該当します。ほかの選択肢は、その人にしか答えられない考えや状態を尋ねる質問ですので、**開かれた質問**に該当します。

正解 | 1 |

1 ✕ 質問技法には「**開かれた質問**」と「**閉じられた質問**」があります。抱いている**感情を引き出す**ためには「開かれた質問」が適していますが、必ずしも「緊張をほぐすきっかけ」にはなりません。「閉じられた質問」で「はい」「いいえ」と答えてもらう間に緊張がほぐれてくるものです。その後で「開かれた質問」をするとより多くの感情を引き出すことができます。

2 ✕ 話す気分になれない利用者に対して会話を続けることは、適切ではありません。時間や日を改めて質問の機会を設けるようにします。また、**自由に感情が表現できるように**意図的に援助することが重要です。

3 ○ 質問内容をいろいろと変えながら「開かれた質問」をすることで、漠然としていた考えを引き出すことが期待できます。

4 ✕ コミュニケーション能力が低下している利用者に対しては「はい」か「いいえ」で答えてもらう「閉じられた質問」が適しています。利用者の言動を受容し、訴えを傾聴する姿勢で接することが大事になります。

5 ✕ 繰り返す同じ話を止めることは、**発言を否定する**ことにもなり、適切な対応とはいえません。言動を**受容**し、訴えを**傾聴**するようにします。

正解 | 3 |

Gさん（55歳、男性）は父親と二人で暮らしている。父親は週2回通所介護（デイサービス）を利用している。Gさんは、父親が夜に何度も起きるために睡眠不足となり、仕事でミスが続き退職を決意した。

ある日、Gさんが介護福祉職に、「今後の生活が不安だ。通所介護（デイサービス）の利用をやめたいと考えている」と話した。

Gさんが、「利用をやめたい」と言った背景にある理由を知るためのコミュニケーションとして、**最も適切なもの**を1つ選びなさい。

1 開かれた質問をする。

2 「はい」「いいえ」で答えられる質問をする。

3 介護福祉職のペースに合わせて話してもらう。

4 事実と異なることは、訂正しながら聞く。

5 相手が話したくないことは、推測して判断する。

直面化の技法に関する次の記述のうち、**最も適切なもの**を1つ選びなさい。

1 利用者の感情と行動の矛盾点を指摘する。

2 うなずきやあいづちを用いて、利用者の話を促す。

3 利用者が話した内容を、整理して伝える。

4 利用者が話した内容を、別の言葉を使って簡潔に返す。

5 「はい」や「いいえ」だけで答えられる質問をする。

利用者と家族の意向が対立する場面で、介護福祉職が両者の意向を調整するときの留意点として、**最も適切なもの**を1つ選びなさい。

1 両者が話し合いを始めるまで発言しない。

2 利用者に従うように家族を説得する。

3 利用者と家族のそれぞれの意見を聞く。

4 家族の介護負担の軽減を目的にして調整する。

5 他職種には相談せずに解決する。

START! GOAL!! クリア！ CHAPTER 1 クリア！ CHAPTER 2 クリア！ CHAPTER 3 クリア！ CHAPTER 4 クリア！ CHAPTER 5 クリア！ CHAPTER 6 クリア！ CHAPTER 7 クリア！ CHAPTER 8 クリア！ CHAPTER 9

268

1　○　開かれた**質問**（オープンクエスチョン）は、その人の思いや考えなど、**より多くの情報を引き出せる**技法であり、Gさんが通所介護（デイサービス）の利用をやめたいと言った背景にある理由を知るためのコミュニケーションとして適切です。

2　×　「はい」や「いいえ」など、一言で答えられる**閉じられた質問**（クローズドクエスチョン）では相手から**十分な情報を引き出せず**、Gさんの言葉の背景にある理由を知るには難しいといえます。

3　×　コミュニケーションを図る際は、**相手のペース**に合わせて話してもらうことが大切です。記述のような対応では、Gさんの言葉の背景にある理由を知るには難しいといえます。

4　×　Gさんの話のなかに事実と異なることがあったとしても、Gさんの発言をありのままに受け入れる**受容の姿勢**が求められます。訂正しながら話を聞いたのでは、Gさんの言葉の背景にある理由を知るには難しいといえます。

5　×　介護福祉職が勝手に推測して判断するのでは、Gさんの言葉の背景にある理由を知るためのコミュニケーションにはなりません。

正解　**1**

1　○　直面化とは、利用者の**感情と行動の矛盾点を指摘する**ことで、利用者自身が見つめ直す必要のある感情や言動に対して、**向かい合うきっかけをつくる**技法をいいます。

2　×　記述は、**傾聴**の説明です。

3　×　記述は、**焦点化の技法**の説明です。

4　×　記述は、**要約の技法**の説明です。

5　×　記述は、**閉じられた質問**の説明です。

正解　**1**

1　×　利用者と家族が話し合いを始められるよう、介護福祉職が最初に発言するなど、**両者にはたらきかける**必要があります。

2　×　利用者の意向に従うことで、家族の権利が侵害される場合もあります。家族を説得するのではなく、利用者の**意向自体をよく検討する**必要があります。

3　○　利用者と家族それぞれの意見を聞き、お互いの意向が理解できたら、両者の**意向を調整**します。

4　×　家族の介護負担の軽減を目的にして調整すると、利用者のよりよい生活の実現が難しくなるおそれがあります。利用者と家族それぞれの生活が**常に安定する**ように支援します。

5　×　利用者と家族の意向を調整するためには、介護福祉職一人では十分な対応が難しい場合もあります。利用者や家族のプライバシーに配慮したうえで、複数の専門職がかかわり、両者の意向の調整を行うことも必要です。

正解　**3**

問題12 B 32-30 視覚障害のある人とのコミュニケーション

視覚障害者とのコミュニケーションに関する次の記述のうち、**最も適切なもの**を1つ選びなさい。

1　挨拶するときは後ろから声をかける。　　　　2　話しかけることは最小限にとどめる。

3　聴覚、触覚、嗅覚を活用する。　　　　　　4　声の強弱などの準言語の活用は控える。

5　方向を示すときは「あちら」「そちら」と表現する。

次の事例を読んで、問題13、問題14について答えなさい。

〔事　例〕

　Jさん（75歳、男性）は先天性の全盲である。これまで自宅で自立した生活をしてきたが、最近、心身機能の衰えを感じて、有料老人ホームに入居した。

　施設での生活にまだ慣れていないので、移動は介護福祉職に誘導してもらっている。

　ある日、介護福祉職がJさんを自室まで誘導したときに、「いつも手伝ってもらってすみません。なかなか場所を覚えられなくて。私はここでやっていけるでしょうか」と話してきた。

問題13 B 34-29 共感的理解を示す対応

　Jさんの発言への介護福祉職の共感的理解を示す対応として、**最も適切なもの**を1つ選びなさい。

1　Jさんの発言にうなずく。

2　Jさんの発言のあと沈黙する。

3　Jさんの話の内容を短くまとめて伝える。

4　Jさんの立場に立って感情を推し測り、言葉で表現して伝える。

5　Jさんの気持ちが前向きになるように、励ましの言葉を伝える。

問題14 A 34-30 視覚障害のある人とのコミュニケーション

　Jさんの不安な気持ちを軽くするための介護福祉職の対応として、**最も適切なもの**を1つ選びなさい。

1　いきなり声をかけると驚くので、肩にふれてから挨拶をする。

2　誘導時の声かけは歩行の妨げになるので、最小限にする。

3　角を曲がるときには、「こちらに」と方向を伝える。

4　トイレや食堂などを、一緒に歩きながら確認する。

5　食堂の座席は、Jさんの好きなところに座るように伝える。

1 × 視覚障害者に挨拶をするときは、なるべく**正面から声をかける**ようにします。

2 × 視覚障害者は、視覚からの情報が得られにくいため、日常生活を送るうえで**必要なことは積極的に話しかける**ようにします。

3 ○ 視覚障害者とのコミュニケーションでは、聴覚、触覚、嗅覚など、**残存機能を活用**した支援が必要となります。視覚障害のある人の聴覚を活用したツールとして、音声読み上げソフト（文章を音声化する機器）やポータブルレコーダーがあります。

4 × 準言語とは、言葉そのものではなく、声の強弱や大きさ、高さ、話す速さ、間合いのとり方など、**言葉に付随するもの**を指します。視覚障害者は、相手の表情やしぐさを見ながらコミュニケーションをとることが難しいため、**準言語を活用する**ことが大切です。

5 × 方向を示すときに、「あちら」「そちら」と表現しても視覚障害者には伝わりません。指示語や代名詞は避け、**視覚情報を整理して具体的に伝えます**。

正解 3

1 × **共感的理解**とは、相手の立場に立って**気持ちを理解**し、自分の言葉で表現して伝えることをいいます。Jさんの発言にうなずいたり沈黙したりすることではありません。また、うなずきや沈黙といった非言語的コミュニケーションは、全盲であるJさんには伝わりません。

2 × **解説1**のとおりです。

3 × 記述は、要約の説明です。

4 ○ **解説1**のとおりです。

5 × **解説1**のとおり、励ましの言葉を伝えることは、Jさんの立場に立って気持ちを理解しておらず、共感的理解とはいえません。

正解 4

1 × 声をかける前に視覚障害者のからだに触れると、相手を驚かせてしまうことになります。介護福祉職は、まずJさんの名前を呼んでから、自分の名前を伝え、挨拶をします。

2 × 誘導時の声かけは、視覚障害者が再度その場所を通る際の有益な情報となります。歩いている場所、周辺の状況、危険箇所など、必要に応じてJさんに**声かけをしながら誘導**します。

3 × 角を曲がる場合、「こちらに」といった説明では、視覚障害者は適切な方向にからだを向けることができません。「右に曲がります」「左に曲がります」など、その場の状況に応じて**具体的に説明**します。

4 ○ 視覚障害者は、屋内にあるトイレや食堂などの位置関係を把握することで、単独歩行が可能となります。施設内を介護福祉職と一緒に歩きながら確認することで場所を覚えることができ、Jさん一人でも行けるようになります。

5 × **解説4**のとおり、食堂の座席は、Jさんの好きなところではなく、毎回同じ席にします。

正解 4

聴覚障害のある人とのコミュニケーション

　Cさん（75歳、男性）は、老人性難聴（presbycusis）があり、右耳は中等度難聴、左耳は高度難聴である。耳かけ型補聴器を両耳で使用して静かな場所で話せば、なんとか相手の話を聞き取ることができる。

　Cさんとの1対1のコミュニケーションの方法として、**最も適切なものを1つ**選びなさい。

1　正面で向き合って話しかける。
2　高音域の声を使って話しかける。
3　耳元で、できるだけ大きな声で話しかける。
4　手話で会話をする。
5　からだに触れてから話しかける。

構音障害のある人とのコミュニケーション

　構音障害のある利用者とのコミュニケーションに関する次の記述のうち、**最も適切なものを1つ**選びなさい。

1　閉じられた質問の活用を控える。
2　聞き取れないところは、再度言ってもらう。
3　はっきりと発音するように促す。
4　耳元で大きな声で話しかける。
5　筆談の活用を控える。

運動性失語症の人とのコミュニケーション

　運動性失語症（motor aphasia）のある人とコミュニケーションを図るときの留意点として、**最も適切なものを1つ**選びなさい。

1　絵や写真を使って反応を引き出す。
2　大きな声で1音ずつ区切って話す。
3　手話を使うようにする。
4　五十音表でひらがなを指してもらう。
5　閉ざされた質問は控える。

START!
GOAL!!
クリア! クリア! クリア! クリア! クリア! クリア! クリア! クリア! クリア!
CHAPTER CHAPTER CHAPTER CHAPTER CHAPTER CHAPTER CHAPTER CHAPTER CHAPTER
1　2　3　4　5　6　7　8　9

272

問題15 聴覚障害には、先天的なものと、後天的なもの（中途失聴や難聴〈老人性難聴を含む〉など）があります。

1　○　Cさんが話し手の表情や視線を読み取れるように、正面で向き合って話しかけます。

2　×　老人性難聴は、**高音域の音から聞き取りにくくなる**のが特徴ですので、低音域の声を使って話しかけます。

3　×　補聴器は、使用者の聴力に応じて**音を増幅**しているため、耳元で、できるだけ大きな声で話しかけると、**耳の状態を悪化**させてしまいます。Cさんと話す際は、必要以上に大きな声で話しかけないように配慮します。

4　×　手話の習得にはある程度の**時間を要する**ため、老人性難聴であるCさんには、手話よりも筆談が向いています。

5　×　1対1のコミュニケーションの場合、話し手の声が聞こえてくる方向をCさんも理解していますので、からだに触れて注意を促す必要はありません。

正解　1

話し手の口の形や動きを手がかりにして、話の内容を読み取る方法を読話（どくわ）といいます。老人性難聴のある人でも可能なコミュニケーションの方法であり、話の内容が正しく理解されているか、そのつど確認していくことが大切です。

CH
10
コミュニケーション技術

問題16 構音障害とは、発語に関わる舌や口唇（くちびる）の動きが障害されることで、正確な発声・発音が難しくなる障害です。

1　×　構音障害のある利用者に対しては、「はい」「いいえ」など一言で答えられるような**閉じられた質問を活用**して、コミュニケーションを図ります。

2　○　記述のとおりです。それでも聞き取れない場合は、**分かったところを介護福祉職が繰り返して言う**ことで、相手の意思を確かめます。

3　×　構音障害の場合、**正確な発声・発音が困難**なため、はっきりと発音するように促すことは適切ではありません。

4　×　構音障害のある利用者は、**聴覚機能は正常である**ため、耳元で大きな声で話しかける必要はありません。

5　×　構音障害のある利用者に対しては、**筆談、五十音表を使った文字盤、携帯用会話補助装置**などのコミュニケーションツールが有効です。

正解　2

問題17

1　○　記述のとおりです。運動性失語症のある人とコミュニケーションを図るときは、絵や写真などの**視覚的な情報**を用います。

2　×　失語症は、聴覚に障害があるわけではありません。また、運動性失語症のある人は、他人の話を理解することもできるため、大きな声で1音ずつ区切って話すのは適切ではありません。

3　×　**解説2**のとおり、聴覚に障害があるわけではないので、手話を使うようにするのは適切ではありません。

4　×　失語症の人には**五十音表は有効ではなく、かえって混乱する**ので使用を避けます。

5　×　閉じられた質問（クローズドクエスチョン）は**有効**です。

正解　1

次の事例を読んで、**問題18**、**問題19**について答えなさい。

〔事　例〕

Kさん（83歳、女性、要介護3）は、10年前の脳出血（cerebral hemorrhage）による後遺症で高次脳機能障害（higher brain dysfunction）がある。感情のコントロールが難しく、興奮すると大声をあげて怒りだす。現在は、訪問介護（ホームヘルプサービス）を利用しながら、自宅で長男（60歳）と二人暮らしをしている。

長男は、会社を3年前に早期退職し、Kさんの介護に専念してきた。顔色が悪く、介護による疲労を訴えているが、「介護を続けて、母を自宅で看取りたい」と強く希望している。別居している長女は、長男の様子を心配して、「母親の施設入所の手続きを進めたい」という意向を示している。

問題18　B　34-31　高次脳機能障害のある人とのコミュニケーション

訪問介護員（ホームヘルパー）が、興奮しているときのKさんとコミュニケーションをとるための方法として、**最も適切なもの**を1つ選びなさい。

1　興奮している理由を詳しく聞く。　　2　興奮することはよくないと説明する。

3　冷静になるように説得する。　　　　4　事前に作成しておいた日課表に沿って活動してもらう。

5　場所を移動して話題を変える。

問題19　A　34-32　利用者の家族との関係づくり

長男に対する訪問介護員（ホームヘルパー）の対応として、**最も適切なもの**を1つ選びなさい。

1　長男自身の意向を変える必要はないと励ます。

2　Kさん本人の意向が不明なため、長男の希望は通らないと伝える。

3　これまでの介護をねぎらい、自宅での看取りを希望する理由を尋ねる。

4　自宅での生活を継続するのは限界だと説明する。

5　長女の言うように、施設入所の手続きを進めることが正しいと伝える。

問題20　B　32-28　意欲が低下した人とのコミュニケーション

意欲が低下した人とのコミュニケーションの基本として、**最も優先すべきもの**を1つ選びなさい。

1　考え方を変えるように促す。　　　　　2　早く元気を出すように励ます。

3　意欲が自然に回復するまで待つ。　　　4　意欲低下の背景を考える。

5　自己決定してもらうのは避ける。

問題18 高次脳機能障害とは、脳血管疾患や脳炎の後遺症、交通事故による脳の損傷によって、記憶力、注意力、判断力、言葉の理解などに障害が現れるものです。

1 ✕ 高次脳機能障害では、感情のコントロールができず、興奮しやすくなったり不適切な発言をしたりしてしまう**社会的行動障害**が現れます。Kさんが興奮しているときに、その理由を**詳しく**聞く、興奮することはよくないと説明する、冷静になるように説得するといった対応は、**状況が悪化する**おそれがあります。感情のコントロールが困難な場合は、**場所を移動して話題を変え**、Kさんが落ち着くのを待つようにします。

2 ✕ **解説1**のとおりです。

3 ✕ **解説1**のとおりです。

4 ✕ 高次脳機能障害では、計画を立てて物事を実行することができない**遂行機能障害**が現れますので、日課表に沿ってKさんに活動してもらうことは困難です。

5 ◯ **解説1**のとおりです。

正解 5

問題19

1 ✕ 長男は会社を早期退職してKさんの介護に専念してきましたが、顔色が悪く、介護による疲労を訴えている状況です。安易な励ましは、長男の体調がさらに悪化することにつながり、訪問介護員（ホームヘルパー）の対応として適切ではありません。

2 ✕ Kさん本人の意向が不明な場合は、訪問介護員は長男と一緒にKさん本人の意向を確認します。

3 ◯ 記述のとおりです。介護福祉職と家族との信頼関係は、労いの言葉や受容的な言葉をかけるなどの配慮や、家族それぞれの個性や生き方を尊重した対応を行うことで構築されていきます。

4 ✕ 長男の介護負担を軽減し、自宅での生活を継続できるよう、短期入所（ショートステイ）などの**レスパイトケア**が可能なサービスの利用を検討します。

5 ✕ 訪問介護員は、長女の発言が正しいかどうかを長男に伝えるのではなく、まずKさんの意向を確認したうえで、家族の**意向の調整**に努めます。

正解 3

問題20

1 ✕ 意欲が低下した人は**思考能力も低下**しているため、考え方を変えるように促すのは、優先すべき基本的な支援ではありません。

2 ✕ 意欲が低下した人に対して、**安易な励ましは避け**、まずはその人の**感情に寄り添い**、受容的な態度で接していくことが大切です。

3 ✕ 意欲が自然に回復するまで待つのではなく、調子がよさそうであれば軽く運動をするように促したりレクリエーションに誘ったりするなど、**様子をみながらはたらきかける**ことが、回復への手助けとなります。

4 ◯ 意欲低下の背景を考えることで、原因を解決できたり遠ざけることができたりします。それにより、意欲も徐々に回復する可能性があります。

5 ✕ 意欲が低下していても、**閉じられた質問を活用する**など、本人が**主体性をもって自己決定**していける**ように支援する**ことが大切です。

正解 4

問題21

A 35-77 **認知症の人とのコミュニケーション**

Dさん（90歳、女性、要介護5）は、重度のアルツハイマー型認知症（dementia of the Alzheimer's type）である。介護福祉職は、Dさんに声かけをして会話をしているが、最近、自発的な発語が少なくなり、会話中に視線が合わないことも増えてきたことが気になっている。

Dさんとのコミュニケーションをとるための介護福祉職の対応として、**最も適切なもの**を1つ選びなさい。

1　引き続き、言語を中心にコミュニケーションをとる。

2　Dさんが緊張しているので、からだに触れないようにする。

3　表情やしぐさを確認しながら、感情の理解に努める。

4　視線が合わないときは、会話を控える。

5　自発的な発語がないため、会話の機会を減らしていく。

問題22

B 31-32 **統合失調症の人とのコミュニケーション**

Lさん（30歳、女性）は、パートタイムで仕事をしながら、自宅で母の介護をしてきた。ある日、母の訪問介護（ホームヘルプサービス）で訪れたM訪問介護員（ホームヘルパー）に対して、Lさんは、「寝ている間に頭の中に機械が埋め込まれて、行動を監視されている」と興奮気味に訴えた。

このときのM訪問介護員（ホームヘルパー）の対応として、**最も適切なもの**を1つ選びなさい。

1　それは現実のことではないと説明する。

2　気にしなくてもよいと話をそらす。

3　Lさんの訴えを肯定も否定もせずに聞く。

4　監視されているのは間違いないと肯定する。

5　Lさんの感情に合わせて興奮気味に接する。

問題23

B 30-30 **抑うつ状態の人とのコミュニケーション**

抑うつ状態（depressive state）の利用者への介護福祉職の対応として、**最も適切なもの**を1つ選びなさい。

1　元気を出すように言う。

2　沈黙している理由を問いただす。

3　会話を促す。

4　気晴らしに散歩に誘う。

5　見守っていることを伝える。

START! GOAL!! クリア! クリア! クリア! クリア! クリア! クリア! クリア! クリア! クリア! CHAPTER CHAPTER CHAPTER CHAPTER CHAPTER CHAPTER CHAPTER CHAPTER CHAPTER 1 2 3 4 5 6 7 8 9

276

問題21

1　✕　Dさんに声かけをしても自発的な発語が少ないことから、言語を中心としたコミュニケーションを中心に続けるのではなく、身ぶり・手ぶりなどの**非言語的コミュニケーション**も交えます。

2　✕　認知症高齢者のからだに触れるだけでも相手を大切に思っていることを伝えられますので、できる限り頻繁に**スキンシップを図る**ようにします。

3　○　利用者の感情を理解するためには、表情やしぐさ、姿勢、視線などの**非言語的コミュニケーション**に留意して、言葉には表れないメッセージに気づき、受け取れるように心がけることが大切です。

4　✕　Dさんと視線が合わなかったり、自発的な発語がなかったりしても、Dさんにしっかりと挨拶をしたり、Dさんの笑顔や声の調子などに気を配ったりすることが大切です。

5　✕　**解説4**のとおりです。

正解　3

問題22　統合失調症は、青年期に発症することの多い精神障害です。現実にはないことを認知してしまう症状＝**陽性症状**として、妄想（**被害妄想や誇大妄想**）や幻覚（**幻聴や幻視**）などがみられることがあります。

1　✕　事例の「行動を監視されている」という症状は、**統合失調症でみられる**注察妄想です。現実的にはありえない内容であっても、否定したり話をそらしたりせずにLさん本人にとっては事実であると受け止め、**受容的な姿勢で関わる**ことが必要です。

2　✕　**解説1**のとおりです。

3　○　統合失調症の人の妄想への対応では、**内容を肯定も否定もせずに**、Lさんの感じていること・状態を**受け入れる**ことが大切です。

4　✕　妄想の内容を肯定することで、**妄想を深める可能性がある**ため、適切ではありません。

5　✕　Lさんの感情表出に対しては、M訪問介護員（ホームヘルパー）は意図的**かつ適切に対応していく**ことが求められます。これを統制された情緒関与といいます。

正解　3

問題23

1　✕　抑うつ状態の利用者に対して、励ますのは厳禁です。**受容的な態度**で接し、信頼関係を築くことが大切です。

2　✕　「沈黙の理由を問いただす」のではなく、自発的な発言があるまで**じっくりと待つ姿勢**が求められます。

3　✕　**解説2**と同様です。

4　✕　「気晴らしに散歩に誘う」ことは信頼関係を築くことにつながりますが、利用者に意図が伝わりにくいので、最も適切とはいえません。

5　○　「あなたのことをいつも見守っていますよ。あなたの味方ですよ」と伝えることは、信頼関係を築くためにも重要なことで、最も適切な対応です。

正解　5

双極性障害の人が躁状態にあるときは、気分が高ぶった状態にあるため、過度の刺激となるような言葉かけや対応は控えるように留意します。利用者の言動を拒絶したり、1つひとつの話にじっくりと耳を傾けたりするのではなく、利用者自身が躁状態であることを自覚できるように接していきます。

問題24 C 35-78 勤務交代時の申し送りの目的

介護実践の場で行われる、勤務交代時の申し送りの目的に関する次の記述のうち、**最も適切なもの**を1つ選びなさい。

1 翌月の介護福祉職の勤務表を検討する。　　2 利用者のレクリエーション活動を計画する。

3 利用者の問題解決に向けた事例検討を行う。　　4 利用者へのケアの継続性を保つ。

5 利用者とケアの方針を共有する。

問題25 A 33-33 介護記録における留意点

介護記録を書くときの留意点として、**最も適切なもの**を1つ選びなさい。

1 数日後に書く。　　2 客観的事実と主観的情報は区別せずに書く。

3 ほかから得た情報は情報源も書く。　　4 利用者の気持ちだけを推測して書く。

5 介護福祉職の意見を中心に書く。

問題26 A 31-33 介護記録における留意点

叙述体を用いて介護記録を作成するときの留意点として、**最も適切なもの**を1つ選びなさい。

1 情報を項目別に整理する。　　2 問題のポイントを明確にする。

3 介護福祉職の解釈を記録する。　　4 論点を明確にする。

5 利用者に起こったことをそのまま記録する。

問題27 A 29-31 介護記録における個人情報保護

介護記録をもとにまとめた事例を、地域での多職種による事例検討会で報告する場合の個人情報の取扱いとして、**適切なもの**を1つ選びなさい。

1 家族情報は匿名化しない。

2 利用者の音声や映像は同意なしに使用できる。

3 利用者の氏名や住所は匿名化する。

4 介護記録のデータは匿名化せずに、電子メールで送受信する。

5 介護記録のデータを保存するときは、誰でも修正ができるように パスワードは使用しない。

　申し送りとは、仕事の内容や事務処理上の事柄を記録に残し、伝達することです。記録の目的は、利用者に行ったサービスの内容、利用者の状態、ケアに対する反応を記録に残しておくことで、利用者への**ケアの継続性を促す**ことにあります。したがって、勤務交代時の申し送りの目的は、選択肢４の「利用者へのケアの継続性を保つ」が該当します。

正解 4

１　✕　介護記録は、介護を実施した**その日**に記録します。

２　✕　客観的事実と主観的情報は区別して記録します。主観的情報とは、介護福祉職の解釈や推測が入った判断のことです。

３　◯　記述のとおりです。また、記録者は必ず**署名**をします。

４　✕　利用者の気持ちを推測するなどの記録者の主観的な表現は避け、**客観的**に記録します。

５　✕　介護記録は、利用者の状態やサービスの内容など、**日々の記録をまとめた**文書です。**When（いつ）、Where（どこで）、Who（誰が）、What（何を）、Why（なぜ）、How（どのように）を指す５ＷＩＨを明記して、事実関係を正確に記録**し、そのうえで、介護福祉職の意見を添えるのが適切です。

正解 3

１　✕　記述は、**要約体**の留意点です。

２　✕　記述は、**要約体**の留意点です。

３　✕　記述は、**説明体**の留意点です。

４　✕　記述は、**説明体**の留意点です。

５　◯　叙述体は、利用者に起こった出来事を**物語のようにそのまま記録していく**ときの文体をいいます。介護福祉職が記録で用いる文体としては、一番多く使われています。

正解 5

１　✕　利用者に提供するケアの方向性を定めていく**カンファレンス**の場合、家族情報を匿名化する必要はありません。一方で、地域において多職種が参加する**事例検討会**で報告を行う場合、情報漏洩を防ぐためにも、個人の特定につながる情報は、すべて匿名化する必要があります。

２　✕　「個人情報保護法」では、同法の規定する個人情報取扱事業者に対して、本人の同意を得ずに、利用目的の達成に必要な範囲を超えて個人情報を取り扱うことを禁じています。個人情報には利用者の音声や映像も含まれることから、事例検討会においてもあらかじめ利用者の**同意**を得る必要があります。

３　◯　**解説１**のとおりです。

４　✕　送信先を誤るというリスクが生じるので、電子メールの使用は控えることを原則として、やむを得ず使用する場合は、送信者と受信者のみが内容を理解できるように**匿名化**するのが適切といえます。

５　✕　介護記録のデータを保存する場合は、部外者による修正や、情報漏洩を防ぐため、**パスワード**を使用します。**パスワード**の使用に際しては、定期的に変更するなど管理体制を整備することが重要です。なお、介護記録については、サービス完結後**２年間の保存**が義務づけられています。

正解 3

問題28 | A | 34-33 報告における留意点

　利用者の家族から苦情があったときの上司への報告に関する次の記述のうち、**最も適切なものを１つ選びなさい。**

１　苦情の内容について、時間をかけて詳しく口頭で報告した。

２　すぐに口頭で概要を報告してから、文書を作成して報告した。

３　結論を伝えることを重視して、「いつもの苦情です」とすぐに報告した。

４　上司が忙しそうだったので、同僚に伝えた。

５　自分の気持ちが落ち着いてから、翌日に報告した。

問題29 | B | 35-79 ケアカンファレンス

　Ｅさん（87歳、女性、要介護３）は、介護老人福祉施設に入所していて、認知症（dementia）がある。ある日、担当のＦ介護福祉職がＥさんの居室を訪問すると、Ｅさんは、イライラした様子で、「私の財布が盗まれた」と言ってベッドの周りをうろうろしていた。一緒に探すと、タンスの引き出しの奥から財布が見つかった。

　Ｆ介護福祉職は、Ｅさんのケアカンファレンス（care conference）に出席して、この出来事について情報共有することにした。

　Ｅさんの状況に関する報告として、**最も適切なものを１つ選びなさい。**

１　「Ｅさんの認知機能が低下しました」

２　「Ｅさんは、誰かに怒っていました」

３　「Ｅさんには、もの盗られ妄想があります」

４　「Ｅさんは、財布が見つかって、安心していると思います」

５　「Ｅさんは、財布が盗まれたと言って、ベッドの周りをうろうろしていました」

問題30 | B | 30-34 ブレインストーミング

　ブレインストーミング（brainstorming）の原則に関する次の記述のうち、**最も適切なものを１つ選びなさい。**

１　奇抜な意見を除いて、自由に意見を出す。

２　他人の意見が正しいかどうかをその場で判断する。

３　意見の質よりも、数多くの意見を出すことに価値を置く。

４　他人の意見を参考にしてはいけない。

５　他人の意見を自由に批判する。

START!
GOAL!!
クリア! クリア! クリア! クリア! クリア! クリア! クリア! クリア! クリア! クリア!
CHAPTER CHAPTER CHAPTER CHAPTER CHAPTER CHAPTER CHAPTER CHAPTER CHAPTER CHAPTER
1 2 3 4 5 6 7 8 9 10

280

問題28 介護の職場でも報告・連絡・相談（ほう・れん・そう）は、チーム内における業務の正確な引き継ぎ、必要な情報の伝達など、仕事をスムーズに進めるための重要な役割を果たしています。

1 × 利用者の家族から苦情があったなど、緊急性が高く迅速に上司の判断を仰ぐ必要がある場合には、まず**口頭で概要を報告**します。また、苦情の内容を報告したという事実を**記録**として残しておかなければならないため、口頭だけでなく、**文書**も作成して上司に報告します。

2 ○ **解説1**のとおりです。

3 × 報告で大切なことは、事実関係を**正確に伝える**ことです。報告者の主観を交えず、まず結論を伝え、「いつ・どこで・誰に・何が起こったのか」「どんな苦情やトラブルが起きているのか」を簡潔にまとめます。

4 × 上司が忙しそうにしていても、苦情やトラブルなどが発生した場合は、**速やかに上司に報告**し、指示を仰ぎます。

5 × **解説4**のとおり、**速やかに上司**に報告します。

正解 2

問題29 ケアカンファレンスでの情報共有として、報告を行う場合は、自身の感想など主観的な思いを述べるのではなく、利用者の状態や支援状況などの事実関係を正確に伝えることが重要です。

1 × 認知機能の低下を判断するのは、介護福祉職ではなく、**医師**の役割です。Eさんの状況に関する報告として不適切です。

2 × Eさんはイライラした様子ですが、誰かに怒っているとは事例からは読み取れません。事実関係が正確ではなく、Eさんの状況に関する報告として不適切です。

3 × 事例から、Eさんは「私の財布が盗まれた」と発言し、F介護福祉職が一緒に探すと、タンスの奥から財布が見つかっています。しかし、「もの盗られ妄想があります」という発言はF介護福祉職の**主観的情報**であり、Eさんの状況に関する報告として不適切です。

4 × 財布が見つかったのは事実ですが、Eさんが安心しているかどうかはF介護福祉職の主観的な思いであり、Eさんの状況に関する報告として不適切です。

5 ○ 記述は、事実関係を正確に伝えており、Eさんの状況に関する報告として適切です。

正解 5

問題30 ブレインストーミングは、複数の人が集まって自由に意見を出し合う会議の手法です。出された多様な意見を列挙し整理するなかで、新たなアイディアの創出が期待できるのがブレインストーミングのねらいです。

1 × ブレインストーミングのルールのひとつが**自由奔放**です。

2 × 他人の意見の正誤をその場で判断することはしません。

3 ○ ブレインストーミングでは、意見の質よりも量が重視されるのがルールです。

4 × ブレインストーミングは、便乗歓迎がルールのひとつです。

5 × ブレインストーミングは、批判厳禁がルールのひとつです。

正解 3

ポイントチェック一覧

CHAPTER

11

生活支援技術

問題1 B 27-41 生活の理解

生活に関する次の記述のうち、**最も適切なもの**を1つ選びなさい。

1　生活は、食事と排泄と睡眠の3つの要素で構成される。

2　生活空間とは、居間と寝室のことである。

3　生活圏は、どのライフステージ（life stage）でも同じである。

4　高齢者の生活様式は、画一化されている。

5　生活時間は、その人独自のものがある。

問題2 B 28-41 生活支援の考え方

生活支援に関する次の記述のうち、**最も適切なもの**を1つ選びなさい。

1　支援者の価値観を優先して支援する。

2　生活全体よりも、生活動作を中心にした視点で支援する。

3　その人らしい生活よりも、安静を重視した生活を送れるように支援する。

4　利用者の生活習慣よりも、支援者側の規則を大切にして支援する。

5　信頼関係に基づいて支援する。

問題3 B 35-80 生活支援の意義と目的

　Gさん（79歳、女性、要介護3）は、介護老人福祉施設に入所して、3週間が経過した。施設での生活には慣れてきているが、居室でテレビを見て過ごす時間が長くなった。ある時、Gさんが、「気分転換に台所を借りて、自分でおやつを作ってみたい」と介護福祉職に話した。

　Gさんのレクリエーション活動の計画作成にあたり、介護福祉職が留意すべきこととして、**最も適切なもの**を1つ選びなさい。

1　Gさんの居室で行うようにする。

2　おやつのメニューは、介護福祉職が選ぶ。

3　施設のレクリエーション財を優先する。

4　集団で行うことを優先する。

5　おやつ作りをきっかけに、施設生活に楽しみがもてるようにする。

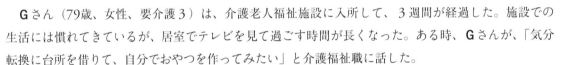

1 × 生活の構成要素はさまざまで、個人の**価値観**などによっても異なってきます。食事・排泄・睡眠に限定されるものではありません。

2 × 生活空間とは、その人の日常生活が営まれている場所を指します。居間や居室だけでなく、**地域や社会**までもが含まれます。

3 × ライフステージとは、人間の一生を**成長・発達**の段階によって区切ったものです。ライフステージによって行動する範囲は異なり、**生活圏**も変化します。

4 × 生活様式は、経済的基盤や個人の価値観などによって異なってきます。**高齢者**になっても、個人個人の生活様式が変わるわけではありません。

5 ○ 生活時間は、**食事や睡眠の時間、仕事の時間、自由時間**などに分類されます。これらの時間がそれぞれ、1日のなかでどの程度の割合を占めているかは、年齢・性別・生活習慣などによって異なります。

正解 | 5 |

生活支援においては、**利用者その人の生活のあり方に根ざした支援**を行うことが、求められてきます。

1 × 利用者の生活を豊かにするための支援を行うには、支援者ではなく**利用者の価値観を最優先する**ことが大切です。

2 × 利用者の望む生活を実現するためには、移動や食事、入浴などに関わる生活動作の改善を主眼とするのではなく、**利用者の生活全体を視野に入れた支援を行う**のが適切です。

3 × 生活支援において大切なのは、**利用者が自分らしい生活を送る**ことができるように、**その人に合った個別ケアを実施していく**ことです。

4 × 生活の主体は利用者であり、**支援者は利用者の生活習慣を踏まえて、自己実現を図る**ための支援を行っていきます。

5 ○ 適切な生活支援を行っていくためには、**支援者が利用者に対する理解を深め、信頼関係を構築していく**ことが大切になります。

正解 | 5 |

1 × Gさんは、介護老人福祉施設での生活に慣れてきていますが、居室でテレビを見て過ごす時間が長くなっている状況です。Gさんの居室でおやつ作りを行うと、ますます居室で過ごす時間が増えることになり、適切な対応ではありません。

2 × 介護サービスでは、利用者の**自己選択・自己決定を尊重**することが基本となります。おやつのメニューは、介護福祉職ではなく、Gさんが選びます。

3 × 施設においても、介護福祉職には、利用者のニーズを理解し、その人に適した介護＝**個別ケア**の方針を検討していくことが求められます。施設のレクリエーション財や集団で行うことを優先することは、適切な対応ではありません。

4 × **解説3**のとおりです。

5 ○ おやつ作りをきっかけに、Gさんがほかの入所者と交流を深めたり、レクリエーション活動に参加したりするなど、施設での生活に楽しみがもてるようにすることは、介護福祉職が留意すべきこととして適切です。

正解 | 5 |

問題4　A　34-35　居住環境の整備

老化に伴う機能低下のある高齢者の住まいに関する次の記述のうち、**最も適切なもの**を**1つ**選びなさい。

1　寝室はトイレに近い場所が望ましい。

2　寝室は玄関と別の階にする。

3　夜間の騒音レベルは80dB以下になるようにする。

4　ベッドは照明の真下に配置する。

5　壁紙と手すりは同色にするのが望ましい。

問題5　A　29-36　屋内での転倒予防

屋内での転倒を防ぐための安全対策として、**最も適切なもの**を**1つ**選びなさい。

1　夜間目覚めたときにつける照明は、光源が直接見えるようにする。

2　コード類は動線上に這わせる。

3　玄関マットやバスマットは滑り止めのついたものを使う。

4　本人の室内の移動を減らす。

5　履物はスリッパにする。

問題6　A　35-81　階段の環境整備

高齢者の安全な移動に配慮した階段の要件として、**最も適切なもの**を**1つ**選びなさい。

1　手すりを設置している。

2　階段の一段の高さは、25cm以上である。

3　階段の足をのせる板の奥行は、15cm未満である。

4　階段の照明は、足元の間接照明にする。

5　毛の長いじゅうたんを敷く。

問題4

1 ○ 記述のとおりです。高齢者の寝室は、移動のしやすさや、家族からの孤立を防ぐため、トイレや浴室、居間の近くにします。

2 × 老化に伴う機能低下のある高齢者は、階段で転倒・転落する危険性が高くなります。寝室は、外出時の利便性や災害、緊急時に備えて、**同じ階**（1階）にします。

3 × 騒音レベル80dB前後は、具体的にはピアノやオーディオなどの音量に相当し、安眠にふさわしい環境とはいえません。夜間の騒音レベルは**40dB未満**が目安となります。

4 × 照明の真下にベッドを配置すると、照明の光源が直接目に入って安眠を妨げる原因となります。照明の光源が**直接見えない位置**にベッドを配置するか、**間接照明**にします。

5 × 高齢者は、視覚機能の低下により**色や明暗の判別が難しくなる**場合があります。壁紙と手すりを同色にすると認識するのが困難になるため、**コントラストの強い色**にします。

正解   <u>1</u>

問題5

1 × 夜間に目を覚ましたときに、光源が直接見えてしまうと、**まぶしさから目がくらんで**、転倒のきっかけになる可能性があります。照明を上向きにするなど、直接目にあたらないようにするのが適切です。

2 × 動線に合わせてコード類を這わせていると、つまずいて転倒するおそれが強まるため、壁に沿って配置するなどして動線を確保することが大切です。

3 ○ 玄関マットは小さな段差を生じさせるため、使用する場合は**滑り止めをつける**のが適切です。また、浴室内は滑りやすく転倒を引き起こすことが多いため、あらかじめ**滑り止めマット**を敷いておくようにします。

4 × 転倒予防のために移動を制限するようなことは、**自立を支援する**介護のあり方として不適切です。安全に歩行できる環境整備に努めることが求められます。

5 × スリッパは**脱げやすく、つまずきやすい**という特徴があるので、転倒予防に適した履物とはいえません。

正解   <u>3</u>

問題6

1 ○ 階段の手すりは、床から**75cm程度**の高さで、可能なら両側、片側だけの場合は、利用者が降りるときに**利き手になる側**に設置します。

2 × 階段の1段の高さ（蹴上げ）は、**16〜18cm程度**の幅にします。

3 × 階段の足を載せる板の奥行（踏面）は、**24cm程度**の幅にします。

4 × 足元灯（フットライト）は**局部照明**であり、安全な移動のためには、階段全体を照らす**全般照明**も必要です。

5 × 階段に毛の長いじゅうたんを敷くとつま先が引っかかり、**転倒や転落**の原因となります。

正解   <u>1</u>

問題7 **A** 28-51 **浴室の環境整備**

下肢筋力が低下して介護を必要とする人に適した浴室改修に関する次の記述のうち、**最も適切なもの**を1つ選びなさい。

1 浴室の入口は引き戸にする。

2 縦に長く浅めの洋式の浴槽にする。

3 浴槽の縁（エプロン部分）は厚みを20cmにする。

4 床から浴槽の縁までの高さは20cmにする。

5 浴室と脱衣室の段差は10cmにする。

問題8 **A** 29-37 **トイレの環境整備**

片麻痺で立位歩行が可能な人が、洋式便器から立ち上がるときに利用する手すりとして、**最も適切なもの**を1つ選びなさい。

1 便器の先端から20〜30cm後方の、健側がわの壁に設置された縦手すり

2 便器の先端から20〜30cm前方の、健側がわの壁に設置された縦手すり

3 便器の先端から20〜30cm後方の、患側がわの壁に設置された縦手すり

4 便器の先端から20〜30cm前方の、患側がわの壁に設置された縦手すり

5 便器周囲に設置された肘かけ状の簡易手すり

問題9 **A** 33-36 **安全で使いやすい扉**

高齢者にとって安全で使いやすい扉の工夫として、**最も適切なもの**を1つ選びなさい。

1 トイレの扉は内開きにする。

2 開き戸は杖の使用者が移動しやすい。

3 引き戸は開閉の速度が速くなる。

4 アコーディオンドアは気密性が高い。

5 引き戸の取っ手は棒型にする。

 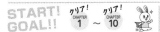

問題7 浴室改修の対象となる利用者が、下肢筋力の低下した人だということを踏まえて、入浴時の安全・安心を心がけた環境整備を行う必要があります。

1 ○ 内側や外側に向かって開く戸は、下肢筋力の低下している利用者の場合、開けた際にバランスを崩すおそれがあります。浴室の入口は**左右に動かすタイプの戸＝引き戸**にしておくのが適切です。

2 × 縦に長い洋式の浴槽では、**浴槽に寄りかかり両脚を伸ばしてからだを支える**必要があります。下肢筋力の低下している利用者にとってはバランスがとりづらく、適した環境とはいえません。

3 × 浴槽の縁（エプロン部分）は、下肢筋力の低下している利用者でもまたぎやすいように、**10～15cm程度の厚み**にするのが適切です。

4 × 浴室の床＝洗い場から浴槽の縁までの高さは、またぎやすいように**40～45cm程度**にするのが適切です。

5 × 下肢筋力の低下している利用者を対象とする場合、転倒を防ぐために、**浴室と脱衣室の段差がなくなるように環境整備を行う**のが適切といえます。

正解 **1**

問題8

　問題文には「片麻痺で立位歩行が可能な人」という状態が示されています。片麻痺があるため手すりは健側のがわに設置し、手すりの種類は、立ち上がりやすいように**縦手すり**とします。

　洋式便器から、重心の移動によってスムーズに立ち上がるには、縦手すりを、便器の先端からやや離れた位置（**20～30cm前方**）にするのが適切です。これらの条件にあてはまるのは**選択肢2**です。

正解 **2**

片麻痺とは、からだの左右どちらかだけの麻痺のことをいいます。健側とは、麻痺や障害のない側のこと、患側とは、麻痺や障害のある側のことです。

問題9

1 × トイレのドアは、事故があった場合に救助しやすいように、**引き戸**または**外開き戸**にするのが望ましいといえます。

2 × 開き戸は、開ける際に**後ろに下がる**必要があり、杖の使用者には**移動しにくい**といえます。

3 × 高齢者は、加齢に伴って身体機能が低下していますので、開閉速度の速い引き戸は**危険性が高い**といえます。開閉スピードを調整する**ドアクローザー**を設置すると、安全で使いやすくなります。

4 × アコーディオンドアは、上部のレールや床との間に**隙間が生じる**ため、**気密性が低く**なります。

5 ○ 記述のとおりです。棒型の取っ手はつかみやすく、力のない高齢者などでも安全に開閉することができます。

正解 **5**

介護保険の給付対象となる住宅改修を利用してトイレを改修するとき、介護福祉職が助言する内容として、**正しいものを１つ**選びなさい。

1　開き戸は、自動ドアに変更できる。

2　和式便器の上に、腰掛け便座を設置できる。

3　滑りにくい床材に変更できる。

4　取り外しが可能な手すりを設置できる。

5　現在使用している洋式便器に、洗浄機能を付加できる。

　ユニバーサルデザイン（universal design）の７原則に関する次の記述のうち、**最も適切なものを１つ**選びなさい。

1　高齢者が優先的に使用できる。

2　使い方を統一する。

3　情報伝達の手段は一つにする。

4　使用するためには訓練が必要である。

5　誰にでも使える大きさと広さが確保されている。

　介護老人福祉施設における居室の環境整備で留意すべき点として、**最も適切なものを１つ**選びなさい。

1　利用者が使い慣れた家具を置く。

2　居室のドアは開けたままにしておく。

3　時計は天井に近い壁に掛ける。

4　居室の温度は、介護福祉職の感覚に基づいて調整する。

5　多床室は、入口から室内が見通せるように家具を配置する。

START!
GOAL!!　クリア！ CHAPTER 1 ～ クリア！ CHAPTER 10

290

問題10 介護保険による住宅改修の給付対象は、❶**手すりの取り付け**、❷**段差の解消**、❸**滑りの防止**や、移動の円滑化のための床材の変更、❹**引き戸等への扉の取り換え**、❺**洋式便器等への便器の取り換え**、❻その他❶〜❺の改修に付帯して必要な住宅改修とされています。

I ✕ 開き戸から**引き戸等へ取り換える工事に付随する**場合は、自動ドアに**変更できます**。ただし、自動ドアの**動力部分**の費用相当額は**給付対象外**となります。

2 ✕ 和式便器の上に腰掛け便座を設置するのは、住宅改修ではなく、**特定福祉用具販売**の給付対象となります。

3 ◯ 居室、廊下、トイレ、浴室、玄関など**各室の床材の変更**のほか、玄関から道路までの**通路の材料の変更**が給付対象となります。

4 ✕ 手すりは、**工事を伴うもの**が給付対象となります。取り外しが可能なものは、**福祉用具貸与**または**特定福祉用具販売**の給付対象種目です。

5 ✕ すでに洋式便器が設置されている場合は、洗浄機能を**付加できません**。和式便器から洋式便器に取り換える場合は、**暖房便座、洗浄機能等の付加も可能**となります。

正解 3

問題11 ユニバーサルデザインとは、高齢者や障害者を含む、すべての人にとって使いやすいデザインや設計のことです。

I ✕ ユニバーサルデザインの7原則には、**どんな人でも公平に使える**こと（**公平性**）が掲げられています。

2 ✕ ユニバーサルデザインの7原則には、**柔軟に使用できる**こと（**自由度**）が掲げられています。

3 ✕ ユニバーサルデザインの7原則には、**必要な情報がすぐに分かる**こと（**分かりやすさ**）が掲げられています。

4 ✕ ユニバーサルデザインの7原則には、**使い方が簡単で分かりやすい**こと（**単純性**）が掲げられています。

5 ◯ 記述のとおりです。ユニバーサルデザインの7原則にはこのほか、**うっかりミスが危険につながらない**こと（**安全性**）、**少ない力で効率的に、楽に使える**こと（**身体的負担の軽減**）が掲げられています。

正解 5

問題12 施設入所者にとっては、普段の生活空間が「**安心で心地よい生活の場**」であることが大切です。入所前の生活環境を把握しておくことは環境整備にとって重要なことです。

I ◯ 多くの介護老人福祉施設では、入居前の自宅での生活環境を保てるように配慮しています。使い慣れた家具や布団、食器類などを持ち込み、環境が急激に変化しないようにします。

2 ✕ 「居室のドアは開けたまま」では**プライバシー**は守れませんので、適切ではありません。

3 ✕ 時計の位置は、利用者の希望を聞いて設置しますが、ベッドから常に見える場所に設置するのがよいでしょう。

4 ✕ 居室の温度管理を介護福祉職の感覚で調整することは不適切です。利用者の感覚を重視すべきです。高齢者は**体温調節機能が低下**していることも考慮して温度設定をします。

5 ✕ 多床室であっても、家具で間仕切りするなど、プライバシーを確保できるよう、配慮すべきです。

正解 I

B 34-42 **体位変換の基本**

利用者を仰臥位（背臥位）から側臥位へ体位変換するとき、トルクの原理を応用した介護方法として、**最も適切なもの**を1つ選びなさい。

1 利用者とベッドの接地面を広くする。

2 利用者の下肢を交差させる。

3 利用者の膝を立てる。

4 滑りやすいシートを利用者の下に敷く。

5 利用者に近づく。

 A 27-47 **ボディメカニクスの基本**

ボディメカニクスの基本原則に関する次の記述のうち、**適切なもの**を1つ選びなさい。

1 介護者の支持基底面積は、狭くとる方が身体は安定する。

2 介護者は体幹をねじらず、足先を移動の方向に向ける。

3 介護者は大きな筋群よりも、指先や腕の力を使う。

4 介護者は重心を、できるだけ高くする。

5 利用者の身体をベッド上で水平移動する場合は、背部が接する面積を広くする。

問題13

　　トルクの原理とは、重心から作用点までの距離が長いほど少ない力で回転力が得られることをいいます。この原理を応用し、利用者を仰臥位（背臥位）から側臥位へ体位変換するときは、**腕を組ませ**、**膝を立てる**など利用者のからだを**小さくまとめ**、ベッド表面との**摩擦を小さく**します。この体勢にすることで、重心（臀部）から作用点（膝）までの距離が長くなり、最小の労力で利用者を回転させて側臥位にすることができます。

正解　3

問題14　ボディメカニクスとは、骨格や筋肉の動きが、相互にどのような影響を与え合っているかを踏まえて、負担の少ない動作や姿勢について分析する技術です。

1　×　支持基底面積とは、からだを支えるために、**床と接している部分**の面積を指します。支持基底面積を**広く**とることで、安定した姿勢になります。

 両足で立つ場合は、**左右の足底とその間を含む面積**が、支持基底面積になります。

2　○　体幹をねじって介護をすると、腰に負担がかかり腰痛の原因になります。肩と腰を平行に保ち、移動する方向へ足先を向けるようにします。

3　×　大きな筋群とは、**腹筋**、**背筋**、**大腿筋**などを指します。一部の筋群だけでなく、大きな筋群を意識して使うことで、移動が効率的になります。

4　×　立位のように重心が高く不安定な姿勢よりも、膝を曲げて腰を落とし、重心を低くすることで安定した姿勢になり、力が入りやすくなります。

5　×　背部が接する面積を**小さく**することで、ベッド表面との**摩擦**が少なくなり、水平移動しやすくなります。

正解　2

ポイントチェック

ボディメカニクスの原則

利用者のからだを小さくまとめる

からだをねじらず、肩と腰を平行に保つ

膝を曲げて腰を落とし重心を低くする

利用者に重心を近づける

支持基底面積を広くとる

B 31-42 安楽な体位の保持

Bさん（84歳、男性）は、生活全般に介護を必要としている。ベッド上に仰臥位でいるBさんは、喘息があり、咳込みが続き呼吸が苦しくなり、「楽な姿勢にしてほしい」と訴えた。

介護福祉職の対応として、**最も適切なもの**を1つ選びなさい。

1　枕を外して、顔を横に向けて腹臥位にする。

2　枕を重ねて、頭を高くする。

3　左側臥位にして、背中にクッションを当てる。

4　半座位（ファーラー位）にする。

5　オーバーベッドテーブルの上に枕を置いて、上半身を伏せる。

B 30-41 端座位から立ち上がりに向けた介助

ベッドの端に座っている左片麻痺の利用者の、立ち上がりまでの基本的な介護として、**適切なもの**を1つ選びなさい。

1　利用者の右側に立つ。

2　立ち上がる前に、深く座りなおすように促す。

3　利用者の右膝を支える。

4　利用者を真上に持ち上げる。

5　立ち上がった時に、利用者の右膝の裏が伸びていることを確認する。

A 31-41 ベッドから車いすへの移乗の介助

選択肢1から5の順で、ベッドから車いすへ全介助で移乗するときの、利用者の動作と、介護福祉職の身体の使い方の組合せとして、**最も適切なもの**を1つ選びなさい。

1　上半身を起こす ――― 手首で持ち上げる

2　ベッドの端に座る ―― 踵を浮かせて、低くかがむ

3　立ち上がる ―――― 前腕で真上に引き上げる

4　車いすに移る ――― 重心を安定させて、車いすへ足先と身体を向ける

5　深く座り直す ――― 座り直す方向に向けて、上下の重心移動をする

START!
GOAL!!
クリア！ CHAPTER 1 ～ クリア！ CHAPTER 10

294

問題15

1 ✕ 腹臥位では胸部**が圧迫され**、余計に呼吸が苦しくなります。

2 ✕ 枕を重ねて頭を高くすると、首の角度が鋭角になって**気管が圧迫され**、余計に呼吸が苦しくなります。

3 ✕ 左側臥位では、クッションは胸部**に両腕で抱えた**ほうが、呼吸が楽になります。

4 ✕ 喘息がある場合、半座位（ファーラー位）**よりも起座位のほうが胸郭や肺が拡張しやすく、呼吸が楽になります。**

5 ◯ **解説4**のとおりです。

正解 **5**

半座位（ファーラー位）

起座位

問題16

1 ✕ 左片麻痺の場合、**患側である左側**に立って介助します。

2 ✕ 深く座りなおして足底部が床につかないようになると安全に立ち上がることが難しくなります。端座位の姿勢で床面に両足の**足底部**がついていることを確認します。足底部が床面につかない場合にはベッドの高さを調節します。

3 ✕ 左片麻痺の場合、麻痺のある**左膝**を支えて安全を確保します。

4 ✕ 持ち上げる動作は介助者に大きな負担をかけるとともに利用者にも不安をもたらすことになります。足底面が床についていることが確認できたら、踵を引き、膝に手を当てて**前かがみの姿勢**をとってもらい、**からだの重心を前方に傾けて**立ち上がるようにします。介助者が左膝に手を当て、**膝折れを防ぐことで安全に立ち上がることができます。

5 ◯ 右膝が伸びていることは、からだをしっかりと**支えている**ことになりますので、その確認をすることは適切です。

正解 **5**

問題17

1 ✕ 利用者の上半身を起こす際に、介護福祉職の手首だけで持ち上げるのは負担が大きくなります。**肘をベッドにつけて支柱にし**（てこの原理の活用）、**腕全体で持ち上げます。

2 ✕ 利用者をベッドの端に座らせる際、介護福祉職の踵が浮いていると姿勢が安定しません。**踵をつけて支持基底面積を広くとり、腰を落として重心を低く**します。

3 ✕ 利用者が立ち上がる際は、**両腕で斜め前に**引き上げます。

4 ◯ 利用者が車いすに移る際、介護福祉職**腰を落として重心を安定させ**、車いすへ足先とからだを向けて介助します。

5 ✕ 車いすに深く座り直す際は、座り直す方向に向けて、介護福祉職が**水平に重心移動をします。

正解 **4**

問題18 B **34-41** ベッドから車いすへの移乗の介護

スライディングボードを用いた、ベッドから車いすへの移乗の介護に関する次の記述のうち、**最も適切なもの**を1つ選びなさい。

1 アームサポートが固定された車いすを準備する。

2 ベッドから車いすへの移乗時には、ベッドを車いすの座面より少し高くする。

3 ベッドと車いすの間を大きくあけ、スライディングボードを設置する。

4 スライディングボード上では、臀部を素早く移動させる。

5 車いすに座位を安定させ、からだを傾けずにスライディングボードを抜く。

問題19 B **33-42** 身体機能に応じた車いすの特徴

Hさん（35歳、男性）は6か月前、高所作業中に転落し、第6胸髄節（Th6）を損傷した。リハビリテーション後、車いすを利用すれば日常生活を送ることができる状態になっている。

Hさんの身体機能に応じた車いすの特徴として、**最も適切なもの**を1つ選びなさい。

1 ヘッドサポートを装着している。

2 ハンドリムがないタイヤを装着している。

3 レバーが長いブレーキを装着している。

4 片手で駆動できるハンドリムを装着している。

5 腰部までのバックサポートを装着している。

START! GOAL!! クリア！ CHAPTER 1 ～ クリア！ CHAPTER 10

296

問題18

1 × アームサポートが固定された車いすは、スライディングボードを車いすの**座面に設置できないため**、不適切です。

2 ○ ベッドを車いすの座面より**少し高くする**ことで、スライディングボード上で利用者のからだが滑りやすくなり、介助者の負担も**軽減**します。

3 × ベッドと車いすの間を大きくあけると、スライディングボードがたわんで利用者の恐怖心につながるおそれがあります。

4 × スライディングボード上では、利用者のからだを**ゆっくり移動**させます。

5 × 利用者のからだを傾けずにスライディングボードを抜くと、摩擦により**皮膚障害**が生じるリスクが高まります。利用者の**からだを保持しながら片側に傾け**、スライディングボードを抜きます。

正解 | 2 |

問題19 胸髄損傷では、**対麻痺**（両側の**下肢**だけの麻痺）が現れます。

1 × ヘッドサポートは、利用者の**頭部を支える**ことを目的としており、**頸髄損傷者**などに用いられます。Hさんは胸髄損傷なので、ヘッドサポートを装着する必要性は低いと考えられます。

2 × ハンドリムは、車いす利用者が自力で移動する際に使用するものです。Hさんは胸髄損傷で両上肢に**支障はない**ため、ハンドリムのないタイヤを装着するのは適切ではありません。

3 × **解説2**のとおり、Hさんは両上肢を自由に動かすことができるため、通常の長さのブレーキレバーでも支障はありません。

4 × **解説2**のとおり、Hさんは両上肢を使えるため、片手で駆動できるハンドリムを装着する必要はありません。

5 ○ Hさんは胸髄を損傷し、**対麻痺**の状態なので、腰部までのバックサポートを装着することは適切です。

正解 | 5 |

**ポイント
チェック**

車いすの各部位の名称

- アームサポート
- サイドガード
- シート
- レッグサポート
- フットサポート
- キャスタ（前輪）
- 手押しハンドル（グリップ）
- バックサポート
- 駆動輪（後輪）
- ハンドリム
- ティッピングレバー
- ブレーキ

介護予防教室で介護福祉職が行う安定した歩行に関する助言として、**最も適切なものを1つ選びな**さい。

1　「歩幅を狭くしましょう」
2　「腕の振りを小さくしましょう」
3　「足元を見ながら歩きましょう」
4　「後ろ足のつま先で地面を蹴って踏み出しましょう」
5　「つま先から足をつきましょう」

　下肢の筋力が低下して、つまずきやすくなった高齢者に適した靴として、**最も適切なものを1つ選**びなさい。

1　靴底の溝が浅い靴
2　靴底が薄く硬い靴
3　足の指が固定される靴
4　足背をしっかり覆う靴
5　重い靴

　T字杖を用いて歩行する左片麻痺の利用者が、20cm幅の溝をまたぐときの介護方法として、**最も適切なものを1つ選びなさい。**

1　杖は、左手に持ちかえてもらう。
2　杖は、溝の手前に突いてもらう。
3　溝は、右足からまたいでもらう。
4　遠い方向を見てもらう。
5　またいだ後は、両足をそろえてもらう。

問題20

　安定した歩行のポイントは、❶歩幅を**広く**する、❷肘をやや曲げて、腕を**大きく**振る、❸目線を**まっすぐ**にし、**やや遠く**（15m先くらい）を見る、❹後ろ足のつま先で地面を蹴って踏み出す、❺膝を伸ばして踵から着地することです。

正解　4

問題21

1　✕　靴底の溝が浅いと、濡れていたり凍結したりしている路面では**滑りやすく**なります。このため、下肢の筋力が低下してつまずきやすくなった高齢者には、靴底の**溝が深い**ものが適しています。

2　✕　靴底が薄くて硬いと、足に**負担がかかってすり足になりやすく、つまずき**の原因となります。高齢者には、靴底が**厚くて柔らかい**ものが適しています。

3　✕　歩行時は、足の指が固定される靴を履くと**指が変形する**おそれがあります。つま先に**ゆとり**があり、**指が**動かせる靴を選びます。

4　○　高齢者は加齢に伴って筋力が低下するため、歩行時に**足のつま先が上がりにくく**なり、**つまずきや転倒**の原因となります。足背（足の甲）をしっかり覆う靴を選ぶことで**足が**固定され、つま先が上がりやすくなります。

5　✕　重い靴は、**足のつま先が上がりにくくなる**ためにすり足になりやすく、**つまずき**の原因となります。つま先が上がりやすい**軽い靴**を選びます。

正解　4

問題22

1　✕　杖は、患側（左手）ではなく、健側の手（右手）で持ちます。

2　✕　杖は、溝の手前ではなく、**向こう側**に突いてもらいます。

3　✕　平地における3動作歩行の流れは、**杖→患側→健側**の順に出します。溝をまたぐ場合も、患側である**左足**からまたいでもらいます。

4　✕　溝をまたぐ場合、患側の足が溝をきちんとまたげているか確認するために、**足元**を見てもらいます。

5　○　溝をまたいだ後は、患側の足に健側の足を**そろえて**もらいます。

正解　5

問題23 **A** **32-43** **片麻痺の利用者の階段昇降の介護**

右片麻痺の利用者が、手すりを利用して階段を昇降するときの介護に関する次の記述のうち、**適切なものを1つ選びなさい。**

1 手すりが利用者の右側になるように声をかける。

2 階段を昇るとき、利用者の左後方に立つ。

3 階段を昇るとき、右足から出すように声をかける。

4 階段を降りるとき、利用者の右前方に立つ。

5 階段を降りるとき、左足から出すように声をかける。

問題24 **A** **34-43** **歩行の介助（視覚障害のある人）**

視覚障害のある利用者の外出に同行するときの支援に関する次の記述のうち、**最も適切なものを1つ選びなさい。**

1 トイレを使用するときは、トイレ内の情報を提供する。

2 階段を上るときは、利用者の手首を握って誘導する。

3 狭い場所を歩くときは、利用者の後ろに立って誘導する。

4 タクシーに乗るときは、支援者が先に乗って誘導する。

5 駅ではエレベーターよりエスカレーターの使用を勧める。

問題25 **A** **33-41** **車いすの介助**

標準型車いすを用いた移動の介護に関する次の記述のうち、**最も適切なものを1つ選びなさい。**

1 急な上り坂は、すばやく進む。

2 急な下り坂は、前向きで進む。

3 踏切を渡るときは、前輪を上げて駆動輪でレールを越えて進む。

4 段差を上がるときは、前輪を上げて進み駆動輪が段差に接する前に前輪を下ろす。

5 砂利道では、駆動輪を持ち上げて進む。

START! GOAL!! クリア！ CHAPTER 1 ～ クリア！ CHAPTER 10

300

問題23

1 × 右片麻痺の利用者の場合は、手すりが**健側**（**左側**）になるように声をかけます。

2 × 階段を昇るときは、転落を防ぐために利用者の**患側後方**（**右後方**）に立ちます。

3 × 階段を昇るときは**健側**の足から出しますので、**左足**から出すように声をかけます。

4 ○ 記述のとおりです。

5 × 階段を降りるときは患側の足から出しますので、**右足**から出すように声をかけます。

正解 4

階段での介護では、介助者は、常に利用者の患側の下側から介助するようにします。

問題24 視覚障害のある人の歩行介助では、支援者は利用者の**斜め前**に立ち、利用者には支援者の肘の少し上をつかんでもらうようにします。

1 ○ 視覚障害のある利用者をトイレの中まで誘導し、ドアの鍵のかけ方や便座の向き、トイレットペーパーの位置など、トイレ内の情報を詳しく提供します。

2 × 視覚障害のある利用者を誘導歩行する場合、支援者は、利用者が**白杖**を持つ手の反対側の半歩前に立ち、**肘の少し上**をつかんでもらうのが基本となります。階段を上るときも、利用者に**肘の少し上**をつかんでもらい誘導します。

3 × 狭い場所を歩くときは、支援者が利用者の**前に立ち**、声かけしながら誘導します。

4 × タクシーに乗るときは、**利用者**が先に乗ります。降りるときは、**支援者**が先になります。

5 × エスカレーターは定速で動いており、乗降時に利用者が**転倒**するおそれがあります。安全のため、エスカレーターより**エレベーター**の使用を勧めます。

正解 1

問題25

1 × **急な上り坂**は、ゆっくり進みます。

2 × **急な下り坂**は、**後方を確認**しながら**後ろ向き**で進みます。

3 ○ 記述のとおりです。車いすの前輪（キャスタ）が線路の溝にはまると抜けなくなり、事故につながるおそれがあります。

4 × 段差を上がるときは、前輪を上げて進み、駆動輪が**段差に接したら**、前輪を段の上に下ろします。

5 × 砂利道では、駆動輪ではなく、**前輪**を浮かせて進みます。

正解 3

問題26 B ｜ 31-38 身じたく・整容の支援に使用する道具

介護福祉職が行う身じたく・整容の支援と使用する道具の組合せとして、**最も適切なもの**を1つ選びなさい。

1 ベッド上での口腔ケア ── ガーグルベースン
2 浴室での洗髪 ──────── ドライシャンプー
3 総義歯の洗浄 ────── 歯磨剤
4 耳垢（耳あか）の除去 ── ピンセット
5 ベッド上での洗顔 ──── 冷水で絞ったタオル

問題27 A ｜ 34-37 耳の清潔保持

耳の清潔に関する介護福祉職の対応として、**最も適切なもの**を1つ選びなさい。

1 耳垢の状態を観察した。
2 綿棒を外耳道の入口から3cm程度挿入した。
3 耳介を上前方に軽く引きながら、耳垢を除去した。
4 蒸しタオルで耳垢塞栓を柔らかくして除去した。
5 耳かきを使用して、耳垢を毎日除去した。

問題28 A ｜ 35-85 爪周囲の皮膚に炎症がみられる場合の爪の手入れ

Hさん（82歳、男性、要介護2）は、一人暮らしで、週1回、訪問介護（ホームヘルプサービス）を利用している。訪問時に、「足の爪が伸びているので、切ってほしい」と依頼された。爪を切ろうとしたところ、両足とも親指の爪が伸びて両端が皮膚に食い込んで赤くなっていて、触ると熱感があった。

親指の状態を確認した訪問介護員（ホームヘルパー）の対応として、**最も適切なもの**を1つ選びなさい。

1 親指に絆創膏を巻く。
2 Hさんの家にある軟膏を親指に塗る。
3 蒸しタオルで爪を軟らかくしてから切る。
4 爪が伸びている部分に爪やすりをかける。
5 爪は切らずに、親指の状態をサービス提供責任者に報告する。

START!
GOAL!!　クリア！CHAPTER 1 〜 クリア！CHAPTER 10

302

問題26

1 ○ ガーグルベースン（右図）とは、洗面所での口腔ケアができない場合に、**うがい後の排水などを受けるための容器**をいいます。

2 ✕ ドライシャンプーとは、利用者の髪の毛につけたあとに、蒸しタオルなどで拭き取るものをいい、居室など**浴室以外での洗髪**に用いられます。

3 ✕ 歯磨剤には研磨剤が含まれており、洗浄に使用すると**総義歯の摩耗を招く**ので避けます。

4 ✕ 耳垢（耳あか）の除去にピンセットを使用すると、その**先端で耳の内部を傷つける**恐れがあります。

5 ✕ ベッド上で洗顔する場合は、**蒸しタオル**などを用います。その際、必ず温度を確認し、熱すぎないように注意します。

正解 1

問題27

1 ○ 耳垢が溜まると**聞こえにくく**なることがありますので、耳垢の状態を観察することは適切な対応です。

2 ✕ 耳の内部を傷つけないように、綿棒を挿入するのは、外耳道の入口から**1.5cm程度**までにとどめます。

3 ✕ 耳の手入れは、耳介を**上後方**に軽く引きながら行います。

4 ✕ **耳垢塞栓の除去は医行為**に該当しますので、介護福祉職は行えません。医療職に相談します。

5 ✕ 安全のため、耳の手入れは、耳かきではなく綿棒で行います。また、耳垢を毎日除去する必要はありません。

正解 1

問題28

1 ✕ 事例から、Hさんの足の親指は巻き爪になっていると考えられます。放置すると皮膚が腫れて**痛みを伴う**ようになります。親指に絆創膏を巻く処置は、訪問介護員（ホームヘルパー）の対応として不適切です。

2 ✕ 爪に異常がみられる場合、皮膚に軟膏を塗ったり、爪を切ったり爪やすりをかけたりする行為は、介護福祉職には**認められていません**。

3 ✕ **解説2**のとおりです。

4 ✕ **解説2**のとおりです。

5 ○ 記述のとおりです。

正解 5

爪の役割は、指先に力を入れたり、指先を保護したりすることです。深爪をすると爪の角が肉よりも短くなり、事例のような巻き爪や陥入爪（かんにゅうそう）（爪が指先の肉に食い込んだ状態）になることもあるため、爪を切る際には、先端の白い部分を1mm程度残すのが適切です。

問題29
A | 33-38 | 口腔ケアの介助

介護が必要な利用者の口腔ケアに関する次の記述のうち、**最も適切なもの**を1つ選びなさい。

1　うがいができる場合には、ブラッシング前にうがいをする。

2　歯磨きは、頭部を後屈させて行う。

3　部分床義歯のクラスプ部分は、流水で軽く洗う。

4　全部の歯がない利用者には、硬い毛の歯ブラシを使用する。

5　舌の清拭は、手前から奥に向かって行う。

問題30
A | 35-84 | 総義歯の取扱い

総義歯の取扱いに関する次の記述のうち、**最も適切なもの**を1つ選びなさい。

1　上顎から先に外す。

2　毎食後に洗う。

3　スポンジブラシで洗う。

4　熱湯につけてから洗う。

5　乾燥させて保管する。

問題31
B | 34-40 | 経管栄養を行っている利用者への口腔ケア

経管栄養を行っている利用者への口腔ケアに関する次の記述のうち、**最も適切なもの**を1つ選びなさい。

1　スポンジブラシは水を大量に含ませて使用する。

2　上顎部は、口腔の奥から手前に向かって清拭する。

3　栄養剤注入後すぐに実施する。

4　口腔内を乾燥させて終了する。

5　空腹時の口腔ケアは避ける。

問題29

1 ○ 記述のとおりです。また、うがいの仕方として、「ガラガラ」よりも「ブクブク」のほうが口腔ケアの効果があります。

2 × 口腔ケア時は、利用者の頭部を**やや前屈させた姿勢**にすると、**誤嚥を防ぐ**ことができます。

3 × 部分床義歯のクラスプ部分の洗浄は、植毛部の小さなブラシや専用の歯ブラシを使って、クラスプが**変形や損傷しないよう丁寧に洗います**。

4 × 全部の歯がない利用者の口腔ケアを行う場合は、**粘膜用ブラシ**を使用します。

5 × 舌の清拭は、**奥から手前**に向かって行います。

正解 | 1 |

問題30

1 × 総義歯（総入れ歯）を外すときは下顎から行い、装着するときは上顎から行うのが原則です。

2 ○ 総義歯は清潔を保つために、**毎食後に外して**洗浄します。

3 × 義歯の洗浄は、通常の歯ブラシよりも硬い**専用の歯ブラシ**を使って、流水下で行います。

4 × 清掃時に義歯を熱湯につけると、材質の**変形**をまねくため避けます。

5 × 義歯は乾燥すると、**ひずみやひび割れ**が生じやすくなります。このため、取り外した義歯は、水や義歯用の洗浄剤を入れた専用容器に**浸して保管**します。

正解 | 2 |

問題31

1 × スポンジブラシに水を大量に含ませて使用すると、**誤嚥を引き起こす**おそれがあります。口腔ケアを行う際は、スポンジブラシを**軽く絞って**から使用します。

2 ○ 記述のとおりです。口腔の手前から奥に向かって清拭すると、汚れた唾液や除去物が咽頭に流れ込み、誤嚥性肺炎を引き起こすおそれがあります。

3 × 栄養剤注入後すぐに口腔ケアを実施すると、**嘔吐**や**食道への逆流が生じる**ことがあります。このため、経管栄養終了後、一定の時間を空けた**空腹時**に口腔ケアを実施します。

4 × 口腔内を乾燥させて終了すると、口の中が**ネバネバ**したり、**口臭が強く**なったりします。口腔ケア終了後は、利用者にうがいをしてもらい、**口腔内を**湿らせます。

5 × **解説3**のとおりです。

正解 | 2 |

問題32 B 32-38 着衣失行のある人に対する着衣の介護

次の記述のうち、高次脳機能障害（higher brain dysfunction）による着衣失行のある人に対する着衣の介護として、**最も適切なものを1つ**選びなさい。

1 着替えができない理由を本人に確認する。
2 左右がわかるように衣類に印をつける。
3 着衣の前に全ての手順を口頭で指示する。
4 衣服を畳んで渡す。
5 着衣の方法を毎回変えるように勧める。

問題33 B 32-39 更衣のための介護

更衣のための介護に関する次の記述のうち、**最も適切なものを1つ**選びなさい。

1 手指の細かな動作が難しい利用者に、マグネット式のボタンを勧める。
2 認知症（dementia）のある利用者に、ボタンエイドの使用を勧める。
3 下肢の筋力低下のある利用者に、立位で更衣をするように勧める。
4 視覚障害のある利用者に、ソックスエイドの使用を勧める。
5 片麻痺のある利用者に、袖ぐりの小さい上衣を勧める。

問題34 A 35-86 片麻痺のある人の衣服着脱の介護

左片麻痺の利用者が、前開きの上着をベッド上で臥床したまま交換するときの介護の基本に関する次の記述のうち、**最も適切なものを1つ**選びなさい。

1 介護福祉職は利用者の左側に立つ。
2 新しい上着は利用者の右側に置く。
3 脱ぐときは、着ている上着の左上肢の肩口を広げておく。
4 左側の袖を脱ぎ、脱いだ上着は丸めて、からだの下に入れる。
5 利用者を左側臥位にし、脱いだ上着を引き出す。

問題32

　着衣失行とは、衣服の前後や裏表を間違えるなど、衣服を**思いどおりに着ることができない**状態をいい、高次脳機能**障害**でみられる症状です。着衣失行のある利用者に対しては、左右が分かるように**衣類に印をつける**、着る順番が分かりやすいように**図で示す**、利用者の**動作に合わせて1つずつ伝える**など、困難な部分への支援を工夫することが大切です。また、高次脳機能障害では、**記憶力**、**注意力**、判断**力**、**言葉の理解**などに障害が現れるため、他の選択肢は支援の内容として不適切です。

正解　2

問題33

1　○　マグネット式のボタンは、磁石の性質を利用したもので、手指の細かな動作が難しい利用者でも**簡単にボタンを留める**ことができます。

2　×　ボタンエイドは、**関節リウマチ**や**脳性麻痺**などで**手指の細かな動作が難しい**利用者を対象とした自助具です。

3　×　更衣は基本的に、座位で行うように勧めます。下肢の筋力低下のある利用者は、立位で行うと、**バランスを崩して転倒する**おそれがあります。

4　×　ソックスエイドは、**膝関節や股関節の可動域に**制限があるなどで、**足先まで手が届きにくい**利用者を対象とした自助具です。

5　×　片麻痺のある利用者には、袖ぐりの**大きい**上衣を勧めます。

正解　1

問題34　片麻痺のある利用者の着脱介助では、健側から脱ぎ、患側から着る、脱健着患が原則となります。

1　×　上着を交換する際に、利用者を、**健側を下にした右側臥位**にするため、介護福祉職は利用者の**右側**に立ちます。

2　×　新しい上着は患側から着せるため、利用者の**左側**に置きます。

3　○　記述のとおりです。左上肢の肩口を広げておくと、右上肢の袖が脱ぎやすくなります。

4　×　上着はあとで引き出しやすいよう、**右側**の袖から脱がし、内側に丸めて、からだの下に入れます。

5　×　**解説1**のとおり、健側を下にした、**右側臥位**にします。

正解　3

片麻痺のある利用者の衣服は、上着はシャツタイプで、袖口の穴と肩幅が広いものが適切です。特に寝たきりや全介助の利用者など、臥床した状態で着脱介助をする必要があるときは、前開きの衣服を選びます。ボタンを使う上着の着用時は、ボタンが大きめのものや、マグネット式のものを選びましょう。スラックスは、伸び縮みしやすいものにして、ひもで結ぶタイプのものは避けるようしします。

B 33-39 口腔内が乾燥している人の食事介助

口腔内が乾燥している人への助言に関する次の記述のうち、**最も適切なもの**を 1 つ選びなさい。

1 苦味の強い食べ物を勧める。

2 臥床時は仰臥位（背臥位）で枕を使用しないように勧める。

3 水分は控えるように勧める。

4 唾液腺マッサージをするように勧める。

5 ジェルタイプの保湿剤は、前回塗った上に重ねて塗るように勧める。

A 32-45 食事の姿勢（座位）の注意点

いすに座って食事をする利用者の姿勢を確保する介護として、**最も適切なもの**を 1 つ選びなさい。

1 顎を上げてもらう。

2 テーブルは、肘がつき腕が自由に動かせるものを用意する。

3 テーブルと体の間を30cm離す。

4 体幹を後方に傾けてもらう。

5 いすに浅く座ってもらう。

問題35

1 ✕ 口腔内が乾燥している人に対しては、**唾液の分泌を促す**作用のある酸味**の強い食べ物**（梅干しやレモンなど）を勧めます。

2 ✕ 臥床時に仰臥位（背臥位）で枕を使用しないように勧めると、頭が下がって口が開いた状態になり、**口呼吸やいびき**が生じやすくなります。

3 ✕ 水分は、控えるのではなく、**十分に摂取する**ように勧めます。

4 ○ 口腔ケアを始める前に唾液腺（耳下腺、顎下腺、舌下腺）マッサージを行うことで、**唾液の分泌が促進されます**。

5 ✕ ジェルタイプの保湿剤は、前回塗ったジェルをスポンジブラシなどで**除去してから新たに塗る**ように勧めます。重ねて塗ってはいけません。

正解 | 4 |

問題36

1 ✕ 食事をするときは、**やや前かがみになり、顎を軽く引いた姿勢**をとってもらいます。顎を上げると、誤嚥の原因となります。

2 ○ 記述のとおりです。

3 ✕ 食事をするときは、テーブルとからだの間は**握りこぶしひとつぶん空け**ます。

4 ✕ **解説1**のとおりです。体幹が後方に傾いた仙骨座りでは、食べこぼしたり飲み込みにくくなったりするなど、食事に適した姿勢とはいえません。

5 ✕ 食事をするときは、いすに深く腰掛けてもらいます。

正解 | 2 |

ポイントチェック

食事の姿勢（座位）の注意点

- 肘が楽にテーブルに乗り、腕が自由に動かせる高さにする
- やや前かがみになって顎を引く
- 拳ひとつぶん空ける
- いすに深く腰かける
- 床に足底をつける

B | 35-88 | **テーブルで食事の介護を行うときの留意点**

　テーブルで食事の介護を行うときの留意点に関する次の記述のうち、**最も適切なもの**を１つ選びなさい。

1　車いすで食事をするときは、足をフットサポートから下ろして床につける。

2　片麻痺があるときは、患側の上肢を膝の上にのせる。

3　スプーンを使うときは、下顎を上げた姿勢にして食べ物を口に入れる。

4　利用者に声をかけるときは、食べ物を口に入れてから行う。

5　食事をしているときは、大きな音でテレビをつけておく。

A | 31-45 | **右片麻痺のある人の食事の介助**

　いすに座っている右片麻痺の利用者の食事介護時の留意点として、**最も適切なもの**を１つ選びなさい。

1　口の右側に食物を入れる。

2　利用者の左腕はテーブルの上にのせたままにしておく。

3　刻み食にする。

4　上唇にスプーンを運ぶ。

5　一口ごとに、飲み込みを確認する。

B | 32-47 | **左半側空間無視のある利用者の食事介護**

　左半側空間無視のある利用者の食事介護として、**最も適切なもの**を１つ選びなさい。

1　利用者の左側にトレー（tray）を置く。

2　トレー（tray）の右側に印をつける。

3　クロックポジションに従って配膳する。

4　食べる様子を観察して適宜食器の位置を変える。

5　利用者の右側にあるテレビをつけておく。

問題37

1 ○ テーブルで食事する場合、**からだを安定**させるため、**足底を床につける**のが基本となります。車いすに座ったままの場合でも、足をフットサポートから下ろして床につけます。

2 × 片麻痺がある利用者の場合は、患側の上肢を**テーブルの上**に乗せます。

3 × 下顎を上げた姿勢にすると、気管が開いて誤嚥の原因となります。やや前かがみになって**顎を引いた**姿勢にして、食べ物を口に入れます。

4 × 利用者に声をかけるときは、食べ物を**口に入れる**前に行います。

5 × 食事をしているときは、咀嚼や嚥下に意識が向くように、テレビは**音を小さく**するか、消すようにします。

正解 **1**

問題38

1 × 右片麻痺のある利用者の場合は、**健側である口の左側**に食べ物を入れます。

2 × **残存機能を活用**するため、**左手でスプーンやフォークなどを持ち**、自力で摂取できるように支援します。

3 × 刻み食は、**食塊を形成しにくい**という特徴があります。特に片麻痺のある利用者の場合は、患側に**食べ物が残りやすい**ため、刻み食にするのは不適切です。

4 × **解説1**のとおりです。

5 ○ 記述のとおりです。また、一口の量は少なめにします。

正解 **5**

問題39

1 × 左半側空間無視の場合、左側のものを認識できずに見落としてしまうため、利用者の**右側**にトレーを置きます。

2 × 左側に注意を向けさせる場合は、トレーの**左端**に印をつけます。

3 × クロックポジションとは、**視覚障害**のある利用者に対して、食べ物の位置を時計の文字盤にたとえて説明する方法です（ポイントチェック参照）。

4 ○ トレーを**右側**に置いたり、左側の食べ残しを注意したりするのも効果的です。

5 × **解説2**のとおり、テレビをつけておく場合は利用者の**左側**に置きます。

正解 **4**

クロックポジション

　食べ物がどのように並べられているのかが伝わるように、食べ物の位置を時計の文字盤にたとえて説明するもの。右の図の場合、「7時の位置にごはんがあります」「5時の位置にみそ汁があります」などと説明する。

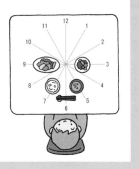

A 34-44 **嚥下障害のある人への食事支援**

Aさん（78歳、男性、要介護2）は、脳梗塞（cerebral infarction）の後遺症で嚥下障害がある。自宅で妻と二人暮らしで、訪問介護（ホームヘルプサービス）を週1回利用している。訪問時、妻から、「飲み込みの難しいときがある。上手に食べさせるにはどうしたらよいか」と相談があった。

訪問介護員（ホームヘルパー）の助言として、**最も適切なもの**を**1つ**選びなさい。

1　食事のときは、いすに浅く座るように勧める。

2　会話をしながら食事をするように勧める。

3　食事の後に嚥下体操をするように勧める。

4　肉、野菜、魚などは軟らかく調理するように勧める。

5　おかずを細かく刻むように勧める。

A 33-43 **嚥下障害のある利用者へ食事支援**

Jさん（80歳、女性、要介護3）は、介護老人福祉施設に入所している。食事の後、Jさんから、「最近、飲み込みにくくなって時間がかかる」と相談された。受診の結果、加齢による機能低下が疑われると診断された。

次の記述のうち、Jさんが食事をするときの介護福祉職の対応として、**最も適切なもの**を**1つ**選びなさい。

1　リクライニングのいすを用意する。

2　栄養価の高い食事を準備する。

3　食前に嚥下体操を勧める。

4　自力で全量を摂取できるように促す。

5　細かく刻んだ食事を提供する。

B 35-87 **食事中のむせへの対応**

利用者が食事中にむせ込んだときの介護として、**最も適切なもの**を**1つ**選びなさい。

1　上を向いてもらう。

2　お茶を飲んでもらう。

3　深呼吸をしてもらう。

4　口の中のものを飲み込んでもらう。

5　しっかりと咳を続けてもらう。

START!
GOAL!!
クリア！ CHAPTER 1 ～ クリア！ CHAPTER 10

312

問題40

1 × いすに浅く座ると、いすから**落ちる**危険性があります。食事のときは、いすに深く腰かけるように勧めます。

2 × 会話をしながら食事をすると、**誤嚥を誘発する**リスクが高まりますので、食事中は**会話を控える**ように助言します。

3 × 嚥下体操は、嚥下に関わる顔や首などの筋肉を動かすことで、**誤嚥の予防**や**口腔機能の**維持・回復を目的とした体操です。Aさんに、**食前に**嚥下体操を行うように勧めます。

4 ○ 記述のとおりです。

5 × おかずを細かくきざむと、食塊が形成しにくくなり、**誤嚥をまねく**おそれがあります。Aさんの**食べやすい大きさ**に切り、誤嚥を予防します。

正解 **4**

問題41

1 × リクライニングのいすは、食事をするときではなく、ゆったりと**リラックス**したいときに用いられます。

2 × Jさんは、加齢に伴う**機能低下**のために、**嚥下が困難**になっていると考えられます。栄養価の高い食事を準備しても状況の改善は見込めず、介護福祉職の対応として適切ではありません。

3 ○ 嚥下体操は、嚥下に関わる顔や首などの筋肉を動かすことで、**誤嚥の予防**や**口腔機能の**維持・回復を目的とした体操です。Jさんのように飲み込みにくくなった利用者の食事介助においては、食前に嚥下体操を行うように勧めます。

4 × **解説2**のとおり、自力で全量を摂取できるように促しても状況の改善は見込めず、介護福祉職の対応として適切ではありません。

5 × 細かく刻んだ食事は食塊を形成しにくく、**誤嚥をまねく**おそれがあります。

嚥下しやすい食物としては、日本介護食品協議会が設けた規格に基づいて製造された食品が、**ユニバーサルデザインフード**として販売されていますので、これらも参考にするとよいでしょう。

正解 **3**

問題42 むせ込む現象は、飲食物の飲み込みがうまく行かずに空気以外の物が気管に入ってしまうことを防ごうとして起こる防御反応です。

1 × 利用者に上を向いてもらうと、よけいに**気管の奥に入りやすく**なり、食塊を外に排出するのが困難となります。

2 × むせ込んだ場合、まず気管に入った飲食物を**外に排出**することが最優先となります。排出しないまま、お茶を飲んだり、深呼吸をしたり、口の中のものを飲み込んだりすると、誤嚥をまねきます。

3 × **解説2**のとおりです。

4 × **解説2**のとおりです。

5 ○ 利用者にしっかりと咳を続けてもらうことで、気管に入りかけた飲食物を外に排出できます。

正解 **5**

逆流性食道炎（reflux esophagitis）の症状がある利用者への助言として、**最も適切なもの**を1つ選びなさい。

1 脂肪を多く含む食品を食べるように勧める。

2 酸味の強い果物を食べるように勧める。

3 1日の食事は回数を分けて少量ずつ食べるように勧める。

4 食事のときは、腹圧をかけるような前かがみの姿勢をとるように勧める。

5 食後すぐに仰臥位（背臥位）をとるように勧める。

慢性腎不全（chronic renal failure）の利用者の食材や調理方法として、**最も適切なもの**を1つ選びなさい。

1 エネルギーの高い植物油を控える。

2 レモンや香辛料を利用し、塩分を控えた味付けにする。

3 肉や魚を多めにする。

4 砂糖を控えた味付けにする。

5 野菜は生でサラダにする。

慢性閉塞性肺疾患（chronic obstructive pulmonary disease）のある利用者の食事に関する次の記述のうち、**最も適切なもの**を1つ選びなさい。

1 繊維質の多い芋類を食事に取り入れる。

2 炭酸飲料で水分補給をする。

3 たんぱく質の多い食事は控える。

4 高カロリーの食事は控える。

5 1回の食事量を減らし、回数を増やす。

問題43 逆流性食道炎とは、胃の内容物が食道に逆流して、食道粘膜に炎症が起こる状態をいいます。

1　×　**脂肪を多く含む食品**や**酸味の強い果物**の摂取は**控える**ように助言します。

2　×　**解説1のとおり**です。

3　○　記述のとおりです。一度にたくさんの食事を摂ると、**腹圧が上がる**原因となります。

4　×　通常は、食道と胃の境目にある**下部食道括約筋**が胃の内容物の逆流を防止する働きをしています。腹圧をかけるような前かがみの姿勢をとると、下部食道括約筋が弛緩し、胃の内容物が**逆流**したり、胃酸の分泌が過剰になって胃液が**逆流**したりします。

5　×　食後すぐに仰臥位（背臥位）になると**胃の内容物が逆流しやすい**ため、2時間は上半身を起こした姿勢を保つように助言します。

正解　3

問題44

1　×　慢性腎不全の利用者の食事では、**たんぱく質、カリウム、塩分、水分**などの摂取制限が重要となります。摂取制限によって不足するエネルギーを補うため、**適度に油類を使用**した献立にします。

2　○　記述のとおりです。献立に変化をもたせ、利用者がストレスを感じたり食欲不振になったりしないように配慮します。

3　×　解説1のとおり、たんぱく質の摂取は**控えめ**にします。

4　×　たんぱく質の摂取制限によって不足するカロリーを補うため、**砂糖**や**油類を適度に使用した献立**にします。

5　×　生野菜には**カリウムが多く含まれている**ものがありますので、生で摂取する際には注意が必要です。

正解　2

問題45

1　×　**芋類**や**炭酸飲料**などの**お腹にガスがたまりやすい食品**は、横隔膜が圧迫されて**呼吸が苦しくなる**原因となります。

2　×　**解説1のとおり**です。

3　×　**筋肉の減少を防ぐ**ために、**良質のたんぱく質が含まれる食品**（魚、肉、大豆製品など）の摂取を控えないようにします。

4　×　呼吸時に多くのエネルギーを必要とするため、**高カロリー**の食事にします。

5　○　記述のとおりです。

正解　5

生活習慣病（life-style related disease）の予防に関する次の記述のうち、**最も適切なものを1つ選び**なさい。

1　糖尿病（diabetes mellitus）の予防として、たんぱく質の摂取量を増やす。

2　高血圧症（hypertension）の予防として、カリウム（K）の少ない食品を摂取する。

3　高コレステロール血症（hypercholesterolemia）の予防として、食物繊維を多く含む食品を摂取する。

4　骨粗鬆症（osteoporosis）の予防として、ビタミンK（vitamin K）の少ない食品を摂取する。

5　虚血性心疾患（ischemic heart disease）の予防として、起床後すぐの水分摂取は控える。

たんぱく質・エネルギー低栄養状態（PEM：Protein Energy Malnutrition）が疑われる状況として、**最も適切なものを1つ選びなさい。**

1　要介護度が改善した。

2　1か月に3％以上の体重減少があった。

3　体格指数（BMI）が25.0以上になった。

4　低血圧症状が現れた。

5　声が枯れるようになった。

1　×　生活習慣病に含まれる糖尿病（特に2型糖尿病）の予防としては、**エネルギー摂取量の制限**が重要になります。そのためには、炭水化物（糖質）、脂質、たんぱく質という三大栄養素を、バランスよく摂取することが大切です。

2　×　高血圧を予防するためには、**塩分や脂質**を制限し、一方で**たんぱく質やカリウム**を適度に摂取することが大切です。

3　○　高コレステロール血症は脂質異常症の一類型です。予防のためには、**エネルギー摂取量の制限**と、**食物繊維の摂取**が大切です。

4　×　骨粗鬆症の予防としては、骨の強化に必要なカルシウムの吸収を促進する**ビタミンD**と、カルシウムと骨の結合を促す**ビタミンK**の摂取が大切です。

5　×　体内の**水分量**が不足すると、血液の流れが悪くなり、虚血性心疾患（心筋梗塞など）を発症するリスクが高くなります。起床時も**水分量**は不足した状態のため、起床後の適度な**水分**の摂取が大切です。

正解　3

　高齢者の低栄養では、たんぱく質とエネルギーが不足する**たんぱく質・エネルギー低栄養状態（PEM）**が顕著です。これが疑われる状況としては、**体重の減少**や**体格指数（BMI）の低下**（18.5未満）、**筋肉量の減少**、**血清アルブミン値の低下**などがあります。要介護度の改善、低血圧症状、声が枯れる症状は、たんぱく質・エネルギー低栄養状態（PEM）が疑われる状況ではありません。**体格指数（BMI）が25.0以上**は肥満とされています。

正解　2

CH
11　生活支援技術

ポイント
チェック

PEMの分類

型	概要
クワシオルコル型	たんぱく質が欠乏した状態。エネルギーの栄養状態は問題ない
マラスムス型	たんぱく質とエネルギーが慢性的に同時に欠乏、とくにエネルギーの欠乏が強い状態
クワシオルコル・マラスムス型	クワシオルコル型とマラスムス型が混合している状態。高齢者に多くみられる

問題48　A　34-47　入浴の介護の基本

入浴の介護に関する次の記述のうち、**最も適切なもの**を1つ選びなさい。

1　着替えの衣服は、介護福祉職が選択する。

2　空腹時の入浴は控える。

3　入浴前の水分摂取は控える。

4　食後1時間以内に入浴する。

5　入浴直前の浴槽の湯は、45℃で保温する。

問題49　B　33-45　入浴の身体への作用

入浴の身体への作用を踏まえた介護福祉職の対応として、**最も適切なもの**を1つ選びなさい。

1　浮力作用があるため、食後すぐの入浴は避ける。

2　浮力作用があるため、入浴中に関節運動を促す。

3　静水圧作用があるため、入浴後に水分補給をする。

4　静水圧作用があるため、入浴前にトイレに誘導する。

5　温熱作用があるため、お湯につかる時間を短くする。

問題50　A　32-49　利用者の状態に応じた入浴の介護

利用者の状態に応じた入浴の介護として、**最も適切なもの**を1つ選びなさい。

1　血液透析を受けている人は、透析直後に入浴する。

2　胃ろうを造設している人は、入浴を控える。

3　心臓機能障害がある人は、半身浴にする。

4　酸素療法を行っている人は、鼻カニューレを外して入浴する。

5　回腸ストーマを造設している人は、食後1時間以内に入浴する。

START!
GOAL!!　クリア！CHAPTER 1 ～ クリア！CHAPTER 10

318

問題48

1　×　衣服は、利用者の個性や好みを反映できるものです。着替えの衣服は、利用者が選択します。

2　○　貧血や消化機能の低下をまねかないように、空腹時や**食事の直後**（食後１時間以内）は、**入浴を避け**るようにします。

3　×　発汗作用により**水分が失われる**ため、入浴前後には**水分を補給**します。

4　×　**解説２**のとおりです。

5　×　入浴直前の浴槽の湯は、40℃で保温します。

 感覚機能の低下している高齢者などは、湯温が過度に高い場合でも気づかずに、やけどなどの事故を引き起こすおそれがあります。事故を未然に防ぐために、介護福祉職が自分の手で触れて、湯温を確かめるようにします。

正解　2

問題49

1　×　記述は、**静水圧作用**の説明です。食後すぐの入浴は、全身の**血行が促進される**ことで消化に必要な血液が胃腸に集まらなくなり、**消化不良を起こしやすく**なります。

2　○　記述のとおりです。浮力作用により、関節や骨、筋肉への負担が軽減されます。

3　×　記述は、**温熱作用**の説明です。発汗により体内の水分が失われるため、入浴後は十分に水分補給をします。

4　×　記述は、**温熱作用**の説明です。からだが温まることで**新陳代謝が活発**になり、体内の老廃物が排出されやすくなります。

5　×　記述は、**静水圧作用**の説明です。長湯をすると、静水圧作用により心臓に負担がかかります。

正解　2

問題50

1　×　血液透析を行った後は血圧が不安定な状態になり、入浴により血管が拡張すると、急激な血圧低下を起こすことがあります。また、針を刺した部位からの感染や出血の可能性もあるため、**透析直後の入浴は控える**ようにします。

2　×　胃ろうを造設している場合、胃ろう部に感染の徴候がみられなければ、**入浴は**可能です。発赤などの感染の徴候がみられた場合でも、患部をフィルムなどで保護すれば入浴できます。

3　○　心臓機能障害がある場合、心臓への負担をやわらげるため、浴槽の水位を**心臓より低く**し、半身浴にします。

4　×　酸素療法を行っている人は、入浴の影響で**酸素の消費が速くなる**ため、**鼻カニューレをつけたまま入浴します。**

5　×　回腸ストーマの造設にかかわらず、消化機能の低下をまねかないように、**食事の直後**（**食後１時間以内**）は、**入浴を避ける**ようにします。なお、ストーマ装具は、外した状態でも、つけたままの状態でも、入浴することが可能です。浴槽の水圧よりも腸の内圧のほうが高いため、装具を外しても体内にお湯が入ることはありません。

正解　3

問題51 **B** 33-47 **利用者の状態に応じた清潔の介護**

利用者の状態に応じた清潔の介護に関する次の記述のうち、**最も適切なもの**を**1つ選びなさい。**

1 乾燥性皮膚疾患がある場合、弱アルカリ性の石鹸で洗う。

2 人工透析をしている場合、柔らかいタオルでからだを洗う。

3 褥瘡がある場合、石鹸をつけた指で褥瘡部をこすって洗う。

4 糖尿病性神経障害（diabetic neuropathy）がある場合、足の指の間はナイロンたわしで洗う。

5 浮腫のある部位は、タオルを強く押し当てて洗う。

問題52 **B** 34-48 **シャワー浴の介護**

シャワー浴の介護に関する次の記述のうち、**最も適切なもの**を**1つ選びなさい。**

1 シャワーの湯温は、介護福祉職よりも先に利用者が確認する。

2 からだ全体にシャワーをかけるときは、上肢から先に行う。

3 利用者が寒さを訴えたときは、熱いシャワーをかける。

4 利用者が陰部を洗うときは、介護福祉職は背部に立って見守る。

5 脱衣室に移動してから、からだの水分を拭きとる。

問題53 **B** 34-49 **片麻痺のある利用者の入浴介助**

左片麻痺のある利用者が、浴槽内から一部介助で立ち上がる方法として、**最も適切なもの**を**1つ選びなさい。**

1 利用者の左膝を立てて、左の踵を臀部に引き寄せてもらう。

2 浴槽の底面に両手を置いてもらう。

3 右手で手すりをつかんで前傾姿勢をとり、臀部を浮かしてもらう。

4 利用者の両腋窩に手を入れて支える。

5 素早く立ち上がるように促す。

問題54 **B** 33-46 **四肢麻痺の利用者の手浴**

四肢麻痺の利用者の手浴に関する次の記述のうち、**最も適切なもの**を**1つ選びなさい。**

1 仰臥位（背臥位）で行う。

2 手指は、30分以上お湯に浸す。

3 手関節を支えながら洗う。

4 指間は、強く洗う。

5 指間は、自然乾燥させる。

問題51

1　×　乾燥性皮膚疾患がある場合、**アルカリ性**の石鹸は、乾燥して弱った皮膚を**傷つけてしまう**ため、弱酸性の石鹸でからだを洗います。

2　○　記述のとおりです。

3　×　褥瘡がある場合、褥瘡部をこすって洗うことで**症状が悪化する**おそれがあります。

4　×　糖尿病性神経障害がある場合、足先に**感覚異常**が起こりやすくなります。傷などができた場合でも気づかないことが多く、その部分から細菌感染を起こして壊疽になることがあります。石鹸の泡をつけたタオルやスポンジで**優しくこする**ように洗い、皮膚が傷つきやすいナイロンたわしは使用を避けます。

5　×　浮腫のある部位は、**柔らかなスポンジや手で弱酸性**の石鹸をよく泡立てて、優しく洗います。

正解　2

問題52

1　×　やけどを防止するため、シャワーの湯温は、利用者よりも先に**介護福祉職**が確認します。

2　×　心臓への負担をやわらげるため、シャワーは足先から始め、徐々に心臓のほうに向けてかけていきます。

3　×　シャワーはからだが冷めやすいため、足浴やかけ湯をするなど、**からだを温めながら行う**ようにします。

4　○　記述のとおりです。陰部洗浄を行うときは、利用者の**羞恥心**や**プライバシー**への配慮が必要です。

5　×　シャワー浴が終わったあとも、気化熱で**体温が奪われます**。このため、脱衣室に移動する前に、乾いたタオルでからだの**水分を拭き取る**ようにします。

正解　4

問題53

1　×　利用者は左片麻痺なので、左の踵を臀部に引き寄せてもらうことはできません。

2　×　利用者に浴槽の底面に両手を置いてもらっても、浴槽内から立ち上がることは困難です。浴槽内から一部介助で立ち上がるには、利用者に浴槽の底面に両足をつけてもらうことが重要です。

3　○　利用者が右手で手すりをつかんで**前傾姿勢**をとり、介助者が横から介助できるように臀部を浮かしてもらうことで、浴槽内から立ち上がることが可能となります。

4　×　介助者が利用者の両腋窩に手を入れて支えると、利用者が前傾姿勢をとることができなくなり、浴槽内から立ち上がることは困難です。

5　×　記述は一部介助にはあたりません。また、左片麻痺のある利用者が素早く立ち上がることも困難です。

正解　3

問題54

1　×　四肢麻痺の場合、手浴は側臥位で行います。

2　×　手指は、**39℃程度の湯に10～15分**ほど浸してから行います。

3　○　手浴の際は、洗う側の手関節を介護福祉職が支えながら行います。

4　×　指間は、丁寧に洗います。強く洗うと、皮膚を傷つけるおそれがあります。

5　×　指間についた水分は、自然乾燥ではなく、**乾いたタオル**でしっかりと拭き取ります。

正解　3

B 31-47 ベッド上での足浴

ベッド上で足浴を実施するときの基本的な手順や方法として、**適切なもの**を**1**つ選びなさい。

1 ベッドの足元をギャッジアップする。

2 お湯の温度の確認は、利用者、介護福祉職の順に行う。

3 ズボンを脱がせて、下肢を露出する。

4 洗う側の足関節を保持しながら洗う。

5 両足を一度に持ち上げて、すすぐ。

B 35-90 ベッド上での洗髪

ベッド上で臥床している利用者の洗髪の基本に関する次の記述のうち、**最も適切なもの**を**1**つ選びなさい。

1 利用者のからだ全体をベッドの端に移動する。

2 利用者の両下肢は、まっすぐに伸ばした状態にする。

3 洗うときは、頭頂部から生え際に向かって洗う。

4 シャンプー後は、タオルで泡を拭き取ってからすすぐ。

5 ドライヤーの温風は、頭皮に直接当たるようにする。

B 35-91 目の周囲の清拭

目の周囲の清拭の方法を図に示す。矢印は拭く方向を表している。

次のA~Eのうち、基本的な清拭の方法として、**最も適切なもの**を**1**つ選びなさい。

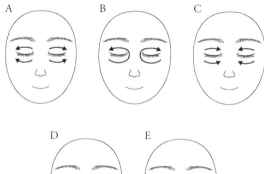

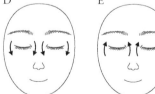

1 A   2 B   3 C   4 D   5 E

問題55

1 ✕ ベッド上で足浴を実施する場合は、**仰臥位**で**膝を曲げた状態**で行います。

2 ✕ お湯の温度の確認は、**介護福祉職が先に行います**。その後、利用者に確認してもらいます。

3 ✕ ズボンを脱がせ、腰から膝までをタオルで覆うなど、**利用者のプライバシーに配慮し、不要な露出は避けます**。

4 ○ 記述のとおりです。

5 ✕ すすぐ際は、**片足を持ち上げて**かけ湯をし、洗面器から足を出します。その後、もう一方の足も同様にします。

正解 | 4 |

問題56

1 ✕ 洗髪をする際は、利用者のからだをベッドに対して**斜め**（上半身はベッドの手前端、下半身は向こう端）にします。

2 ✕ 膝を**軽く立てて**膝の下にクッションなどを入れ、**安楽な体位**にします。

3 ✕ 髪は、**生え際から**頭頂部に向かって洗います。

4 ○ 記述のとおりです。洗い流す前に、乾いたタオルでシャンプーの泡を拭き取ってから、**少量の湯**で洗い流すようにします。

5 ✕ ドライヤーは、**やけどを防ぐために**、頭皮から**20cm以上**離して使用するようにします。

正解 | 4 |

問題57

目の周囲を清拭するときは、**目頭から目尻**に向かって拭きます。

正解 | 1 |

> 顔の汚れを除去することで爽快感が得られ、血流の促進にもつながります。できる限り、利用者自身の手で拭いてもらうようにしますが、介助が必要な場合は介護福祉職が清拭を行います。顔の清拭は、目→ 額→ 鼻→ 頬→ 口→ 下顎→ 耳→ 首の順で行います。汚れのつきやすい目や鼻のまわりを、特に丁寧に拭くようにします。

清拭の介護として、**最も適切なもの**を1つ選びなさい。

1 目のまわりは目尻から目頭に向かって拭く。

2 背部は患側を下にして拭く。

3 腹部は臍部から恥骨部に向かって拭く。

4 両下肢は末梢から中枢に向かって拭く。

5 皮膚についた水分は最後にまとめて拭く。

女性利用者のおむつ交換をするときに行う陰部洗浄の基本に関する次の記述のうち、**最も適切なもの**を1つ選びなさい。

1 湯温は、介護福祉職の手のひらで確認する。

2 おむつを交換するたびに、石鹸を使って洗う。

3 タオルで汚れをこすり取るように洗う。

4 尿道口から洗い、最後に肛門部を洗う。

5 洗浄後は、蒸しタオルで水分を拭き取る。

Jさん（85歳、女性、要介護2）は、アルツハイマー型認知症（dementia of the Alzheimer's type）である。時間をかければ一人で洗身、洗髪もできるが、ズボンの上に下着を着る行為がみられたため、訪問介護（ホームヘルプサービス）を利用することになった。

Jさんの入浴時における訪問介護員（ホームヘルパー）の対応として、**最も適切なもの**を1つ選びなさい。

1 脱いだ衣服は、着る衣服の隣に並べて置く。

2 洗身と洗髪は訪問介護員（ホームヘルパー）が行う。

3 入浴中の利用者に声をかけることは控える。

4 衣服の着る順番に応じて声をかける。

5 ズボンの着脱は訪問介護員（ホームヘルパー）が行う。

問題58

1　✕　目のまわりを清拭する場合は、**目頭**から**目尻**に**向かって**行います。

2　✕　背部を清拭する場合は、**健側を下**にして行います。

3　✕　腹部を清拭する場合は、臍部から**腸の走行に沿って**「の」**の字を描く**ように行います。

4　○　清拭は、**末梢**から**中枢**（下肢は足先から大腿部、上肢は手先から肩へ）に向かって行います。

5　✕　清拭時に皮膚についた水分は、そのつど**拭き取ります**。

正解　4

問題59

1　✕　湯温は、介護福祉職の**前腕部の皮膚**に湯をかけて確認します。

2　✕　石鹸は、**汚れがひどい**場合など必要に応じて使います。

3　✕　陰部は、皮膚粘膜が傷つきやすいので、タオルを持つ手に力を入れず、こすらないように、やさしく**拭きます**。

4　○　尿路感染症などの予防のため、前から後ろの方向に**尿道口**、膣、小陰唇の順に洗い、最後に**肛門部**を洗います。

5　✕　陰部洗浄後は、**乾いたタオル**で水分を拭き取ります。

正解　4

問題60

1　✕　事例から、Jさんの行為は**着衣失行**と考えられます。着衣失行は、衣服の前後や左右、着る順番を間違えるなど、衣服を思いどおりに着ることができない状態をいい、**認知症**などでみられる症状です。Jさんは着る順番を間違っていることから、脱いだ衣服を、着る衣服の隣に並べて置くのは、訪問介護員（ホームヘルパー）の対応として不適切です。

2　✕　洗身と洗髪は、時間がかかるがJさん一人で行えるため、訪問介護員（ホームヘルパー）の対応として不適切です。

3　✕　入浴中に、転倒や溺水など不測の事故が起こる可能性もあるため、Jさんに声をかけることを控えるのは、訪問介護員（ホームヘルパー）の対応として不適切です。

4　○　着衣失行がみられる場合、衣服を着る順番に応じて**声をかける**、着る順番に衣服を重ねておくなどすれば、Jさんは正しく着られるようになります。訪問介護員（ホームヘルパー）は、Jさん一人では困難な部分への支援を工夫しており、適切な対応といえます。

5　✕　**解説4**のとおりです。

正解　4

問題61 B　33-50 安全で的確な排泄の介護

下肢筋力の低下により立位に一部介助が必要な車いすの利用者が、トイレで排泄をするときの介護として、**最も適切なもの**を1つ選びなさい。

1　便座の高さは、利用者の膝よりも低くなるように調整する。

2　便座に移乗する前に、車いすのバックサポートに寄りかかってもらう。

3　車いすから便座に移乗するときは、利用者の上腕を支える。

4　利用者が便座に移乗したら、座位が安定していることを確認する。

5　立ち上がる前に、下着とズボンを下腿部（かたいぶ）まで下げておく。

問題62 B　31-50 差し込み便器による排泄介護

ベッド上で腰上げが可能な高齢者への、差し込み便器による排泄介護（はいせつかいご）の方法として、**最も適切なもの**を1つ選びなさい。

1　使用前の便器は温めておく。

2　便器を差し込むときは両脚を伸ばしてもらう。

3　男性の場合は、トイレットペーパーを陰茎の先端に当てておく。

4　便器の位置を確認したらベッドを水平にする。

5　排泄中（はいせつちゅう）はベッドサイドで待機する。

問題63 A　34-51 便秘の介護

便秘の傾向がある高齢者に自然排便を促すための介護として、**最も適切なもの**を1つ選びなさい。

1　朝食を抜くように勧める。　　2　油を控えるように勧める。　　3　散歩をするように勧める。

4　腰部を冷やすように勧める。　　5　就寝前にトイレに座るように勧める。

問題64 C　35-93 胃・結腸反射を利用した排泄の支援

胃・結腸反射を利用して、生理的排便を促すための介護福祉職の支援として、**最も適切なもの**を1つ選びなさい。

1　歩行を促す。　　2　起床後に冷水を飲んでもらう。　　3　腹部のマッサージをする。

4　便座に誘導する。　　5　離床する時間を増やす。

START!
GOAL!!　クリア！ CHAPTER 1 ～ クリア！ CHAPTER 10

326

問題61

1　✕　膝折れして尻もちをつくことで腰椎を圧迫しないよう、便座の高さを利用者の膝よりも**少し高くなる**ように調整します。

2　✕　便座に移乗しやすいよう、車いすに浅く**腰掛けて**もらいます。

3　✕　車いすから便座に移乗するときは、介護福祉職は利用者の足が膝折れしないよう**膝を支えます**。

4　○　記述のとおりです。

5　✕　利用者が車いすから**立ち上がった後**、バランスを崩さないように留意しながら下着とズボンを下腿部まで下げます。

正解　4

問題62

1　○　利用者に不快感を与えないよう、**使用前の便器は**温めておきます。

2　✕　便器を差し込むときは、**膝を曲げて**もらいます。

3　✕　男性の場合は、尿意が同時に起こることも想定して、**便器と採尿器の両方を準備します**。

4　✕　上半身を起こし、**腹圧を加えやすい姿勢**にします。

5　✕　**プライバシーに配慮**し、排泄中は**利用者のそばを離れます**。

正解　1

問題63

1　✕　便秘の傾向がある場合は、**1日3食を規則正しく摂取する**ようにします。特に朝食の摂取には、体内のリズムを調整し、胃腸を刺激して**排便反射を促進させる**効果があります。

2　✕　油には、腸内で潤滑油の役目をし、**便を排出しやすくする**効果があります。油を控えるように助言することは逆効果です。

3　○　便秘の傾向がある場合は、**適度に運動を行う**ことが大切です。散歩をするように助言することは、自然排便を促すための介護として適切な対応です。

4　✕　便秘の傾向がある場合は、**腹部全体を温めて**、大腸の**蠕動運動の活性化**を図ります。

5　✕　便秘の傾向がある場合は、就寝前ではなく、**朝食後にトイレに座る**ように助言します。食事のあとでトイレに誘導することを習慣化すると、便秘の解消につながります。

正解　3

食物繊維を多く含む食品は消化されなかった残りカスが増え、腸管への刺激も強くなることから排便を促進する効果が期待されます。便秘の傾向のある高齢者には、食物繊維を多くとるように勧めるとよいでしょう。

問題64

　胃・結腸反射とは、**空腹な状態**のときに**胃に飲食物が入る**と、反射的に便を直腸に送り出す**蠕動運動が活発**になることをいいます。選択肢2の「起床後に冷水を飲んでもらう」ことで胃・結腸反射が起こり、生理的排便を促すことができます。ほかの選択肢の内容では、胃・結腸反射は起こりません。

正解　2

利用者の便失禁を改善するための介護福祉職の対応として、**最も適切なものを１つ**選びなさい。

1　トイレの場所がわからない認知症（dementia）の人には、ポータブルトイレを設置する。

2　移動に時間がかかる人には、おむつを使用する。

3　便意がはっきりしない人には、朝食後に時間を決めてトイレへ誘導する。

4　下剤を内服している人には、下剤の内服を中止する。

5　便失禁の回数が多い人には、食事の提供量を減らす。

認知機能の低下による機能性尿失禁で、夜間、トイレではない場所で排尿してしまう利用者への対応として、**最も適切なものを１つ**選びなさい。

1　日中、足上げ運動をする。

2　ズボンのゴムひもを緩いものに変える。

3　膀胱訓練を行う。

4　排泄してしまう場所に入れないようにする。

5　トイレの照明をつけて、ドアを開けておく。

Ｋさん（76歳、女性、要介護２）は、介護老人保健施設に入所している。日頃から、「排泄は最期まで他人の世話にならない」と言い、自分でトイレに行き排泄している。先日、趣味活動に参加しているときにトイレに間に合わず失禁した。その後、トイレの近くで過ごすことが多くなり、趣味活動に参加することが少なくなった。Ｋさんを観察すると、１日の水分摂取量、排尿量は変わりないが、日中の排尿回数が増えていることがわかった。

Ｋさんへの介護福祉職の最初の対応として、**最も適切なものを１つ**選びなさい。

1　日中は水分摂取を控えるように伝える。

2　抗不安薬の処方ができないか看護師に相談する。

3　トイレに行く姿を見かけたら、同行する。

4　排泄について不安に感じていることがないかを聞く。

5　積極的に趣味活動に参加するように勧める。

1 ✕ トイレの場所が分からない認知症の人には、ポータブルトイレを設置するのではなく、トイレに本人が認識できる**表示**や**目印**をつけます。

2 ✕ 移動に時間がかかる人には、その人の排泄パターンを把握し、適切な時間にトイレまで誘導するようにします。

3 ◯ 記述のとおりです。

4 ✕ 下剤の内服により下痢となっている場合は、下痢の改善が便失禁の改善となります。ただし、介護福祉職の判断で下剤の内服を中止することはできないため、**医療職**に相談します。

5 ✕ 便失禁の回数が多い人には、食事の提供量を減らすのではなく、**繊維質**を多く含む食品を積極的に摂る、**乳酸菌**や**ポリフェノール**を含む食品を摂るなど、**食生活の改善**を図ります。

正解 **3**

問題66 機能性尿失禁とは、**認知機能の低下**によってトイレの場所や便器の使用方法が分からない、または下肢の筋力低下など**運動機能の低下**によってトイレまで間に合わずもれてしまう状態をいいます。

1 ✕ 認知機能の低下による機能性尿失禁の場合、**運動機能は低下**していないため、日中に足上げ運動をしても効果はありません。

2 ✕ 認知機能の低下による機能性尿失禁の場合、ズボンを脱ぎやすいようにゴムひもを緩いものに変えても効果はありません。

3 ✕ 膀胱訓練は、**切迫性尿失禁**や**腹圧性尿失禁**に効果がある対処方法です。

4 ✕ 認知機能の低下によりトイレの場所が分からないことが原因のため、排泄してしまう場所に入れないようにしても効果はありません。トイレの照明をつけ、ドアを開けておくなど、トイレの場所・環境を分かりやすくするなどの配慮が必要です。

5 ◯ **解説4**のとおりです。

正解 **5**

問題67

1 ✕ 日中の排尿回数が増えていることを理由に水分摂取量を控えると、**脱水**につながることがあります。介護福祉職の最初の対応として不適切です。

2 ✕ 抗不安薬は、不安や緊張、イライラの症状をやわらげるために用いられます。**K**さんに話を聞くことなく、抗不安薬の処方ができないか看護師に相談することは、介護福祉職の最初の対応として不適切です。

3 ✕ **K**さんは、自分でトイレに行き排泄をしています。介助を必要としているわけではないため、**K**さんがトイレに行く姿を見かけたら同行するのは、介護福祉職の最初の対応として不適切です。

4 ◯ 1日の水分摂取量や排尿量は変わらないのに排尿回数が増えていることから、**K**さんに排泄について不安に感じていることがないかを聞くことは、介護福祉職の最初の対応として適切です。

5 ✕ **K**さんは、失禁したことをきっかけに趣味活動に参加することが少なくなっています。失禁への不安を取り除かないまま、積極的に趣味活動に参加するように勧めることは、介護福祉職の最初の対応として不適切です。

正解 **4**

問題68 B 34-53 認知症の利用者の排泄に関する対応

次の記述のうち、排泄物で汚れた衣類をタンスに隠してしまう認知症（dementia）の利用者への対応として、**最も適切なもの**を1つ選びなさい。

1 タンスの中に汚れた衣類を入れられる場所を確保する。
2 「汚れた衣類は入れないように」とタンスに貼紙をする。
3 トイレに行くときには、同行して近くで監視する。
4 つなぎ服を勧める。
5 隠すところを見たら、毎回注意する。

問題69 B 32-51 膀胱留置カテーテル

膀胱留置カテーテルを使用している利用者への介護福祉職の対応として、**最も適切なもの**を1つ選びなさい。

1 水分摂取を控えてもらう。
2 カテーテルが折れていないことを確認する。
3 採尿バッグは膀胱と同じ高さに置く。
4 尿漏れが見られたらカテーテルを抜去する。
5 尿量の確認は看護師に依頼する。

問題70 B 33-49 自己導尿

自己導尿を行っている利用者に対する介護福祉職の対応として、**最も適切なもの**を1つ選びなさい。

1 座位が不安定な場合は、体を支える。
2 利用者が自己導尿を行っている間は、そばで見守る。
3 利用者と一緒にカテーテルを持ち、挿入する。
4 再利用のカテーテルは水道水で洗い、乾燥させる。
5 尿の観察は利用者自身で行うように伝える。

問題68

1 ○ 記述のとおりです。認知症の**行動・心理症状**（BPSD）の**失禁**でみられる行為です。

2 × 認知症の利用者は、理解力が低下していますので、タンスに貼紙をしても理解できず、効果はありません。

3 × 近くで監視するのではなく、**トイレの外**で待ち、利用者の**プライバシーの**保護に努めます。

4 × つなぎ服は、認知症の利用者が自力で脱ぐことができず、**身体拘束**に該当しますので、不適切な対応です。

5 × 認知症の利用者が排泄物で汚れた衣類をタンスに隠すところを発見しても、その行動を毎回注意するのではなく、ありのままの姿を受け入れていく**受容的態度**で接します。

正解 | 1 |

問題69

1 × 膀胱留置カテーテルを使用している場合、**尿路感染症**や**脱水を予防する**ために、**水分をしっかりと摂取する**ようにします。

2 ○ 記述のとおりです。膀胱留置カテーテルが折れていると、尿漏れの原因となります。

3 × 採尿バッグは、逆流を防止するため、**膀胱よりも低い位置に固定**します。

4 × 膀胱留置カテーテルの周辺から尿漏れがみられた場合は、カテーテルは**抜去せずに**、医療職に**報告**します。

5 × 尿量の確認は、**介護福祉職**が行います。異常がみられた場合は、**医療職に報告**します。

正解 | 2 |

> 膀胱留置カテーテルは、尿道から膀胱へカテーテルを挿入して留置し、持続的に尿を排出させます。膀胱に入っているカテーテル先端を風船状にふくらませて抜け落ちないようにするもので、バルーンカテーテルとも呼ばれます。

問題70

1 ○ 記述のとおりです。必要に応じて物品を準備したり、からだを支えたりするなど、利用者が**安全・安楽**に自己導尿が行えるように援助します。

2 × プライバシー保護のため、利用者が自己導尿を行っている間は**そばを離れ**ます。

3 × 自己導尿とは、**医師の指導**に基づいて**定期的に**利用者本人が尿道から膀胱内にカテーテルを挿入し、尿を体外に排出する方法です。介護福祉職がカテーテルの挿入を手伝うことは認められていません。

4 × カテーテルを再利用する場合、洗浄水（滅菌精製水または水道水）を吸引してカテーテルの内側を洗い流した後、**消毒液を入れたケース**に保管します。

5 × 尿の観察は、利用者ではなく**介護福祉職**が行い、**排尿の量・性状**などを記録します。

正解 | 1 |

問題71 B 35-98 弱視の人の調理と買い物の支援

弱視で物の区別がつきにくい人の調理と買い物の支援に関する次の記述のうち、**最も適切なもの**を1つ選びなさい。

1 買い物は、ガイドヘルパーに任せるように勧める。

2 財布は、貨幣や紙幣を同じ場所に収納できるものを勧める。

3 包丁は、調理台の手前に置くように勧める。

4 まな板は、食材と同じ色にするように勧める。

5 よく使う調理器具は、いつも同じ場所に収納するように勧める。

問題72 B 31-53 調理環境を清潔に保つための方法

調理環境を清潔に保つための方法として、**最も適切なもの**を1つ選びなさい。

1 布巾を使った後は、流水で洗う。

2 食器を洗ったスポンジは、軽く絞って洗剤の泡を残す。

3 魚や肉を切ったまな板の汚れは、熱湯で洗い流す。

4 金属製のスプーンの消毒は、塩素系漂白剤に1時間以上つけ置きする。

5 包丁は、刃と持ち手の境目の部分も洗浄して消毒する。

問題73 C 33-53 食中毒の予防

食中毒の予防に関する次の記述のうち、**最も適切なもの**を1つ選びなさい。

1 鮮魚や精肉は、買物の最初に購入する。

2 冷蔵庫の食品は、隙間なく詰める。

3 作って保存しておく食品は、広く浅い容器に入れてすばやく冷ます。

4 再加熱するときは、中心部温度が60℃で1分間行う。

5 使い終わった器具は、微温湯をかけて消毒する。

1 ✕ 生活支援は、利用者が自分らしい生活を送ることができるように支援する、**自己実現のための手段と**もいえます。利用者の買い物に同行し、購入予定の商品を自ら選択できるように支援します。

2 ✕ 財布は、貨幣や紙幣を取り出しやすいよう、それぞれを**別の場所**に収納できるものを勧めます。

3 ✕ 包丁を調理台の手前に置くと、手を切るなどの危険性を伴うため、調理台の奥**に置く**ように勧めます。

4 ✕ まな板を食材の色と同じにすると、**食材の位置が分かりにくくなる**ため、**違う色**にするように勧めます。

5 ◯ 記述のとおりです。

正解 5

1 ✕ テーブルなどを拭いた布巾には**大量の細菌が付着**しており、流水だけでは完全に取り除けません。中性洗剤や漂白剤**を使用して洗い、しっかり乾燥させる**ことが大切です。

2 ✕ 食器を洗った後のスポンジに泡が残るほど水気のある状態では、**細菌が繁殖しやすく、臭いの原因と**なります。**熱湯消毒や漂白剤**などで除菌した後、しっかりと絞って乾燥させることが大切です。

3 ✕ 魚や肉を切ったまな板を熱湯で洗い流すと、まな板に付着した**たんぱく質が固まってしまい、汚れが落ちにくくなります**。中性洗剤を使用して汚れを洗い流した後、**熱湯をかけて**殺菌消毒し、**乾燥させます**。

4 ✕ 金属製のスプーンは、**塩素系漂白剤に長時間つけ置きすると**、**腐食して錆びてしまいます**。

5 ◯ 包丁を衛生的に使い続けるため、刃の部分だけでなく、刃と持ち手の境目の部分も**洗浄して消毒する**ことが大切です。

正解 5

1 ✕ 鮮魚や精肉のように常温では傷みやすい食品は、買い物の**最後に購入**します。

2 ✕ 冷蔵庫は、隙間なく食品を詰めると**冷気の循環が悪くなって均一に冷えなくなり、消費電力も大きく**なります。冷蔵庫に入れる食品は、7割ほどとするようにします。

3 ◯ 記述のとおりです。

4 ✕ 再加熱するときは、食品の中心部温度が**75℃で1分間以上**が目安となります。

5 ✕ 使い終わった器具は、中性洗剤を使用して汚れを洗い流した後、熱湯をかけて**殺菌消毒**し、乾燥させます。

正解 3

問題74

A 30-53 **食事制限がある利用者の食生活**

疾病のために食事制限がある利用者の食生活に関する次の記述のうち、**最も適切なものを1つ選び**なさい。

1 人工透析をしている利用者には、生野菜を勧める。

2 高血圧の利用者には、1日の塩分摂取量を10g以下にする。

3 骨粗鬆症（osteoporosis）の利用者には、豆類を勧める。

4 糖尿病（diabetes mellitus）の利用者には、朝食に1日のエネルギー量の半分を配分する。

5 肝疾患（liver disease）の利用者には、低カロリー、低たんぱくの食事を勧める。

問題75

C 34-54 **漂白剤の性質と用途**

次亜塩素酸ナトリウムを主成分とする衣類用漂白剤に関する次の記述のうち、**最も適切なものを1つ選びなさい。**

1 全ての白物の漂白に使用できる。

2 色柄物の漂白に適している。

3 熱湯で薄めて用いる。

4 手指の消毒に適している。

5 衣類の除菌効果がある。

問題76

B 33-51 **洗濯記号**

図の洗濯表示の記号の意味として、**正しいものを1つ選びなさい。**

1 液温は30℃以上とし、洗濯機で洗濯ができる。

2 液温は30℃以上とし、洗濯機で弱い洗濯ができる。

3 液温は30℃以上とし、洗濯機で非常に弱い洗濯ができる。

4 液温は30℃を上限とし、洗濯機で弱い洗濯ができる。

5 液温は30℃を上限とし、洗濯機で非常に弱い洗濯ができる。

問題74

1 × 人工透析患者は**腎臓**に疾患があることから、**水分**や**塩分**、**カリウム**、**リン**などのとりすぎに注意が必要です。生野菜は**カリウム**を多く含むので、その摂取を勧めるのは不適切です。

2 × 高血圧の大敵は、**塩分**のとりすぎです。**塩分**の1日の摂取量は6g以下におさえます。

3 ○ 骨粗鬆症は、**骨密度の低下**が原因ですので、**カルシウム**を多く含む豆類の摂取を増やし、適度な運動でカルシウムの骨への吸収をよくすることが重要です。

4 × 糖尿病患者は、インスリン作用を高めるために、1日3回の食事でバランス良くエネルギーを摂るようにします。朝食に多くのエネルギーを配分するのは不適切です。

5 × 肝疾患者の食事の基本は、**エネルギーが適正で栄養バランスのとれた食事**を摂ることです。一律に低カロリー、低たんぱくの食事を勧めることは不適切です。

正解 3

問題75

1 × 次亜塩素酸ナトリウムを主成分とする塩素系の衣類用漂白剤（以下、漂白剤）は**漂白力**が強いため、**毛や絹、色柄物には使用できません。**

2 × **解説1**のとおりです。

3 × 漂白剤を薄めて用いるときに熱湯を用いると、次亜塩素酸ナトリウムの分解が促進されて**有効濃度の低下**をまねいたり、発生蒸気量が増えて有害性が高まったりするおそれがあります。このため、熱湯ではなく、**水で希釈**します。

4 × 漂白剤は非常にアルカリ性が強く、**皮膚を傷める**おそれがあり、**手指消毒には**適していません。

5 ○ 記述のとおりです。

正解 5

漂白剤には**酸化型**と**還元**型があり、酸化型はさらに**塩素**系と**酸素**系に分類されます。塩素系漂白剤は漂白力が強く、強アルカリ性なので、毛や絹などの動物繊維には使用しません。また、窒素を含んだアセテートやナイロンにも不向きです。色柄物は脱色されてしまうので、基本的に白物のみに使用します。なお、塩素系漂白剤が強アルカリ性なのに対して、**酸素系漂白剤**は、「**液体**」と「**粉状**」によって性質が異なります。「**液体**」は弱酸性、「**粉状**」は弱アルカリ性です。

問題76

　繊維製品の洗濯表示は、2016（平成28）年12月に改正されました。新しい洗濯表示による設問の記号の意味は、「液温は**30℃を上限**とし、洗濯機で**弱い洗濯**ができる」となります。

正解 4

選択肢5の、洗濯機で「非常に弱い」洗濯の場合、右図のように二重線になります。

B **33-52** **しみ抜き**

　衣服についたバターのしみを取るための処理方法に関する次の記述のうち、**適切なもの**を1つ選びなさい。

1　水で洗い流す。

2　しみに洗剤を浸み込ませて、布の上に置いて叩く。

3　乾かした後、ブラッシングする。

4　氷で冷やしてもむ。

5　歯磨き粉をつけてもむ。

C **34-55** **手縫いの方法**

　次の記述のうち、ズボンの裾上げの縫い目が表から目立たない手縫いの方法として、**最も適切なもの**を1つ選びなさい。

1　なみ縫い	2　半返し縫い	3　本返し縫い
4　コの字縫い（コの字とじ）	5　まつり縫い	

B **35-97** **ノロウイルスの感染予防**

　ノロウイルス（Norovirus）による感染症の予防のための介護福祉職の対応として、**最も適切なもの**を1つ選びなさい。

1　食品は、中心部温度50℃で1分間加熱する。

2　嘔吐物は、乾燥後に処理をする。

3　マスクと手袋を着用して、嘔吐物を処理する。

4　手すりの消毒は、エタノール消毒液を使用する。

5　嘔吐物のついたシーツは、洗濯機で水洗いする。

START!
GOAL!!
クリア！CHAPTER 1 ～ クリア！CHAPTER 10

336

問題77

1 ✕ バターは**油性**なので、水では洗い流せません。
2 ○ 記述のとおりです。
3 ✕ 記述は、泥や粉などによるしみを取る方法です。
4 ✕ 記述は、髪の毛や服などに付着した**ガム**を取る方法です。
5 ✕ 記述は、墨汁によるしみを取る方法です。

正解 | 2 |

問題78

　ズボンなどの裾上げに用いられ、縫い目が表から目立たない縫い方は、**まつり縫い**です。なみ縫い、半返し縫い、本返し縫いは、縫い目が表から**目立つ**縫い方です。コの字縫い（コの字とじ）は、縫い目が表から目立ちませんが、裾上げには**用いられません**。

正解 | 5 |

問題79

1 ✕ ノロウイルスによる食中毒予防のため、食品は十分に加熱（**中心部温度が85〜90℃で90秒以上**）します。
2 ✕ ノロウイルスは乾燥すると空中に漂い、それが口に入って**二次感染**を起こすおそれがあります。このため、嘔吐物は、速やかに**次亜塩素酸ナトリウム溶液**などで消毒します。
3 ○ 二次感染を予防するため、ノロウイルスに感染した人の嘔吐物の処理には、**使い捨てのマスク・手袋・エプロン**を着用します。
4 ✕ 手すりの消毒には、ノロウイルスに効果がある**次亜塩素酸ナトリウム溶液**などを使用します。ただし、**金属製**の部分に使用すると**腐食**する可能性があるので注意が必要です。
5 ✕ 嘔吐物のついたシーツなどのリネン類は、洗剤を入れた水の中で下洗いをした後、**85℃で1分間以上の熱水**で洗濯します。

正解 | 3 |

問題80
B `35-99` **関節リウマチのある人の家事への助言**

次の記述のうち、関節リウマチ（rheumatoid arthritis）のある人が、少ない負担で家事をするための介護福祉職の助言として、**最も適切なもの**を1つ選びなさい。

1 部屋の掃除をするときは、早朝に行うように勧める。

2 食器を洗うときは、水を使うように勧める。

3 テーブルを拭くときは、手掌基部を使うように勧める。

4 瓶のふたを開けるときは、指先を使うように勧める。

5 洗濯かごを運ぶときは、片手で持つように勧める。

問題81
C `33-54` **喘息のある利用者の自宅の掃除**

喘息のある利用者の自宅の掃除に関する次の記述のうち、**適切なもの**を1つ選びなさい。

1 掃除機をかける前に吸着率の高いモップで床を拭く。

2 掃除は低い所から高い所へ進める。

3 拭き掃除は往復拭きをする。

4 掃除機の吸い込み口はすばやく動かす。

5 掃除は部屋の出入口から奥へ向かって進める。

問題82
C `33-55` **畳に布団を敷いて寝る利点**

ベッドに比べて畳の部屋に布団を敷いて寝る場合の利点について、**最も適切なもの**を1つ選びなさい。

1 布団に湿気がこもらない。

2 立ち上がりの動作がしやすい。

3 介護者の負担が少ない。

4 床からの音や振動が伝わりにくい。

5 転落の不安がない。

問題80

1 × 関節リウマチの特徴的な症状として、起床時に関節がこわばって動かしにくくなる**朝のこわばり**があります。このため、部屋の掃除は活動しやすい**午後**に行うように助言します。

2 × 関節リウマチがある場合、関節を冷やすと、関節が**うまく動かなかったり**、**痛みがひどく**なったりすることがあります。このため、食器を洗うときは、水よりも**お湯**で洗うように助言します。

3 ○ 記述のとおりです。関節に負担がかからないよう、指先ではなく、**手や腕全体**を使った動作を心がけます。

4 × **解説4**のとおり、指先を使うと関節に負担がかかるため、瓶のふたを開けるときは**オープナーなどの自助具**を使うように助言します。

5 × 洗濯かごを運ぶときは、片手よりも**両手**のほうが関節への負担が軽減します。

正解 | 3 |

問題81

1 ○ 記述のとおりです。モップで最初に床を拭き、ほこりなどが舞い上がらないようにします。

2 × 掃除は、照明器具や家具などの**高い場所**にあるほこりなどを払い落としてから、床などの**低い場所**をきれいにします。

3 × 拭き掃除は、**一方向に拭く**のが基本となります。往復拭きをすると、きれいにした場所がまた汚れてしまいます。

4 × 掃除機の吸い込み口は、**ゆっくり動かす**ほうが、ほこりなどを効率的**に吸い込む**ことができます。

5 × 掃除の際は、一度きれいにした場所は通らないよう、部屋の奥から出入り口に向かって進めます。

正解 | 1 |

問題82

1 × 記述は、ベッドで寝る場合の利点です。布団の場合、**畳に接している**ため、**通気性が悪く、湿気が**こもりやすいといえます。

2 × 記述は、**ベッド**で寝る場合の利点です。布団の場合、立ち上がりの動作に**労力を必要**とします。

3 × 記述は、**ベッド**で寝る場合の利点です。布団の場合、介護者は**低い位置**での介助が中心となるため、介護者の**負担が大きい**といえます。

4 × 記述は、**ベッド**で寝る場合の利点です。布団の場合、**畳に接している**ため、床からの音や振動が伝わりやすいといえます。

5 ○ 記述のとおりです。

正解 | 5 |

C `29-56` **可処分所得**

1か月の実収入が12万円の高齢者世帯で、消費支出が14万円、非消費支出が2万円の場合、可処分所得として、**正しいものを1つ**選びなさい。

1　8万円

2　10万円

3　12万円

4　14万円

5　16万円

B `26-55` **クーリング・オフ**

クーリング・オフに関する次の記述のうち、**正しいものを1つ**選びなさい。

1　デパートで購入した洋服は、どのような場合でもクーリング・オフできる。

2　訪問販売のクーリング・オフ期間は、10日間である。

3　訪問購入のクーリング・オフ期間は、5日間である。

4　通信販売の場合、クーリング・オフできない。

5　訪問販売でのリフォーム工事は、工事完了後はどのような場合でもクーリング・オフできない。

B `32-55` **クーリング・オフ**

Aさん（85歳、女性、要介護1）は認知症（dementia）があり判断能力が不十分である。一人暮らしで、介護保険サービスを利用している。訪問介護員（ホームヘルパー）が訪問したときに、物品売買契約書を見つけた。Aさんは、「昨日、訪問販売の業者が来た」「契約書については覚えていない」と話した。

訪問介護員（ホームヘルパー）から連絡を受けたサービス提供責任者が、迅速にクーリング・オフの手続きを相談する相手として、**最も適切なものを1つ**選びなさい。

1　行政書士

2　消費生活センター

3　家庭裁判所

4　保健所

5　相談支援事業所

問題83

　可処分所得とは、給与や社会保障給付などの合計額である**実収入**から、税金や社会保険料などの**非消費支出**を引いた額のことを指します。

　問題文では、**実収入**が12万円で**非消費支出**が２万円と示されているため、可処分所得は12 − 2 ＝ 10（万円）となります。

　なお、消費支出には、食料、住居、光熱・水道、被服、保健医療などに要する費用が含まれます。

正解　2

総務省統計局「家計調査」（2022〈令和４〉年平均）によると、世帯主が65歳以上の高齢単身無職世帯の１か月の実収入は13万4915円で、そのうち可処分所得は12万2559円となっています。一方、消費支出は14万3139円で、可処分所得を消費支出が上回っている状況です。

問題84　クーリング・オフとは、契約書の受領後、一定の期間内であれば、その契約を取り消すことができる制度です。

1　✕　デパートでの商品購入は、自分で商品を選んで購入するものであり、**消費者保護を目的としたクーリング・オフ**の対象になりません。

2　✕　訪問販売のクーリング・オフ期間は、**法定契約書を受領した日から８日間以内**です。

3　✕　訪問購入のクーリング・オフ期間は、**法定契約書を受領した日から８日間以内**です。

4　◯　通信販売による商品購入は、自分で商品を選んで購入するもののため、**消費者保護を目的としたクーリング・オフ**の対象になりません。

5　✕　訪問販売でのリフォーム工事は、訪問販売のクーリング・オフ期間同様、法定契約書を受領した日から８日間以内であれば、**工事完了後でも**制度の対象になります。

正解　4

問題85

1　✕　行政書士は、他人の依頼を受け報酬を得て、**官公署に提出する**書類の作成を業とする、**国家資格を有する**職種です。

2　◯　消費生活センターは、消費者の相談窓口として**地方公共団体**が設置する機関です。クーリング・オフの手続きを相談する相手として適切です。

3　✕　家庭裁判所は、**成年後見制度**などに関する**審判**、**夫婦関係**や子どもなどに関する**調停**などを取り扱う裁判所です。

4　✕　保健所は、食品衛生、環境衛生、医事・薬事、感染症などの分野に関する業務や、地域住民の健康の保持および増進を図る事業を行うなど、**地域保健対策の中心**となる機関です。

5　✕　相談支援事業所は、障害者総合支援法に基づき、障害者やその家族が**障害福祉サービス**を利用しやすいよう、**都道府県知事**や**市町村長**の指定を受けた**相談支援事業者**が設置する機関です。

正解　2

問題86 B 32-56 **不眠時の対応**

眠れないと訴える高齢者に介護福祉職が行う助言として、**最も適切なもの**を1つ選びなさい。

1　起床時に日光を浴びるように勧める。
2　日中、長い昼寝をするように勧める。
3　夕食後2時間以内に就寝するように勧める。
4　寝る前に緑茶を飲むように勧める。
5　決まった就床時刻を守るように勧める。

問題87 B 35-100 **睡眠の環境を整える介護**

睡眠の環境を整える介護に関する次の記述のうち、**最も適切なもの**を1つ選びなさい。

1　マットレスは、腰が深く沈む柔らかさのものにする。
2　枕は、頸部が前屈する高さにする。
3　寝床内の温度を20℃に調整する。
4　臭気がこもらないように、寝室の換気をする。
5　睡眠状態を観察できるように、寝室のドアは開けておく。

問題88 B 32-57 **安眠を促す環境**

施設における安眠を促すための環境に関する次の記述のうち、**最も適切なもの**を1つ選びなさい。

1　湿度は20％以下に設定する。
2　寝衣は、体に密着した形のものを選ぶ。
3　冷暖房の風が、体に直接当たるようにする。
4　夜間の照明は、部屋全体がはっきり見える明るさにする。
5　介護福祉職同士の会話が響かないようにする。

1　○　起床後に日光を浴びることで、**睡眠を促進する**メラトニンというホルモンの分泌が調節され、**概日リズムが回復します**。

2　×　日中に長い昼寝をすると**夜間の安眠が妨げられる**ことがあり、昼夜逆転の原因となります。日中に眠気を感じた場合は、**午後3時前まで**に**30分以内**の昼寝をとるように勧めます。

3　×　食事によって**消化機能が活性化され、眠りにつきにくくなる**ため、**夕食後2～3時間後**に就寝するように助言します。

4　×　緑茶に含まれている**カフェイン**の影響によって、**目がさえて眠れなくなる**ため、就寝前の摂取は避けます。

5　×　安眠のため、決まった就床時刻を守ることは大切ですが、眠れないと訴える高齢者に対しては逆効果となり、適切ではありません。

正解　| 1 |

1　×　腰が深く沈むようなやわらかいマットレスは、ベッド上での**姿勢を保ちにくく**、また寝返りしにくいため、**適度な硬さ**があるものにします。

2　×　枕の高さは、**頸部が緊張しない程度**（首の角度が**15度くらい**）が望ましいとされています。

3　×　厚生労働省の「健康づくりのための睡眠指針2014」によると、寝床内の温度は**33℃前後**になるよう調整することが推奨されています。

4　○　部屋のにおいが気になると睡眠にも影響を与えるため、寝室の窓を開けて換気します。

5　×　寝室のドアを開けておくと、室外での話し声や足音などが聞こえて**睡眠の妨げ**となる場合があります。このため、睡眠状態の観察時以外は、寝室のドアを**閉めて**おきます。

正解　| 4 |

1　×　安眠のための湿度は、季節に応じて**適度な値**（**40～70％程度**）に保つのが望ましいとされています。

2　×　からだに密着している寝衣の場合、**窮屈感を覚える**など、安眠を妨げる原因となります。このため、からだへの締めつけが少ない、**ゆとりのあるもの**を選びます。

3　×　冷暖房の風が直接からだに当たると、**体調を崩す**おそれがあります。冷暖房の風が直接からだに当たらないように配慮します。

4　×　部屋全体がはっきり見える明るさにすると、夜間であっても睡眠を促進する**メラトニン**の分泌が抑制され、**安眠を妨げる**こととなります。このため、就寝時は暗め（**30ルクス未満**）にします。

5　○　記述のとおりです。夜間の巡回時などは小声で話すなど、利用者の眠りを妨げないような配慮が必要です。

正解　| 5 |

B 35-101 **入眠に向けた助言**

利用者の入眠に向けた介護福祉職の助言として、**最も適切なもの**を**1つ**選びなさい。

1 「足をお湯につけて温めてから寝ましょう」

2 「寝室の照明を、昼光色の蛍光灯に変えましょう」

3 「布団に入ってから、短く浅い呼吸を繰り返しましょう」

4 「入眠への習慣は控えましょう」

5 「寝る前に、汗をかく運動をしましょう」

B 32-58 **睡眠薬服用時の留意点**

睡眠薬を服用している高齢者への介護福祉職の対応として、**適切なもの**を**1つ**選びなさい。

1 アルコールと一緒に服用してもらった。

2 服用後、1時間は起きているように伝えた。

3 日中、ふらつきがみられたので医師に伝えた。

4 通常の量では眠れないと言われたので、追加して飲むように伝えた。

5 体調に合わせて服薬時間を変更した。

A 30-58 **安眠のための介助（心不全の人）**

　Dさん（75歳、女性）は、以前は散歩が好きで、毎日、1時間ぐらい近所を歩いていた。最近、心不全（heart failure）が進行して歩行がゆっくりとなり、散歩も出かけず、窓のそばに座って過ごすことが多くなった。食事は、すぐおなかがいっぱいになるからと、6回に分けて食べている。夜、「横になると呼吸が苦しい時があり、眠れていない」という言葉が聞かれるようになった。

　Dさんへの安眠の支援に関する次の記述のうち、**最も適切なもの**を**1つ**選びなさい。

1 寝る前に、肩までつかって入浴する。

2 寝る30分前に、少量の食事を摂取する。

3 以前のように、毎日1時間の散歩を再開する。

4 就寝時は、セミファーラー位にする。

5 朝、目覚めた時にカーテンを開ける。

問題89

1 ○ 就寝前に足浴を行うと、**血行が促進**したり、**全身の爽快感**が得られたりすることで、入眠しやすくなります。

2 × 昼光色は**太陽光**に近く、睡眠ホルモンである**メラトニンの分泌を抑制**する効果があります。このため、寝室の蛍光灯は電球色（**暖色系**）を選ぶように助言します。

3 × 短く浅い呼吸は、**交感神経が優位**となり、睡眠の妨げとなります。このため、布団に入ってからは、**副交感神経**が優位となる深呼吸**を繰り返す**ように助言します。

4 × 読書や入浴、音楽鑑賞、ストレッチなど就寝前に行う習慣のことを**入眠儀式**といいます。こうした習慣を行うことで、心地よい入眠につながります。

5 × 汗をかくほどの激しい運動は交感神経**が優位**となり、睡眠の妨げとなります。このため、就寝前は軽い**ストレッチ**をするように助言します。

正解 **1**

問題90

1 × 睡眠薬は、**水またはぬるま湯**と一緒に服用します。

2 × 睡眠薬は、服用後**30分以内に就寝する**ようにします。

3 ○ 睡眠薬の服用によって、ふらつき、食欲不振、倦怠感などの**副作用**が生じることがあります。このような症状がみられた場合は、**医療職に報告**します。

4 × 睡眠薬の量や服用時間は、**医師の指示を遵守**します。介護福祉職が勝手に量や時間を変更するよう伝えてはなりません。

5 × **解説4**のとおりです。

正解 **3**

問題91

1 × 就寝前に肩までつかる入浴法は血行が促進されリラックスもできますが、**静水圧**がかかり**心臓に負担をかける**ことになるので、支援としては不適切です。湯温は**40℃**程度の**微温**にし、**半身浴**で**3分以内**が適切とされています。

2 × 食事をとると胃への血流が増し、心臓にも負担をかけることになります。就寝直前の食事摂取支援は、適切な安眠支援とはいえません。

3 × 毎日1時間くらいの歩行をしていたのは心不全が進行する前のことです。心不全患者に対する**運動療法**も確立されてきていますので、**医師に相談**することが優先されます。

4 ○ セミファーラー位（**半座位**）は、心臓や呼吸に負担のかからない安楽な姿勢ですので、適切な対応です。

5 × 目覚めた時にカーテンを開けるように指導する前に、安眠できる**環境を整備**することが優先されます。安眠できてすっきりと目覚めることができるようになれば、カーテンを開けることで生活リズムをつくっていくようにします。

正解 **4**

問題92 A 33-58 ACPを踏まえたケア

「人生の最終段階における医療・ケアの決定プロセスに関するガイドライン」（2018年（平成30年）改訂（厚生労働省））において、アドバンス・ケア・プランニング（ACP）が重要視されている。このアドバンス・ケア・プランニング（ACP）を踏まえた、人生の最終段階を迎えようとする人への介護福祉職の言葉かけとして、**最も適切なものを１つ**選びなさい。

1 「生活上の悩みごとは、近くの地域包括支援センターに相談できます」

2 「今後の医療とケアについては、家族が代わりに決めるので安心です」

3 「今後の生活について、家族や医療・介護職員と一緒に、その都度話し合っていきましょう」

4 「口から食べることができなくなったら、介護職員に相談してください」

5 「意思を伝えられなくなったら、成年後見制度を利用しましょう」

問題93 B 31-58 人生の最終段階にある人への介護

介護老人福祉施設で最期まで過ごすことを希望する利用者への対応に関する次の記述のうち、**最も適切なものを１つ**選びなさい。

1 終末期の介護方針を伝えて、意思確認を行う。

2 入所後に意思が変わっても、入所時の意思を優先する。

3 本人の意思よりも家族の意向を優先する。

4 本人の意思確認ができないときは、医師に任せる。

5 意思確認の合意内容は、介護福祉職間で口頭で共有する。

問題94 A 35-102 終末期における介護

終末期で終日臥床している利用者に対する介護福祉職の対応として、**最も適切なものを１つ**選びなさい。

1 入浴時は、肩までお湯につかるように勧める。

2 息苦しさを訴えたときは、半座位にする。

3 終日、窓を閉めたままにする。

4 会話をしないように勧める。

5 排便時は、息を止めて腹に力を入れるように勧める。

START! GOAL!! クリア！ CHAPTER 1 ～ クリア！ CHAPTER 10

346

　アドバンス・ケア・プランニング（ACP）とは、人生の最終段階において**自らが望む医療・ケアについて、医療・ケアチーム等と話し合い、共有する**ことをいいます。これを踏まえた、人生の最終段階を迎えようとする人への介護福祉職の言葉かけとして適切なのは、選択肢３の「今後の生活について、家族や医療・介護職員と一緒に、その都度話し合っていきましょう」となります。

正解 | 3

1　○　終末期ケアにおいても、**利用者の意思を尊重する**ことが大切です。

2　×　利用者の意向は、施設に入所してから変化することもあります。時間の経過とともにその**意向を確か**めていくようにします。

3　×　本人と家族いずれかの意向を優先するのではなく、**十分に話し合い**、本人が家族と共に満足のいく最期を迎えられるように支援します。

4　×　本人の意思確認ができない場合は、**家族に意向を確認**し、本人が望むかたちで死を迎えられるよう配慮します。

5　×　利用者との意思確認の**合意内容は書面にし、関係者間で共有**します。

正解 | 1

1　×　終末期で終日臥床している利用者は、**心肺機能が低下**し、疲れやすくなっています。肩までお湯につかるとからだに負担がかかるため、入浴時は**半身浴**にするように助言します。

2　○　利用者が息苦しさを訴えたときは、呼吸を楽にするために**半座位**にします。

3　×　終日、窓を閉めたままでは、衛生的にも精神的にも悪影響を及ぼします。定期的に窓を開けて換気をし、利用者の気分転換を図ります。

4　×　死への恐怖を少しずつ受け入れていけるよう、介護福祉職は、利用者の訴えを**傾聴**し、**共感的な姿勢**でコミュニケーションを図ります。会話をしないように勧めるのは、介護福祉職の対応として不適切です。

5　×　臥床した状態で腹圧をかけるのは困難なため、排便時は利用者の**上体を起こし**、腹圧をかけやすくします。

正解 | 2

死期が近づいたときの介護に関する次の記述のうち、**最も適切なもの**を1つ選びなさい。

1 食事量が減少したときは、高カロリーの食事を用意する。

2 チアノーゼ（cyanosis）が出現したときは、冷罨法を行う。

3 全身倦怠感が強いときは、全身清拭から部分清拭に切り替える。

4 傾眠傾向があるときは、話しかけないようにする。

5 口腔内乾燥があるときは、アイスマッサージを行う。

介護老人福祉施設における終末期の利用者の家族支援に関する次の記述のうち、**最も適切なもの**を1つ選びなさい。

1 緊急連絡先を1つにすることを提案する。

2 面会を控えるように伝える。

3 死に至る過程で生じる身体的変化を説明する。

4 死後の衣服は浴衣がよいと提案する。

5 亡くなる瞬間に立ち会うことが一番重要だと伝える。

介護老人福祉施設に入所している利用者の看取りにおける、介護福祉職による家族への支援として、**最も適切なもの**を1つ選びなさい。

1 利用者の介護は、介護福祉職が最期まで行い、家族には控えてもらう。

2 利用者の反応がないときには、声をかけることを控えるように伝える。

3 利用者の死後は、毎日電話をして、家族の状況を確認する。

4 利用者の死後は、気分を切り替えるように家族を励ます。

5 家族が悔いが残ると言ったときは、話を聴く。

問題95

1 ✕ 終末期は、食欲だけでなく、嚥下機能や咀嚼力なども低下し、食事や水分を摂る量が減少しますが、高カロリーの食事は、利用者にとって**身体的負担**となるため、適切ではありません。

2 ✕ チアノーゼ（酸素の欠乏により皮膚や粘膜が青紫色になる状態）が出現したときは、**温罨法**を行います。

3 ○ 記述のとおりです。利用者の状態に応じて**臨機応変に対応**します。

4 ✕ 傾眠傾向（うとうとした状態が続く）があっても、**声かけを続ける**ようにします。

5 ✕ 口腔内乾燥があるときは、**湿らせたガーゼ**を当てます。

正解 3

問題96

1 ✕ 家族と連絡が取りやすいよう、緊急連絡先は**複数**（できれば2〜3人）にします。

2 ✕ 家族・親戚、親しい知人などが可能な範囲で利用者と接することができるよう、面会時間や面会場所を適度に**確保する**ように支援します。

3 ○ 記述のとおりです。利用者の状態に変化がみられた場合は、**速やかに家族に連絡**します。

4 ✕ 死後の衣服は、**家族に確認**し、できるだけ希望に沿うように支援します。

5 ✕ 利用者が亡くなる時間によっては家族が立ち会えない可能性もあるため、適切ではありません。

正解 3

問題97

1 ✕ 施設で看取りを行う場合でも、介護福祉職が介護をすべて行うのではなく、家族が可能な限り利用者に関わることができるように配慮することが大切です。

2 ✕ 利用者の反応がなくても**聴覚は機能**しているため、**声かけを続ける**ように伝えます。

3 ✕ 利用者を亡くした家族が、死別に伴う深い悲しみや喪失感などを受け入れ、乗り越えられるように支援することを、**グリーフケア**といいます。毎日電話をして家族の状況を確認するのではなく、家族が落ち着いた頃に**弔問**したり、**カード**や**手紙**などを送ったりするようにします。

4 ✕ 家族に対する励ましは逆効果となることもあります。家族に**寄り添い**、家族が悲しみなどの感情を表現できるように支援します。

5 ○ 記述のとおりです。介護福祉職は、話を**傾聴**することで、家族が立ち直っていく過程を精神的に支えていきます。

正解 5

死亡後の介護に関する次の記述のうち、**最も適切なもの**を1つ選びなさい。

1 死後硬直がみられてから実施する。
2 生前と同じように利用者に声をかけながら介護を行う。
3 義歯を外す。
4 髭剃り後はクリーム塗布を控える。
5 両手を組むために手首を包帯でしばる。

施設において、介護福祉職の行う死後の処置として、**適切なもの**を1つ選びなさい。

1 義歯ははずす。
2 衣服は施設が指定したものを用いる。
3 着物の場合は右前に合わせる。
4 着物の場合は帯紐を縦結びにする。
5 死後の処置は、死後3時間経過してから行う。

高齢者施設で利用者の死後に行うデスカンファレンス（death conference）に関する次の記述のうち、**最も適切なもの**を1つ選びなさい。

1 ボランティアに参加を求める。
2 ケアを振り返り、悲しみを共有する。
3 利用者の死亡直後に行う。
4 個人の責任や反省点を追及する。
5 自分の感情は抑える。

START!
GOAL!!
クリア！ CHAPTER 1 ～ クリア！ CHAPTER 10

350

問題98

1 × 死亡後のケアは、**死後硬直がみられる**前に実施します。死後硬直は、通常は**死後2～4時間**で始まります。

2 ○ 記述のとおりです。

3 × 利用者が生前に義歯をつけていた場合は、顔貌が変わらないよう、**義歯を装着**します。

4 × ひげを剃ったあとは、**皮膚を保湿**するためにクリームを塗ります。

5 × 死後の衣服に着替えさせたあと、**前胸部**で手を組ませますが、手首を包帯で縛るようなことはしません。

正解 2

問題99

1 × 義歯はきれいに清掃してから**元どおりに装着**します。義歯を外したままだと顔が違って見えることにもなりますので、処置としては不適切です。

2 × 「旅立ちの衣装」は終末期を迎えた段階で家族と相談しておくとよいでしょう。**その人らしい服装**にしてあげる配慮が大事になります。施設で用意したものであれば**家族の**同意を得る必要があります。

3 × 旅立ちの衣装の着せ方は厳密に決まったものがありません。仏教でも宗派によって着せ方が違っていますが、慣習としては、左前に合わせます。

4 ○ 記述のとおり、帯紐は縦結びにすることが一般的です。

5 × 死後の処置ができるのは、医師による**死亡確認後**です。しかし、死亡確認がすんだからといって、すぐに処置にかかることは避けます。家族と最期のお別れの時間を設け、その後**家族の**同意を得てから着手することになります。死後3時間経過すると**死後硬直**が始まり、清拭や衣装の準備が難しくなりますので不適切です。

正解 4

問題100

1 × デスカンファレンスには、利用者の**ターミナルケアにかかわった職員**が参加します。ボランティアの参加は求められていません。

2 ○ 記述のとおりです。

3 × 利用者の死亡直後は、**遺族に対するケア（グリーフケア）**が優先されます。

4 × デスカンファレンスは、利用者に行ってきたケアの内容を振り返り、今後の**ケアの向上を図る**ことを目的としており、個人の責任や反省点を追及する場ではありません。

5 × デスカンファレンスは、職員に対する**グリーフケア**としての意味合いもあるため、職員でそれぞれの利用者への**感情を共有**し合います。

正解 2

問題101
B | 35-104 | **障害特性に適した福祉用具の選択**

　利用者の障害特性に適した福祉用具の選択に関する次の記述のうち、**最も適切なものを1つ選びな**さい。

1　言語機能障害の利用者には、ストッキングエイドの使用を勧める。

2　全盲の利用者には、音声ガイド付き電磁調理器の使用を勧める。

3　聴覚障害の利用者には、床置き式手すりの使用を勧める。

4　右片麻痺の利用者には、交互型歩行器の使用を勧める。

5　肘関節拘縮の利用者には、座位時に体圧分散クッションの使用を勧める。

問題102
B | 35-105 | **福祉用具等を安全に使用するための方法**

　福祉用具等を安全に使用するための方法として、**最も適切なものを1つ選びなさい。**

1　車いすをたたむときは、ブレーキをかけてから行う。

2　入浴用介助ベルトは、利用者の腰部を真上に持ち上げて使用する。

3　差し込み便器は、端座位で使用する。

4　移動用リフトで吊り上げるときは、利用者のからだから手を離して行う。

5　簡易スロープは、埋め込み工事をして使用する。

START! GOAL!! クリア！ CHAPTER 1 ～ クリア！ CHAPTER 10

352

問題101

1 × 言語機能障害の利用者には、**コミュニケーションエイド（意思伝達装置）**の使用を勧めます。ストッキングエイドは、**関節リウマチ**や**変形性膝関節症**などで可動域制限のある人や**腰痛**などで前屈できない人に適した福祉用具です。

2 ○ 記述のとおりです。音声ガイド付き電磁調理器は、音声ガイドと操作音がついており、操作を補助してくれます。

3 × 聴覚障害の利用者には、電話やガス漏れ警報機、赤ちゃんの泣き声など、家庭内のさまざまな音を光や振動で知らせる**聴覚障害者用屋内信号装置**の使用を勧めます。

4 × 交互型歩行器は、**両手を使って4脚**の用具を動かす福祉用具です。右片麻痺の利用者には、杖の使用を勧めます。

5 × 肘関節拘縮の利用者には、座位時に**良肢位**を保てるよう**枕**や**クッション**などの使用を勧めます。体圧分散クッションは、**褥瘡予防**に適した福祉用具です。

正解 | 2 |

国に登録された第三者認証機関により、品質が保証された製品にはJISマーク（左側）を表示できます。事故防止と安全対策の観点から、福祉用具の認証制度も導入され、右側の福祉用具JISマークが活用されています。

問題102

1 ○ 車いすをたたむときや広げる際は、安全のために必ず**ブレーキ**をかけます。

2 × 入浴介助ベルトは、利用者の腰部に巻き、利用者が立ち上がる際に**からだを支える**ための福祉用具です。利用者の腰部を真上に持ち上げて使用するものではありません。

3 × 差し込み便器は、**仰臥位**で使用します。

4 × 移動用リフトで利用者を吊り上げるときは、安全のため、コントローラーを操作している手とは反対の手で利用者の**膝の部分などを保持**します。

5 × 簡易スロープは、工事を必要とせず、そのまま設置できる福祉用具です。

正解 | 1 |

選択肢のうち、車いす、移動用リフト（つり具の部分を除く）、簡易スロープは介護保険法の福祉用具貸与の種目、入浴用介助ベルト、移動用リフトのつり具部分は、特定福祉用具販売の種目です。ほかの種目についても、テキスト等で確認しておきましょう。

CHAPTER 11 ポイントチェック一覧

CHAPTER

12

介護過程

問題1　B　35-106　介護過程展開の目的

介護過程を展開する目的として、**最も適切なもの**を１つ選びなさい。

1　業務効率を優先する。　　　2　医師と連携する。　　　3　ケアプランを作成する。

4　画一的な介護を実現する。　　5　根拠のある介護を実践する。

問題2　B　34-61　介護過程を展開する意義

介護福祉職が介護過程を展開する意義に関する次の記述のうち、**最も適切なもの**を１つ選びなさい。

1　チームアプローチ（team approach）による介護を提供することができる。

2　直感的な判断をもとに介護を考えることができる。

3　今までの生活から切り離した介護を提供する。

4　介護福祉職が生活を管理するための介護を考えることができる。

5　介護福祉職が実施したい介護を提供する。

問題3　B　33-61　介護過程の目的

介護過程の目的に関する次の記述のうち、**最も適切なもの**を１つ選びなさい。

1　利用者の健康状態の改善

2　介護福祉職の介護観の変容

3　他職種との役割の分化

4　家族の介護負担の軽減

5　利用者の生活の質の向上

問題4　B　34-62　介護過程における情報収集

介護過程における情報収集に関する次の記述のうち、**最も適切なもの**を１つ選びなさい。

1　利用者の日常生活の困難な部分を中心に収集する。

2　利用者との会話は解釈して記載する。

3　他の専門職が記載した記録は直接的な情報として扱う。

4　利用者の生活に対する思いを大切にしながら収集する。

5　情報収集はモニタリング（monitoring）を実施してから行う。

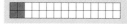

問題 1

　介護過程とは、利用者の抱える課題をとらえ、課題を解決するための計画を立案し、実施、評価するプロセスのことです。介護過程を展開する目的は、**客観的で科学的な**思考により、**根拠に基づく介護を実践**していくことにあります。ほかの選択肢の内容は、介護過程を展開する目的には当たりません。

正解　5

問題 2

1　○　記述のとおりです。介護過程を展開することで、チームのメンバーが利用者に関する情報や目標などを共有することができます。
2　×　介護過程では、**客観的で科学的な思考**によって、**根拠に基づく介護の実践・評価**を繰り返していきます。
3　×　介護過程の展開に際しては、利用者の過去から将来へとつながる生活の継続性を意識し、その人の生活歴や生活リズム、価値観などを尊重した介護を提供していきます。
4　×　利用者が望む**生活の実現・継続のための介護**を考えることができます。
5　×　介護福祉職は、利用者の**自立**と**自己実現**に向け、その人に適した介護＝**個別ケア**を提供していきます。

正解　1

問題 3

1　×　利用者の健康状態の改善は、介護過程の目的として適切とはいえません。
2　×　介護福祉職の介護観の変容は、介護過程の目的として適切とはいえません。
3　×　他職種との役割の分化は、介護過程の目的として適切とはいえません。
4　×　家族の介護負担の軽減は、介護過程の目的として適切とはいえません。
5　○　介護過程の最終的な目標は、利用者の**自立**と**自己実現**であることから、利用者の生活の質の向上は、介護過程の目的として適切です。

正解　5

介護過程の目的は、利用者の望んでいる、よりよい生活を実現することです。そのためには、QOL（生活の質）の向上や尊厳の保持を常に念頭に置いて、介護過程を展開することが大切です。

問題 4

1　×　利用者に関する情報は、**多角的かつ継続的**に収集します。
2　×　利用者との会話は、解釈せずに**事実を**ありのままに記載します。
3　×　他の専門職が記載した記録は、**客観的な情報**として扱います。
4　○　記述のとおりです。
5　×　介護過程では、利用者に関する情報収集は**最初**に行われます。モニタリングは、**援助の**実施後に行われます。

正解　4

介護過程における生活課題に関する次の記述のうち、**最も適切なもの**を１つ選びなさい。

1　効率的な支援を提供するために解決するべきこと。

2　利用者が家族の望む生活を送るために解決するべきこと。

3　介護福祉職が実践困難な課題のこと。

4　利用者の生活を改善するために思いついたこと。

5　利用者が望む生活を実現するために解決するべきこと。

次の記述のうち、介護過程の展開におけるアセスメント（assessment）の説明として、**最も適切なもの**を１つ選びなさい。

1　支援内容を説明して同意を得ること。

2　具体的な支援計画を検討すること。

3　達成できる目標を設定すること。

4　支援の経過を評価すること。

5　利用者の生活課題を明確にすること。

　Ｃさん（84歳、女性、要介護３）は、２か月前に自宅で倒れた。脳出血（cerebral hemorrhage）と診断され、後遺症で左片麻痺になった。Ｃさんは自宅での生活を希望している。長男からは、「トイレが自分でできるようになってから自宅に戻ってほしい」との要望があった。そのため、病院から、リハビリテーションを目的に介護老人保健施設に入所した。

　入所時、Ｃさんは、「孫と一緒に過ごしたいから、リハビリテーションを頑張りたい」と笑顔で話した。Ｃさんは、自力での歩行は困難だが、施設内では健側を使って車いすで移動することができる。また、手すりにつかまれば自分で立ち上がれるが、上半身が後ろに傾くため、移乗には介護が必要な状態である。

　入所時に介護福祉職が行うアセスメント（assessment）に関する次の記述のうち、**最も優先すべきもの**を１つ選びなさい。

1　自力で歩行ができるのかを確認する。

2　排泄に関連した動作について確認する。

3　孫と面会する頻度について希望を聞く。

4　リクライニング車いすの活用について尋ねる。

5　住宅改修に必要な資金があるのかを確認する。

START!
GOAL!!　クリア！CHAPTER 1　クリア！CHAPTER 2　クリア！CHAPTER 3　クリア！CHAPTER 4　クリア！CHAPTER 5　クリア！CHAPTER 6　クリア！CHAPTER 7　クリア！CHAPTER 8　クリア！CHAPTER 9　クリア！CHAPTER 10　クリア！CHAPTER 11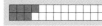

358

問題5

　生活課題とは、利用者の望む生活の実現・継続のために、解決しなければならないことをいいます。介護過程では、利用者に関する情報を収集し、ニーズ（主訴）や生活課題を把握するための**アセスメント**を行うことで、「どのような介護が求められているのか」を、明確にしていきます。

正解 5

問題6

　介護過程は、アセスメント→計画の立案→実施→評価という流れで行われます。選択肢1～3は、計画の立案の段階で、選択肢4は、評価の段階で行われる内容です。

正解 5

問題7

1　×　事例文に、Cさんは自力での歩行は困難とあることから、介護福祉職が行うアセスメントとして適切ではありません。

2　○　Cさんは、排泄の自立に向けたリハビリテーションを目的として、介護老人保健施設に入所しています。入所時に排泄に関連した動作について確認することは、介護福祉職が行うアセスメントとして適切です。

3　×　孫と面会する頻度は、施設で行われるリハビリテーションとは無関係であり、入所時に介護福祉職が行うアセスメントとして適切ではありません。

4　×　リクライニング車いすは、背もたれの角度が調節できる車いすのことです。施設で行われるリハビリテーションとは無関係であり、入所時に介護福祉職が行うアセスメントとして適切ではありません。

5　×　Cさんやその家族のプライバシーに配慮し、情報収集は**必要十分**な**範囲**に限定して行います。記述は、入所時に介護福祉職が行うアセスメントとして適切ではありません。

正解 2

ポイント
チェック

介護過程の展開のプロセスとそのサイクル

アセスメント
◆ 情報収集、解釈・分析
◆ 情報の関連づけ・統合
◆ 生活課題の明確化

計画の立案
◆ 目標の設定
◆ 具体的な支援内容・支援方法の決定

評価
◆ 目標の達成度、支援内容・支援方法の適切性を評価
◆ 再アセスメント

実施
◆ 計画に沿った支援内容・支援方法の実施と記録

CH 12 介護過程

問題8 B 34-65 介護計画の立案

介護計画における介護内容に関する次の記述のうち、**最も適切なもの**を1つ選びなさい。

1 利用者の能力よりも介護の効率を重視して決める。

2 業務の都合に応じて介護できるように、時間の設定は省略する。

3 介護するときの注意点についても記載する。

4 利用者の意思よりも介護福祉職の考えを優先して決める。

5 介護福祉職だけが理解できる表現にする。

問題9 A 34-64 目標の設定

介護過程における目標の設定に関する次の記述のうち、**適切なもの**を1つ選びなさい。

1 長期目標の期間は、1か月程度に設定する。

2 長期目標は、短期目標ごとに設定する。

3 短期目標は、生活全般の課題が解決した状態を表現する。

4 短期目標は、抽象的な内容で表現する。

5 短期目標は、長期目標の達成につながるように設定する。

問題10 A 33-64 短期目標の設定

短期目標の設定に関する次の記述のうち、**最も適切なもの**を1つ選びなさい。

1 介護福祉職の視点で目標を設定する。

2 多様な解釈ができる言葉を用いて設定する。

3 実現可能な目標を段階的に設定する。

4 長期目標とは切り離して設定する。

5 最終的に実現したい生活像を設定する。

問題 8

1　×　介護計画における介護内容は、介護の効率よりも、利用者の能力や残存機能を十分に活かした**自立支援**の視点に配慮します。

2　×　**時間**や**頻度**など、支援内容・支援方法を具体的に示し、**実現可能な計画**にします。

3　○　介護するときの注意点についても記載するなど、誰が行っても同一のサービスが提供できる標準化された援助内容を示すことが重要です。

4　×　介護計画は、**利用者を主体**として立案されるものであり、利用者の意思を優先して決めます。

5　×　介護計画は、利用者や家族など、誰が読んでも理解できるように**分かりやすい表現**で記載します。

正解　3

問題 9

1　×　長期目標の期間は、**6 か月から 1 年程度**が目安です。

2　×　長期目標は、生活課題を解決するための**最終的な目標**であり、短期目標ごとに設定はしません。

3　×　短期目標は、長期目標を達成するために必要な**当面の目標**であり、期間を細かく**定めて、段階的に設定**します。

4　×　短期目標は、できるだけ数値化を図るなど**具体的な内容**で表現します。

5　○　**解説 3**のとおりです。

正解　5

問題 10

1　×　介護福祉職ではなく、主体者である利用者の視点で目標を設定します。

2　×　多様な解釈ができる言葉は避け、できるだけ**数値化を図る**など**具体的な表現**を用いて設定します。

3　○　記述のとおりです。

4　×　短期目標は、長期目標を達成するための当面の目標であり、常に**連動**させて考える必要があります。

5　×　記述は、**長期目標**の説明です。

正解　3

ポイントチェック

目標の設定

目標の「主語」は、主体的に取り組めるように利用者として、積極的な参加を促し、話し合いながら設定していく。

短期目標	長期目標
●長期目標を達成するための当面の目標 ●期間を細かく定めて、段階的に設定する ●期間の目安は数週間から数か月	●生活課題を解決するための最終的な目標 ●期間の目安は 6 か月から 1 年

問題11
A　32-62 **介護計画の作成**　

　介護計画の作成に関する次の記述のうち、**最も適切なもの**を **1** つ選びなさい。

1　抽出されたニーズを踏まえて目標を設定する。

2　内容が明確であれば支援方法の記載は省略する。

3　支援方法は「〜させる」と使役文で記載する。

4　利用者の正しい理解を促すために専門用語を用いる。

5　計画の見直しの時期は決めない。

問題12
A　32-63 **介護計画の実施**　

　介護計画の実施に関する次の記述のうち、**最も適切なもの**を **1** つ選びなさい。

1　介護福祉職の価値観に沿って実施する。

2　実施した状況は客観的に記録する。

3　計画の内容は実施の直前に家族に伝える。

4　他職種への経過報告は目標の達成後に行う。

5　利用者の満足度よりも目標の達成を優先する。

問題13
B　25-64 **モニタリングの内容**　

　モニタリング（monitoring）の内容として、**適切なもの**を **1** つ選びなさい。

1　計画どおりに実施できているかどうかを点検する。

2　利用者が主体的に取り組める目標を設定する。

3　実施する介護について、利用者や家族に説明する。

4　利用者の「できること」の情報を収集する。

5　目標が達成された後に、介護過程を終結させる。

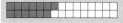

START!
GOAL!! クリア! クリア! クリア! クリア! クリア! クリア! クリア! クリア! クリア! クリア! クリア!
CHAPTER CHAPTER CHAPTER CHAPTER CHAPTER CHAPTER CHAPTER CHAPTER CHAPTER CHAPTER CHAPTER
1 2 3 4 5 6 7 8 9 10 11

362

問題11

1 ○ 介護計画の作成では、**アセスメント**の段階で抽出された利用者の**生活課題**を踏まえて**目標を設定**します。この目標に沿って、具体的な支援内容や支援方法を決めていきます。

2 × 介護計画では、支援内容・支援方法を**具体的に示し**（いつ・どこで・誰が・何をどうするのか、時間・頻度など）、**実現可能な計画**にする必要があります。

3 × 支援方法は、利用者に「〜してもらう」という受身文で記載します。

4 × 介護チームだけでなく、利用者も理解できるよう**分かりやすい表現で記載**します。

5 × 目標を設定する際に、**計画の見直しの時期を決めます**。なお、利用者の状態に変化があった場合や、家族の要望などにより、**早期に行う**必要が出てくることもあります。

正解 | 1 |

問題12

1 × 介護計画に基づいて実施します。

2 ○ サービスの実施段階においては、**客観的な事実を記録に残す**ことが大切です。介護計画の内容に沿って、事実関係を忠実に記し、**利用者や家族の表情・言動、介護福祉職の**対応なども記録します。

3 × 計画の内容は、立案の段階で利用者とその家族の同意を得ておきます。

4 × 介護計画に示された支援内容・支援方法を介護福祉職全体や他の専門職で**統一して提供**するため、他職種への経過報告は**計画の実施中**に行います。

5 × 利用者の満足度と目標の達成のどちらも重要であり、いずれかを優先することは適切ではありません。

正解 | 2 |

問題13

1 ○ モニタリングとは、介護計画どおりに生活支援が実施されているか、目標に対する達成度はどうか、新たな課題や可能性が生じていないかなど、サービスの実施状況を**点検**することです。

2 × 目標の設定は、**介護計画の立案時**に行います。

3 × 実施する介護の内容や方法についての説明は、**介護計画の立案時**に行います。

4 × ICF（国際生活機能分類）に基づき、活動・参加の実行状況（**していること**）と能力（**できること**）という2つの視点から情報収集することで、自立に向けた介護の提供につながります。これは、**アセスメント時**に行うものです。

5 × 評価は、介護計画の目標達成時に、1つひとつの目標に対して行います。ひとつの目標が達成できたとしても、**再アセスメント**を行い、支援の継続・変更・終結を判断します。

正解 | 1 |

問題14
B 29-65 **実施段階の記録（SOAP方式）**

　介護実践のプロセスをSOAP方式で記録する場合、Pに該当するものとして、**適切なものを1つ選び**なさい。

1　利用者の生活全般のニーズ

2　介護福祉職が判断したこと

3　実施に対する利用者の反応

4　介護福祉職が観察したこと

5　介護福祉職が行う今後の介護計画

問題15
A 35-107 **評価項目**

　次のうち、介護過程を展開した結果を評価する項目として、**最も優先すべきものを1つ選びなさい。**

1　実施に要した日数

2　情報収集に要した時間

3　評価に要した時間

4　介護福祉職チームの満足度

5　短期目標の達成度

問題16
A 30-65 **評価**

　介護過程の評価に関する次の記述のうち、**最も適切なものを1つ選びなさい。**

1　介護計画の内容に対する介護福祉職の満足度を評価する。

2　支援の実施状況に関する情報を整理して、評価する。

3　複数ある短期目標は集約して評価する。

4　実施後に評価基準を定めて評価する。

5　家族が多角的な視点から評価する。

START!
GOAL!! クリア！クリア！クリア！クリア！クリア！クリア！クリア！クリア！クリア！クリア！クリア！
CHAPTER CHAPTER CHAPTER CHAPTER CHAPTER CHAPTER CHAPTER CHAPTER CHAPTER CHAPTER CHAPTER
1　2　3　4　5　6　7　8　9　10　11

364

問題14 SOAPとは、S（Subjective Data：**主観的データ**）・O（Objective Data：**客観的データ**）・A（Assessment：**分析**）・P（Plan：**計画**）の略で、問題志向型システムに基づき、介護実践のプロセスを整理してまとめる記録方式を指します。

1 × 利用者の生活全般のニーズは、**分析**の結果として導き出される、解決すべき**課題**を指すため、**A**に該当します。

2 × 介護福祉職の判断したことは、主観的データと客観的データを分析した結果、計画の方向性を定めるために下されるもののため、**A**に該当します。

3 × 実施に対する利用者の反応は、主観的データのため、**S**に該当します。

4 × 介護福祉職が観察したことは、他職種の診察や検査などから得られる情報とともに、**O**に分類されます。

5 ○ 介護福祉職が行う今後の介護計画は、**S・O・A**をもとに作成されるものであるため、**P**に該当します。

正解 | 5 |

問題15

評価では、計画の実施を通じて、設定した**目標**（**短期目標・長期目標**）にどのくらい到達できたかを測ります。選択肢5の「短期目標の達成度」は、介護過程を展開した結果を評価する項目として、最も優先すべきものとなります。ほかの選択肢の内容は評価する項目には該当しません。

正解 | 5 |

CH
12
介護過程

問題16

1 × 介護計画は利用者の自立を支援するためのものです。介護福祉職の満足度を評価することは不適切です。支援内容に反省点はなかったかを検討し、今後どのように支援していくべきかを考えるのも評価の目的でもあります。

2 ○ 記述のとおりです。

3 × それぞれの目標は個別に評価すべきです。

4 × 評価基準や評価する日程は**目標設定時**に決めておきます。実施後に評価基準を決めたのでは、到達評価を適正に行うことができないのは明らかです。

5 × 評価するのは支援に携わった**各専門職**です。評価段階で家族の意見を聞き、再アセスメントに活用することはありますが、家族が評価するものではありません。

正解 | 2 |

問題17 B 35-108 居宅サービス計画と訪問介護計画の関係

次の記述のうち、居宅サービス計画と訪問介護計画の関係として、**最も適切なもの**を1つ選びなさい。

1 訪問介護計画を根拠に、居宅サービス計画を作成する。
2 居宅サービス計画の目標が変更されても、訪問介護計画は見直しをせず継続する。
3 居宅サービス計画と同じ内容を、訪問介護計画に転記する。
4 居宅サービス計画の方針に沿って、訪問介護計画を作成する。
5 訪問介護計画の終了後に、居宅サービス計画を作成する。

問題18 B 24-68 チームアプローチのあり方

介護過程とチームアプローチに関する次の記述のうち、**最も適切なもの**を1つ選びなさい。

1 他職種と目的を共有することはない。
2 チーム内ではどの専門職も同じ視点で利用者を理解する。
3 他職種と情報を交換し利用者の生活課題を明確化する。
4 ボランティアはチームの一員にしない。
5 チームメンバーは固定している。

問題19 B 32-68 ケアカンファレンス

Eさん（70歳、女性、要介護1）は、夫、長男と共に農業をしていた。半年前に脳梗塞（cerebral infarction）で左片麻痺になった。現在は介護老人保健施設に入所し、リハビリテーションに取り組んでいる。介護福祉職が居室を訪れたとき、Eさんが、「料理は苦手なの」「そろそろ夏野菜の収穫の時期ね。収穫は楽しいし、採れたての野菜を近所に配るとみんな喜ぶのよ」と言った。その後、「夫には家事に専念しなさいと言われているから…」とうつむいて言った。

介護福祉職は介護福祉職間のカンファレンス（conference）でEさんの思いを共有した。Eさんの思いとして、**最も適切なもの**を1つ選びなさい。

1 農業に関わっていきたい。
2 家事に専念したい。
3 後継者の育成に関わりたい。
4 家でのんびりしたい。
5 料理の自信をつけたい。

問題17

1　×　訪問介護計画は、**介護支援専門員（ケアマネジャー）**が作成した**居宅サービス計画**に基づいて作成されます。

2　×　**解説1**のとおりです。居宅サービス計画の目標が変更された場合は、訪問介護計画も**見直します**。

3　×　居宅サービス計画は、総合的な援助の方針を利用者やその家族、関連職種と協議し、**ケアマネジメントを展開**するために作成されます。一方、訪問介護計画は、訪問介護を提供していくために作成するものであり、居宅サービス計画とは**異なる**内容となります。

4　○　**解説1**のとおりです。

5　×　**解説1**のとおりです。

正解　4

問題18　チームで介護を提供していくために、基本となるのはどのようなことかを考えます。

1　×　介護福祉職は、利用者の自立や自己実現をめざすために、それぞれの役割や価値観をもった他職種と、**目的を共有**して関わることが必要です。

2　×　各専門職がそれぞれの視点から利用者を理解し、**専門性**を生かした支援を行っていくことが大切です。

3　○　各専門職の視点で情報収集を行い、**情報を交換**することで利用者の生活課題が明確化され、チームアプローチが実践されることになります。

4　×　専門職だけでなく、**ボランティアや利用者の家族**なども、チームのメンバーになります。

5　×　利用者の状況の変化や必要な支援に応じて、チームメンバーの変更が行われます。

正解　3

問題19　カンファレンスとは、利用者に関わる複数の介護福祉職が、共通の目的や目標をもって支援を行っていくために開催する会議のことを指します。

1　○　Eさんの「収穫は楽しいし、採れたての野菜を近所に配るとみんな喜ぶのよ」という発言から、「農業に関わっていきたい」という記述は、Eさんの思いとして適切です。

2　×　Eさんの「料理は苦手なの」という発言や、夫に言われた内容についてはうつむいていることから、「家事に専念したい」という記述は、Eさんの思いとして適切ではありません。

3　×　記述は、事例文からは読み取れません。

4　×　記述は、事例文からは読み取れません。

5　×　**解説2**のとおり、Eさんの様子からは「料理の自信をつけたい」ということはうかがえず、記述はEさんの思いとして適切ではありません。

正解　1

CH
12
介護過程

問題20 **B** 28-64 **利用者の状態・状況に応じた介護過程の展開**

　Dさん（70歳、女性）は、10年前に人工肛門（ストーマ（stoma））を造設し、2年前に脳出血（cerebral hemorrhage）を患って軽い右片麻痺が残った。最近、物忘れが目立ってきた。また、同居する娘の仕事が忙しくなってきた。

　Dさんに関する情報のうち、ICF（International Classification of Functioning, Disability and Health：国際生活機能分類）の環境因子に該当するものとして、**適切なもの**を**1つ**選びなさい。

1　70歳の女性である。
2　人工肛門（ストーマ（stoma））を造設した。
3　軽い右片麻痺が残った。
4　物忘れが目立ってきた。
5　娘の仕事が忙しくなってきた。

問題21 **B** 30-66 **利用者の状態・状況に応じた介護過程の展開**

　Eさんは認知症対応型共同生活介護（グループホーム）に入居している。廊下を頻繁に歩き、他の利用者の部屋に入ってはトラブルになりかけている。介護福祉職が声をかけると、「私には行くところがある」と怒鳴る。

　Eさんのアセスメント（assessment）に関する次の記述のうち、**最も適切なもの**を**1つ**選びなさい。

1　怒鳴られた介護福祉職の気持ちを情報として活用する。
2　「廊下を頻繁に歩かないこと」を生活課題に設定する。
3　他の利用者とトラブルになりかけている情報は不要と判断する。
4　「私には行くところがある」という言葉を解釈する。
5　言動から短気な性格だと考えて分析する。

問題22 **B** 35-113 **事例研究の目的**

　介護福祉職が事例研究を行う目的として、**最も適切なもの**を**1つ**選びなさい。

1　事業所の介護の理念の確認
2　介護福祉職の能力を調べること
3　介護過程から介護実践を振り返ること
4　介護報酬の獲得
5　介護福祉職自身の満足度の充足

START!
GOAL!!
クリア! クリア! クリア! クリア! クリア! クリア! クリア! クリア! クリア! クリア! クリア!
CHAPTER CHAPTER CHAPTER CHAPTER CHAPTER CHAPTER CHAPTER CHAPTER CHAPTER CHAPTER CHAPTER
1　2　3　4　5　6　7　8　9　10　11

問題20 ICF（国際生活機能分類）における背景因子のうち、環境因子に含まれるのは、**住居、福祉用具、人間関係（家族・友人・介護福祉職）、制度・サービス**などです。

1　×　Dさんが70歳の女性であることは、背景因子のうち、**個人因子**に該当する情報です。

2　×　人工肛門を造設したことは、生活機能のうち、**心身機能・身体構造**に該当する情報です。

3　×　軽い右片麻痺が残ったことは、生活機能のうち、心身機能・身体構造に制約や制限が生じた**機能障害・構造障害**に該当する情報です。

4　×　物忘れが目立ってきたことは、生活機能のうち、心身機能・身体構造に制約や制限が生じた**機能障害・構造障害**に該当する情報です。

5　○　娘の仕事が忙しくなってきたことは、**人間関係（家族）**に関する事柄です。背景因子のうち、**環境因子**に該当する情報です。

正解　5

問題21

1　×　介護福祉職の気持ちを情報として活用するのは不適切です。Eさんが「**どのような声のかけ方をしたときに怒鳴った**」のかアセスメントします。

2　×　Eさんの生活課題としては無意味で不適切です。

3　×　トラブル情報はアセスメントとして重要です。

4　○　「私には行くところがある」という言葉は、Eさんの思いであるので、アセスメントの情報として重要です。

5　×　短気だと性格分析するのは、客観的な視点ではなく介護福祉職の**主観**であり不適切です。

正解　4

問題22

　事例研究とは、事例検討で得られた結果などを基に、**援助方法の一般原則を見出そう**とすることをいいます。事例研究の目的は、選択肢3の「介護過程から介護実践を振り返ること」で、**介護の一般原則**を見出したり、**新しい援助方法**を提案したりすることなどにあります。

正解　3

次の事例を読んで、**問題23、問題24**について答えなさい。

〔事 例〕

Lさん（76歳、女性、要介護1）は、自宅で娘と暮らしている。軽度の認知症（dementia）と診断されたが、身体機能に問題はなく、友人との外出を楽しんでいる。ある日、外食の後、自宅近くで保護されたとき、「ここはどこなの」と言った。その後、自宅から出ようとしなくなった。心配した娘が本人と相談して、小規模多機能型居宅介護を利用することになった。

利用開始時に、Lさんの短期目標を、「外出を楽しめる」と設定した。2週間が過ぎた頃、Lさんから、近くのスーパーへの買い物ツアーに参加したいと申し出があった。

当日、他の利用者や介護福祉職と笑顔で買い物をする様子が見られた。買い物が終わり、歩いて戻り始めると、笑顔が消え、急に立ち止まった。

介護福祉職が声をかけると、「ここはどこなの。どこに行くの」と不安そうに言った。

問題23

A 35-109 **アセスメント**

Lさんが急に立ち止まった行動の解釈として、**最も適切なもの**を1つ選びなさい。

1　買い物ツアー時間の延長の要求
2　自分のいる場所がわからない不安
3　休憩したいという訴え
4　店での介護福祉職の支援に対する不満
5　一人で帰りたいという訴え

問題24

A 35-110 **カンファレンス**

Lさんの状況から、短期目標と支援内容を見直すためのカンファレンス（conference）が開かれた。担当する介護福祉職の提案として、**最も優先すべきもの**を1つ選びなさい。

1　外出先から帰れなくなる不安への対応が必要である。
2　表情がかたくなったときは帰り道を変更する。
3　外出する意欲を持つ必要がある。
4　歩くために身体機能の改善が必要である。
5　事業所をなじみの生活空間にする。

START!
GOAL!!　クリア! クリア! クリア! クリア! クリア! クリア! クリア! クリア! クリア! クリア! クリア!
CHAPTER CHAPTER CHAPTER CHAPTER CHAPTER CHAPTER CHAPTER CHAPTER CHAPTER CHAPTER CHAPTER
1　2　3　4　5　6　7　8　9　10　11

370

問題23

　事例から、**L**さんは**時間**や**場所**、**人物**に対する認識が失われる**見当識障害**が現れていると考えられます。場所に対する認識の障害が現れると、今いる場所が、どこなのか分からなくなります。**L**さんが急に立ち止まった行動の解釈として、選択肢2の「自分のいる場所がわからない不安」が適切となります。

正解　2

問題24

1　○　**L**さんは、外出中に自分のいる場所が分からなくなり、**不安**を覚えています。記述は、介護福祉職の提案として最も優先すべきものといえます。

2　×　**L**さんの表情がかたくなった原因は、**解説1**のとおりです。記述は、介護福祉職の提案として優先すべきものではありません。

3　×　**L**さんは、近くのスーパーへの買い物ツアーに参加したいと申し出をしていたことから、外出意欲はあると考えられます。記述は、介護福祉職の提案として優先すべきものではありません。

4　×　**L**さんは、軽度の認知症と診断されていますが、身体機能に問題はありません。記述は、介護福祉職の提案として優先すべきものではありません。

5　×　**L**さんの不安は、事業所内ではなく**外出中**に生じています。記述は、介護福祉職の提案として優先すべきものではありません。

正解　1

CH
12
介護過程

次の事例を読んで、**問題25、問題26**について答えなさい。

〔事　例〕

　Dさん（73歳、女性、要介護2）は、認知症対応型共同生活介護（認知症高齢者グループホーム）に入居した。

　入居後、本人の同意のもとに短期目標を、「食事の準備に参加する」と設定し、順調に経過していた。ある日、Dさんが夕食の準備に来なかった。翌日、担当する介護福祉職が居室を訪ねて理由を聞くと、「盛り付けの見た目が・・・」と小声で言った。

　当日のDさんの記録を見ると、「お茶を配ると席に座ったが、すぐに立ち上がり、料理を皿に盛り付けるEさんの手元を見ていた」「配膳された料理を見て、ため息をついた」とあった。その後、食事の準備には参加していないが、早く来て様子を見ている。また、食事中は談笑し、食事も完食している。

　以上のことから再アセスメントを行うことになった。

問題25
A 　34-67　**再アセスメント**

　Dさんの再アセスメントに関する次の記述のうち、**最も適切なもの**を1つ選びなさい。
1　お茶を配る能力について分析する。
2　ため息の意味を料理の味が悪いと解釈する。
3　早く来て様子を見ている理由を分析する。
4　安心して食事ができているかを分析する。
5　Eさんに料理の盛り付けを学びたいと解釈する。

問題26
B 　34-68　**カンファレンス**

　カンファレンス（conference）が開かれ、Dさんの支援について検討することになった。Dさんを担当する介護福祉職が提案する内容として、**最も優先すべきもの**を1つ選びなさい。
1　食器の満足度を調べること。
2　昼食時だけでも計画を継続すること。
3　居室での食事に変更すること。
4　食事の準備の役割を見直すこと。
5　食事以外の短期目標を設定すること。

START!
GOAL!!　クリア! CHAPTER 1　クリア! CHAPTER 2　クリア! CHAPTER 3　クリア! CHAPTER 4　クリア! CHAPTER 5　クリア! CHAPTER 6　クリア! CHAPTER 7　クリア! CHAPTER 8　クリア! CHAPTER 9　クリア! CHAPTER 10　クリア! CHAPTER 11

372

問題25 再アセスメントは、目標の達成が不十分だと判定されたり、新たな生活課題がみられたりした場合に行われます。

1 ✕ Dさんの記録によると、「お茶を配ると席に座った」とあります。Dさんのお茶の配り方に問題があったわけではありませんので、お茶を配る能力について分析するのは適切ではありません。

2 ✕ Dさんは食事を完食していることから、ため息の意味を料理の味が悪いと解釈するのは適切ではありません。

3 ◯ 早く来て様子を見ている理由を分析することで、Dさんが食事の準備に参加しない理由が明確になり、新たなニーズや生活課題も見えてくるようになります。

4 ✕ Dさんは、食事中は談笑しており、誤嚥などのリスクが生じているわけでもありません。安心して食事ができているかを分析するのは適切ではありません。

5 ✕ Dさんの発言や記録から、Dさんは盛り付けの見た目に満足していないことがうかがえますので、Eさんに料理の盛り付けを学びたいと解釈するのは適切ではありません。

正解 3

> 再アセスメントは、1つの目標が達成されていても、支援の継続・変更・終結を判断するために、目標ごとに実施されます。その際、利用者の満足度をもとにサービスの継続を判断し、介護計画の内容を変更する場合は、利用者やその家族に説明し、同意を得なければなりません。

CH
12
介護過程

問題26

1 ✕ Dさんは、食器ではなく、Eさんの料理の盛り付け方にため息をついています。食器の満足度を調べることは、Dさんを担当する介護福祉職が提案する内容として適切ではありません。

2 ✕ Dさんが食事の準備に参加しない理由を明らかにしないまま、昼食時だけとはいえ計画を継続することは、提案する内容として適切ではありません。

3 ✕ Dさんは、食事中は他の入居者と談笑しており、食事も完食しています。居室での食事に変更することは、Dさんの意思を尊重しているとはいえず、提案する内容として適切ではありません。

4 ◯ Dさんが食事の準備に参加しない理由は、Eさんの料理の盛り付け方が原因と考えられます。食事の準備の役割を見直すことで、Dさんが再び食事の準備に参加する可能性もあり、提案する内容として適切です。

5 ✕ Dさんの同意の下に、短期目標を「食事の準備に参加する」と設定しています。Dさんへの説明や同意を得ることなく、食事以外の短期目標を設定することは、提案する内容として適切ではありません。

正解 4

次の事例を読んで、**問題27**、**問題28**について答えなさい。

〔事　例〕

Aさん（80歳、女性、要介護3）は、パーキンソン病（Parkinson disease）と診断されている。診断後も家業を手伝いながら、地域の活動に参加していた。

半年前からパーキンソン病（Parkinson disease）が悪化し、動作は不安定となったが、「家族に迷惑をかけたくない」と、できることは自分で取り組んでいた。また、主となる介護者である娘に服薬を管理してもらいながら、通所介護（デイサービス）を週3回利用し、なじみの友人と話すことを楽しみにしていた。

最近、通所介護（デイサービス）の職員から娘に、昼食時にむせることが多く食事を残していること、午後になると、「レクリエーションには参加したくない」と落ち着かない様子になることが報告された。

問題27 B 33-67 主観的情報

介護福祉職がAさんについて、**主観的に記録したもの**を1つ選びなさい。

1　パーキンソン病（Parkinson disease）と診断されている。

2　帰宅願望から、レクリエーションの参加を拒否した。

3　「家族に迷惑をかけたくない」と話し、できることは自分で行っていた。

4　週3回、通所介護（デイサービス）を利用している。

5　昼食時にむせることが多く、食事を残していることを娘に報告した。

問題28 A 33-68 生活課題の明確化

その後、娘が腰痛を発症し、Aさんは短期入所生活介護（ショートステイ）を利用することになった。

次の記述のうち、短期入所生活介護（ショートステイ）におけるAさんの生活課題として、**最も優先すべきもの**を1つ選びなさい。

1　食事を安全に摂取できること。

2　服薬の管理ができること。

3　通所介護（デイサービス）の利用を再開できること。

4　なじみの友人ができること。

5　地域の活動に参加できること。

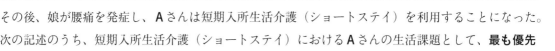

問題27

1 ✕ 記述は、**客観的な事実**です。

2 ◯ **A**さんに帰宅願望があることは事例文からは読み取れず、介護福祉職が**主観的**に記録したものといえます。

3 ✕ 記述は、**客観的な事実**です。

4 ✕ 記述は、**客観的な事実**です。

5 ✕ 記述は、**客観的な事実**です。

正解 | 2 |

ポイント
チェック

情報の種類と情報収集の方法

主観的情報	利用者自身の考え方、感じていること、訴えていることなど **情報収集の方法**：言語的コミュニケーションだけでなく非言語的コミュニケーションも活用して、利用者のニーズを引き出す
客観的情報	介護福祉職の観察、健康状態に関するデータ・記録、他職種や家族から得られる情報 **情報収集の方法**：日々の観察や介護記録、バイタルサインの測定、他職種との情報共有によって、利用者の状態・状況を把握する

問題28

1 ◯ **A**さんは、昼食時にむせることが多く食事を残していることから、食事を安全に摂取できることは、短期入所生活介護（ショートステイ）における生活課題として最も優先すべきものといえます。

2 ✕ 短期入所生活介護を利用している間は、**A**さんの娘に代わって施設の介護福祉職が服薬の管理を行うので、**A**さんが自分で服薬を管理する必要はありません。

3 ✕ 短期入所生活介護の利用は**一時的**なものです。通所介護（デイサービス）の利用再開は、**A**さんの生活課題として最も優先すべきものとはいえません。

4 ✕ **解説3**のとおり、短期入所生活介護の利用は一時的なものであることから、**A**さんになじみの友人ができることは、生活課題として最も優先すべきものとはいえません。

5 ✕ **解説3**のとおり、短期入所生活介護の利用は一時的なものであることから、**A**さんが地域の活動に参加できることは、生活課題として最も優先すべきものとはいえません。

正解 | 1 |

次の事例を読んで、**問題29**、**問題30**について答えなさい。

〔事 例〕

Mさん（35歳、男性、障害支援区分5）は、脳性麻痺（cerebral palsy）による四肢麻痺で筋緊張がある。日常生活動作は全般に介護が必要であり、電動車いすを使用している。これまで、本人と母親（70歳）の希望で、自宅で二人暮らしを続けてきた。

Mさんは3年前から、重度訪問介護を利用している。軽度の知的障害があるが、自分の意思を介護者と母親に伝えることができる。相談支援専門員が作成したサービス等利用計画の総合目標は、「やりたいことに挑戦し、生活を充実させる」となっている。Mさん自身も、やりたいことを見つけたいと介護福祉職に話していたことから、次の個別支援会議で検討する予定になっていた。

ある日、重度訪問介護の利用時、パラリンピックのテレビ中継を見ていたMさんが、介護福祉職に、「ボール投げるの、おもしろそう」と話した。

問題29 A 35-111 計画立案のための情報収集

次のうち、Mさんの発言から、個別支援計画を立案するために、介護福祉職が把握すべき情報として、**最も優先すべきもの**を1つ選びなさい。

1 競技で使われるボールの種類
2 話を聞いた介護福祉職の感想
3 競技に対するMさんの意向
4 母親のパラリンピックへの関心
5 テレビ中継を見ていた時間

問題30 B 35-112 利用者の状態・状況に応じた介護過程の展開

いくつかのスポーツクラブを見学後、介護福祉職はMさんから、「このスポーツクラブが近いから、入会前に体験したい」と伝えられた。

Mさんへの介護福祉職の対応に関する次の記述のうち、**最も適切なもの**を1つ選びなさい。

1 筋緊張から回復する訓練を行うように伝える。
2 母親が決めたスポーツクラブを選ぶように勧める。
3 スポーツクラブにすぐに入会するように勧める。
4 意思決定に必要な情報を提供する。
5 相談支援専門員の許可を得るように勧める。

START!
GOAL!!
クリア! CHAPTER 1　クリア! CHAPTER 2　クリア! CHAPTER 3　クリア! CHAPTER 4　クリア! CHAPTER 5　クリア! CHAPTER 6　クリア! CHAPTER 7　クリア! CHAPTER 8　クリア! CHAPTER 9　クリア! CHAPTER 10　クリア! CHAPTER 11　クリア! CHAPTER 12

376

問題29

　パラリンピックのテレビ中継を見ていた**M**さんは、介護福祉職に「ボール投げるの、面白そう」と話したことから、選択肢1の「競技で使われるボールの種類」ではなく、競技自体に関心を寄せていると分かります。相談支援専門員が作成したサービス等利用計画の総合目標は、「やりたいことに挑戦し、生活を充実させる」となっていることから、選択肢3の「競技に対する**M**さんの意向」を確認することは、介護福祉職が把握すべき情報として最も優先すべきものとなります。ほかの選択肢の内容は、介護福祉職が把握すべき情報として優先すべきものではありません。

正解　**3**

問題30

1　✕　筋緊張から回復する訓練を行う必要があるかどうかの判断は、**M**さんの主治医の役割です。介護福祉職の対応として不適切です。

2　✕　**M**さんは軽度の知的障害があるが、「このスポーツクラブが近いから、入会前に体験したい」と自分の意思を介護福祉職に伝えています。母親が決めたスポーツクラブを選ぶように勧めるのは、介護福祉職の対応として不適切です。

3　✕　**M**さんは、「入会前に体験したい」と話していることから、実際に体験してから入会するかどうか判断したいと考えています。スポーツクラブにすぐに入会するように勧めるのは、介護福祉職の対応として不適切です。

4　〇　**M**さんは軽度の知的障害があるため、スポーツクラブで体験するにあたり、意思決定に必要な情報を提供することは、介護福祉職の対応として適切です。

5　✕　**M**さんがスポーツクラブで体験するにあたり、相談支援専門員の許可を得る必要はありません。

正解　**4**

CH
12
介護過程

　介護を必要とする人は、さまざまな疾患や障害を抱え、それぞれ異なるニーズや生活課題をもっています。情報収集の段階から、利用者の状態・状況を的確に把握するように心がけていきます。また、アセスメントを通じた生活課題の明確化、目標の設定においても、「利用者の状態・状況を改善させること」を念頭に、個々のケースに応じた支援を行っていくようにします。

CHAPTER 12 ポイントチェック一覧

CHAPTER

13

総合問題

次の事例を読んで、**問題１から問題３まで**について答えなさい。

〔事　例〕

　Ａさん（80歳、女性）は、自宅で一人暮らしをしている。同じ県内に住む娘が、月に一度Ａさん
の自宅を訪れている。

　最近、Ａさんの物忘れが多くなってきたため、不安になった娘が、Ａさんと一緒に病院を受診した
ところ、医師から、脳の記憶をつかさどる部分が顕著に萎縮したアルツハイマー型認知症（dementia
of the Alzheimer's type）であると診断された。Ａさんはこのまま自宅で暮らすことを希望し、介護
保険の訪問介護（ホームヘルプサービス）を利用しながら一人暮らしを継続することになった。

　ある日、娘からサービス提供責任者に、今年はＡさんが一人で雪かきができるか不安であると相談
があった。そこで、サービス提供責任者が、Ａさんと一緒に地区の民生委員に相談したところ、近所
の人たちが雪かきをしてくれることになった。

からだのしくみの理解

教科書　CHAPTER 4・SECTION 2

 問題１ B 35-114 **脳の記憶をつかさどる部分**

図は脳を模式的に示したものである。

Ａさんの脳に萎縮が顕著にみられる部位として、**最も適切なもの**を１つ選びなさい。

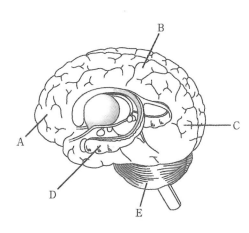

| 1 A | 2 B | 3 C | 4 D | 5 E |

地域共生社会の実現に向けた制度や施策

教科書　CHAPTER 3・SECTION 2

 問題２ A 35-115 **地域包括ケアシステム**

　地域包括ケアシステムにおいて、Ａさんの雪かきの課題への対応を示すものとして、**最も適切なもの**
を１つ選びなさい。

| 1 自助 | 2 互助 | 3 介助 | 4 扶助 | 5 公助 |

　医師から脳の記憶をつかさどる部分が顕著に萎縮したアルツハイマー型認知症であると診断されたことから、Aさんの脳に萎縮が顕著にみられる部位は、**短期記憶**を一時的に保存する海馬です。海馬は側頭葉の内側にある**弓状**の部分で、選択肢4の「D」の位置にあります。

正解 4

地域包括ケアシステムは、自助、互助、共助、公助の4つです。

1　✕　自助とは、自ら市場サービスを購入するなど、**自分のことは自分でする**ことをいいます。
2　◯　互助とは、近隣住民同士の支え合いのことで、費用負担が制度的に裏付けられていない**自発的なもの**を指します。近所の人たちが、Aさんの代わりに雪かきをしてくれることになったので、適切といえます。
3　✕　介助とは、利用者のニーズを満たすために、食事や入浴、排泄などの動作を助けることをいいます。
4　✕　扶助とは、**生活保護制度における8つの扶助**のことです。地域包括ケアシステムでは、公助に含まれます。
5　✕　公助とは、自助・互助・共助では対応できない生活困窮等に**税による公の負担**で対応することをいいます。

正解 2

ポイントチェック

地域包括ケアシステムのイメージ

　高齢者が重度の要介護状態になっても、住み慣れた地域でその人らしい生活を続けることができるように、住まい・医療・介護・予防・生活支援を一体的に提供するシステム。

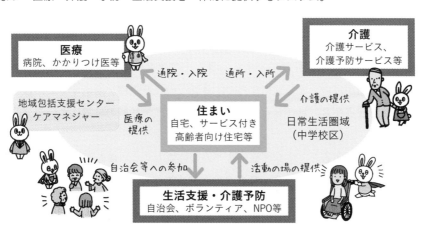

【前ページより続く事例問題】

介護における安全の確保とリスクマネジメント

教科書　CHAPTER 9・SECTION 7

問題3 B 35-116 服薬支援

ある日、訪問介護員（ホームヘルパー）がAさんの自宅を訪れ、一包化された薬の服薬状況を確認したところ、残薬があった。Aさんに服薬状況を確認すると、薬を飲んだかどうか、わからなくなることがあるという返答があった。訪問介護員（ホームヘルパー）は、Aさんとの会話から、日時に関する見当識に問題はないことを確認した。

Aさんの薬の飲み忘れを防止するための対応として、**最も適切なもの**を**1つ**選びなさい。

1　一包化を中止する。　　　　　　　2　インフォーマルな社会資源の活用は避ける。

3　お薬カレンダーの使用を提案する。　　4　一人では薬を服用しないように伝える。

5　薬の飲み忘れに気がついたとき、2回分を服用するように伝える。

次の事例を読んで、**問題4から問題6までについて答えなさい。**

〔事　例〕

Bさん（75歳、男性、要介護3）は、1年前に脳梗塞（cerebral infarction）を発症し、右片麻痺がある。自宅では、家具や手すりにつかまって、なんとか自力歩行し、外出時は車いすを使用していた。うまく話すことができないこともあるが、他者の話を聞き取って理解することは、問題なくできていて、介護保険サービスを利用しながら、一人で暮らしていた。数か月前から着替えや入浴に介助が必要になり、在宅生活が難しくなったため、1週間前にU介護老人福祉施設に入所した。

入所時の面談でBさんは、自分の力で歩きたいという意思を示した。U介護老人福祉施設では、C介護福祉士をBさんの担当者に選定した。C介護福祉士は、カンファレンス（conference）での意見に基づいて、Bさんが、四点杖を使用して、安全に施設内を歩行できることを短期目標とした介護計画を立案した。

自立に向けた移動の介護

教科書　CHAPTER11・SECTION 3

問題4 A 35-117 歩行の介助

入所から2か月が経過した。C介護福祉士は、Bさんの四点杖歩行の様子を観察したところ、左立脚相と比べて、右立脚相が短いことが気になった。Bさんの短期目標を達成するために、理学療法士と相談して、転倒予防の観点から、見守り歩行をするときの介護福祉職の位置について、改めて周知することにした。

Bさんの四点杖歩行を見守るときに介護福祉職が立つ位置として、**最も適切なもの**を**1つ**選びなさい。

1　Bさんの右側前方　　　　2　Bさんの右側後方　　　　3　Bさんの真後ろ

4　Bさんの左側前方　　　　5　Bさんの左側後方

問題3

1　✕　薬の一包化を中止すると、かえって**飲み忘れが増える**ことにつながり、訪問介護員（ホームヘルパー）の対応として不適切です。

2　✕　インフォーマルな社会資源とは、近隣住民やNPO法人、ボランティアなどを指します。これらを活用することは、Aさんの薬の飲み忘れの防止につながります。

3　〇　**お薬カレンダー**とは、**小袋がついており、1回分ずつ薬を収納できるカレンダー**のことです。お薬カレンダーを利用することで、Aさんも服薬したかどうかが分かりやすくなり、飲み忘れを防止するための対応として適切です。

4　✕　Aさんは一人暮らしで、娘も月に一度Aさんの自宅を訪れているだけです。一人では薬を服用しないように伝えることは、訪問介護員（ホームヘルパー）の対応として不適切です。

5　✕　訪問介護員（ホームヘルパー）は、利用者が医師の指示のとおりに、**用法・用量を守って正しく薬を服用**しているか確認することが重要です。薬の飲み忘れに気がついた場合は、勝手に判断するのではなく、**医師に対処法を確認**します。

正解　3

ポイント
チェック

高齢者の服薬の留意点と対応

留意点	対応
飲み込み	上半身を起こした姿勢で、多めの白湯で飲む（食道潰瘍の防止） ●飲み込みが難しいカプセルや錠剤などの場合、勝手につぶしたりせず、剤形の変更等を医師や薬剤師に相談する
飲み忘れ	慢性疾患などで一度に飲む薬の種類や回数が増えると、飲み忘れや二重服薬が増える傾向がある ●1回分ずつ小分けして、まとめておくとわかりやすい（処方時に1回分をまとめて一包にしてくれる病院などもある） ●服薬カレンダー（小袋がついており、1回分ずつ薬を収納できるカレンダー）などを利用すると、介護者も気づきやすくなる ●飲み忘れた場合どうすればよいかも医師や薬剤師に確認しておく
誤服用	認知機能の低下や視覚の衰えなどで、薬を誤って服用することも考えられる ●飲み忘れ防止と同様に一包化しておくとよい ●一包化は薬の包装シートの誤飲防止にも効果的である

問題4

　片麻痺の人の杖歩行の介助を行う場合、転倒を防止するため、介助者は**患側のやや後方**に立ちます。Bさんは右片麻痺なので、介護福祉職は**右側後方**に立ちます。

正解　2

障害の特性に応じたコミュニケーション

 教科書　CHAPTER10・SECTION 2

問題5
A 35-118 **言語障害のある人とのコミュニケーション**

　C介護福祉士がBさんとコミュニケーションをとるための方法に関する次の記述のうち、**最も適切な**ものを1つ選びなさい。

1　補聴器を使用する。

2　五十音表を使用する。

3　手話を使う。

4　大きな声で話しかける。

5　「はい」「いいえ」で回答できる質問を中心に用いる。

介護過程の意義と基礎的理解

 教科書　CHAPTER12・SECTION 1

問題6
B 35-119 **再アセスメント**

　入所から3か月後、C介護福祉士は、Bさんの四点杖歩行が安定してきたことを確認して介護計画を見直すことにした。C介護福祉士がBさんに、今後の生活について確認したところ、居室から食堂まで、四点杖で一人で歩けるようになりたいと思っていることがわかった。

　Bさんの現在の希望に沿って介護計画を見直すときに、**最も優先すべきものを1つ選びなさい。**

1　生活場面の中で歩行する機会を増やす。

2　評価日は設定しない。

3　ほかの利用者と一緒に実施できる内容にする。

4　他者との交流を目標にする。

5　歩行練習を行う時間は、出勤している職員が決めるようにする。

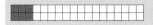

問題5

1　×　補聴器は、**伝音性難聴**がある場合に有効な補装具です。Bさんは聴覚に問題はないので、コミュニケーションをとる方法として不適切です。

2　×　事例から、Bさんは**ブローカ失語**（**運動性失語**）であると考えられます。ブローカ失語では、他者の話を聞き取って理解することは問題なく行えます。このため、C介護福祉職がBさんとコミュニケーションをとるときに、五十音表や手話を使うのは不適切です。

3　×　**解説3**のとおりです。

4　×　Bさんは聴覚に問題はないので、C介護福祉職が大きな声で話しかける必要はなく、Bさんとコミュニケーションをとる方法として不適切です。

5　○　Bさんは、うまく話すことができないこともあるため、「はい」「いいえ」で回答できる**閉じられた質問**を中心に用いることは、Bさんとコミュニケーションをとる方法として不適切です。

正解　5

> 閉じられた質問（クローズドクエスチョン）と開かれた質問（オープンクエスチョン）については、267ページのポイントチェックも参照してください。

問題6

1　○　Bさんは、今後の生活について、居室から食堂まで、四点杖で一人で歩けるようになりたいと希望していることから、生活場面の中で歩行する機会を増やすことは、最も優先すべきものとなります。

2　×　評価日は、目標を設定する際に**決めます**。

3　×　介護過程では、利用者の**自立**を支援し、**自己実現**を図っていくため、利用者に適した介護＝個別ケアを提供します。四点杖で一人で歩けるようになりたいと希望しているBさんの介護計画を、ほかの利用者と一緒に実施できる内容にするのは不適切です。

4　×　**解説1**のとおりです。他者との交流を目標にするのは不適切です。

5　×　歩行練習を行う時間は、どこで・誰が・何をどうするのかなどとともに**介護計画に**定めておきます。

正解　1

> 再アセスメントについては、372ページの事例問題も参照してください。

次の事例を読んで、**問題7から問題9まで**について答えなさい。

〔事　例〕

　Dさん（38歳、男性、障害支援区分3）は、1年前に脳梗塞（cerebral infarction）を発症し左片^{ひだりかた}麻痺となった。後遺症として左同名半盲、失行もみられる。現在は週3回、居宅介護を利用しながら妻と二人で生活している。

　ある日、上着の袖に頭を入れようとしているDさんに介護福祉職が声をかけると、「どうすればよいかわからない」と答えた。普段は妻がDさんの着替えを手伝っている。食事はスプーンを使用して自分で食べるが、左側にある食べ物を残すことがある。Dさんは、「左側が見づらい。動いているものにもすぐに反応ができない」と話した。

　最近は、日常生活の中で、少しずつできることが増えてきた。Dさんは、「人と交流する機会を増やしたい。また、簡単な生産活動ができるようなところに行きたい」と介護福祉職に相談した。

発達障害、高次脳機能障害、難病

☞ 教科書　CHAPTER 7・SECTION 5

 問題7
A　35-120　**失行の種類**　

　Dさんにみられた失行として、**適切なもの**を**1つ**選びなさい。

1　構成失行
2　観念失行
3　着衣失行
4　顔面失行
5　観念運動失行

自立に向けた食事の介護

☞ 教科書　CHAPTER11・SECTION 5

 問題8
B　35-121　**同名半盲のある人の食事の支援**　

　Dさんへの食事の支援に関する次の記述のうち、**最も適切なもの**を**1つ**選びなさい。

1　食事の量を少なくする。
2　テーブルを高くする。
3　スプーンを持つ手を介助する。
4　バネつき箸に替える。
5　食事を本人から見て右寄りに配膳する。

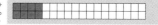

問題 7

1	×	構成失行とは、図形や絵を、思いどおりに描く**ことができない**状態をいいます。
2	×	観念失行とは、動作の内容は理解できても、順序立てて**行うことができない**状態をいいます。
3	○	着衣失行とは、**衣服を思いどおりに着ることができない**状態をいい、Dさんにみられた失行です。
4	×	顔面失行とは、舌を出したり、咳払いをしたりなどの動作を、反射的・自動的にはできるが、**意図的には行えない**状態をいいます。
5	×	観念運動失行とは、手を振るなどの動作を、**自発的にはできるが、指示される**とできなかったり、**模倣ができなかったりする**状態をいいます。

正解 3

失行とは、運動機能には障害などがなく、その行為の内容を理解しているのにもかかわらず、思うような行動や、目的に沿った動作がとれなくなる症状のことをいいます

問題 8　同名半盲とは、脳出血や脳梗塞などが原因で、両眼ともに同じ側が見づらくなる症状をいいます。

1	×	Dさんは、**左同名半盲**があるために左側にある食べ物を認識できず、食事を食べきれていない状態です。意図的に残しているわけではないので、食事の量を少なくするのは、Dさんへの食事の支援として不適切です。
2	×	食事がしやすいテーブルの高さは、肘が楽に乗り、腕が自由に動かせる程度とされています。テーブルを高くすると食べづらくなりますので、Dさんへの食事の支援として不適切です。
3	×	食事の際、Dさんはスプーンを使用して自分で食べており、介助を必要とはしていません。
4	×	**解説 3** のとおり、スプーンをバネつき箸に変える必要はありません。
5	○	Dさんは、左同名半盲があるために左側にある食べ物を認識できないので、食事を本人から見て右寄りに配膳するのは、Dさんへの食事の支援として適切です。

正解 5

脳梗塞など脳血管疾患の後遺症でみられる高次脳機能障害の主な症状については、199ページのポイントチェックを参照してください。

【前ページより続く事例問題】

障害者総合支援制度

☞ 教科書　CHAPTER 3・SECTION14

問題9
B　35-122　**生産活動ができる障害福祉サービス**

介護福祉職は、Dさんに生産活動ができるサービスの利用を提案したいと考えている。

次のうち、Dさんの発言内容に合う障害福祉サービスとして、**最も適切なもの**を**1つ**選びなさい。

1　就労継続支援A型での活動

2　地域活動支援センターの利用

3　療養介護

4　就労定着支援

5　相談支援事業の利用

次の事例を読んで、**問題10から問題12まで**について答えなさい。

〔事　例〕

Eさん（35歳、男性）は、自閉症スペクトラム障害（autism spectrum disorder）があり、V障害者支援施設の生活介護と施設入所支援を利用している。Eさんは、毎日のスケジュールを決め、規則や時間を守ってプログラムに参加しているが、周りの人や物事に関心が向かず、予定外の行動や集団行動はとりづらい。コミュニケーションは、話すよりも絵や文字を示したほうが伝わりやすい。

Eさんが利用するV障害者支援施設では、就労継続支援事業も行っている。災害が起こったときに様々な配慮が必要な利用者がいるため、施設として防災対策に力を入れている。また、通所している利用者も多いので、V障害者支援施設は市の福祉避難所として指定を受けている。

障害の基礎的理解

 ☞ 教科書　CHAPTER 7・SECTION 1

問題10
B　35-123　**ストレングス**

Eさんのストレングス（strength）に関する次の記述のうち、**最も適切なもの**を**1つ**選びなさい。

1　行動力があり、すぐに動く。

2　自分で決めたことを継続する。

3　新しいことを思いつく。

4　コミュニケーション力が高い。

5　いろいろなことに興味がもてる。

START! GOAL!!　クリア！CHAPTER 1　クリア！CHAPTER 2　クリア！CHAPTER 3　クリア！CHAPTER 4　クリア！CHAPTER 5　クリア！CHAPTER 6　クリア！CHAPTER 7　クリア！CHAPTER 8　クリア！CHAPTER 9　クリア！CHAPTER 10　クリア！CHAPTER 11　クリア！CHAPTER 12

388

問題9

1 × 就労継続支援とは、通常の事業所への雇用が困難な障害者を対象に、就労や生産活動などの機会を提供して、知識・能力の向上のための訓練を行うサービスです。**A型**（雇用型）と**B型**（非雇用型）がありますが、Dさんは就労を望んではいないので、適切ではありません。

2 ○ 地域活動支援センターは、障害者に**創作的活動**や**生産活動**の機会を提供して、**社会との交流**や**自立**への支援を行う施設です。障害者が施設に通う形で、サービスを利用します。Dさんの発言内容に合ったサービスであり、適切です。

3 × 療養介護とは、**医療を要する障害者**で、**常時の介護を必要**とする者に、主として昼間に、病院などで行われる機能訓練、療養上の管理、看護、医学的管理の下における介護や日常生活上の世話を行うサービスです。生産活動ができるサービスではないので、適切ではありません。

4 × 就労定着支援とは、就労移行支援等の利用を経て**一般就労**へ移行した障害者等を対象に、就業に伴う生活面の課題に対応できるよう、事業所・家族との連絡調整等の支援を行うサービスです。Dさんは就労していないので、適切ではありません。

5 × 相談支援事業は**自立支援給付**のひとつで、**基本相談支援**、**地域相談支援**、**計画相談支援**があります。基本相談支援は、障害者や保護者などの相談に応じ、情報提供・助言や、市町村や事業者との連絡調整を行います。地域相談支援は、地域への移行（**地域移行支援**）と、地域への定着（**地域定着支援**）を促すための支援を行います。計画相談支援は、サービスの利用に向けた調整（**サービス利用支援**）と、サービスの利用が始まってからの調整（**継続サービス利用支援**）という2つの支援が行われます。いずれもDさんの発言内容に合ったサービスではないので、適切ではありません。

正解 **2**

ポイントチェック

地域活動支援センター

I型	相談事業や専門職員（精神保健福祉士等）の配置による福祉及び地域の社会基盤との連携強化、地域住民ボランティア育成、普及啓発等の事業を実施
II型	機能訓練、社会適応訓練等、自立と生きがいを高めるための事業を実施
III型	運営年数及び実利用人員が一定数以上の小規模作業所の支援を充実

CH 13 総合問題

問題10 ストレングスとは、利用者一人ひとりがもつ特性、強さ、意欲、能力、長所、願望などを意味します。

1 × Eさんは予定外の行動はとりづらいことから、記述の内容はEさんのストレングスに該当しません。

2 ○ Eさんは毎日のスケジュールを決め、規則や時間を守ってプログラムに参加していることから、記述の内容はEさんのストレングスに該当します。

3 × **解説2**のとおりです。記述の内容はEさんのストレングスに該当しません。

4 × Eさんとのコミュニケーションでは、話すよりも絵や文字を示したほうが分かりやすいことから、記述の内容はEさんのストレングスに該当しません。

5 × Eさんは周りの物事に関心が向かないことから、選択肢の内容はEさんのストレングスに該当しません。

正解 **2**

発達障害、高次脳機能障害、難病

☞ 教科書　CHAPTER 7・SECTION 5

問題11　A　35-124　自閉症スペクトラム障害の特徴

V障害者支援施設では定期的に災害に備えた避難訓練を行っている。

Eさんの特性を考慮して実施する避難訓練に関する次の記述のうち、**最も適切なもの**を1つ選びなさい。

1　災害時に使用する意思伝達のイラストを用意する。

2　避難生活を想定して、食事等の日課を集団で行えるようにする。

3　予告せずに避難訓練を行う。

4　Eさんの避難訓練は単独で行う。

5　避難を援助する人によってEさんへの対応を変える。

介護における安全の確保とリスクマネジメント

☞ 教科書　CHAPTER 9・SECTION 7

問題12　B　35-125　防災対策

V障害者支援施設が、災害発生に備えて取り組む活動として、**最も適切なもの**を1つ選びなさい。

1　事前に受け入れ対象者を確認しておく。

2　災害派遣医療チーム（DMAT）と支援人員確保契約を結ぶ。

3　職員の役割分担は、状況に応じてその場で決める。

4　要配慮者のサービス等利用計画を作成する。

5　要配慮者に自分で避難するように促す。

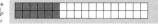

問題11

1 ○ 事例では、自閉症スペクトラム障害があるEさんとのコミュニケーションでは、話すよりも絵や文字を示したほうが伝わりやすいとあります。災害時に使用する意思伝達のイラストを用意するのは、Eさんの特性を考慮しており、適切です。

2 ✕ 事例では、Eさんは周りの人や物事に関心が向かず、予定外の行動や集団行動はとりづらいとあります。食事等の日課を集団で行えるようにするのは、Eさんの特性を考慮しておらず、不適切です。

3 ✕ **解説2**のとおりです。予告せずに避難訓練を行うと、予定外の行動をとりづらいEさんは状況の変化に対する不安が強く現れるため、次に何を行うのかを、前もって**具体的**かつ**簡潔に示す**必要があります。

4 ✕ 自閉症スペクトラム障害がある人は、予定外の行動に対しては強い不安を示しますが、見通しが立つときはしっかりと行動できます。V障害者支援施設の避難訓練は定期的に行っていることから見通しも立ちますので、Eさん単独で行う必要はありません。

5 ✕ 避難を援助する人によってEさんへの対応を変えることは、混乱や不安につながります。援助する人が変わっても、Eさんには一貫して同じ**対応**を取ります。

正解 **1**

問題12 福祉避難所とは、特に配慮が必要な要配慮者の滞在が想定される避難所のことで、「災害対策基本法」が規定する避難所の指定基準のひとつです。

1 ○ 福祉避難所の受け入れ対象者として想定されている要配慮者は、高齢者、障害者、妊産婦、乳幼児、傷病者などとされています。事前に受け入れ対象者を確認しておくことは、災害発生時に迅速かつ必要な対応が取れるため、適切です。

> 要配慮者のうち、災害時などに自力で避難することが困難で、円滑・迅速な避難のために特に支援を要する者を、避難行動要支援者といいます。

2 ✕ 福祉避難所と支援人員確保契約を結ぶのは、災害派遣医療チーム（DMAT）ではなく、**社会福祉協議会等の関係機関**、**社会福祉施設の職員等**、**障害者・高齢者の支援団体**などです。

3 ✕ 職員の役割分担は、**事前**に決めておきます。

4 ✕ サービス等利用計画は、障害者支援施設ではなく、**指定特定相談支援事業所**の**相談支援専門員**が作成します。

5 ✕ 要配慮者が自宅等から福祉避難所へ避難する場合、原則として要配慮者およびその家族が、民生委員や自主防災組織などの**インフォーマルサポート**や**市町村の職員**などの支援を得るように促します。

正解 **1**

> 2021（令和3）年に改定された「福祉避難所の確保・運営ガイドライン」では、「指定福祉避難所として利用可能な施設としては、社会福祉施設等のように現況において要配慮者の避難が可能な施設のほか、一般の避難所のように、現況では指定福祉避難所としての機能を有していない場合であっても、機能を整備することを前提に利用可能な場合を含むものとする」としています。

次の事例を読んで、**問題13**から**問題15**までについて答えなさい。

〔事　例〕

　Cさん（83歳、女性）は、一人暮らしで、近所に買い物に行く以外はテレビを見て過ごしている。近県に息子がいるが、仕事が忙しく、会いに来ることはあまりなかった。

　ある日、息子が久しぶりに訪問すると、部屋の中がごみや衣類などで散らかっていた。病院を受診するとCさんはアルツハイマー型認知症（dementia of the Alzheimer's type）と診断され、要介護1と認定された。

　Cさんは、時々、電気湯沸しポットの使い方がわからなくなって湯が出せなかったり、お茶を入れる順番がわからずに混乱する様子が見られた。

　心配した息子は、介護保険サービスを利用することにした。後日、介護支援専門員（ケアマネジャー）が訪問し、介護保険サービスの利用についてCさんや息子と話し合った。週2回、訪問介護（ホームヘルプサービス）を利用することになり、介護支援専門員（ケアマネジャー）は、「自宅で、衛生的な生活ができる」をケアプランの長期目標とした。

介護過程の意義と基礎的理解　　　☞ 教科書　CHAPTER12・SECTION 1

問題13
A　34-114　**短期目標の設定**　☑ ☑

　Cさんを担当する訪問介護員（ホームヘルパー）は、サービス提供責任者と共に訪問介護計画書を作成することになった。

　次の記述の中で、短期目標として、**最も適切なもの**を**1つ**選びなさい。

1　掃除機を利用して、1人で掃除をすることができるようになる。

2　電気湯沸しポットを使い、1人でお茶を入れることができるようになる。

3　Cさんの残存機能に着目して支援する。

4　週2回、息子にCさんの自宅を訪問してもらう。

5　訪問介護員（ホームヘルパー）と一緒に掃除をすることができるようになる。

認知症によるさまざまな症状　　　☞ 教科書　CHAPTER 6・SECTION 2

問題14
A　34-115　**認知症の症状**　☑ ☑

　Cさんは、たびたび息子に電気湯沸しポットが壊れていると訴えるようになった。

　Cさんのこのような状態に該当するものとして、**適切なもの**を**1つ**選びなさい。

1　空間認知障害　　　2　視覚認知障害　　　3　遂行機能障害　　　4　失認　　　5　観念運動失行

START!
GOAL!!　クリア! CHAPTER 1　クリア! CHAPTER 2　クリア! CHAPTER 3　クリア! CHAPTER 4　クリア! CHAPTER 5　クリア! CHAPTER 6　クリア! CHAPTER 7　クリア! CHAPTER 8　クリア! CHAPTER 9　クリア! CHAPTER 10　クリア! CHAPTER 11　クリア! CHAPTER 12

1 × 目標を設定するにあたり、**実現可能な内容**にする必要があります。Cさんはアルツハイマー型認知症と診断され、部屋のなかがごみや衣類などで散らかっている状況です。掃除機を利用して、一人で掃除をすることができるようになるというのは、短期目標として適切ではありません。

2 × 短期目標は、長期目標を達成するための**当面の目標**です。電気湯沸しポットを使い、一人でお茶を入れられるようになるというのは、短期目標として適切ではありません。

3 × 目標は、抽象的ではなく**わかりやすい表現**にし、支援内容・支援方法を**具体的**に示します。

4 × 息子は近県に住んでいますが、仕事が忙しく、Cさんに会いに来ることはあまりない状況です。週2回、息子にCさんの自宅を訪問してもらうのは現実的ではなく、短期目標として適切ではありません。

5 ○ ケアプランの長期目標は「自宅で、衛生的な生活ができる」なので、記述の内容は短期目標として適切です。

正解 5

1 × 空間認知障害は認知症の**中核症状**のひとつで、三次元空間の中で、自分のからだや周囲の物の位置を正確に把握することができなくなる状態をいいます。Cさんの状態には該当しません。

2 × 視覚認知障害は認知症の**中核症状**のひとつで、錯視や幻視など視覚にかかわる症状が現れることをいいます。Cさんの状態には該当しません。

3 ○ **遂行機能障害（実行機能障害）**とは、物事を計画どおりに行うことができなくなる状態をいいます。Cさんがたびたび息子に電気湯沸しポットが壊れていると訴えるようになったのは、電気湯沸しポットの使い方がわからなくなって湯を出せないためであり、Cさんの状態に該当します。

4 × 失認とは、感覚機能は正常な状態なのに、見たり聞いたりしたことがなんなのか、正しく認識できなくなる症状をいいます。Cさんの状態には該当しません。

5 × 観念運動失行は、失行でみられる症状のひとつで、動作の内容は理解できても、順序立てて行うことができない状態をいいます。Cさんは、電気湯沸しポットの使い方がわからず、たびたび息子に壊れていると訴えていることから、動作の内容を理解できているとはいえません。

正解 3

【前ページより続く事例問題】

介護保険給付サービスの種類・内容　　　☞ 教科書　CHAPTER 3・SECTION10

 34-116 訪問介護

　Cさんの家に訪問介護員（ホームヘルパー）が通い始めて数か月が経過した頃、Cさんの息子から訪問介護員（ホームヘルパー）に以下の希望が挙げられた。

　介護保険で対応可能な支援として、**適切なもの**を**1つ**選びなさい。

1　Cさんと息子が出かけている間に洗濯物を取り込む。

2　Cさんの処方薬を薬局で受け取る。

3　地域のお祭りにCさんと一緒に行く。

4　Cさんの部屋の壁紙を張り替える。

5　訪ねて来た親戚にお茶を入れる。

　次の事例を読んで、**問題16**から**問題18**までについて答えなさい。

〔事　例〕

　Dさん（70歳、男性）は、19歳のときに統合失調症（schizophrenia）を発症し、入退院を繰り返しながら両親と一緒に生活してきた。両親が亡くなったことをきっかけとして不安に襲われ、妄想や幻聴の症状が強く現れるようになった。そのため、兄に付き添われて精神科病院を受診し、医療保護入院となった。

　現在は、入院から3年が経過し、陽性症状はほとんどなく、病棟で日中はレクリエーションに参加するなど落ち着いて生活している。

保健医療に関する制度　　　☞ 教科書　CHAPTER 3・SECTION17

 34-117 精神科病院の入院形態

　Dさんが3年前に入院した医療保護入院の制度に関する次の記述のうち、**正しいもの**を**1つ**選びなさい。

1　Dさんの同意による入院

2　精神保健指定医2名以上の診察の結果が、入院させなければ自傷他害の恐れがあると一致した場合の入院

3　精神保健指定医1名が診察し、入院させなければ自傷他害の恐れがあると判断した場合、72時間以内に制限した入院

4　精神保健指定医1名が診察し、Dさんの同意が得られず、家族等1名の同意がある入院

5　精神保健指定医1名が診察し、Dさんの同意が得られず、さらに家族等の同意が得られないため72時間以内に制限した入院

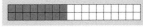

問題15 訪問介護には、食事や入浴、排泄の介助など利用者のからだに直接接触して行うなどの**身体介護**と、掃除や洗濯、調理など**日常生活の援助**である生活援助があります。

1 ✕ 訪問介護で行われる生活援助は、**本人や家族が家事を行うことが**困難な場合が対象です。Cさんと行動をともにしている息子がいますので、記述は介護保険で対応可能な支援ではありません。

2 ◯ 訪問介護で行われる生活援助には、**薬の受け取り**があります。Cさんの処方薬を薬局で受け取ることは、介護保険で対応可能な支援です。

3 ✕ 地域のお祭りに行くことや部屋の壁紙の張り替えは、「**日常生活の援助に該当しない行為**」にあたりますので、介護保険で対応可能な支援ではありません。

4 ✕ **解説3**のとおりです。

5 ✕ 訪ねて来た親戚にお茶を入れることは、「**直接本人の援助に該当しない行為**」にあたりますので、介護保険で対応可能な支援ではありません。

正解 2

問題16

1 ✕ 記述は、任意入院の説明です。精神保健指定医の診察により、必要があれば、**72時間**（特定医師による診察の場合は**12時間**）を限度に入院を継続できます。

2 ✕ 記述は、措置入院の説明です。**都道府県知事の措置**で行われ、本人や家族等の同意を必要としません。

3 ✕ 記述は、緊急措置入院の説明です。急速を要するが、措置入院の手続きがとれない場合に、**都道府県知事の措置**で行われます。

4 ◯ 医療保護入院は、精神保健指定医の診察を経て、入院が必要とされた場合に、家族等の同意により行われる入院形態です。なお、2024（令和6）年4月1日より、家族等が同意・不同意の意思表示を行わない場合にも、**市町村長の同意により医療保護入院を行うことが可能**となっています。

5 ✕ 記述は、応急入院の説明です。

正解 4

CH
13
総合問題

ポイント
チェック

「精神保健福祉法」に基づく入院形態

入院形態	概要
任意入院	本人の同意に基づく入院。精神保健指定医の診察により、必要があれば、**72時間**（特定医師による診察の場合は**12時間**）を限度に入院を継続できる
措置入院	2名以上の精神保健指定医の診察により、自傷他害のおそれがあると認められた場合に、都道府県知事の措置で行われる入院。本人や家族等の同意を必要としない
緊急措置入院	急速を要し、措置入院の手続きがとれない場合に、1名の精神保健指定医の診察を経て、都道府県知事の措置で行われる入院。**72時間**を限度としている
医療保護入院	精神保健指定医の診察を経て、入院が必要とされた場合に、本人の同意がなく、家族等が同意・不同意の意思表示を行わない場合でも、市町村長の同意により行われる入院
応急入院	急速を要するが、**家族等**の同意を得ることができない場合に、精神保健指定医の診察を経て、**72時間**（特定医師による診察の場合は**12時間**）を限度に行われる入院

【前ページより続く事例問題】

知的障害、精神障害

問題17 B　34-118　統合失調症のある人への支援

　1年前からDさんの退院について検討が行われてきた。Dさんは退院後の生活に対する不安があり、「帰る家がない」、「顔見知りの患者や職員がいるのでここを離れたくない」と退院には消極的であった。しかし、Dさんと仲のよい患者が、退院し施設入所したことをきっかけに退院を考えるようになった。

　Dさんは、整容、入浴、排泄、食事、移動は見守りがあればできる。また、介護福祉職の助言を受ければ、日用品などを買うことはできる。経済状況は、障害基礎年金2級と生活保護を受給している。要介護認定を受けたところ、要介護1と認定された。

　Dさんの退院先の候補になる施設として、**最も適切なものを1つ**選びなさい。

1　養護老人ホーム
2　老人福祉センター
3　更生施設
4　地域生活定着支援センター
5　介護老人福祉施設

介護を必要とする人と家族とのコミュニケーション

問題18 B　34-119　コミュニケーションの基本

　Dさんは施設への入所が決まり、うれしそうに退院の準備をするようになった。ある夜、1人で荷物の整理をしていたときに転んでしまい、顔を強打して大きなあざができた。後遺症はないことがわかったが、Dさんは自信をなくし、介護福祉職に、「これでは施設も自分を受け入れてくれないだろう」と言い、「施設入所がうれしくて早く準備がしたかった」と話した。

　そばに寄り添い、Dさんの話を聴き終えた介護福祉職が、「施設入所がうれしくて、早く準備をしたかったのですね」と言うと、Dさんは、「退院を諦めていたけど、自分にも暮らせる場所があると思った」とやりたいことや夢を語り出した。

　介護福祉職が行ったコミュニケーション技術として、**最も適切なものを1つ**選びなさい。

1　あいづち
2　言い換え
3　要約
4　繰り返し
5　閉じられた質問

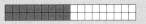

問題17

1 ○ **養護老人ホーム**は**老人福祉法**に規定される施設で、65歳以上であって、**環境上の理由**および経済的理由により居宅において養護を受けることが困難な人を措置により入所させます。Dさんは自宅がなく、障害基礎年金2級と生活保護を受給していますので、Dさんの退院先の候補になる施設として適切です。

2 ✕ **老人福祉センター**は**老人福祉法**に規定される施設で、高齢者に対して、無料または低額な料金でさまざまな相談に応じるとともに、**健康の増進、教養の向上、レクリエーション**のための便宜を総合的に提供します。Dさんの退院先の候補になる施設として適切ではありません。

3 ✕ **更生施設**は**生活保護法**に規定される施設で、心身上の理由により養護等が必要な人を入所させて**生活扶助**を給付し、社会復帰に必要な職業訓練や生活全般の指導を行うほか、近い将来社会復帰が見込める人を保護します。事例文からはDさんが社会復帰を希望しているのか読み取れませんので、退院先の候補になる施設として適切ではありません。

4 ✕ **地域生活定着支援センター**は、刑務所などの矯正施設に収容された人のうち、高齢や障害により**福祉的な支援**を必要とする人等に相談支援を実施し、**社会復帰と地域生活への定着**を支援する施設です。Dさんの退院先の候補になる施設として適切ではありません。

5 ✕ **介護老人福祉施設**は**介護保険法**に規定される介護保険施設で、入所要件が原則として**要介護3以上**とされています。Dさんは要介護1と認定されていますので、退院先の候補になる施設として適切ではありません。

正解 1

問題18

1 ✕ **あいづち**とは、相手の話に時折「うんうん」「へえ〜」などという言葉をはさむことをいいます。介護福祉職はDさんの話を聴き終えてから発言していますので、該当のコミュニケーション技術ではありません。

2 ✕ **言い換え**とは、相手の言葉を**別の言葉に置き換え**て、伝えることをいいます。介護福祉職はDさんの発言を繰り返していますので、該当のコミュニケーション技術ではありません。

3 ✕ **要約**とは、相手が話した内容や意味、感情などを**総合的に**まとめ、相手に伝えることをいいます。介護福祉職はDさんの発言をまとめていませんので、該当のコミュニケーション技術ではありません。

4 ○ **繰り返し**とは、相手の言葉を繰り返すことをいいます。介護福祉職がDさんの発言を繰り返したことで、Dさんは「わかってもらえた」「受け止めてもらえた」という気持ちになり、やりたいことや夢を語り出したと考えられます。

5 ✕ **閉じられた質問**とは、「はい」「いいえ」など、一言で答えられるような簡単な質問をいいます。介護福祉職はDさんに質問していませんので、該当のコミュニケーション技術ではありません。

正解 4

次の事例を読んで、**問題19**から**問題21**までについて答えなさい。

〔事　例〕

　Eさん（35歳、男性）は、1年前に筋萎縮性側索硬化症（amyotrophic lateral sclerosis：ALS）と診断された。当初の症状としては、ろれつが回らず、食べ物の飲み込みが悪くなり、体重の減少がみられた。

　その後、Eさんの症状は進行し、同居している両親から介護を受けて生活をしていたが、両親の介護負担が大きくなったため、障害福祉サービスを利用することになった。障害支援区分の認定を受けたところ、障害支援区分3になった。Eさんは訪問介護員（ホームヘルパー）から食事や入浴の介護を受けて自宅で生活をしている。

発達障害、高次脳機能障害、難病　　　　　　　　　☞ 教科書　CHAPTER 7・SECTION 5

問題19
A　34-120　**筋萎縮性側索硬化症の症状**　　　　　

　Eさんが病院を受診するきっかけになった症状に該当するものとして、**最も適切なもの**を1つ選びなさい。

1　対麻痺　　　　2　単麻痺　　　　3　球麻痺　　　　4　安静時振戦　　　　5　間欠性跛行

障害の特性に応じたコミュニケーション　　　　　　☞ 教科書　CHAPTER10・SECTION 2

問題20
A　34-121　**コミュニケーションツール**　　　　　

　ある日、Eさんの自宅を訪問した訪問介護員（ホームヘルパー）は、Eさんの両親から、「これまでEは話をするのが難しく、筆談で意思を聞いてきたが、ペンを持つのが難しくなってきた」と聞いた。確かにEさんは、発話や字を書くことは困難な様子だが、目はよく動いている。

　次のうち、今後、Eさんが家族とコミュニケーションをとるときに使うことのできる道具として、**最も適切なもの**を1つ選びなさい。

1　ホワイトボード　　　2　絵や写真　　　3　透明文字盤　　　4　拡声器　　　5　補聴器

障害者総合支援制度　　　　　　　　　　　　　　　☞ 教科書　CHAPTER 3・SECTION14

問題21
A　34-122　**障害福祉サービス**　　　　　

　3年後、Eさんの症状はさらに進行し、障害支援区分6になった。Eさんはこれまでどおり、自宅での生活を希望し、Eさんの両親は障害福祉サービスを利用しながら最期まで自宅でEさんの介護を行うことを希望している。

　Eさんと両親の希望の実現に向けて、現在の状態からEさんが利用するサービスとして、**最も適切なもの**を1つ選びなさい。

1　育成医療　2　就労定着支援　3　共同生活援助（グループホーム）　4　行動援護　5　重度訪問介護

問題19

　筋萎縮性側索硬化症（ALS）の主症状として、**球麻痺**（延髄にある運動神経の麻痺）により、舌や喉の動きが制限されることで、**構音障害**や嚥下障害がみられるようになります。当初の症状としてみられた、ろれつが回らず、食べ物の飲み込みが悪くなった原因は**球麻痺**であり、Eさんが病院を受診するきっかけになった症状に該当するものとして適切です。対麻痺は**脊髄損傷**、単麻痺は**椎間板ヘルニア**や**手根管症候群**など、安静時振戦は**パーキンソン病**、間欠性跛行は**脊柱管狭窄症**でみられる症状です。

正解 3

問題20　筋萎縮性側索硬化症（ALS）では、感覚機能、眼球運動、膀胱・直腸機能、知覚神経、記憶力は末期まで保たれます。

1　×　Eさんは字を書くことが困難な様子であることから、ホワイトボードは家族とコミュニケーションをとるときに使う道具として適切ではありません。

2　×　Eさんは発話が困難な様子であることから、絵や写真、拡声器は家族とコミュニケーションをとるときに使う道具として適切ではありません。

3　○　**透明文字盤**とは、透明なアクリル板などにひらがなや数字を書き、読み手が相手の視線と文字が一直線になるように動かし、該当する文字を特定していく道具のことです。筋萎縮性側索硬化症（ALS）では、**眼球運動**が**末期まで保たれ**ていますので、Eさんが家族とコミュニケーションをとるときに使うことのできる道具として適切です。

4　×　**解説2**のとおりです。

5　×　筋萎縮性側索硬化症（ALS）では、聴覚などの感覚機能は**末期まで保たれ**ていますので、Eさんが補聴器を使用する必要はありません。

正解 3

問題21

1　×　**育成医療**は、**18歳未満**の**身体障害児**が対象ですので、Eさんが利用するサービスとして適切ではありません。

2　×　**就労定着支援**は、就労移行支援等の利用を経て一般就労へ移行した障害者等が対象です。就労していないEさんが利用できるサービスではありません。

3　×　**共同生活援助**（グループホーム）は、**共同生活を営む住居**で、相談や入浴・排泄・食事の介護を行うサービスです。自宅での生活を希望しているEさんが利用するサービスとして適切ではありません。

4　×　**行動援護**は、**知的障害**や**精神障害**によって、行動上著しい困難を有し、常時の介護を必要とする人が対象です。知的障害や精神障害を伴わないEさんが利用できるサービスではありません。

5　○　**重度訪問介護**は、常時の介護を必要とする、障害支援区分4以上の**重度の肢体不自由者・知的障害者・精神障害者**を対象に、**居宅**において、入浴・排泄・食事などの介護などを行うサービスです。最重度（障害支援区分6）の肢体不自由者で、自宅での生活を希望しているEさんが利用するサービスとして適切です。

正解 5

次の事例を読んで、**問題22**から**問題24**までについて答えなさい。

〔事　例〕

　Ｆさん（50歳、女性、障害支援区分５）は、アテトーゼ型（athetosis）の脳性麻痺（cerebral palsy）による四肢・体幹機能障害がある。居宅介護を利用し、入浴の支援を受けながら母親（79歳）と暮らしていた。Ｆさんは障害基礎年金１級を受給していて、Ｆさん名義の貯蓄がある。金銭管理は母親が行っていた。

　Ｆさんは、３年前に誤嚥性肺炎（aspiration pneumonia）で入院したことがある。言語障害があり、慣れた人でないと言葉が聞き取りにくい。自宅では車いすに乗り、足で床を蹴って移動し、屋外は母親が車いすを押していた。Ｆさんは自宅内の移動以外の日常生活については、母親から全面的に介護を受けて生活していた。

　最近、日中活動の場と短期入所（ショートステイ）の利用について、市の障害福祉課に相談するようになった。

　ところが、母親が持病の心疾患（heart disease）で亡くなり、市の障害福祉課がＦさんと当面の生活について検討することになった。

　Ｆさんは１人で生活することは難しいと思い、施設入所を希望している。

身体障害 ☞ 教科書　**CHAPTER 7・SECTION 3**

問題22
B 34-123 **脳性麻痺の特徴** ☑☑

　Ｆさんの脳性麻痺（cerebral palsy）の特徴に関する次の記述のうち、**最も適切なもの**を**１つ**選びなさい。

１　強い筋緊張から、四肢の突っ張りが強い。

２　不随意運動が生じて、運動コントロールが困難になる。

３　文字の読みの不正確さがあり、読んだ内容を理解しにくい。

４　動作は緩慢で、表情が乏しくなる。

５　着衣失行が生じる。

START! GOAL!! クリア！ CHAPTER 1　クリア！ CHAPTER 2　クリア！ CHAPTER 3　クリア！ CHAPTER 4　クリア！ CHAPTER 5　クリア！ CHAPTER 6　クリア！ CHAPTER 7　クリア！ CHAPTER 8　クリア！ CHAPTER 9　クリア！ CHAPTER 10　クリア！ CHAPTER 11　クリア！ CHAPTER 12

400

問題22

1　×　記述は、脳性麻痺の**痙直型**でみられる特徴です。

2　○　**不随意運動**とは、本人の意思とは関係なく、からだの一部が勝手に動いてしまうもので、**アテトーゼ型**の脳性麻痺でみられる特徴です。

3　×　記述は、脳性麻痺の**痙直型**でみられやすい特徴です。

4　×　記述は、**パーキンソン病**でみられる特徴です。

5　×　**失行**とは、手足の運動機能に障害はなく、その行為の内容を理解しているのにもかかわらず、思うような行動、目的に沿った動作がとれなくなる症状をいいます。**F**さんは脳性麻痺による四肢・体幹機能障害がありますので、着衣失行が生じることはありません。

正解　2

脳性麻痺は、受胎から生後4週間以内に、なんらかの原因で脳が損傷を受けることで起こる障害です。原因として挙げられるのは、脳の形成異常や母体の感染などの先天的な要因や、出産時の頭蓋内出血や低酸素状態などの後天的要因です。

ポイントチェック

脳性麻痺の分類

分類	特徴
痙直型（けいちょく）	筋緊張が亢進（こうしん）して、手足が突っ張った状態になる
アテトーゼ型	本人の意思とは関係なく、からだの一部が勝手に動いてしまう＝不随意運動がみられることから、不随意運動型とも呼ばれる
強直型（強剛型）	筋肉を伸ばす・曲げる動作に対して抵抗が起きる
失調型	平衡感覚の障害によって、歩行のバランスを保ちにくくなる
混合型	痙直型とアテトーゼ型など、異なる病型が混合して現れる

CH
13
総合問題

【前ページより続く事例問題】

介護過程の意義と基礎的理解

☞ 教科書　CHAPTER12・SECTION1

 問題23 A | **34-124** **短期目標の設定**

　Fさんは、障害者支援施設に入所できることになり、アセスメント（assessment）が行われた。

　相談支援専門員は、Fさんの希望をもとに、これまでの生活状況と身体の様子等から、もう少し本人にできることがあるのではないかと考え、「障害者支援施設で施設入所支援と生活介護を利用しながら、将来の生活を考える」という方針を立てた。また、長期目標を、「自分に適した介護を受けながら、様々な生活経験を積む」とした。

　Fさんの短期目標として、**最も適切なもの**を**1つ**選びなさい。

1　入浴時に自分でからだを洗えるようになる。
2　毎日字を書く練習を行い、筆談で会話ができるようになる。
3　施設内は、車いす介助を受けながら安全に移動する。
4　経管栄養で食事がとれるようになる。
5　日中活動として外出や興味のあるグループ活動に参加する。

地域生活を支援する制度

☞ 教科書　CHAPTER3・SECTION16

 問題24 B | **34-125** **地域生活を支援する制度**

　入所してから3か月が経ち、支援の見直しが行われた。

　Fさんは施設生活にも慣れ、相談できる人も増えている。また、「自分でお小遣いを使えるようになりたい」と言い、外出時に必要なお金を介護福祉職と一緒に考えるようになった。将来の地域生活を考えて、社会福祉協議会の金銭管理に切り替えることが検討された。

　Fさんが活用できる社会福祉協議会が行う金銭管理として、**最も適切なもの**を**1つ**選びなさい。

1　日常生活自立支援事業
2　生活福祉資金
3　自立訓練
4　生活困窮者家計改善支援事業
5　自発的活動支援事業

問題23

1 ✕ Fさんは脳性麻痺による四肢・体幹機能障害があり、自宅内での移動以外の日常生活も母親から全面的に介護を受けていました。記述は、Fさんの短期目標として適切ではありません。

2 ✕ Fさんには言語障害がありますが、慣れた人であれば聞き取れる状況です。記述は、Fさんの短期目標として適切ではありません。

3 ✕ Fさんは、自宅では車いすに乗り、自力で移動できていました。記述は、Fさんの自立を妨げることになり、短期目標として適切ではありません。

4 ✕ Fさんは、誤嚥性肺炎で入院したことがありますが、事例文からは経口による食事摂取が難しい状況であるとは読み取れません。記述は、Fさんの短期目標として適切ではありません。

5 ◯ Fさんの長期目標は「自分に適した介護を受けながら、様々な生活経験を積む」であり、記述は短期目標として適切です。

正解 5

問題24

1 ◯ 日常生活自立支援事業は、**都道府県社会福祉協議会**が実施主体となり、認知症高齢者、精神障害者、知的障害者等で判断能力が**不十分な人**や、これらの要件には該当しないが**日常生活に不安のある人**を対象に、**日常の金銭管理**や**福祉サービス利用手続きの代行**、**書類等の預かり**などのサービスを提供します。脳性麻痺で金銭管理に不安のあるFさんが活用できるサービスとして適切です。

2 ✕ 生活福祉資金は、**都道府県社会福祉協議会**が実施主体となっていますが、金銭管理ではなく、**経済的な援助**を目的とした貸付を行うもので、対象は低所得者世帯、障害者世帯、高齢者世帯に限られています。Fさんが活用できるサービスではありません。

3 ✕ 自立訓練は、**市町村**が実施主体となり、障害者が自立した日常生活や社会生活を営むことができるように、身体機能や生活能力の向上のために必要な訓練を行うサービスです。金銭管理は行っていませんので、Fさんが活用できるサービスではありません。

4 ✕ 生活困窮者家計改善支援事業は、**都道府県**、**市**、福祉事務所を設置する**町村**が実施主体となり、**生活困窮者**に対し、収入や支出などの状況を適切に把握し、家計改善の意欲を高めるよう支援するほか、生活に必要な資金の貸付のあっせんを行う事業です。生活困窮者ではないFさんが活用できるサービスではありません。

5 ✕ 自発的活動支援事業は、「障害者総合支援法」に基づく**市町村地域生活支援事業**のひとつで、障害者等やその家族などが自発的に行う活動に対する支援を行います。金銭管理は行っていませんので、Fさんが活用できるサービスではありません。

正解 1

CH
13
総合問題

ポイントチェック

日常生活自立支援事業

項目	概要
実施主体	都道府県**社会福祉協議会**と指定都市**社会福祉協議会**。一部の事業は市町村**社会福祉協議会**などに委託できる
関わる職員	● 専門員…利用者との相談や契約、支援計画の作成を担う ● 生活支援員…支援計画に基づき実際のサービス提供を担う
サービスの範囲	日常的な生活援助の範囲に限られる。 具体的には、福祉サービス利用手続き**の代行**、日常の金銭管理、**書類等の預かり**など

次の事例を読んで、**問題25から問題27まで**について答えなさい。

〔事　例〕

　Kさん（80歳、女性）は夫が亡くなった後、自宅で一人暮らしをしていた。ある日、一人娘のLさんが訪ねると、ごみが散乱しており、冷蔵庫の中には古くなった食材がたくさん入っていた。

　変化に驚いたLさんはKさんと病院を受診したところ、認知症（dementia）と診断された。Lさんは、Kさんに家庭的な雰囲気の中で生活をしてほしいと考えた。その結果、Kさんは認知症対応型共同生活介護（グループホーム）を利用することになった。

　入居して1週間が経過し、Kさんと関わったM介護福祉職は、Kさんは短期記憶の低下により、最近の出来事については話すことは難しいが、自分が学校に通っていた頃の話や、子どもの頃に歌っていた歌については生き生きと話すことを確認した。

認知症の検査と治療

☞ 教科書　CHAPTER 6・SECTION 4

 B `33-117` **認知症の治療**

　M介護福祉職は、Kさんが今持っている認知能力を活用して、ほかの利用者と交流する機会を作りたいと考え、Kさんとほかの利用者に参加してもらう活動を企画することにした。

　M介護福祉職が企画した活動の手法として、**最も適切なもの**を**1つ**選びなさい。

1　リアリティ・オリエンテーション（reality orientation）
2　ピアカウンセリング（peer counseling）
3　スーパービジョン（supervision）
4　回想法
5　社会生活技能訓練

START!
GOAL!!
クリア! CHAPTER 1　クリア! CHAPTER 2　クリア! CHAPTER 3　クリア! CHAPTER 4　クリア! CHAPTER 5　クリア! CHAPTER 6　クリア! CHAPTER 7　クリア! CHAPTER 8　クリア! CHAPTER 9　クリア! CHAPTER 10　クリア! CHAPTER 11　クリア! CHAPTER 12

404

問題25

1 ✕ **リアリティ・オリエンテーション**は現実見当識訓練ともいい、見当識**障害**のある人に、**日時**や**場所**、**名前**などの情報を繰り返し質問することで、現実に対する感覚や認識を高める訓練です。Kさんに参加してもらう活動として適切ではありません。

2 ✕ **ピアカウンセリング**とは、同じ障害や悩みを抱える仲間（ピア）同士が、対等な立場で話し合いを繰り返し、問題解決を図る方法です。Kさんが今もっている認知能力を活用した活動ではありません。

3 ✕ **スーパービジョン**とは、ベテランの専門職（スーパーバイザー）が、経験の浅い職員（スーパーバイジー）に対して、資質向上のための指導や訓練を行うことをいいます。

> スーパービジョンには、管理的機能、教育的機能、支持的機能の３つの機能があり、その目的はクライエントに対するより良い援助を提供することにあります。スーパービジョンの形態については、ポイントチェックを参照してください。

4 ◯ **回想法**とは、比較的保たれている**幼少時の記憶などを引き出す**ことで、人生を振り返り、認知症高齢者の心の安定を図る心理療法です。Kさんとほかの利用者に参加してもらう活動として、適切です。

5 ✕ **社会生活技能訓練（SST）**とは、**精神障害者**の自立を促すことを目的とする、認知行動療法に基づいた治療方法です。Kさんにふさわしい活動の手法ではありません。

正解 **4**

スーパービジョンの５つの形態

種類	内容
個人スーパービジョン	スーパーバイザーとスーパーバイジーが１対１で行うもので、最も基本的な形態 ●長所 個別的で丁寧な関わりが可能。短時間で双方の信頼関係が構築されやすい ●短所 一定の時間を要するため日常的な実施が難しい
グループ・スーパービジョン	１人のスーパーバイザーが複数のスーパーバイジーに対して行うもの ●長所 相互作用を通して、共感や気づきを得ることができる。議論や検討によって、学習効果の高まりが期待できる ●短所 グループで話し合えない個別的なことは取り上げられない。メンバー間の関係性に影響されやすい。信頼関係を築くのに時間がかかる
ピア・スーパービジョン	ピア（仲間）や同僚同士で実施するもの。スーパーバイザーが不在の場合など、代替的に行う ●長所 仲間・同僚同士のため、比較的すぐに実施することができる ●短所 スーパーバイザーとスーパーバイジーの２つの役割を担うことになるので、お互いの成長を目的としているという意識づけが難しい
セルフ・スーパービジョン	自分自身で行うもの。直面した困難な援助事例などについて、自らが客観的に振り返る ●長所 他者との時間設定や場所の調整が不要 ●短所 自らがスーパーバイザー、スーパーバイジー両方の役割を担うため、高度なスキルが必要
ライブ・スーパービジョン	実際の援助を目の前で展開する（ライブで実施している）ことを通して行われるもの ●長所 リアルな援助場面から学びを得ることができるため、教育的機能が高まる ●短所 クライエントに対する支援と同時並行でスーパービジョンを実施するため、高度なスキルが必要

ポイントチェック

【前ページより続く事例問題】

介護における安全の確保とリスクマネジメント

☞ 教科書　CHAPTER 9・SECTION 7

 A 33-118 **角化型疥癬への対応**

問題26

　ある日、M介護福祉職がKさんの入浴介護を行っていたところ、手のひらや指の間に赤い丘疹を確認した。M介護福祉職がKさんに、「かゆくないですか」と聞くと、「かゆい」と答えた。そのため、病院を受診したところ、角化型疥癬（hyperkeratotic scabies）と診断された。

　Kさんへの介護福祉職の対応として、**最も適切なもの**を**1つ**選びなさい。

1　入浴後の洗濯物は、ビニール袋に入れて運ぶ。
2　マスクを着けてもらう。
3　個室に隔離する必要はない。
4　介護は素手で行う。
5　ほかの利用者よりも先に入浴してもらう。

介護保険の保険者と被保険者、財源と利用者負担

☞ 教科書　CHAPTER 3・SECTION 8

 B 33-119 **介護保険制度の利用者負担**

問題27

　認知症対応型共同生活介護（グループホーム）を利用するKさんの要介護度に変更があった場合に影響があるものとして、**適切なもの**を**1つ**選びなさい。

1　介護保険料
2　認知症対応型共同生活介護費
3　介護サービスの利用者負担割合
4　食費
5　居住費

問題26

1 ○ 角化型疥癬（ノルウェー疥癬）は**感染力が強く、重症化しやすい**感染症です。Kさんの入浴後の洗濯物は、ビニール袋に入れて、しっかりと口をしめて運びます。

2 × 疥癬は、ヒゼンダニが**皮膚に寄生**して起こる感染症ですので、Kさんにマスクを着けてもらっても感染拡大は防げません。

3 × **解説1**のとおり、角化型疥癬は**感染力が強い**ので、Kさんを個室に**隔離する**必要があります。

4 × Kさんを介護する場合、感染予防のため、介護福祉職は**手袋とガウンを着用**します。

5 × ほかの利用者への感染を防ぐため、Kさんの入浴の順番は**最後**にします。

正解 1

問題27

1 × Kさんは80歳なので、介護保険の**第1号被保険者**になります。第1号被保険者の介護保険料は、**市町村ごと**に、所得**水準**に応じて設定されます。要介護度に変更があっても、介護保険料には影響がありません。

2 ○ 認知症対応型共同生活介護費は、**要介護度**に応じて利用料が設定されています。Kさんの要介護度に変更があった場合は影響があります。

3 × 介護サービスの利用者負担割合は、第1号被保険者の場合、所得に応じて**1～3割**となります。要介護度に変更があっても、利用者負担割合には影響がありません。

4 × 食費や居住費は、**介護保険給付の対象外**です。要介護度の変更に影響を受けるものではありません。

5 × **解説4**のとおりです。

正解 2

ポイント
チェック

介護保険制度における利用者負担の範囲

　介護保険では、原則として介護サービスにかかる費用の9割（一定以上所得者は8割、そのうち特に所得の高いものは7割）が保険給付され、それ以外が利用者の自己負担となる。サービス費用にかかるもの以外の利用者負担には、次のものがある。

施設等における 食費・居住費	●施設サービスの食費・居住費 ●短期入所系サービスの食費・滞在費 ●通所系サービスの食費
日常生活費等	●施設等における日常生活費のうち、利用者負担が適当なもの（理美容代、教養娯楽費など） 　→おむつ代は保険給付の対象（施設サービス・短期入所系サービス） ●遠隔地事業者の居宅サービスを利用する場合の交通費・送迎費、施設の特別室や特別食等の特別なサービスを利用する場合の費用などで、通常のサービス費用を超える部分

※食費は、「食材料費＋調理コスト相当額」、居住費・滞在費は、「室料＋光熱水費相当額」が基本

次の事例を読んで、**問題28から問題30まで**について答えなさい。

〔事　例〕

Bさん（45歳、女性）はアパートで一人暮らしをしていた。家族や親戚との付き合いはなかったが、趣味も多く、充実した生活を送っていた。

ある日、車で買物に行く途中、交通事故を起こし、U病院に救急搬送され手術を受けた。

手術の数日後、医師から、頸髄損傷（cervical cord injury）があり、第5頸髄節まで機能残存するための手術をしたこと、今後の治療方針、リハビリテーションによって今後の生活がどこまで可能になるかについて、丁寧に説明を受けた。

身体障害　　　　　　　　　　　　☞ 教科書　CHAPTER 7・SECTION 3

 問題28 B　33-123 **頸髄損傷**　　　　　　　　　　　　　　

Bさんの今後の生活に関する次の記述のうち、**最も適切なもの**を1つ選びなさい。

1　自力歩行ができる。

2　自走式標準型車いすを自分で操作して、一人で外出することができる。

3　自発呼吸が困難になり、人工呼吸器が必要な生活になる。

4　電動車いすを自分で操作することが可能になる。

5　指を使った細かい作業が可能になる。

START! GOAL!!　クリア! CHAPTER 1　クリア! CHAPTER 2　クリア! CHAPTER 3　クリア! CHAPTER 4　クリア! CHAPTER 5　クリア! CHAPTER 6　クリア! CHAPTER 7　クリア! CHAPTER 8　クリア! CHAPTER 9　クリア! CHAPTER 10　クリア! CHAPTER 11　クリア! CHAPTER 12

408

問題28 第5頸髄節（C5）までの機能を残存した場合、**肩と肘の一部が動かせる**程度です。

1 ✕ 自立歩行ができる損傷レベルは、頸髄ではなく、**腰髄まで**を損傷した場合です。

2 ✕ 自走式標準型車いすを自分で操作するには、**上肢全体**を使える**第8頸髄節**（C8）までの機能が残存している場合です。

3 ✕ 記述は、**第3頸髄節**（C3）までの機能が残存している場合です。

4 〇 記述のとおりです。

5 ✕ 記述は、**第8頸髄節**（C8）までの機能が残存している場合です。

正解 4

 頸髄損傷では、自律神経障害により汗が出なくなっているために体温調節がうまくできなくなります。暑さや寒さに弱くなるため、適切に冷暖房を使用するよう心がけます。

 ポイントチェック

脊髄損傷

脊髄は、頸髄・胸髄・腰髄・仙髄・尾髄に分類され、脳とともに中枢神経を担っている。事故を原因とした脊髄損傷によって、神経伝達通路が途切れ、神経の先の部位に麻痺などが起きるようになる。麻痺の起きる部位は、脊髄の損傷部位によって異なり、頸髄損傷では四肢麻痺（両側の上下肢の麻痺）が起こり、胸髄以下の損傷では対麻痺（両側の下肢だけの麻痺）が現れる。

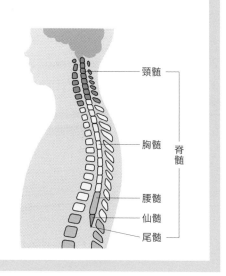

頸髄
胸髄 ｝脊髄
腰髄
仙髄
尾髄

【前ページより続く事例問題】

障害者総合支援制度

☞ 教科書　CHAPTER 3・SECTION14

 問題29
A | 33-124 | **障害福祉サービスの利用**

Bさんは、入院当初は落ち込んでいたが、徐々に表情が明るくなり、U病院でのリハビリテーションにも積極的に取り組むようになった。現在はVリハビリテーション病院に転院して、退院後の生活に向けて身体障害者手帳を取得し、準備を進めている。Bさんは、以前のようなアパートでの一人暮らしはすぐには難しいと考え、障害者支援施設への入所を考えている。

障害者支援施設に入所するために、Bさんがこの時期に行う手続きとして、**最も適切なものを1つ**選びなさい。

1　居宅サービス計画を作成するために、介護支援専門員（ケアマネジャー）に相談する。

2　要介護認定を受けるために、市町村の窓口に申請する。

3　施設サービス計画を作成するために、介護支援専門員（ケアマネジャー）に相談する。

4　サービス等利用計画を作成するために、相談支援専門員に相談する。

5　障害支援区分の認定を受けるために、市町村の窓口に申請する。

協働する多職種の役割と機能

☞ 教科書　CHAPTER 9・SECTION 6

 問題30
A | 33-125 | **専門職との連携**

その後、Bさんは希望どおり障害者支援施設に入所した。入所した施設では、C介護福祉職がBさんの担当になった。C介護福祉職は、Bさんから、「日常生活で、もっと自分でできることを増やし、いずれは地域で生活したい」と言われた。そこでC介護福祉職は、施設内の他職種と連携して支援を行う必要があると考えた。

C介護福祉職が連携する他職種とその業務内容に関する次の記述のうち、**最も適切なものを1つ選**びなさい。

1　工作などの作業を行いながら身体機能の回復を図るために、看護師と連携する。

2　運動機能の維持・改善を図るために、理学療法士と連携する。

3　趣味活動を増やすことを目的に、管理栄養士と連携する。

4　活用できる地域のインフォーマルサービスを検討するために、義肢装具士と連携する。

5　栄養状態の面から健康増進を図るために、社会福祉士と連携する。

問題29　障害者支援施設では、施設に入所する障害者を対象として、施設入所支援や生活介護、自立訓練、就労移行支援などが提供されます。

1　✕　介護保険の第2号被保険者であるBさんが居宅サービスや施設サービスを利用するには、要介護状態となった原因が**特定疾病**でなければなりません。脊髄損傷は特定疾病には含まれませんので、介護保険サービスは利用できません。

2　✕　**解説1**のとおり、Bさんは介護保険サービスを利用できませんので、要介護認定を受けるための申請も行えません。

3　✕　**解説1**のとおりです。

4　✕　Bさんが障害者支援施設に入所し、サービスを受けるためには、最初に**市町村の窓口**に申請し、**障害支援区分**の認定を受ける必要があります。記述は、障害支援区分の認定を受けた後の手続きになります。

5　○　**解説4**のとおりです。障害支援区分とは、障害の多様な特性や、心身の状態に応じて必要とされる、**標準的な支援の度合**を総合的に示す区分のことです。区分1〜6があり、数字が大きくなるほど支援の度合いが**高まります**。

正解　5

問題30

1　✕　記述は、作業療法士の説明です。**看護師**は、患者の**療養上の世話**や**診療補助**を行います。

2　○　記述のとおりです。**理学療法士**は、運動療法や電気刺激などの**物理的手段**により、**基本的動作能力の回復**をめざします。

3　✕　**管理栄養士**は、利用者の身体状況や栄養状態に応じた、高度の専門的知識・技術を必要とする**栄養指導**などに携わります。趣味活動を増やすことを目的とした職種として適切ではありません。

4　✕　記述は、社会福祉士の説明です。**義肢装具士**は、義手や義足、装具の採型・製作、からだへ適合させるための調整を行います。

5　✕　記述は、管理栄養士の説明です。**社会福祉士**は、福祉に関する相談に応じ、**助言・指導**や、福祉サービス関係者等との**連絡・調整**を行います。

正解　2

ポイントチェック

リハビリテーションの専門職

　リハビリテーションの代表的な専門職として挙げられるのは、理学療法士、作業療法士、言語聴覚士、視能訓練士、義肢装具士の5つの国家資格である。

理学療法士（PT）	運動療法や電気刺激などの物理的手段（物理療法）により、基本的動作能力の回復をめざす
作業療法士（OT）	手芸・工作などの作業（ADL〈日常生活動作〉訓練も含む）を通じて、応用的動作能力や、社会的適応能力の回復をめざす
言語聴覚士（ST）	発声や聴覚、嚥下機能の障害に対する、検査や訓練などを行う
視能訓練（ORT）	視機能の検査や、回復のための矯正訓練などを行う
義肢装具士（PO）	義手や義足、装具の採型・製作、からだへ適合させるための調整を行う

次の事例を読んで、**問題31から問題33まで**について答えなさい。

〔事　例〕

Mさん（80歳、男性）は、2年前にアルツハイマー型認知症（dementia of the Alzheimer's type）と診断された。Mさんは自宅で暮らし続けることを希望して、介護保険サービスを利用しながら妻と二人で生活していた。

その後、Mさんの症状が進行して妻の介護負担が大きくなったため、Mさんは、U社会福祉法人が運営する介護老人福祉施設に入所することになった。

Mさんの入所当日、担当のA介護福祉職は、生活相談員が作成した生活歴や家族構成などの基本情報の記録を事前に確認した上で、Mさんと関わった。

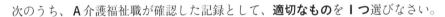

介護におけるチームのコミュニケーション

☞ 教科書　CHAPTER10・SECTION 3

問題31
B　32-117　**介護に関する記録の種類**

次のうち、A介護福祉職が確認した記録として、**適切なもの**を**1つ**選びなさい。

1　施設サービス計画書
2　インシデント報告書
3　エコマップ
4　プロセスレコード
5　フェイスシート

START!
GOAL!!
クリア クリア クリア クリア クリア クリア クリア クリア クリア クリア クリア クリア
CHAPTER CHAPTER CHAPTER CHAPTER CHAPTER CHAPTER CHAPTER CHAPTER CHAPTER CHAPTER CHAPTER CHAPTER
1 2 3 4 5 6 7 8 9 10 11 12

412

問題31

1　✕　施設サービス計画書には、**介護保険施設**に入所した利用者や家族の**生活に対する**意向、**総合的な援助の方針**、**生活全般の解決すべき課題**、**サービスの目標**とその**達成時期**などが記載されます。

2　✕　**事故につながる**おそれのあった出来事を**インシデント**または**ヒヤリ・ハット**といい、それをまとめたものがインシデント報告書です。

3　✕　エコマップは、利用者とその家族を取り巻く**社会資源や人間関係を**図式化したものをいいます。

> エコマップは、クライエントとその家族の関係や社会資源との関係を、円や線を用いて表すもので、社会関係図または生態地図とも呼ばれます。

4　✕　プロセスレコードは、利用者との関わりのなかで、**気がかりやこだわりが残る場面を記録したもの**をいいます。記録を再現することにより、自己の介護のあり方を検討し、今後の介護に役立てていくことができます。

5　〇　フェイスシートとは、利用者の氏名や年齢、住所、生活歴、家族構成のほか、施設の場合は入所前の生活状況、入所における本人・家族の要望、入所に至った理由、サービス利用状況、身体状況、服薬状況など、利用者に関する本人および家族などの状況を**一覧できるようにまとめたもの**です。

正解　5

ポイント チェック

介護に関する記録の種類

フェイスシート	利用者の基本情報となる氏名や年齢、住所、職業、家族構成、主訴などを記載したもの
業務日誌	業務全般の記録と報告を目的とした文書
介護日誌	利用者の状態やサービスの内容など、日々の記録をまとめた文書。一般的に「**介護記録**」というと、この文書を指す。利用者や家族の要望に応じて閲覧が可能
インシデントレポート ヒヤリ・ハット報告書	「ヒヤリ」としたり「ハッ」としたりした事故未満の事例についてまとめた文書。事故の予防対策に活用される
事故報告書	実際に起きた介護事故についてまとめた文書

【前ページより続く事例問題】

認知症によるさまざまな症状

☞ 教科書　CHAPTER 6・SECTION 2

 問題32
A 　**32-118** **認知症の中核症状**

　入所当日の昼食後、A介護福祉職はMさんに歯ブラシと歯磨き粉を渡して、歯磨きを促した。しかし、Mさんは歯ブラシと歯磨き粉を持ったまま、不安そうな顔で歯を磨こうとしなかった。

　このときのMさんの症状に該当するものとして、**適切なものを1つ**選びなさい。

1　幻視

2　失行

3　振戦

4　脱抑制

5　常同行動

社会と生活のしくみ

☞ 教科書　CHAPTER 3・SECTION 1

 問題33
B 　**32-119** **社会福祉法人が行うことができる事業**

　面会に訪れた妻はA介護福祉職に、「最初は夫を施設に入れて申し訳ない気持ちもあったが、元気そうな夫を見て、今はこの施設を利用してよかったと思っている」と話した。A介護福祉職は妻の発言を受けて、介護サービスをもっと気軽に利用してもらうための取り組みが必要であると考えた。そこで、A介護福祉職は施設職員と検討した。その結果、地域の家族介護者を対象に、介護に関する情報提供や交流を図る場を無料で提供することを、独自の事業として継続的に行うことを法人として決定した上で、必要な手続きを行うこととした。

　U社会福祉法人が行うこととした事業に該当するものとして、**適切なものを1つ**選びなさい。

1　公益事業

2　日常生活自立支援事業

3　相談支援事業

4　自立相談支援事業

5　地域生活支援事業

問題32

1 × 幻視とは、**実際には存在しないものが見える**ことで、該当しません。

2 ○ 失行とは、運動機能には**障害などがなく**、その**行為の内容を理解している**のにもかかわらず、**思うような行動や、目的に沿った動作がとれなくなる**症状をいいます。Mさんの症状に該当します。

3 × 振戦とは、**手足がふるえる**ことをいいます。

4 × 脱抑制とは、自分の欲望を抑えられなくなり、万引きなどの**反社会的な行動**などをとってしまうことをいいます。

5 × 常同行動とは、**同じ行動を繰り返す**ことをいいます。

脱抑制や常同行動は、前頭側頭型認知症に特徴的な症状です。

正解 2

問題33

1 ○ 社会福祉法人は、**社会福祉と関係のある公益**を目的とする事業（**公益事業**）を行うことができます。地域の家族介護者を対象に、介護に関する情報提供や交流を図る場を無料で提供することは公益事業にあたるため、U社会福祉法人が行うこととした事業に該当します。

社会福祉法人は、社会福祉事業に支障がない場合において、公益事業および収益事業を行うことができます。

2 × 日常生活自立支援事業とは、**認知症、知的障害、精神障害などで判断能力が不十分な人**に対し、**福祉サービス利用手続きの代行、日常の金銭管理**などの支援を行うための制度です。U社会福祉法人が行うこととした事業には該当しません。

3 × 相談支援事業は**障害者総合支援法**に基づき、障害者がさまざまなサービスを組み合わせ、自立した日常生活または社会生活を営むことができるよう、**ケアマネジメント**や相談、必要な情報の提供などを行うものです。実施主体は**市町村**であり、社会福祉法人が行う事業ではありません。

4 × 自立相談支援事業は**生活困窮者自立支援法**に基づき、就労の支援等の問題についての相談に応じ、**情報の提供**や関係機関との**連絡調整**などを行うものです。実施主体は**都道府県、市、福祉事務所を設置する町村**で、社会福祉法人への**委託も可能**ですが、U社会福祉法人が行うこととした事業には該当しません。

5 × 地域生活支援事業は**障害者総合支援法**に基づき、**市町村と都道府県**が地域の実情に応じ、事業形態を柔軟に設定して実施することができるものです。社会福祉法人は、市町村等が補助する事業を行うこともできますが、U社会福祉法人が行うこととした事業は**独自の事業**なので、地域生活支援事業ではありません。

正解 1

次の事例を読んで、**問題34から問題36まで**について答えなさい。

〔事 例〕

Dさん（59歳、女性）は30年前に関節リウマチ（rheumatoid arthritis）を発症して、現在、障害者支援施設に入所している。

Dさんは、朝は手の動きが悪く痛みがあるが、午後、痛みが少ないときは関節を動かす運動を行っている。足の痛みで歩くのが難しく車いすを使用しているが、最近は手の痛みが強くなり、自分で操作することが難しい。また、食欲がなく、この1か月間で体重が2kg減っている。夜中に目が覚めてしまうこともある。

高齢者に多い疾患（関節と骨、感覚器系、皮膚）
 教科書　CHAPTER 5・SECTION 6

 問題34
B | 32-123　**関節リウマチの朝の症状**

Dさんの朝の症状の原因として、**最も可能性が高いもの**を**1つ**選びなさい。

1　睡眠不足　　　2　低栄養　　　3　平衡感覚の低下　　　4　筋力低下　　　5　関節の炎症

障害者総合支援制度
 教科書　CHAPTER 3・SECTION 14

 問題35
A | 32-124　**障害福祉サービスの利用**

使っていた車いすを自分で操作することが困難になったDさんが、「障害者総合支援法」で電動車いすを購入するときに利用できるものとして、**適切なもの**を**1つ**選びなさい。

1　介護給付費　　2　補装具費　　3　自立支援医療費　　4　訓練等給付費　　5　相談支援給付費

（注）　「障害者総合支援法」とは、「障害者の日常生活及び社会生活を総合的に支援するための法律」のことである。

身体障害
 教科書　CHAPTER 7・SECTION 3

 問題36
B | 32-125　**関節リウマチのある人への支援**

Dさんは、「ここ数日、朝だけでなく1日中、何もしないのに手足の痛みが強くなってきた」と訴えている。

日常生活で、Dさんが当面留意すべきこととして、**最も適切なもの**を**1つ**選びなさい。

1　前あきの衣類より、かぶりの衣類を選ぶ。

2　ベッドのマットレスは、柔らかいものを使用する。

3　関節を動かす運動を控える。

4　できるだけ低いいすを使う。

5　頸部が屈曲位になるように、高めの枕を使用する。

　関節リウマチは、**中年の女性**に多くみられる疾患です。原因不明の全身性免疫異常で、**関節の炎症が主症状**です。身体の**左右対称**に出現し、指の関節などから始まり、膝や股関節、肩関節などへ拡大します。

　症状の**日内変動**があることが特徴で、**起床時に１時間以上続く朝のこわばり**、痛み、熱感、はれなどを伴います。進行すると、関節の不安定性、変形が生じます。

　関節以外では、発熱、体重減少、易疲労感などの全身症状が現れ、皮下結節、皮膚潰瘍、間質性肺炎や心臓の炎症、血管の炎症などを起こすこともあります。

　治療は、薬物療法のほか、手術やリハビリテーションを行います。歩行障害には適切な**装具**、転倒予防のための環境整備、日常生活の補助には適切な**自助具**を用いることが重要です。

正解　5

１　✕　介護給付費は、**自立支援給付の介護給付**に該当するサービスを利用したときに給付される費用です。電動車いすを購入できるサービスはありません。

２　○　補装具は、障害者の**身体機能を補う**ものとして、長期間にわたって継続して使用するものとされ、**購入、貸与**または**修理**のための費用が、補装具費として支給されます。補装具には**電動車いす、歩行器、義肢**などがあり、Ｄさんが利用できるサービスです。

３　✕　自立支援医療費は、**自立支援給付の自立支援医療**に該当するサービスを利用したときに給付される費用です。電動車いすを購入できるサービスはありません。

４　✕　訓練等給付費は、**自立支援給付の訓練等給付**に該当するサービスを利用したときに給付される費用です。電動車いすを購入できるサービスはありません。

５　✕　相談支援給付費は、**自立支援給付の相談支援**に該当するサービスを利用したときに給付される費用です。電動車いすを購入できるサービスはありません。

正解　2

１　✕　かぶりの衣類は、上肢などの関節に負担がかかるため、**前開き**の衣類を選ぶようにします。ボタンは、ボタンエイドという**自助具を使用する**ことで、関節への負担が軽減できます。

２　✕　マットレスが柔らかいと**からだが沈み込み**、起き上がる際に手足などの関節に**負担がかかります**。Ｄさんのような関節リウマチの人には、**適度な硬さのある**ものが適しています。

３　○　関節リウマチのある人は、普段の生活から**関節の保護に努める**ことが大切です。Ｄさんは、何もしないのに手足の痛みが強くなってきているので、関節を動かす運動を控えるようにします。

４　✕　低いいすを使うと**膝関節に負担がかかる**ため、なるべく**高いいすに座る**ようにします。

５　✕　頸部が屈曲位になるような高めの枕を使用すると、頸部の関節に負担がかかります。Ｄさんのような関節リウマチの人は、**低めの枕**を使用します。

正解　3

CHAPTER

Extra

第36回国家試験
解答・解説

第36回介護福祉士国家試験　正答一覧

【午前問題】

〈領域：人間と社会〉

人間の尊厳と自立 （2問）

問題番号	1	2
正答	5	2

人間関係とコミュニケーション （4問）

問題番号	3	4	5	6
正答	5	3	4	1

社会の理解 （12問）

問題番号	7	8	9	10	11	12	13	14	15	16	17	18
正答	1	3	5	5	2	3	5	4	4	1	3	2

〈領域：こころとからだのしくみ〉

こころとからだのしくみ （12問）

問題番号	19	20	21	22	23	24	25	26	27	28	29	30
正答	3	1	3	1	1	4	5	4	2	2	5	4

発達と老化の理解 （8問）

問題番号	31	32	33	34	35	36	37	38
正答	3	2	5	1	4	5	3	4

認知症の理解 （10問）

問題番号	39	40	41	42	43	44	45	46	47	48
正答	1	1	4	2	5	3	3	4・5	1	2

障害の理解 （10問）

問題番号	49	50	51	52	53	54	55	56	57	58
正答	1	2	5	2	4	3	3	2	5	4

〈領域：医療的ケア〉

医療的ケア （5問）

問題番号	59	60	61	62	63
正答	5	4	1	2	3

〈領域：介護〉

介護の基本 （10問）

問題番号	64	65	66	67	68	69	70	71	72	73
正答	5	5	3	2	3	4	1	3	4	5

コミュニケーション技術 （6問）

問題番号	74	75	76	77	78	79
正答	2	3	2	2	1	4

生活支援技術 （26問）

問題番号	80	81	82	83	84	85	86	87	88	89	90	91	92
正答	3	1	4	2	5	4	5	3	5	1	2	3	3
問題番号	93	94	95	96	97	98	99	100	101	102	103	104	105
正答	2	4	5	1	1	5	4	2	5	3	4	2	3

介護過程 （8問）

問題番号	106	107	108	109	110	111	112	113
正答	2	4	1	3	5	4	3	1

〈総合問題〉

総合問題 （12問）

問題番号	114	115	116	117	118	119	120	121	122	123	124	125
正答	1	1	4	4	3	5	5	2	3	4	3	2

問題1

1　✕　Aさんが抱いている不安の原因は、変形性膝関節症(しつかんせつ)と診断されたこと、友人が入院して楽しみにしていた麻雀(まーじゃん)ができなくなったことが考えられます。要介護認定の申請を勧めるのは、介護福祉職の対応として不適切です。

2　✕　変形性膝関節症は、歩行時や立ち上がったりしたときなど、膝(ひざ)を動かしたときの痛み、**関節可動域の制限**などが現れる疾患です。膝に痛みを感じているAさんに対し、友人のお見舞いを勧めるのは、介護福祉職の対応として不適切です。

3　✕　膝の精密検査を勧めるのは、介護福祉職ではなく、**医師の役割**です。

4　✕　Aさんは、近所の友人たちとの麻雀を楽しみに生活しています。友人の入院で麻雀ができなくなったからといって、別の趣味活動の希望を聞くのは時期尚早であり、介護福祉職の対応として不適切です。

5　○　今後の生活に不安を感じ、「自宅で暮らし続けたいけど、心配なの…」と話すAさんに対し、生活に対する思いを聞くのは、介護福祉職の対応として適切です。

正解　5

問題2

1　✕　他者の支援を受けても、**自分の意思**で日常生活を送り、利用したいサービスを**決定できる**のであれば、自立しているといえます。

2　○　**精神的自立**とは、自分の生活や人生に**目標**を持ち、自らが主体となって、目標達成のために物事を判断し、進めていくことをいいます。

3　✕　**社会的自立**とは、経済活動や社会活動などに**参加**し、**社会的な役割を担う**ことをいいます。

4　✕　**身体的自立**とは、食事や排泄、更衣など、生活を維持・継続していくために必要な身体的動作を**自力で行える**ことをいいます。

5　✕　**経済的自立**とは、収入の多寡(たか)にかかわらず、働くことができており、かつ**収入と支出のバランスが取れている**ことをいいます。

正解　2

人間関係とコミュニケーション

問題3

1　✕　**集団規範**とは、集団に属するメンバーが共有する**思考や行動などの基準、判断の枠組み**を指します。管理職が集団規範を形成するのは、チームが抱える課題を解決するための取り組みとして不適切です。

2　✕　**同調行動**とは、意見や考えなどが他のメンバーと異なる場合、自己防衛的に自分の意見や考えなどを**多数派に合わせる**ことを指します。現場経験の長い介護福祉職の意見を優先して同調行動を促すのは、チームが抱える課題を解決するための取り組みとして不適切です。

3　✕　**内集団バイアス**とは、自分が所属している集団に**好意的な態度**をとることを指します。チームメンバーの懇談会を実施して内集団バイアスを強化するのは、チームが抱える課題を解決するための取り組みとして不適切です。

4　✕　**集団圧力**とは、少数派に対し、多数派の意見や行動に従うように強く求める**心理的圧力**のことです。チームメンバー間の集団圧力を利用して多数派の意見に統一するのは、チームが抱える課題を解決す

るための取り組みとして不適切です。

5　○　**集団凝集性**とは、チームメンバーの結束力や目標達成のために、その**集団の一員であり続けるようにする力**のことを指します。担当以外のチームメンバーもカンファレンスに参加して凝集性を高めることは、チームが抱える課題を解決するための取り組みとして適切です。

正解　5

準言語は、言葉そのものではなく、**声の強弱や高低、抑揚、話す速度**などのことで、**非言語的コミュニケーション**で用いられます。

1　×　強い口調で伝えることは、相手を責めたり怒ったりしているような印象を与えてしまうため、介護福祉職の対応として不適切です。

2　×　抑揚をつけずに伝えることは、**機械的で冷たい印象**を与えてしまうため、介護福祉職の対応として不適切です。

3　○　介護福祉職の言っていることがわからなかったBさんに対して、大きな声でゆっくり伝えることは、準言語を活用した対応として適切です。

4　×　急かすように伝えたり、早口で伝えたりすることは、かえって言っていることが**わからなくなる**ため、介護福祉職の対応として不適切です。

5　×　**解説4**のとおりです。

正解　3

問題 5

燃え尽き症候群（バーンアウト）は、仕事に対して熱意をもって臨んでいる人に多くみられる現象で、突然の疲労感、無力感に襲われ、何事に対しても**無気力・無感動な状態**になるのが特徴です。V介護老人福祉施設は、感染症の流行により緊急的な介護体制で事業を継続することになったため、介護福祉職の精神的健康を守ることを目的とした組織的なマネジメントとしては、**選択肢4**の「介護福祉職の燃え尽き症候群（バーンアウト）を防止する」が最も適切です。他の選択肢の内容は、いずれも介護福祉職の精神的健康を守ることを目的としてはいません。

正解　4

問題 6

組織図は、法人に属する組織の内部構造を図式化したもので、すべての事業や部門、役職などが階層型（**ピラミッド型**）で示されています。介護老人福祉施設の組織図を見ることで、全体の指揮命令系統を把握することができます。他の選択肢の内容では、施設全体の指揮命令系統を把握することはできません。

正解　1

社会の理解

問題 7

セルフヘルプグループは**自助グループ**ともいい、病気や障害、生活習慣などに問題を抱えた**当事者同士**が課

題を共有し、お互いに支援を行うことを目的とする集団をいいます。

1 ○ **断酒会**とは、**アルコール依存症の治療**を目的として、当事者やその家族などが集まり、悩みや不安などを話し合う場であり、セルフヘルプグループの活動に該当します。

2 × 施設の社会貢献活動とは、地域住民への健康教室やボランティアの受け入れ、住民も含めた祭り等の開催など、**地域住民や地域との交流**などのことです。

3 × **子ども食堂**とは、貧困家庭や孤食の子どもに対し、地域住民のボランティアや地方公共団体が主体となり、子どもが一人でも利用できる、**無料**または**安価**で**栄養のある食事**や**温かな団らん**を提供する場所をいいます。子ども食堂の運営は、セルフヘルプグループの活動には該当しません。

4 × **傾聴ボランティア**とは、相手の気持ちに寄り添って話を受容・共感しながら聴く活動をいい、セルフヘルプグループの活動には該当しません。

5 × 地域の**町内会**とは、地域住民の**生活課題**に対処するために、地域生活に関わる施設やサービスを管理・運営している組織をいい、セルフヘルプグループの活動には該当しません。

正解 **1**

1 × **特定非営利活動法人（NPO法人）**は、「特定非営利活動促進法」に基づいて設置されます。

2 × NPO法人は、**所轄庁**（原則として都道府県知事。ただし、1つの指定都市の区域内のみに事務所をおく場合は、**指定都市の長**）から設立の認証を受けます。

3 ○ 「**保健、医療又は福祉の増進を図る活動**」を行っているNPO法人は29,639法人（2023〈令和5〉年9月30日現在）で、活動分野（**全20分野**）の中で最も多くなっています。

4 × NPO法人は、自ら行う特定非営利活動にかかる事業に**支障がない限り**、その他の事業（**収益事業**など）を行うことができます。なお、収益活動を行って利益が生じた場合は、これを特定非営利活動に関する事業のために使用しなければなりません。

5 × NPO法人は、「特定非営利活動促進法」第2条第2項第2号において、その行う活動が、「宗教の教義を広め、儀式行事を行い、及び信者を教化育成することを**主たる目的とするものでないこと**」と規定されています。

正解 **3**

1 × **世界保健機関（WHO）**は1948年に設立され、国連システムの中にあって保健について指示を与え、調整する機関です。

2 × **福祉事務所**は、「**社会福祉法**」において福祉に関する事務所として規定され、**都道府県と市に設置が義務づけられています（町村は任意）**。

3 × **地域包括支援センター**は、2005（平成17）年の「介護保険法」改正により創設された、**地域包括ケアシステムの中核**となる機関です。

4 × **生活協同組合**は、消費者一人ひとりが出資金を出し合って組合員となり、協同で運営・利用する組織です。

5 ○ **セツルメント**は、知識人や学生、宗教家などがスラム街などの貧困地域に住み込んで実態調査を行いながら住民への教育や生活上の援助を行う活動のことです。

正解 **5**

社会福祉基礎構造改革とは、社会福祉に関するニーズの拡大から、サービスの枠組みや理念を見直すために、1990年代後半から2000年代前半にかけて行われた一連の制度改革のことです。

1 ✕ 2000（平成12）年に「社会福祉事業法」から「社会福祉法」への改称、改正が行われました。

2 ✕ 社会福祉基礎構造改革では、サービスの利用者とサービス提供事業者との**対等な関係**を確立するため、国や地方公共団体などの行政機関が主体となってサービス利用の決定を行う**措置制度**から、利用者自身がサービスを選択し、事業者と契約する**利用（契約）制度**に変更されました。

3 ✕ 利用者の幅広い需要に応えるため、サービス提供事業者には、社会福祉法人だけでなく、**民間企業**や**非営利組織（NPO）**など**多様な主体**の参入が図られました。

4 ✕ 障害福祉分野においても、**支援費制度**が**2003（平成15）年**から導入されました。支援費制度の対象は**身体障害・知的障害のみ**で、**精神障害は対象外**とされるなどの課題が指摘されていました。

5 ◯ 認知症高齢者、知的障害者、精神障害者等の判断能力が不十分な者が地域において自立した生活が送れるよう、1999（平成11）年10月に**地域福祉権利擁護事業**（現：日常生活自立支援事業）が創設されました。

正解 　5

1 ✕ **国民健康保険**は、健康保険などの被用者保険の加入者（被扶養者も含む）や生活保護受給者を除く、**75歳未満**の者を対象とした医療保険です。Cさんは77歳ですので、国民健康保険の適用対象ではありません。

2 ◯ **後期高齢者医療制度**は、❶後期高齢者医療広域連合（以下、広域連合）の区域内に住所を有する**75歳以上**の者（後期高齢者）、❷**65歳以上75歳未満の者**（前期高齢者）で広域連合の障害認定を受けた者を対象とした公的医療制度です（ただし、生活保護受給者などは適用対象外）。Cさんは77歳ですので、後期高齢者医療制度が適用されます。

3 ✕ **共済組合保険**は、公務員や私学教職員を対象とした被用者保険のひとつです。Cさんは60歳で公務員を定年退職しているため、共済組合保険の適用対象ではありません。

4 ✕ **育成医療**は、18歳未満の身体障害児を対象とした医療費助成制度です。

5 ✕ **更生医療**は、18歳以上の身体障害者を対象とした医療費助成制度です。Cさんに持病や障害はないので、適用されません。

正解 　2

1 ✕ 地域密着型介護サービスは、**市町村**が指定、監督を行うサービスです。

2 ✕ 居宅介護支援は、**市町村**が指定、監督を行うサービスです。

3 ◯ 施設サービスは、都道府県・指定都市・中核市が指定（許可）、監督を行うサービスで、❶**介護老人福祉施設**、❷**介護老人保健施設**、❸**介護医療院**の3つがあります。

4 ✕ 夜間対応型訪問介護は地域密着型介護サービスのひとつで、**市町村**が指定、監督を行うサービスです。

5 ✕ 介護予防支援は、**市町村**が指定、監督を行うサービスです。

正解 　3

1　×　「障害者差別解消法」の対象者は、**身体障害、知的障害、精神障害**（発達**障害**を含む）その他の心身の機能の障害がある者であって、**障害および社会的障壁により継続的**に日常生活または社会生活に相当な制限を受ける状態にある者と規定されています。

2　×　**合理的配慮**は、実施に伴う負担が過重**とならない**限り、障害者の**性別、年齢**および**障害の状態**に応じて行うこととされています。

3　×　同法では、個人による差別行為への罰則規定は定められていません。

4　×　同法は、**共生社会の実現**をめざし、障害を理由とする差別**の解消**を推進することを目的として定められた法律です。雇用分野に限定されたものではありません。

5　○　記述のとおりです。障害者基本法の基本理念は、第1条において「全ての国民が、障害の有無にかかわらず、等しく基本的人権を享有するかけがえのない個人として尊重されるものである」と規定されています。

正解　5

1　×　**移動支援**は、屋外での移動が困難な障害者を対象として、外出のための支援を行うもので、「障害者総合支援法」に基づき市町村が実施する**地域生活支援事業**の中で行われる事業です。

2　×　**行動援護**は**介護給付**のひとつで、**知的障害**や**精神障害**によって、行動上著しい困難を有し、常時の介護を必要とする者を対象としたサービスです。

3　×　**同行援護**は**介護給付**のひとつで、**視覚障害**によって、移動に著しい困難を有する者を対象としたサービスです。

4　○　**重度訪問介護**は**介護給付**のひとつで、常時の介護を必要とする、**重度の肢体不自由者・知的障害者・精神障害者**を対象にして、居宅において、入浴・排泄・食事などの介護や、外出時における移動支援などを行います。

5　×　「障害者総合支援法」に基づく**訓練等給付**の対象となるサービスのひとつで、共同生活住居の入居者を対象に、主に夜間、❶相談や食事・入浴・排泄の介護その他の必要な日常生活上の援助、❷一人暮らし等を希望する人への支援や退居後の一人暮らし等の定着のための相談などを行います。障害者の外出支援は行いません。

正解　4

1　×　**公正取引委員会**は、独占禁止法を運用するために設置された機関です。

2　×　**都道府県障害者権利擁護センター**は、「障害者虐待防止法」に基づき、❶障害者虐待の**通報・届出の受理**、❷市町村相互間の連絡調整、❸市町村に対する情報提供、助言その他必要な援助等を行う機関です。

3　×　**運営適正化委員会**は、**社会福祉法**に基づき、福祉サービス利用援助事業（日常生活自立支援事業）の**適正な運営の確保**や、福祉サービスに関する利用者などからの苦情**の適切な解決**を図るため、第三者機関として**都道府県社会福祉協議会**に設置されています。

4　○　**消費生活センター**は地方公共団体が設置する行政機関で、消費生活に関するさまざまな相談や苦情を受け付けています。独立行政法人国民生活センターなどと連携を図りながら、悪質商法による**消費者被害、クーリング・オフの手続き**の相談などに応じます。訪問介護員（ホームヘルパー）が長女に助言する相談先として、適切です。

5　×　**市町村保健センター**は、**地域保健法**に基づき任意設置される機関で、住民に対し、健康相談、保健指導、

健康診査などを実施します。

1 ○ 内閣府の「福祉避難所の確保・運営ガイドライン」（2021〈令和3〉年5月改定）によれば、介護老人福祉施設の入所者は、「**当該施設で適切に対応される**べきであるため、原則として福祉避難所の受入対象者とはしていない」とされています。

2 × 福祉避難所は、**災害対策基本法**に基づいて指定される避難所です。

3 × 福祉避難所の受入れ対象者には、**災害対策基本法**における**要配慮者**が想定され、上記のガイドラインでは、「**高齢者**、**障害者**、妊産婦、乳幼児、**医療的ケアを必要とする者**、病弱者等避難所での生活に支障をきたすため、避難所生活において何らかの特別な配慮を必要とする者、及びその**家族**」としています。

4 × 同ガイドラインによると、福祉避難所における訪問介護員（ホームヘルパー）の派遣等、福祉各法による在宅福祉サービス等の提供は、**福祉各法**による実施を想定しています。

5 × **解説4**のとおり、福祉避難所への同行援護のヘルパーの派遣は、「**障害者総合支援法**」に基づいて行われます。

1 × **基幹相談支援センター**は、「**障害者総合支援法**」に基づき、地域における相談支援の中核的な役割を担う機関です。

2 × **地域活動支援センター**は「**障害者総合支援法**」に規定される施設で、障害者に**創作的活動**や**生産活動**の機会を提供して、**社会との交流**や**自立への支援**を行います。

3 ○ 「感染症法」では、結核患者が公費負担を申請する場合、居住地の**保健所長を経由して都道府県知事に対して行う**と定められています。また、保健所長は、結核登録票に登録されている者について、**結核の予防または医療上必要**があると認めるときは、保健師などを患者の家庭に**訪問**させ、処方された薬剤を確実に服用する**指導**などを行わせると定められています。

4 × 老人福祉センターは「老人福祉法」に規定される施設で、高齢者に対して、**無料または低額な料金**でさまざまな**相談**に応じるとともに、健康の増進、教養の向上、レクリエーションのための便宜を総合的に提供します。

5 × 医療保護施設は「生活保護法」に規定される施設で、医療が必要な生活保護受給者に**医療の給付**を行います。

1 × **地域包括支援センター**は、「**介護保険法**」に基づき、**地域包括ケアシステムの中核**となる機関です。

2 ○ **福祉事務所**は、「**社会福祉法**」に規定されている福祉に関する事務所のことをいい、福祉六法に定める**援護・育成・更生の措置**に関する事務を行う第一線の社会福祉行政機関です。ひきこもりの状態にあり、生活に困窮している**E**さんを心配している弟が相談する機関として、適切です。

3 × **精神保健福祉センター**は、「**精神保健福祉法**」に基づき、地域における精神保健福祉活動を技術面から指導・援助する機関です。

CH
E
第36回国家試験解答・解説

4 × 　**公共職業安定所（ハローワーク）**は**職業安定法**に基づき、職業紹介、職業指導など、**就労や雇用の促進**に必要なサービスを**無償**で提供する行政機関です。

5 × 　**年金事務所**は、**日本年金機構法**に基づき、日本年金機構が設置する窓口機関です。**年金保険料の徴収**、年金の加入案内、**相談**、**給付**などの業務を行っています。

正解 2

こころとからだのしくみ

問題19

　マズローの示した欲求階層説は、**基本的欲求**と**社会的欲求**、**欠乏欲求**と成長欲求に分類できます。欠乏欲求は、外部からのはたらきかけによって満たされるもので、**生理的欲求**、**安全欲求**、所属・愛情欲求、承認欲求（承認・自尊の欲求ともいう）を含みます。これらの欲求が満たされることで、**成長欲求**である自己実現の欲求がみられるようになります。

正解 3

問題20

　自律神経には**交感神経**と**副交感神経**があり、からだの各器官のはたらきを**調節**する機能を担っています。この2つの神経は対照的な機能をもち、相互にバランスを取りながら活動しています。

1 ○ 　血管収縮は、**交感神経**の作用に該当します。副交感神経が作用すると、血管は**弛緩**します。

2 × 　心拍数減少は、**副交感神経**の作用に該当します。交感神経が作用すると、心拍数は**増加**します。

3 × 　気道収縮は、**副交感神経**の作用に該当します。交感神経が作用すると、気道は**広がります**。

4 × 　消化促進は、**副交感神経**の作用に該当します。交感神経が作用すると、消化は**抑制**されます。

5 × 　瞳孔収縮は、**副交感神経**の作用に該当します。交感神経が作用すると、瞳孔は**開きます**。

正解 1

問題21

　骨粗鬆症は、**骨量の減少**によって、**骨密度**が低下する疾患です。**高齢者**や**閉経後の女性**に多くみられます。

1 × 　骨粗鬆症の原因のひとつに**運動不足**があります。リハビリテーションとして週3日行っている歩行訓練を週1日に変更することは、Fさんの骨粗鬆症の進行を予防するための支援として、不適切です。

2 × 　繊維質の多い食事は、骨粗鬆症ではなく、**便秘**の予防に効果的な支援です。

3 ○ 　骨粗鬆症の原因のひとつに**日光浴不足**があります。日光に当たることで、カルシウムの吸収を促進する**ビタミンD**が生成されます。日光浴を日課に取り入れることは、Fさんの骨粗鬆症の進行を予防するための支援として、適切です。

4 × 　**解説1**のとおり、自立歩行から車いすでの移動に変更することは**運動不足**につながり、Fさんの骨粗鬆症の進行を予防するための支援として、不適切です。

5 × 　**解説3**のとおり、カルシウムの吸収を促進する**ビタミンD**を多く含む食品（魚肉類、肉類、天日干しのキノコ類、卵類、乳製品など）やサプリメントの摂取を勧めます。ビタミンAは、**視力の調節**などのはたらきに関係しています。

正解 3

　耳の各器官は、主に**外耳**（耳介・外耳道）、**中耳**（鼓膜・鼓室・耳小骨）、**内耳**（蝸牛・前庭・三半規管）に分類されます。

1　○　中耳にある**耳小骨**は、**ツチ骨**、**キヌタ骨**、**アブミ骨**の３つで構成されています。

2　×　**蝶形骨**は、**頭蓋底**（頭蓋骨の底面）の中央部に位置する骨で、蝶が羽を広げたような形をしています。

3　×　**前頭骨**は、頭蓋を構成する骨のひとつで、眼窩上部から前頭部に大きく広がる貝殻状の骨です。

4　×　**頬骨**は、頬の上方外側の隆起した部分に位置し、**左右一対**になっている骨です。

5　×　**上顎骨**は、上顎を構成する**左右一対**の骨で、下顎骨とともに**口腔**を形成しています。

正解　1

1　○　爪は、皮膚の一部が角化（角質化）したもので、主に**ケラチン**というたんぱく質によってつくられています。

2　×　成人の場合、爪は１日に**0.1mm**程度伸びます。

3　×　爪床は、**爪の下**にあります。

4　×　正常な爪は薄いピンク色をしています。

5　×　**爪半月**は、爪の根元にある**爪母**からつくられる新しい爪（半月形の白色の部分）のことで、角質化が進んでいないため**柔らかい状態**です。

正解　1

　消化管は、口腔→咽頭→食道→胃→小腸（十二指腸→空腸→回腸）→大腸（盲腸→上行結腸→横行結腸→下行結腸→Ｓ状結腸→直腸）→肛門の順につながっています。

1　×　**扁桃**はのどにある**リンパ組織**で、鼻や口から体内にウイルスや細菌などが侵入するのを防御する役割を担っています。

2　×　**食道**は咽頭からつながる**食物**の通り道であり、誤嚥が生じる部位ではありません。

3　×　耳は、主に**外耳**、**中耳**、**内耳**に分類され、中耳腔と咽頭とをつなぐ細い管状の通路を**耳管**といいます。耳管は、主に中耳内の**気圧**を調整する役割を果たしています。

4　○　**気管**は気道の一部で、**空気**の通り道となっています。食物などが誤って気管に入ることで、誤嚥が生じます。

5　×　**咽頭**は、口腔からつながる**食物**の通り道であり、誤嚥が生じる部位ではありません。

正解　4

1　×　**心筋梗塞**は虚血性心疾患のひとつで、冠動脈の**閉塞**により、酸素や栄養分の供給が途絶え、**心筋が死滅**していく状態をいいます。主な症状は、**30分以上続く激しい胸部の痛み**、冷や汗などです。Ｇさんに起きている状況と合致しません。

2　×　**蕁麻疹**は、皮膚の一部が突然、赤く隆起し、**強いかゆみ**を伴いますが、短時間で跡形もなく消失してしまう病気です。Ｇさんに起きている状況と合致しません。

3　×　**誤嚥性肺炎**は、食物や唾液などが、誤って**気管から肺**に入り込んでしまうことで発症する疾患です。

主な症状は、発熱、咳、痰、呼吸困難などです。Gさんに起きている状況と合致しません。

4　✕　**食中毒**は、細菌やウイルス、自然毒などが原因となって、下痢や腹痛、**発熱**、嘔吐などの症状が現れるものをいいます。Gさんに起きている状況と合致しません。

5　○　Gさんは、昼食時に唐揚げを口の中に入れたあと、のどをつかむようなしぐさ（**チョークサイン**）をし、苦しそうな表情をしています。チョークサインは窒息時にみられることから、Gさんに起きている状況と合致します。

正解　5

問題26

1　✕　**静水圧作用**とは、からだにかかる水の圧力により、血液やリンパ液の**循環が**促進され、下肢のむくみなどが軽減する効果のことです。

2　✕　**温熱作用**とは、温かい湯につかることで、毛細血管が拡張して**血行が**促進される効果をいいます。

3　✕　**清潔作用**とは、入浴することで皮膚が清潔な状態になり、**雑菌の繁殖や感染症の予防**につながる効果のことです。

4　○　**浮力作用**とは、お湯に入ることでからだに浮力がかかって**体重が**軽くなり、骨や関節、筋肉への負担がやわらぐ効果のことです。Hさんが入浴しているときに感じている現象と合致します。

5　✕　**代謝作用**とは、からだが温まることで新陳代謝**が活発**になり、体内の老廃物が排出されやすくなる効果のことです。

正解　4

問題27

1　✕　子宮の圧迫は、**排尿障害**が起こりやすい要因になります。

2　○　女性は**尿道**が短く、膀胱まで**直線的な構造**であるため、**外から細菌が侵入しやすく**、尿路感染症が起こりやすくなります。

3　✕　腹部の筋力（腹筋）は排便に関係していますので、腹筋が弱いと便秘になりやすくなります。尿路感染症が起こりやすい要因にはなりません。

4　✕　女性ホルモンの作用は、尿路感染症が起こりやすい要因にはなりません。

5　✕　尿道括約筋の弛緩は、**尿失禁**が起こりやすい要因となります。

正解　2

問題28

1　✕　抗不安薬には、不安や緊張感を和らげるほか、**眠気**などを引き起こす作用があります。

2　○　就寝前の飲酒は**睡眠の質を**下げるため、眠りが浅くなります。

3　✕　抗アレルギー薬に含まれる**抗ヒスタミン**には、中枢神経の**覚醒作用を**抑制し、**眠気をもたらす**作用があります。

4　✕　抗うつ薬は、うつ病の症状である**不眠**などに作用します。

5　✕　足浴には、全身の爽快感を得られることで、**安眠**を促す効果があります。

正解　2

430

1　✕　記述は、不眠症のひとつである**早朝覚醒**の説明です。早朝に目が覚め、そのまま眠れなくなります。

2　✕　記述は、**周期性四肢運動障害**の説明です。睡眠中に、手足がピクピクと痙攣すること（**不随意運動**）により、睡眠が中断されます。**中途覚醒の原因**となります。

3　✕　記述は、**睡眠時無呼吸症候群**の説明です。睡眠中に10秒以上呼吸が止まる無呼吸の状態が、一定の回数に上るものをいいます。肥満による脂肪の増加や、扁桃肥大などが原因となります。

4　✕　記述は、**レム睡眠行動障害**の説明です。**夢のなかの行動**に応じて、睡眠中にもかかわらず、**大声を上げたり、手足を激しく動かしたり**してしまいます。

5　○　**概日リズムはサーカディアンリズム**ともいい、体内時計によって保たれる**約24時間周期のリズム**のことです。概日リズム睡眠障害は、概日リズムに乱れが生じることで、記述のような睡眠と覚醒に障害が出た状態をいいます。

正解　5

問題30

1　✕　鎮痛薬としてモルヒネを使用している利用者に起こるのは、眠気（**傾眠傾向**）です。

2　✕　モルヒネの代表的な副作用は、便秘、吐き気、眠気です。

3　✕　脈拍や体温は、医療職と連携した介護を実践するときに留意すべき観察点として適切ではありません。

4　○　モルヒネの副作用として、呼吸の回数が減少する呼吸抑制がみられることがあり、重篤な場合には**気道の確保**が必要となります。モルヒネ使用時には、利用者の呼吸の状態をよく観察し、異常がみられたらすぐに医療職に報告します。

5　✕　**解説3**のとおりです。

正解　4

発達と老化の理解

問題31

　スキャモンは器官や臓器による発達の特徴を、**リンパ型、神経型、一般型**（**全身型**）、**生殖型**の４つのパターンに分け、それぞれの発達過程の違いを発達曲線としてグラフに表しました。

1　✕　神経系の組織（**神経型**）は、**0歳**から急速に発達し、16歳頃に100％に到達します。

2　✕　筋骨格系や循環器系の組織（**一般型**）は、**0歳**から急速に発達したあと緩やかに上昇し、**12歳頃**に再び急速に発達し、20歳頃に100％になります。

3　○　生殖器系の組織（**生殖型**）は、思春期の**12〜14歳頃**から急速に発達し、20歳頃に100％になります。

4　✕　**解説2**のとおりです。

5　✕　リンパ系の組織（**リンパ型**）は、**0歳**から急速に発達し、**12歳頃**に**190％**まで到達したあと下降し始め、20歳頃に100％になります。

正解　3

問題32

　広汎性発達障害では、主に**コミュニケーション能力**や**社会性の獲得**に障害がみられることが特徴です。

1　✕　広汎性発達障害では、状況の変化に対する不安が強く**現れる**ため、次に何を行うのかを、**前もって具**

431

体的かつ簡潔に示していく必要があります。選択肢の「あしたは、台風が来るよ」だけでは具体性に欠けており、明日は砂場が使えないことがJさんに伝わりません。

2 ○ 広汎性発達障害のあるJさんに、「あしたは、台風が来るので砂場は使えないよ」と前もって具体的かつ簡潔に示しているので、担任のJさんへの対応として適切です。

3 × Jさんは、毎日、一人で砂だんごを作り、きれいに並べていますが、おだんご屋さんを開いているとは事例文からは読み取れません。また、「閉店です」が砂場は使えない意味であるとJさんが理解するのは困難です。

4 × 選択肢4や選択肢5のように、今日は砂場が使えない旨をその場でJさんに伝えると、状況の変化に対する不安が強く現れ、**パニック症状**を引き起こすことにつながります。担任のJさんへの対応として不適切です。

5 × **解説4**のとおりです。

正解 | 2 |

---

1 × 生理的老化は、**遺伝的にプログラムされ**、必然的に生じる現象です。

2 × 生理的老化は、**20〜30歳頃**から徐々に生じ、すべての人に起こる**不可逆的な変化**です。

3 × 生理的老化は、その個体の**機能低下**を引き起こし、個体の生命活動にとって有害なものです。

4 × 生理的老化は、**すべての生命体**に生じる現象です。

5 ○ **解説1**のとおりです。

正解 | 5 |

---

1 ○ 記述のとおりです。**エイジズム**は、アメリカの老年学者バトラーが最初に提唱した考え方で、「年を取っているという理由で老人たちを一つの型にはめ差別すること」と定義しています。

2 × 記述は、**プロダクティブ・エイジング**の説明です。この考え方を最初に提唱したのも、**バトラー**です。

3 × 記述は、**ジェロントフォビア**の説明です。精神医学では、加齢恐怖症または老人恐怖症と訳されています。

4 × 記述は、**アンチエイジング**の説明です。

5 × 記述は、**アクティブエイジング**の説明です。アクティブエイジングは、WHO（**世界保健機関**）が「第2回高齢者問題世界会議」（2002年）で初めて提唱した考え方です。

正解 | 1 |

---

1 × 喘息（ぜんそく）は、主にハウスダストやダニなどの**アレルギー**を原因とした、**気管支の炎症**によって発症します。特徴的な症状として、喘鳴（ぜんめい）、**呼吸困難**、**咳**や**痰**などがみられます。

2 × **肺炎**は、細菌やウイルス（インフルエンザなど）の感染、風邪の悪化、誤嚥（ごえん）などによって、肺に炎症が起こる疾患です。主な症状として、**発熱**、**咳**、**痰**、**呼吸困難**などがみられますが、高齢者の場合は必ずしもはっきりとした症状が現れるとは限りません。

3 × **脳梗塞**は、動脈硬化によってせまくなった血管に、血栓（血液の塊）**が詰まる**ことで、脳細胞に必要な酸素や栄養素が運ばれず、異常をきたすものです。主な症状として、**片麻痺**、**感覚障害**、**言語障害**などが現れます。

4 ○ **心筋梗塞**は虚血性心疾患のひとつで、冠動脈の閉塞により、酸素や栄養分の供給が途絶え、心筋が死滅していく状態をいいます。主な症状として、**30分以上続く激しい胸部の痛み**、**冷や汗**などがみられます。

5 × **逆流性食道炎**とは、胃の内容物が食道に逆流して、**食道粘膜に炎症が起こる**状態をいいます。主な症状として、**胸焼け**、**呑酸**（口の中に酸っぱい胃液が込み上げてくる）、のどの痛みや違和感などがみられます。

正解 │ 4 │

問題36

1 × 0歳児の平均余命を**平均寿命**といいます。「令和4年簡易生命表」によると、男性の平均寿命は**81.05年**、女性は**87.09年**となっています。

2 × 65歳時の平均余命は、65歳に達した人の**平均生存年数**を指します。

3 × **健康寿命**は、0歳児の平均余命から介護期間を差し引いた寿命を指します。

4 × 記述は、**介護不要寿命**の説明です。

5 ○ 記述のとおりです。健康寿命を延ばすために、介護予防などによる**ロコモティブシンドローム（運動器症候群）対策**が重要視されています。

正解 │ 5 │

問題37

1 × 抗利尿ホルモンは**バソプレッシン**ともいい、利尿を妨げる働きをもつホルモンです。前立腺肥大症には**関与していません**。

2 × 前立腺肥大症の症状が進行すると、前立腺が**尿道を圧迫**し、尿閉になることがあります。

3 ○ 前立腺肥大症の初期症状では、**夜間頻尿**がみられます。

4 × 前立腺肥大症の多くは薬物**療法**で改善されます。進行して、日常生活に支障が出たり、尿閉になったりした場合には**手術適応**となりますが、透析の対象にはなりません。

5 × 前立腺肥大症は、精液をつくる前立腺が加齢とともに**肥大**し、**尿道を圧迫**する疾患です。治療は、経過観察、行動療法、薬物治療、手術などです。訓練によって回復するものではありません。骨盤底筋訓練を行って回復が規定できるのは、骨盤底筋群の機能低下が原因となる**腹圧性尿失禁**です。

正解 │ 3 │

問題38

1 × 骨粗鬆症は、**骨量**の減少によって、**骨密度**が低下する疾患です。**閉経後の女性**に多くみられます。

2 × 変形性膝関節症は、膝関節の軟骨がすり減った状態になります。症状が進行するとO脚に変形し、次第に歩行が困難になっていきます。

3 × 関節リウマチは、多発性の関節の**痛みや腫れ**、**関節可動域の制限**を主症状として、**中年の女性**に多くみられる疾患です。免疫機能の異常が関わっているものと考えられていますが、原因は**不明**です。

4 ○ 腰部脊柱管狭窄症は、老化によって脊柱管（脊髄などの神経の通り道）がせまくなり、**神経**が圧迫されることで起こります。腰痛や足の**痛み・しびれ**、**歩行障害**（間欠性跛行）などがみられるようになります。

5 × サルコペニアは、加齢に伴う**骨格筋量の減少**と**骨格筋力の低下**が特徴です。

433

認知症の理解

問題39

1 ○ 道路交通法の規定により、運転免許証の更新を受けようとする者で更新期間が満了する日における年齢が75歳以上の高齢者は、免許更新時の**認知機能検査**が義務づけられています。ただし、免許証の更新期間が満了する日前6か月以内に、❶臨時適性検査を受けた者や診断書提出命令を受けて診断書を公安委員会に提出した者、❷認知症に該当する疑いがないと認められるかどうかに関する医師の診断書等を公安委員会に提出した者などは、受検義務が免除されます。

2 × 道路交通法の規定により、**75歳以上**で一定の**違反歴**（信号無視、通行区分違反、速度超過など）がある高齢者は、免許更新時の運転技能**検査**が義務づけられています。

3 × **軽度認知障害（MCI）**は、**健常と認知症の中間**にあたる段階をいいます。**全般的認知機能は**正常ですので、診断されても運転免許取り消しにはなりません。

4 × 認知症は、道路交通法で定める運転免許を拒否または保留される事由に該当するため、サポートカー限定免許での運転も認められていません。

5 × 認知症による運転免許取消しなどの**行政処分を受けた場合**は、運転経歴証明書の交付申請はできません。「**認知症のおそれがある**」と判定された段階で運転免許証の**自主返納**、あるいは運転免許証の更新を受けずに**運転免許が失効**した場合に運転経歴証明書の交付を申し込むことがきます。

正解 1

問題40

認知症の行動・心理症状（BPSD）でみられる**アパシー**は、**感情の起伏や自発的な活動がみられない状態**をいいます。選択肢2〜5の記述は、うつでみられる症状です。

正解 1

問題41

1 × せん妄の症状は突然現れて、**急速に進行**します。
2 × せん妄の症状が現れると、意識が混濁します。
3 × せん妄の症状が現れると、**注意力が低下**し、集中力を保てなくなります。
4 ○ せん妄は、高熱、**便秘**、**疼痛**、脱水、**薬の副作用**など、体調の変化が誘因となります。
5 × せん妄の症状は、夜を迎えたときの不安感から生じる**夜間せん妄**が多くみられます。

正解 4

問題42

1 × 記述は、**脊柱管狭窄症**でみられる**間欠性跛行**です。
2 ○ レビー小体型認知症では、パーキンソン病に似た症状（パーキンソン症状）が現れます。最初の一歩が踏み出しにくいすくみ足、小刻みに歩く小刻み歩行、**突進現象**などの歩行障害がみられます。
3 × 記述は、**脊髄小脳変性症（SCD）**でみられる失調性歩行です。

4 × 記述は、**腓骨神経麻痺**でみられる鶏歩です。下垂足（足が垂れた状態）がみられるため、矯正を目的として短下肢装具が使用されます。

5 × 記述は、**筋ジストロフィー**でみられる動揺性歩行です。

正解 **2**

認知症のうち、**64歳以下**の年齢で発症したものを、**若年性認知症**といいます。若年性認知症の原因となる主な疾患は、アルツハイマー型認知症が最も多く、それに続くのが血管性認知症です。

1 × 65歳以上でみられる認知症に比べ、若年性認知症は脳の萎縮が速く、症状の進行も速いと考えられています。

2 × 若年性認知症は、女性よりも**男性**に比較的多くみられます。

3 × 2020（令和2）年に厚生労働省が行った「若年性認知症実態調査」によると、人口10万人当たりの有病率は、30歳代が**0.01%**、50歳代が**0.15%**で、50歳代のほうが高くなっています。

4 × 若年性認知症の発見のきっかけは、遂行機能障害が引き起こす諸症状（作業の効率低下やミスなど）により、職場の同僚や家族が異変に気づくことがほとんどです。

5 ○ 上記の調査によると、若年性認知症では、発症時に**約6割**の人が就業しています。世帯の働き手となる人が在職中に発症し、離職せざるを得なくなった場合、経済的な問題にもつながるため、就労支援として**障害福祉サービスの活用**や、経済的支援として**雇用保険の利用**を促していくなど、既存の制度・サービスにつながる支援を行うことが大切です。

正解 **5**

1 × **誤認**とは、間違えてあるものを別のものとして認識することをいいます。夫のことを本人と認識していることから、Lさんの症状には該当しません。

2 × **観念失行**は失行のひとつで、動作の内容は理解できても、**順序立てて行う**ことができないものをいいます。

3 ○ **嫉妬妄想**は妄想のひとつで、配偶者や恋人が浮気をしているなどと訴えるものをいいます。夫に対し、「外で女性に会っている」と言って興奮するLさんの症状に該当します。

4 × **視覚失認**は失認のひとつで、視覚機能は損なわれていないのに、視覚から得られる情報を**正しく**認識できない状態をいいます。鏡に映った人物が自分だと認識できなくなる鏡現象などがあります。

5 × **幻視**は幻覚のひとつで、実際には存在しないものが見える状態をいいます。

正解 **3**

認知機能障害とは、**遂行機能障害、見当識障害、記憶障害、失認、視空間認知障害、病識低下**など、認知症の**中核症状**のことです。

1 × **遂行機能障害**は実行機能障害ともいい、物事を**計画どおり**に行うことができなくなる障害です。自宅がわからないのは、**見当識障害**でみられます。

2 × **記憶障害**は、過去の記憶は保持されているのに、新しいことを覚えるのが難しくなる障害です。出された食事を食べないのは、**失認**でみられます。

3 ○ **相貌失認**は**失認**のひとつで、目の前の家族の顔を見ても誰だかわからなくなります。

4　×　**視空間認知障害は視覚認知障害**ともいい、**レビー小体型認知症**でみられる症状のひとつで、**錯視や幻視**など視覚に関わる症状が現れます。今日の日付がわからないのは、**見当識障害**でみられます。

5　×　**病識**とは、自分の障害を自覚し、その程度を把握することをいいます。病識低下により、**うつ状態にはなりにくくなります**。

正解　3

問題46

　バリデーションとは、認知症高齢者とのコミュニケーション技法のことです。代表的な技法として、センタリングやリフレージング、レミニシング、ミラーリング、カリブレーションなどがあります。

1　×　**センタリング**は、相手の感情を受け入れるために、深呼吸や瞑想などを行って**精神を集中**し、介護職の心の中にある**負の感情を追い出す技法**をいいます。

2　×　**リフレージング**は、**共感の姿勢**を示しながら、相手の言葉と同じ言葉（キーワード）を反復する技法をいいます。

3　×　**レミニシング**は、過去の出来事について質問することで、昔話を語ってもらう技法をいいます。

4　○　**ミラーリング**は、相手と真正面に向き合い、相手の姿勢、動作、声のトーン、話し方などを真似して、**感情を**理解していく技法をいいます。

5　○　**カリブレーション**は共感という意味で、相手の動きや感情を観察し、自分の感情を一致させる技法をいいます。

正解　4・5

※採点上の取扱い　選択肢4及び選択肢5に得点する。　理由　問題文からは、選択肢4と選択肢5のいずれも正答となるため。公益財団法人 社会福祉振興・試験センター「第36回介護福祉士国家試験の合格基準及び正答について」（2024〈令和6〉年3月25日発表）より。

問題47

1　○　認知症高齢者が夕方になると落ち着きがなくなり、自分の家に帰ろうとする症状を**夕暮れ症候群**といい、認知症の**行動・心理症状（BPSD）**の徘徊でみられるものです。Mさんは、3日前に認知症対応型共同生活介護に入居していることから、**見当識障害**などにより、自分の居場所がわからなくなっていると考えられます。Mさんの介護を検討するときに、Mさんが訴えている内容を優先することは適切といえます。

2　×　Mさんは、日中は居室で穏やかに過ごしていることから、Mさんの介護を検討するときに優先する内容として、適切ではありません。

3　×　ほかの利用者が落ち着かなくなったのは、Mさんが「こんなところにはいられません。私は家に帰ります」と大声を上げ、「あなたも一緒に帰りましょう」と声をかけたことが原因です。Mさんの介護を検討するときに優先する内容として、適切ではありません。

4　×　Mさんへの対応に困ったのは介護職員の側であり、Mさんの介護を検討するときに優先する内容として、適切ではありません。

5　×　Mさんは、3日前に認知症対応型共同生活介護に入居ということから**リロケーションダメージ**（急激な環境の変化にとまどい、混乱状態におちいること）をきたしていると考えられます。夕食後、Mさんの表情が険しくなり、大声を上げたのは、向精神薬が効かなかったせいとは考えにくいことから、Mさんの介護を検討するときに優先する内容として、適切ではありません。

問題48

1 × **認知症対応型通所介護**は、認知症の要介護者を老人デイサービスセンターなどに**通わせ**、入浴、排泄、食事等の介護その他の日常生活上の世話や、機能訓練を行うサービスです。通所以外のサービスは行っていないため、Aさんへの介護サービスとして、不適切です。

2 ○ **短期入所生活介護**は、要介護者を、特別養護老人ホームや老人短期入所施設などに**短期間入所**させて、入浴、排泄、食事等の介護その他の日常生活上の世話や、機能訓練を行うサービスです。数日間の入院が必要になった妻に提案する、Aさんへの介護サービスとして適切です。

3 × **認知症対応型共同生活介護**は、認知症の要介護者に、**共同生活を送る住居**（居室は原則個室）で、入浴、排泄、食事等の介護その他の日常生活上の世話や、機能訓練を行うサービスです。妻は在宅介護を続けたいと希望していることから、Aさんへの介護サービスとして、不適切です。

4 × **特定施設入居者生活介護**は、有料老人ホームなどの**特定施設に入居**している要介護者を対象に、入浴、排泄、食事等の介護その他の日常生活上の世話や、機能訓練、療養上の世話を行うサービスです。妻は在宅介護を続けたいと希望していることから、Aさんへの介護サービスとして、不適切です。

5 × **介護老人福祉施設**は、原則として**要介護3以上**の者を対象に、入浴、排泄、食事等の介護その他の日常生活上の世話、機能訓練、健康管理、療養上の世話を行うサービスです。Aさんは**要介護1**であること、妻は在宅介護を続けたいと希望していることから、Aさんへの介護サービスとして、不適切です。

正解 2

障害の理解

問題49

　1950年代に初めて**ノーマライゼーション**の考え方を提唱し、「ノーマライゼーションの父」と呼ばれる**バンク−ミケルセン**は、**デンマーク**生まれです。知的障害児の親の会の運動を受け、ノーマライゼーションという言葉が初めて法律に盛り込まれた同国の「**1959年法**」の制定にも関わっています。

正解 1

問題50

1 × 法務局は、**任意後見制度**において、制度を利用する本人と**任意後見人**が公証人の作成する**公正証書**で任意後見契約を締結したあと、公証人が**後見登記を**申請する機関です。

2 ○ 法定後見制度を利用するためには、**家庭裁判所**に対して、**対象者本人**、**配偶者**、**4親等内の親族**などが後見開始の申立てを行い、審判を受ける必要があります。申立てを受けた家庭裁判所は、本人の判断能力を**判定**し、成年後見人等を選任します。

3 × 法定後見制度において、都道府県知事や市町村長、福祉事務所は、成年後見人等を選任する機関等ではありません。

4 × **解説3**のとおりです。

5 × **解説3**のとおりです。

正解 2

　上田敏は、障害受容モデルで、❶ショック期、❷否認期、❸混乱期、❹努力期、❺受容期の５段階のプロセスを示すとともに、**一進一退**を繰り返しながら、受容という段階に達することになると説明しています。

1　✕　記述は、**ショック期**の説明です。障害があるという状態に衝撃を受けながらも自覚がなく、心理的には比較的落ち着いている段階です。

2　✕　記述は、混乱期の説明です。障害という現実を否定できなくなり、怒りや悲しみ、抑うつといった感情が現れ、周囲に不満をぶつけるなど、**混乱状態**におちいっている段階です。

3　✕　記述は、混乱期の説明です。怒りが自己に向けられた場合、自分が悪いと悲観し、**自殺企図**を起こす恐れもあります。

4　✕　記述は、**努力期**の説明です。感情的な状態を抜け出し、障害のある状態に**適応**するためにはどうすればよいか考えるなど、価値観が転換し始める段階です。

5　○　受容期は、障害があるという現実を**受け入れ**、努力期に得た新しい**価値観**をもち、できることに目を向けて行動する段階です。

正解　5

　統合失調症の症状は、**陽性症状**（現実にはないことを認知してしまう症状。幻覚や妄想など）と、**陰性症状**（本来あった能力が失われてしまう症状。感情鈍麻や自発性の低下など）に分類されます。

1　✕　振戦せん妄は**アルコール依存症**でみられる特徴的な症状で、**手足のふるえや幻覚**などをもたらします。

2　○　妄想は統合失調症でみられる特徴的な症状で、**被害妄想**（誰かにいやがらせをされている）や**関係妄想**（周囲のことを何でも自分に関連づける）などが多くみられます。

3　✕　強迫性障害は心的外傷後ストレス障害（PTSD）でみられる症状のひとつで、無意味と思われる行動や、同一の行為を**何度も繰り返してしまう**精神障害です。

4　✕　抑うつ気分は老年期うつ病にみられる症状のひとつで、**不眠やめまい**、頭痛、食欲の低下、便秘などの**身体症状**の訴えが強く現れることが特徴です。

5　✕　健忘は、記憶のプロセスである**記銘**、**保持**、**想起**のすべてが障害され、時間的に限られた**一定期間の経験**を想起することができない状態をいいます。統合失調症の特徴的な症状ではありません。

正解　2

1　✕　水晶体の白濁は、白内障でみられる症状です。

2　✕　口腔粘膜や外陰部の潰瘍は、**ベーチェット病**でみられる症状です。

3　✕　振戦や筋固縮は、**パーキンソン病**でみられる症状です。

4　○　Bさんは、糖尿病性網膜症による視覚障害があり、末梢神経障害の症状も出ています。末梢神経障害では、**足先の感覚が低下**し、傷などができても自分では気がつかないことが多く、細菌感染を起こして壊疽が生じ、**切断**に至ることもあるため、介護福祉職が留意すべき点として、適切です。

5　✕　感音性の難聴は、**突発性難聴**、**老人性難聴**、**メニエール病**などでみられます。

正解　4

筋萎縮性側索硬化症（ALS）は難病のひとつで、運動ニューロン（運動するための命令を筋肉に伝える神経）が障害を受けることで、全身の筋力が低下していき、筋肉がやせおとろえていく疾患です。

1 × 筋萎縮性側索硬化症の主な症状として、球麻痺（延髄にある運動神経の麻痺）により、舌やのどの動作が制限されることで、嚥下障害や構音障害がみられるようになります。症状が進行しているCさんが、誤嚥せずに食事をしたり、明瞭に話したりすることはできないと考えられます。

2 × 解説1のとおりです。

3 ○ 筋萎縮性側索硬化症では、四大陰性徴候として、視覚、聴覚、嗅覚、味覚、触覚などの感覚障害、眼球運動障害、膀胱・直腸障害、褥瘡はみられず、痛覚などの知覚神経や記憶力も保持されます。このため、Cさんは、からだの痛みがわかるといえます。

4 × 呼吸筋の萎縮によって呼吸障害が生じ、自力で痰の排出が行えなくなるため、痰の吸引が必要になります。

5 × Cさんは、症状が進行して日常生活動作に介護が必要な状態となっているため、箸を上手に使うのは困難といえます。

正解 3

1 × 障害者相談支援事業は、「障害者総合支援法」に基づく市町村地域生活支援事業のひとつで、障害者等の福祉に関するさまざまな問題について、障害者、障害児の保護者などからの一般的な相談に応じ、障害福祉サービスの利用援助（情報提供、相談等）、権利擁護のために必要な援助を行います。利用者の金銭管理は行っていません。

2 × 自立生活援助事業は、「障害者総合支援法」に基づく訓練等給付の対象となるサービスのひとつで、施設入所支援や共同生活援助を利用していた障害者等を対象に、定期的な巡回訪問や随時の対応により、円滑な地域生活に向けた相談・助言等を行います。利用者の金銭管理は行っていません。

3 ○ 日常生活自立支援事業は、認知症高齢者、知的障害者、精神障害者などで、判断能力が不十分な人の支援を行うための制度です。契約内容を理解する能力を有している人が対象となります。日常の金銭管理などのサービスも提供していることから、Dさんが活用した支援を実施する事業に該当します。

4 × 成年後見制度利用支援事業は、成年後見制度の利用に必要な費用（申立て費用、後見人等の報酬など）の負担が困難な人に対して、その費用を助成するものです。利用者の金銭管理は行っていません。

5 × 日常生活用具給付等事業は、障害者等に対し、自立生活支援用具等の日常生活用具を給付または貸与することなどにより、日常生活の便宜を図り、その福祉の増進に資することを目的とした事業です。利用者の金銭管理は行っていません。

正解 3

1 × 全人間的復権はリハビリテーションの理念で、心身の機能の回復にとどまらず、障害のある人が最適な能力を発揮できるようにすることで、人間らしく生きる権利・名誉・尊厳の回復をめざすものです。

2 ○ 合理的配慮は、「障害者差別解消法」に基づき、障害の特性（性別、年齢および障害の状態）に配慮した措置のことです。実施に伴う負担が過重とならない限り、障害の特性に応じて柔軟に対応することで、障害者の権利を確保する考え方を示すものです。

3 × 自立生活運動（IL運動）は、1960年代にカリフォルニア大学バークレー校在学の重度の障害がある学生ロバーツらが中心となって展開された運動で、「重度の障害があっても自分の人生を自立して生きる」

という考えの下、障害者が**自己決定**できるように必要な社会サービスの構築を求めたものです。

4　✕　**意思決定支援**は、意思決定が困難な利用者に対して、自らの意思で主体的に生活できるよう、本人の自己決定を尊重した支援を行うものです。

5　✕　**共同生活援助**は、「障害者総合支援法」に基づく**訓練等給付**の対象となるサービスのひとつで、共同生活住居の入居者を対象に、主に**夜間**、**相談**（一人暮らし等を希望する人への支援や退居後の一人暮らし等の定着のための相談も含む）や食事・入浴・排泄の**介護**その他の必要な日常生活上の援助などを行います。

正解　2

問題57

1　✕　**介護支援専門員**（**ケアマネジャー**）は、**介護保険制度**に関わる市町村や事業者との連絡・調整、**ケアプラン**（居宅サービス計画、施設サービス計画）**の作成**やサービス担当者会議の進行などを担う専門職です。

2　✕　**社会福祉士**は、「社会福祉士及び介護福祉士法」に基づき、福祉に関する相談に応じ、**助言・指導**や、福祉サービス関係者等との**連絡・調整**を行う専門職です。

3　✕　**介護福祉士**は、「社会福祉士及び介護福祉士法」に基づき、身体・精神の障害があることで、日常生活に支障がある人に**心身の状況に応じた介護**を行い、その人（本人）と介護者に対し**介護に関する**指導を行う専門職です。

4　✕　**民生委員**は、「民生委員法」に基づき、**都道府県知事の推薦**によって、**厚生労働大臣が**委嘱（いしょく）する、民間の相談員です。

5　〇　**相談支援専門員**は、「障害者総合支援法」に基づき、障害者や家族への情報提供・助言、障害福祉サービスの事業者との連絡調整、**サービス等利用計画の作成**などを担う専門職です。障害福祉サービスを利用する人の意向のもとにサービス等利用計画案を作成する事業所（**指定特定相談支援事業所**）への配置が義務づけられています。

正解　5

問題58

1　✕　家族の介護力をアセスメントする場合、家族を構成する**個人と家族全体の生活を見渡す**ことが必要です。障害者個人または家族のどちらか一方のニーズを重視した視点では、家族の介護力を適切に評価することができません。

2　✕　**解説1**のとおりです。

3　✕　家族の介護力をアセスメントする場合、家族を構成している全員の情報を収集し、**総合的**にとらえます。

4　〇　**解説1**のとおりです。

5　✕　家族の介護力をアセスメントする場合、障害者個人や介護を担う家族の意向を十分に聞き取り、思いや希望などを打ち明けられる関係性づくりを常に意識することが大切です。支援者の視点や価値観を基準にアセスメントしたのでは、家族の介護力を適切に評価することができません。

正解　4

問題59

　医療的ケアを実施する事業者は、事業所ごとに、登録喀痰吸引等事業者として都道府県知事の登録を受ける必要があります。

1　×　**登録研修機関**とは、介護職が**喀痰吸引等**を行うために必要な**知識**および**技能**を習得させるための研修（喀痰吸引等研修）を実施する機関のことです。

2　×　**安全委員会**の設置は登録要件のひとつで、登録喀痰吸引等事業者として登録を受ける**事業所**が行います。医師が設置した安全委員会に参加するのではありません。

3　×　**喀痰吸引等計画書**の作成は登録要件のひとつで、看護師に依頼するのではなく、**事業所**が行います。

4　×　医療的ケアの実施にあたり、医師の文書による指示を受けることも登録要件のひとつです。

5　○　事業者の登録要件のひとつに、**医療関係者との連携体制の確保と役割分担**が挙げられています。喀痰吸引等を実施する訪問介護事業所として登録するときに、事業所が行うべき事項として適切です。

正解　5

問題60

1　×　**鼻腔**は、鼻中隔によって**左右**に分かれています。記述は、肺の説明です。

2　×　**咽頭**は、鼻腔と口腔が合流しているところです。左右に分岐しているのは、**気管**です。

3　×　食べ物の通り道は、**口腔**や**咽頭**、**食道**です。

4　○　空気は、**気道**（鼻腔、咽頭・喉頭、気管・気管支までの器官）を通って、**肺**に至ります。

5　×　**肺**は、**胸腔内**にあります。

正解　4

問題61

1　○　記述のとおりです。**陰圧**とは、内部の圧力が外部よりも**低い状態**をいいます。

2　×　吸引瓶は、排液をためるものなので、滅菌する必要はありません。

3　×　吸引チューブのサイズは、医師の指示の下、**利用者の体格や吸引部位**に合ったものを選びます。

4　×　洗浄水は、口腔内・鼻腔内吸引の場合は、**常在菌**が存在するため、**水道水**を使用します。気管カニューレ内部の吸引の場合は、清潔を保つため、**滅菌精製水**を使用します。

5　×　清浄綿は、塩化ベンザルコニウムなどの殺菌消毒剤に浸しておきます。

正解　1

問題62

1　×　経鼻経管栄養時にチューブを気管に誤挿入した場合、呼吸困難を起こす可能性があります。なお、チューブの挿入は、**医師または看護職**が行います。

2　○　栄養剤の注入中にみられる嘔吐は、**注入速度が速すぎる**、**注入量が多すぎる**のが主な原因です。直ちに注入を**中止**し、誤嚥防止のために**顔を横に向け**、看護職に連絡を取ります。

3　×　注入物の温度の調整不良は、**下痢**を起こす可能性があります。

4　×　注入物の濃度の間違いは、**下痢**を起こす可能性があります。

5　×　注入中の姿勢の不良は、嘔吐や**栄養剤の逆流**を起こす可能性があります。注入中は、利用者の姿勢を

半座位（**ファーラー位**）にします。

正解 2

問題63

1　×　Eさんは嘔吐<ruby>嘔<rt>おう</rt></ruby><ruby>吐<rt>と</rt></ruby>してはいないが、「少しお腹が張ってきたような気がする」と答えています。そのまま様子をみるのは、介護福祉士が看護職員に相談する前に行う対応として不適切です。

2　×　栄養剤の注入中に仰臥位<ruby>仰<rt>ぎょう</rt></ruby><ruby>臥<rt>が</rt></ruby>位（背臥位<ruby>背<rt>はい</rt></ruby><ruby>臥<rt>が</rt></ruby>位）にすることで栄養剤が**逆流**し、嘔吐や誤嚥性肺炎を引き起こす可能性があります。経管栄養中に体位変換を行う場合は、慎重に対応します。

3　○　からだが曲がっているなど栄養剤注入時の姿勢が適切でないと、腹部膨満感を訴えることがあります。利用者の腹部が圧迫されていないかを確認することは、介護福祉士が看護職員に相談する前に行う対応として適切です。

4　×　栄養剤の注入速度を速めると、嘔吐などを引き起こす可能性があります。

5　×　Eさんの意識レベルや顔色に変化はなく、腹痛や嘔気もみられないため、介護福祉士が看護職員に相談する前に栄養剤の注入を終了するのは、不適切です。

正解 3

介護の基本

問題64

1　×　**ダブルケア**とは、1人の人や1つの世帯が**同時期に介護と育児の両方**に直面することをいいます。

2　×　「令和3年度介護保険事業状況報告」（厚生労働省）によると、要介護・要支援の認定者数は、2000（平成12）年度は約256万人でしたが、2021（令和3）年度には**約690万人**となっており、介護保険制度の導入時から年々増加しています。

3　×　家族介護を支えていた家制度は、第2次世界大戦後の**日本国憲法の制定**（1946〈昭和21〉年）、**民法の改正**（1947〈昭和22〉年）により廃止されました。

4　×　「2022（令和4）年国民生活基礎調査の概況」（厚生労働省）によると、要介護・要支援の認定者のいる三世代世帯の構成割合は、2001（平成13）年には32.5％でしたが、2022（令和4）年には**10.9％**となっており、介護保険制度の導入時から年々減少しています。

5　○　記述のとおりです。介護が必要な人を社会全体で支えるしくみ（**介護の社会化**）として、2000（平成12）年に創設されたのが**介護保険制度**です。

正解 5

問題65

1　×　記述は、**看護師**の説明です。

2　×　介護福祉士が喀痰吸引<ruby>喀<rt>かく</rt></ruby><ruby>痰<rt>たん</rt></ruby>を行うときは、就業先である登録喀痰吸引等事業者で実地研修を修了後、**公益財団法人**社会福祉振興・試験センターに登録申請をします。

3　×　**業務独占の資格とは、その資格をもつ人だけが、その業務を行うことができる**資格のことをいいます。介護福祉士は、**名称独占**の資格で、介護福祉士の資格をもたない人でも、その業務を行うことは可能ですが、資格をもたない人が介護福祉士を名乗ることは禁止されています。

4　×　記述は、**介護支援専門員**の説明です。なお、更新時には、介護支援専門員としての**能力の維持や向上**

を図るため、更新研修が設けられています。

5　○　「社会福祉士及び介護福祉士法」第45条は**信用失墜行為**（しっつい）**の禁止**を定めており、介護福祉士は、介護福祉士の信用を傷つけるような行為をしてはならないと規定されています。

正解　5

1　×　「医療・介護関係事業者における個人情報の適切な取扱いのためのガイダンス」（厚生労働省）によれば、個人情報へのアクセス管理として、IDやパスワード等による認証は、各職員の**業務内容に応じて業務上必要な範囲**にのみアクセスできるようなシステム構成を採用することなどが示されています。また、個人情報の漏洩等を防止する観点から、パスワードの共有は避けます。

2　×　同ガイダンスによれば、個人情報を記載した書類は、**焼却**や**溶解**など、個人データを**復元不可能な形**にしてから廃棄します。

3　○　記述のとおりです。施設利用者に適切なサービスを提供できるよう、事業者は、職員の資質向上のための研修の機会を確保する必要があります。

4　×　職員への守秘義務の提示は、退職時ではなく、**採用時に就業規則**などの書面で行います。

5　×　「個人情報保護法」では、**文書・映像・音声**などの形式に限らず、その情報が誰のものであるのか識別できるものは、個人情報として**保護の対象**になります。このため、利用者の音声情報を使用する際には、利用者の**同意を得る**必要があります。

正解　3

1　×　その人らしさは、長い人生のなかで積み重ねてきた、さまざまな経験が複雑に絡み合うことで、形づくられています。障害特性から判断するものではありません。

2　○　記述のとおりです。例えば、生まれ育った土地や生まれた年代によっても生活習慣に大きな違いが生じるため、利用者の地域性や事態背景などを理解することが大切です。

3　×　心身の発達が著しい乳幼児期から青年期は、生まれ育った地域や家庭環境、そこで培われた人間関係などが個々の**人格形成に大きな影響**を及ぼし、それぞれの人生を個別性の高いものにしています。このため、生活歴は、**乳幼児期から高齢期までの情報**を収集するようにします。

4　×　生活様式はライフスタイルともいい、**その人**固有のものです。同居する家族と同一にした介護は、個別性や多様性を踏まえているとはいえません。

5　×　衣服は、施設の方針によって統一するのではなく、利用者の**個性**や**好みを尊重**するようにします。

正解　2

1　×　夫の相談内容からは、長女が掃除や洗濯の方法を教えてほしいといった要望があるとは読み取れません。介護福祉職の対応として不適切です。

2　×　夫は、「長女が、学校の先生たちにも相談しているが、今の状況をわかってくれる人がいないと涙を流すことがある」と、長女が抱えている悩みについて、介護福祉職に相談しています。「家族でもっと頑張るように」と夫を励ますことは、夫の相談内容を理解しておらず、介護福祉職の対応として不適切です。

3　○　長女のように、本来、大人が担うと想定されている家事や家族の世話・介護などを日常的に行ってい

る子どもを、**ヤングケアラー**といいます。長女と同じような体験をしている人と交流できる場について情報を提供することは、夫の相談内容を理解しており、介護福祉職の対応として適切です。

4　×　Aさんは、家族と過ごすことを希望しています。夫に対し、介護老人福祉施設への入所の申込みを勧めることは、介護福祉職の対応として不適切です。

5　×　Aさんの同意を得ずに、介護支援専門員（ケアマネジャー）に介護サービスの変更を提案するのは、介護福祉職の対応として不適切です。

正解　3

問題69

1　×　**自立生活援助**は、「障害者総合支援法」に基づく**訓練等給付**の対象となるサービスのひとつで、施設入所支援や共同生活援助を利用していた者などが対象です。Bさんは、施設入所支援や共同生活援助を利用していませんので、サービス責任者の対応として不適切です。

2　×　介護保険制度による居宅介護住宅改修費の支給対象となる住宅改修は、❶手すりの取り付け（取り外し可能な手すりは含まない）、❷段差の解消、❸滑りの防止や、移動の円滑化のための床材の変更、❹引き戸等への扉の取り換え、❺洋式便器等への便器の取り換え、❻その他❶～❺の改修に付帯して必要な住宅改修です。浴室を広くするといった改築は、居宅介護住宅改修費の支給対象とはなりません。

3　×　**行動援護**は「障害者総合支援法」に基づく**介護給付**の対象となるサービスのひとつで、**知的障害や精神障害**によって、行動上著しい困難を有し、常時の介護を必要とする者が対象です。Bさんは、知的障害者や精神障害者ではありませんので、サービス提供責任者の対応として不適切です。

4　○　**特定福祉用具販売**の対象となる入浴補助用具には、**入浴用いす、浴槽用手すり、浴槽内いす**などがあります。Bさんがこれらの用具を活用することで、浴槽から自力で立ち上がりやすくなると考えられます。Bさんに特定福祉用具販売の利用を勧めることは、サービス提供責任者の対応として適切です。

5　×　Bさんは、自宅で入浴することが好きなので、通所介護（デイサービス）の利用を勧めることは、サービス提供責任者の対応として不適切です。

正解　4

問題70

1　○　「民生委員法」第１条において、民生委員は「社会奉仕の精神をもつて、常に**住民の立場**に立つて相談に応じ、及び必要な援助を行い、もつて**社会福祉の増進**に努めるもの」と定められています。

2　×　**生活相談員**は、主に介護老人福祉施設や通所介護事業所などの利用者に対し、さまざまな相談や援助、援助計画の立案・実施、関係機関との連絡・調整を行う専門職です。

3　×　**訪問介護員（ホームヘルパー）**は、各社会福祉関連制度により規定されている訪問介護（ホームヘルプサービス）を提供する専門職です。高齢者や障害者の居宅を訪問し、身体介護や家事援助、生活上の相談に応じます。

4　×　通所介護職員は、介護保険制度における通所介護事業所に従事する職員（生活相談員や介護職員、看護職員、機能訓練指導員など）のことです。

5　×　**介護支援専門員（ケアマネジャー）**は、介護保険制度に関わる市町村や事業者との**連絡・調整**、ケアプランの作成やサービス担当者会議の進行などを担う専門職です。

正解　1

問題71

1 × 設問の図記号は、洪水・内水氾濫を表しています。玄関のドアを開けたままにすると、水が入ってきてしまいます。記述は、地震が起きた場合にとるべき行動です。地震による揺れを感じたら、非常脱出口を確保するため、玄関のドアを開けたままにします。

2 × 記述は、火事の場合にとるべき行動です。

3 ○ 警戒レベル3とは、避難に時間を要する高齢者等は危険な場所からの避難が必要な段階です。洪水・内水氾濫により市町村から警戒レベル3が発令されたときは、介護福祉職は入所者の身の安全を確保するため、施設の上階に避難する垂直避難誘導をします。

4 × 記述は、安全な場所に避難して入所者の身の安全を確保したあとに介護福祉職がとるべき行動です。

5 × 記述は、地震に備えてとるべき行動です。転倒の危険性がある家具などを、L型金具や突っ張り棒などを用いて壁や天井などに固定します。

正解 **3**

問題72

1 × 手洗い時に使用する石鹸は、細菌の繁殖しやすい固形石鹸よりも、プッシュ式の容器に入れて使用できる液体石鹸を選ぶのが望ましいとされています。

2 × 配膳時にくしゃみが出て、口元を手で押さえた場合は、再度手洗いを行って清潔な状態にします。

3 × 嘔吐物の処理では、二次感染を防ぐため、防護用具（使い捨て手袋・マスク、使い捨てエプロン・ガウン、ゴーグルなど）を着用します。

4 ○ 基本的な感染予防法として、排泄の介護では、利用者ごとに使い捨て手袋を交換し、手洗いを行います。

5 × 感染を防止するため、うがい用のコップは利用者専用にします。

正解 **4**

問題73

1 × 服薬時間には、食前、食後、食間、就寝前などがあり、薬はそれぞれ決められたタイミングで服用しないと効果がなかったり、副作用が生じたりする恐れがあります。

2 × 服用できずに残った薬については、医師や薬剤師に相談します。

3 × 多種類の薬の一包化は、処方した医師の指示の下、薬剤師が行います。

4 × 内服薬の用量は、利用者のその日の体調で決めるのではなく、処方した医師の指示を遵守します。

5 ○ 薬には、病気やけがの改善、治癒などの本来の目的とは異なり、口渇感、ふらつき、めまいなどの副作用が起こる可能性があります。重篤な症状が現れる場合もあるため、介護福祉士は、あらかじめ副作用の知識をもって、服薬の介護を行うことが大切です。

正解 **5**

コミュニケーション技術

問題74

　非言語的コミュニケーションとは、言葉を用いずに、表情、身ぶり・手ぶり、姿勢、視線、声の強弱や抑揚などで感情を表すコミュニケーション技法です。D介護福祉職は感染症対策として日常的にマスクを着用しているため、目元を意識した笑顔をつくり、大きくうなずいた対応は、意図的に非言語的コミュニケーションを

用いた対応として適切です。他の選択肢の内容はいずれも、**言語的コミュニケーション**に該当します。

正解 2

　利用者の家族との信頼関係は、**受容・共感・傾聴の姿勢**などを基本としたコミュニケーションの積み重ねを通して構築されていきます。また、家族の**個別性**（生き方や考え方、ニーズなど）を理解したうえで、家族の背景も踏まえた対応をすることが大切です。選択肢3の「家族から介護の体験を共感的に聴く」のは、家族がこれまで行ってきた介護の体験を共有し、**理解に努める**ことであり、信頼関係の構築を目的としたコミュニケーションとして適切です。他の選択肢の内容はいずれも、信頼関係の構築を目的としたコミュニケーションではありません。

正解 3

1　×　Eさんは、日常会話で使用する単語はだいたい理解できても、単語がつながる文章になるとうまく理解できない状況です。介護福祉職がEさんに「何がわからないのか教えてください」と質問しても理解することは難しいため、対応として不適切です。

2　○　言語障害がある利用者とコミュニケーションをとるときは、**わかりやすい言葉**を使い、**文章は長くなりすぎない**ようにすることが重要です。選択肢のように、「お風呂、あした」と短い言葉で伝えると、Eさんは会話の内容を理解できます。

3　×　**解説1**のとおりです。また、「今日、お風呂に入りたいのですね」という言葉は、Eさんの反応に対する介護福祉職の勝手な解釈によるものであり、対応として不適切です。

4　×　**解説1**のとおりです。介護福祉職が最初に伝えた内容を選択肢のように言い換えても、Eさんは理解することが難しい状況です。

5　×　Eさんは日常会話で使用する単語はだいたい理解できるので、必要以上に言葉を区切って話すのは適切ではありません。

正解 2

　抑うつ状態にあるときは、どんなことに対しても**悲観的**になり、自責の念にとらわれるようになってしまいます。Fさんの「もう死んでしまいたい」という発言に対する介護福祉職の言葉かけとしては、選択肢2の「とてもつらいのですね」と、まずはその人の感情に寄り添い、**受容的な態度**で接していくことが大切です。選択肢1のようにFさんの感情を否定したり、選択肢5のように安易に励ましたりすることは、症状を悪化させてしまうおそれがあるので避けます。また、選択肢3のような言葉かけは、ベッドで寝ていることが多いFさんを責めていることになりますので不適切です。選択肢4のような言葉かけは、Fさんの調子が良さそうな場合には有効です。

正解 2

　網膜色素変性症は、遺伝子の異常により、網膜の細胞の死滅や変性が起きる疾患です。**視野狭窄**や**視力低下**

が生じ、**失明**に至ることも少なくありません。

1　○　Gさんは、**夜盲**（暗い場所や夜間に、ものが見えにくくなる症状）があり、移動時に不安を抱えています。選択肢の発言は、H介護福祉職の声かけに驚いたGさんの気持ちを**受容**した対応であり、適切です。

2　×　記述の発言は、夜盲があるGさんへの支援としては適切ですが、受容的な対応ではありません。

3　×　記述の「見えにくくなってきたのですね」というH介護福祉職の発言は、Gさんの「見えにくくて、わからなかった」という返事への受容的な対応となっています。しかし、後半の発言にある**点字**は、ものが見えない、見えにくい人にとっては大切な文字情報となりますが、**習得に時間を要します。**「一緒に点字の練習を始めましょう」と高齢のGさんに促すのは、対応として不適切です。

4　×　**白杖**は、全盲の視覚障害者（弱視の者も含む）が移動時に携帯する補装具です。白杖を携帯して安全に歩行するには、**訓練を受ける**ことが必要です。Gさんは歩行訓練を受けていないため、選択肢の発言は対応として不適切です。

5　×　記述の発言は、夜盲があり、移動時に不安を抱えているGさんの気持ちを否定するだけでなく、安易な励ましもしており、対応として不適切です。

正解　|1|

問題79

事例検討の目的は、利用者やその家族、専門職などがチームとなり、介護に関する記録からさまざまな事例を取り上げて**課題を共有**し、**解決策を見出す**ことにあります。他の選択肢の内容はいずれも、事例検討の目的ではありません。

正解　|4|

生活支援技術

問題80

1　×　介護老人福祉施設では、入所者の**意思および人格を尊重**し、常にその者の立場に立ってサービスを提供するように努めなければならないと規定されています。レクリエーション活動においても、利用者全員が参加することを重視するのではなく、**利用者の意思に基づいて**参加してもらうことが大切です。

2　×　加齢に伴って**新しいことを覚えにくくなる**ため、毎回、異なるプログラムを企画するのは適切ではありません。同じプログラムを継続的に実践しながらも**定期的に内容を変えていく**ことで、利用者を飽きさせずに楽しませるようにします。

3　○　買い物や調理は、手足を動かしたり、簡単な計算をしたり、手順と段取りを必要としたりするなど、**身体機能の維持**や脳機能の**活性化**を図るのに有効な活動です。レクリエーション活動にこれらを取り入れるのは適切です。

4　×　レクリエーション活動は、身体機能の維持、脳機能の活性化を図る一方で、**気分転換を図ったり楽し**んだりすることも目的としています。囲碁や将棋、手芸、カラオケなど、利用者の過去の趣味をプログラムに取り入れていくことが大切です。

5　×　介護老人福祉施設は施設を運営するにあたり、「地域住民又はその自発的な活動等との連携及び協力を行う等の**地域との交流**を図らなければならない」と規定されています。地域のボランティアの参加を遠慮してもらうとするのは不適切です。

正解　|3|

1 ○ 関節リウマチで、関節の変形や痛みがある人の住まいでは、手足の**関節への負担を最小限にする**ことが重要です。手すりを握らずに、手掌でからだを支えられる平手すりを勧めるのは、介護福祉職の助言として適切です。

2 × いすの座面の高さが低いと、膝などの**関節に負担がかかる**ため、座面が高いものを勧めます。

3 × 床に布団を敷いて寝ると、起居動作時に、手足の**関節に負担がかかる**ため、**ベッドで寝る**ように勧めます。

4 × 開き戸は、開閉時に大きく前後移動をする必要があり、手足の**関節に負担がかかり**、バランスも崩しやすくなります。このため、部屋のドアは、開閉が容易で関節への負担も軽減できる引き戸を勧めます。

5 × 階段を上り下りすると、膝などの**関節に負担がかかる**ため、居室はなるべき1階にすることを勧めます。

正解 | 1 |

1 × 心身機能が低下した高齢者は、歩行時につま先が上がりにくく、移動時の姿勢も**不安定**になりがちです。玄関から道路までを砂利敷きにすると、歩行時に砂利に足を取られて**バランスを崩し**、転倒するおそれがあります。このため、玄関から道路までは、舗装された**コンクリート**のほうが適しています。

2 × 心身機能が低下した高齢者は**握力が低下**していることが多いため、丸いドアノブを手でしっかり握って回すことが難しくなります。このため、扉の取っ手は、レバーを下げるだけで開けられる**レバーハンドル**のほうが適しています。

3 × 階段の足が乗る板（**踏面**）と板の先端部分（**段鼻**）を同系色にすると、心身機能が低下した高齢者は**見分けにくく**、足を踏み外して**転落**するおそれがあります。このため、踏面と段鼻の部分は見分けのつきやすい反対色のほうが適しています。

4 ○ 畳には**適度なクッション性**があるため、車いすのスムーズな走行を妨げてしまいます。また、イグサで作られており、車いすの重みや走行により**畳が傷んでしまいます**。これらのことから、車いすを使用する居室の床は、**板製床材（フローリング）**のほうが適しています。

5 × 洋式浴槽は、下肢を伸ばしてゆったりとした姿勢で入浴できますが、背もたれの傾斜角度が大きいために**からだを起こしにくく**なります。心身機能が低下した高齢者には、浴槽内でからだが安定し、立ち上がりやすい和洋折衷式のほうが適しています。

正解 | 4 |

1 × 背部の圧抜きは、ベッド上で上半身の**背上げ（ギャッチアップ）をしたあと**に行います。からだをマットレスから離して前傾姿勢にし、また元に戻すことで、褥瘡の発症要因となる**ずれを解消**できます。

2 ○ 記述のとおりです。臀部がベッド中央部の曲がる部分からずれたままギャッチベッドの背上げを行うと、褥瘡や**腰痛**のリスクが高まります。

3 × ベッドの高さは必要に応じて調整しますが、最も低くすると、介助者の**腰に負担が**増すため、利用者の意向も確認してから、**介助しやすい高さ**に調整します。

4 × 利用者の足がフットボードに付くまで水平移動すると、ギャッチベッドの背上げを行ったときに**臀部がずり落ちて**しまい、姿勢を安定させることができません。また、足がフットボードに強く押しつけられ、**痛みを生じる**おそれもあります。

5 × ギャッチベッドの背上げを行うときは、利用者のからだをベッドに対して平行にします。

問題84

1 ✕ ベッドで端座位から立位になる場合の基本的な介護方法として、左片麻痺の利用者は患側に力が入らず転倒するおそれがあるため、介助者は利用者の**左側**（患側）に立ちます。

2 ✕ ベッドに深く座ると立ち上がれないため、利用者に**浅く座る**ように促します。

3 ✕ ベッドから立ち上がる際は、踵を引いた**前かがみ**の姿勢から、からだの**重心を**前方に傾け、腰がベッドから浮いたところで、立ち上がるように促します。ボディメカニクス（生体力学）の観点から、背筋を伸ばして真上に立ち上がることはできません。

4 ✕ **解説1**のとおり、介助者は利用者の左側ではなく、**右側**（健側）に荷重がかかるように支えます。

5 〇 記述のとおりです。

問題85

1 ✕ 標準型車いすを用いた移動の介護では、急な上り坂は**ゆっくり**進みます。

2 ✕ 急な下り坂は、**後方を確認**しながら**後ろ向き**で進みます。

3 ✕ 踏切を渡るときは、車いすの**駆動輪**（後輪）ではなく、**キャスタ**（前輪）を上げて進みます。

4 〇 エレベーターに乗るときは、車いすが扉に挟まれそうになった際に介助者が迅速に対応しやすいよう、**正面からまっすぐに**進みます。ただし、エレベーター内が狭く、車いすが方向転換できないなどの場合は、**後ろ向き**で乗り込むこともあります。

5 ✕ 段差を降りるときは、前輪ではなく、**後輪**から下ります。

問題86

1 ✕ 高齢者の爪は割れやすいので、**入浴後**など、水分を含んで**爪がやわらか**くなってから切ります。

2 ✕ 爪を切るときは、先端の白い部分を**1mmぐらい残して**直線に切ったあと、両端を**少し切ります**。最後に、**やすりをかけて滑らか**にします。

3 ✕ 利用者の指先を手に取り、力を入れすぎず、**少しずつ**切ります。

4 ✕ **解説2**のとおりです。

5 〇 **解説2**のとおりです。

問題87

1 ✕ 端座位でズボンを着脱するときの介護では、最初に、利用者に健側の腰を上げて脱ぐように促します。設問は左片麻痺の利用者なので、左側ではなく、**右側**の腰を上げてもらいます。

2 ✕ 右膝を高く上げると**バランスを**崩すおそれがあるため、**右側の腰**を上げてズボンを下ろせるだけ下ろしたあと、介護福祉職が介護します。

3 〇 ズボンを履くときは**患側**からなので、左足を右の大腿の上に乗せて、ズボンを左足に通すように促します。左足を右腿に乗せにくい場合は、介護福祉職が介護します。

4 ✕ 立ち上がる前に、膝下ではなく、なるべく上までズボンを上げるように促します。

5 ✕ 設問は左片麻痺の利用者なので、介護福祉職は利用者の**左側**（患側）に立って、ズボンを上げるように促します。

正解 3

問題88

嚥下機能の低下している利用者にとって、選択肢5のプリンは**嚥下しやすい**食べ物であるため、提供するおやつとして適切です。選択肢1のクッキーのように**パサパサ**したもの、選択肢2のカステラのような**スポンジ状の食品、選択肢3のもなかや選択肢4の餅のように**口の中にくっつきやすいものは誤嚥しやすい**ため、不適切です。

正解 5

問題89

1 〇 利用者の食べ残しが目立つと**栄養不足**におちいり、免疫機能が低下して**感染症**にかかりやすくなるため、管理栄養士と連携していく必要があります。

2 ✕ 経管栄養をしている利用者が嘔吐する場合は、**看護職**と連携していく必要があります。

3 ✕ 利用者の食事中の姿勢が不安定な場合は、**体幹訓練**や**座位姿勢の改善**などを行うために理学療法士と連携していく必要があります。

4 ✕ 利用者の義歯がぐらついている場合は、義歯の**調整**などのため、歯科医師と連携していく必要があります。

5 ✕ 利用者の摂食・嚥下の機能訓練が必要な場合、**言語聴覚士**と連携していく必要があります。

正解 1

問題90

血液透析は**透析療法**のひとつで、慢性腎不全の症状が進行し、腎臓機能の低下により、体内にたまった老廃物を、血液を外部の装置に通すことで浄化する方法です。

1 ✕ 塩分を過剰摂取することで血液中のナトリウム濃度が高くなり、**血圧の上昇**などが生じます。**高血圧**は慢性腎不全を悪化させる要因となるため、血液透析を受けている利用者には、塩分の多い食品の摂取は**控える**ように助言します。

2 〇 生野菜には**カリウム**を多く含むものがあり、腎臓機能が低下して血液中のカリウム濃度が上昇する（高カリウム血症）と、**不整脈**や**心停止**を引き起こすことがあります。カリウムは**水溶性**で、ゆでこぼし（ゆでたあとのゆで汁を捨てること）をした野菜では**含有量**が減少しますので、血液透析を受けている利用者の食事への助言として適切です。

3 ✕ 乳製品や魚、肉には**たんぱく質**が含まれており、多く摂取することで腎臓に**過剰な負担**がかかります。このため、乳製品や魚、肉の摂り過ぎには注意するように助言します。

4 ✕ 透析を行っている場合、1日の**尿量**や透析で取り除いた**水分量**に応じて、1日の水分摂取量が確定します。水分を多く摂るように勧めるのは不適切です。

5 ✕ **解説3**のとおりです。

正解 2

1 ✕ 片麻痺のある利用者の場合、安全のために、浴槽には**健側**から入るように支援します。設問の利用者は**右片麻痺**なので、右足ではなく、**左足**から入ってもらうように助言します。

2 ✕ 湯に浸かるときは、膝折れを防ぐため、患側である右膝を**左手**で支えて、ゆっくり入るように助言します。

3 ◯ 浴槽内では、❶足で浴槽の壁を押す、❷浴槽の縁をつかむ、❸前傾姿勢をとることで、座位姿勢を安定させることができます。安全に入浴をするための介護福祉職の助言内容として適切です。

4 ✕ 浴槽内の後ろの壁に寄りかかって足を伸ばした状態では、浮力がかかって**姿勢が安定しません**。

5 ✕ 浴槽から出るときは、安全のため、まず利用者に左手で**手すり**をつかんでもらいます。その後、真上方向ではなく、**前傾姿勢**をとらせてから、立ち上がるように助言します。

正解 **3**

1 ✕ 利用者の羞恥心やプライバシーに配慮し、ズボンは脱がせず、**裾**を**膝上までまくった状態**で足浴を行います。

2 ✕ 湯温の確認は、**介護福祉職が先**に行います。その後、利用者にも確認してもらい、好みの湯温に調整します。

3 ◯ 記述のとおりです。安定した姿勢で足浴ができるよう、足浴用容器は、**両足が重ならずに入る**大きさのものを準備します。

4 ✕ 足に付いた石鹸の泡は、**かけ湯で洗い流します**。

5 ✕ 足浴用容器から足を上げたあとは、自然乾燥ではなく、**タオル**で水分を丁寧に拭き取ります。

正解 **3**

座位姿勢を保持できない利用者の場合、ストレッチャータイプの特殊浴槽（機械浴）を使用し、**仰臥位**で入浴します。

1 ✕ ストレッチャータイプの特殊浴槽を利用する場合、安全のため、介護福祉職**2名**で行います。洗髪と洗身は同時ではなく、**最初に洗髪**をし、その後に**洗身**をします。

2 ◯ 高齢者の背部を洗う場合は、**健側を**下にした側臥位にして行います。

3 ✕ 浴槽に入るときは、浮力作用によりからだが浮かないように、**固定ベルト**をします。固定ベルトは、両腕の上からではなく、**腰と大腿部に装着**します。

4 ✕ 浴槽では、首までではなく、肩まで浸かるようにします。

5 ✕ 浴槽に浸かる時間は、からだへの負担を考慮し、**5分程度**にします。

正解 **2**

尿路感染症は、膀胱や尿管、尿道などの尿路になんらかの病原体が侵入し、炎症が起きる疾患です。感染する場所によって、**腎盂腎炎**と**膀胱炎**に大別されます。

1 ✕ 尿路感染症を起こすと、**尿混濁**や**血尿**がみられます。尿の性状を観察することで、感染の有無の**手がかり**とはなりますが、予防することはできません。

2 × 尿路感染症により腎盂腎炎を発症した場合は**発熱**の症状がありますが、膀胱炎の場合は**ありません**。体温の変化を観察しても、尿路感染症を予防することはできません。

3 × 陰部洗浄は、**おむつの交換時**などに行われる部分浴で、尿路感染症を予防する効果はあります。ただし、Jさんが終日おむつを使用していたのは、夫の介護負担を軽減するためです。介護老人福祉施設に入所後も、Jさんがおむつを使用することを前提に、陰部洗浄の回数を検討するのは不適切です。

4 ○ Jさんは**尿意がある**ため、おむつを使わずに**トイレに誘導**するのは、尿路感染症の予防として適切です。

5 × **膀胱留置カテーテル**は、完全に尿が出ない（**尿閉**）場合や不完全な排尿しかできないなど、自力での排尿が難しい場合に、カテーテルと呼ばれるチューブを膀胱まで通して、排尿を行う器具です。カテーテルの装着中に**尿路感染症を起こす**こともあるため、使用を提案するのは不適切です。

正解 **4**

1 × 高齢者の場合、体内の水分量が若い頃と比べて普段から減少しています。1日の水分摂取量を減らすと、**脱水状態**におちいりやすくなるため、介護福祉職の助言として不適切です。

2 × リハビリパンツとは、普通の下着のように着用できる**紙おむつ**のことです。おむつを使用することで、**意欲の低下**や寝たきりの状態が引き起こされることもあるため、終日、使用するように勧めることは不適切です。

3 × 睡眠薬を検討するのは、介護福祉職ではなく、**医師**の役割です。

4 × 泌尿器科への受診を勧めるのは、介護福祉職の役割ではありません。

5 ○ 記述のとおりです。ポータブルトイレは、トイレまでの移動が難しい利用者がベッドサイドなどで使用する福祉用具です。

正解 **5**

1 ○ 浣腸液は、直腸の温度（38℃程度）に近い**39〜40℃**に温めてから使用します。浣腸液の温度が直腸の温度よりも低いと**血圧**が上昇し、高すぎると腸粘膜に炎症が起こるおそれがあります。

2 × 浣腸液を注入するときの利用者の体位は、**腸の走行**に合わせ、左側臥位をとるように声をかけます。立位の姿勢では、肛門括約筋が強く締まり、浣腸器が挿入しにくかったり、無理に挿入することで肛門などを傷つけたりするおそれがあります。

3 × 浣腸液は、**ゆっくり注入**します。すばやく注入すると、**排便反射**が起こり、すぐに排泄されてしまいます。

4 × 浣腸液を注入してすぐに排便すると、**浣腸液のみ**排泄されてしまうおそれがあります。このため、排便は**3〜5分程度**我慢するように声をかけます。

5 × 浣腸液を注入しても排便がない場合は、新しい浣腸液を再注入するのではなく、**左下腹部をマッサージ**して、腸の蠕動運動を促します。

正解 **1**

　見守り的援助とは、「訪問介護におけるサービス行為ごとの区分等について」（厚生労働省通知）で、身体介護のうち**自立生活支援・重度化防止のための見守り的援助**（自立支援、ADL・IADL・QOL向上の観点から安全を確保しつつ常時介助できる状態で行う見守り等）として定めているもののことです。選択肢1の「ゴミの

分別ができるように声をかける」のは、ゴミの分別がわからない**利用者と一緒に**分別をしてゴミ出しのルールを理解してもらう、または思い出してもらうよう援助することであり、見守り的援助に**該当します**。その他の選択肢の内容はいずれも、見守り的援助には該当しません。

正解 1

1 ✕ 高齢者は、加齢に伴って足の**むくみ**が出たりすることがあり、きつい靴下を履くと**血行不良**になるおそれがあります。このため、利用者の状態に合った靴下を勧めます。

2 ✕ 高齢者は、足が上がらず、すり足気味になるため、靴下の足底（つま先から踵まで）に滑り止めがついていると、引っかかって**転倒**するおそれがあります。安全な歩行のためには、**踵の部分にのみ**滑り止めがついた靴下を勧めます。

3 ✕ **解説2**のとおり、高齢者は歩くときにすり足気味になりがちなため、床面からつま先までの高さが小さいと、**つまずきやすくなります**。ある程度の厚み（高さ）があって屈曲性のある、**反り上がった靴**を勧めます。

4 ✕ 踵のない靴は、歩行中に脱げて**転倒**するおそれがあるため、踵があるものを勧めます。

5 ○ 記述のとおりです。

正解 5

1 ✕ Kさんは、テレビショッピングで健康食品を購入し、高額な支払いが発生している状況です。健康食品を処分しても問題の解決には至らないため、訪問介護員（ホームヘルパー）の発言は不適切です。

2 ✕ テレビショッピングなどの通信販売は、クーリング・オフ制度の**適用対象外**となるため、訪問介護員の発言は不適切です。

3 ✕ 買い物は夫がしたり、テレビショッピングでの買い物はやめたりするのは今後の対策にはなるが、問題の解決には至らないため、訪問介護員の発言は不適切です。

4 ○ 通信販売はクーリング・オフ制度の適用対象外ですが、契約内容に事業者が返品の可否や条件等を定めた**特約**が表示されていれば、それに従います（表示がない場合は、商品を受け取った日を含めて**8日以内**であれば**返品可**。送料は消費者が負担）。「契約内容を一緒に確認しましょう」という訪問介護員の発言は適切です。

5 ✕ **解説3**のとおりです。

正解 4

1 ✕ 消化管ストーマから出血がある場合は、軟膏を塗布するのではなく、**医療職に報告**します。

2 ○ 記述のとおりです。

3 ✕ ストーマ装具を毎日交換すると、ストーマ周辺の**皮膚が損傷**するおそれがあります。一般的な交換時期は、**週2～3回**とされています。

4 ✕ パウチの上からおむつを強く巻くと、**ストーマが損傷**したり、排泄物がパウチに落ちなかったりするおそれがあるため、**強い圧迫は避けます**。

5 ✕ 利用者の睡眠を妨げないよう配慮しながら、パウチを定期的**に観察**します。

問題101

　事例文の**L**さんにみられている症状から、**睡眠時無呼吸症候群**の可能性が高いと考えられます。睡眠時無呼吸症候群は、睡眠中に大きないびきをかくことが多く、10秒以上呼吸が止まる**無呼吸**の状態が一定の回数に上るものをいいます。呼吸が停止するたびに目が覚めてしまうため満足に睡眠をとることができず、日中に**強い眠気やだるさ**が生じます。選択肢5の「睡眠中の呼吸状態」は、介護福祉職が収集すべき情報として最も優先度が高いといえます。その他の選択肢の内容はいずれも眠りの質に関係しますが、優先度が高いとはいえません。

問題102

1　✕　**M**さんは、**終末期が近い状態**であると医師からいわれています。介護福祉職が主治医の今後の見通しを確認するのは優先順位が高いとはいえません。
2　✕　**M**さんは、これまで誤嚥性肺炎で入退院を繰り返しています。また、終末期が近い状態であると言われていることから、介護福祉職が発症時の入院先を確認するのは優先順位が高いとはいえません。
3　〇　終末期を迎えても、できる限り**利用者が求める食事を提供**することが大切です。介護福祉職が経口摂取に対する本人の意向を確認するのは、優先順位が高いといえます。
4　✕　**解説3**のとおり、経口摂取に対する家族の意向を確認するのは、優先順位が高いとはいえません。
5　✕　延命治療に対する希望は、**M**さんに確認すべきことです。介護福祉職が家族の希望を確認するのは優先順位が高いとはいえません。

問題103

1　✕　一般的な死の受容過程とは、**キューブラー・ロス**による**「死」の受容の5段階**を指します。デスカンファレンスの目的には該当しません。
2　✕　記述は、**ケアカンファレンス**で行われる内容です。
3　✕　記述は、**デス・エデュケーション**（死の準備教育）の説明です。
4　〇　**デスカンファレンス**は、利用者を看取ったあとに、終末期の介護に関わった専門職などが亡くなった利用者の事例を振り返り、**悲しみを共有**しつつ、**今後の介護に活用**することを目的として行います。
5　✕　記述は、デスカンファレンスの目的には該当しません。

問題104

1　✕　**福祉用具**は、疾患や障害等で低下した機能を補完・代替し、日常生活上の困難を改善するものですが、活用にあたっては、住宅改修などほかのサービスも併せて検討するなど、**多面的かつ幅広い視点**が重要となります。
2　〇　複数の福祉用具を使用する場合、**居住環境や利用者の状態**に応じた組み合わせを検討し、各々の**性能が発揮**できるように支援します。
3　✕　福祉用具の選択に迷うときは、**福祉用具専門相談員**などに相談したうえで、利用者本人に決めてもら

います。社会福祉士に選択を依頼するのは不適切です。

4　✕　福祉用具は、利用者本人が使用するものであることから、利用者の**残存能力に即した**適切な種類を選択することが求められます。家族介護者の負担軽減も活用の視点として重要ですが、最優先して選ぶのは不適切です。

5　✕　福祉用具を導入したあとも利用者の居宅を**訪問**し、**心身の状況等の変化**、福祉用具サービス計画に記載された**利用目標の達成状況**、福祉用具の**点検**や**メンテナンス**、適切に使用されているかなど、利用状況の**モニタリングが必要**です。

正解　2

問題105

1　✕　**T字杖**は安定性に優れ、比較的歩行が**安定**している利用者に適した杖です。

2　✕　**オフセット型杖**は握りやすく安定性があり、比較的歩行が**安定**している利用者に適した杖です。

3　◯　**ロフストランドクラッチ**は、前腕を固定できる**カフ**がついているため、**握力の低下がある**利用者に適した杖です。

4　✕　**多点杖**は、杖の先が3脚や4脚に分かれており、1点杖よりも**設置面が広い**ため、歩行が**不安定**な利用者に適した杖です。

5　✕　**ウォーカーケイン（歩行器型杖）**は、片手で操作できる、杖と歩行器の中間にあるような福祉用具で、歩行が**不安定**な人に適した杖です。

正解　3

介護過程

問題106

1　✕　初回の面談では、利用者に関する情報を**多角的に収集**し、幅広い視野から利用者の全体像をとらえる必要があります。しかし、介護福祉職が用意した項目を次から次に質問すると、まるで**尋問**のようになってしまい、利用者との信頼関係を構築することが難しくなります。1つ質問をしたらその答えをきちんと**受け止めて共感する**ことが大切です。

2　◯　面談の目的は、利用者のニーズを引き出し、**生活課題を明確化**することにあります。そのためには、利用者が望む生活を実現するうえで解決しなければならない問題は何かを意識しながら、利用者の話を聴くことが大切です。

3　✕　面談では、利用者の氏名や年齢、住所、家族構成、身体状況、服薬状況など、**個人情報やプライバシー**に関わる内容も収集します。ほかの利用者が同席する状況で質問するのは、不適切です。

4　✕　初回の面談では、利用者の**要望**や**心身・生活の状況**などに関する情報を収集します。経済状態も必要な情報のひとつですが、最初に質問する項目ではありません。

5　✕　**解説4**のとおり、面談では、家族ではなく、生活の主体者である**利用者の要望**を中心に話を聴くことが大切です。

正解　2

問題107

1　✕　評価を行う日は、目標を設定する際に決められていますが、利用者の状態に変化があった場合や、家

族の要望などにより、**早期に行う**必要が出てくることもあります。

2 × **サービス担当者会議**は、**介護支援専門員**などが開催する会議のことで、サービス提供に関わる専門職や利用者・家族に内容を**説明**し、**意見**を求めます。介護過程の評価は行いません。

3 × **相談支援専門員**の役割は、障害者や家族への情報提供・**助言**、障害福祉サービスの事業者との**連絡調整**、**サービス等利用計画の作成**などです。介護過程の評価は行いません。

4 ○ 介護過程の評価は、**介護福祉職の責任**のもとに目標の達成度や利用者の満足度などを踏まえ、利用者や家族の意見も参考にして、結果に至るまでの**プロセス全体**を評価します。

5 × 目標を評価するための基準は、介護計画の実施中ではなく、**計画の立案時に具体的**に設定しておきます。

正解 4

問題108

1 ○ チームアプローチにおける介護福祉職の役割は、利用者に**最も近い立場**にいる専門職として、**観察やコミュニケーション**を通じて利用者の生活状況や心身状況などの変化をキャッチし、チームメンバーである他の専門職につなげていくことにあります。

2 × 介護老人保健施設で、総合的な支援の方向性を決めるのは**施設サービス計画**においてであり、この計画を作成する**介護支援専門員**の役割です。

3 × サービス担当者会議を開催するのは、施設の**介護支援専門員**の役割です。

4 × 必要な検査を指示するのは、施設の**医師**の役割です。

5 × 介護福祉職には、他の職種が担う貢献度を評価する役割はありません。

正解 1

問題109

認知症では、過去の記憶は保持されているのに、新しいことを覚えるのが難しくなる**記憶障害**がみられます。Aさんは、施設の大正琴クラブに参加したあとに、地域の子どもたちに大正琴を教えていた記憶を思い出し、「あの子たちが待っているの」と部屋には戻らずにエレベーターの前で立ち止まっていたと推察されることから、選択肢3の発言は最も優先すべき情報に該当します。その他の選択肢の内容はいずれも事例文からは読み取れず、Aさんの行動を解釈するために必要な情報として優先すべきものとはいえません。

正解 3

問題110

1 × 介護職員との関係性の改善については事例文からは読み取れず、新たな支援の方向性として不適切です。

2 × Aさんは、認知症は進行していますが、身体機能に問題が生じている記述は事例文にありません。新たな支援の方向性として不適切です。

3 × Aさんは、施設の大正琴クラブに自ら進んで参加し、演奏しています。演奏できる自信を取り戻すのは、新たな支援の方向性として不適切です。

4 × Aさんが、エレベーターの前で立ち止まっていたのは、座る場所がなかったためではないので、座れる環境を整備するのは、新たな支援の方向性として不適切です。

5 ○ 認知症の人のための安心できる環境づくりとして、生活歴や特技・趣味を生かして「できること」を発揮してもらうことで、**意欲や活力の向上を図る**ことが大切です。Aさんに大正琴を教える役割をもつように支援を見直すのは、新たな支援の方向性として適切です。

問題111

1 ✕ 事例文では、他の利用者との**人間関係も良好**であることから、Bさんが大声を出した理由と解釈するのは不適切です。

2 ✕ Bさんは生活支援員に対し、「将来は手先を使う仕事に就きたい」と希望を話しています。Bさんが大声を出した理由と解釈するのは不適切です。

3 ✕ 製品を箱に入れる単純作業を任されていた当時、Bさんは、左片麻痺に合わせた作業台で、毎日の**作業目標を達成**しています。作業量や作業台が原因で、Bさんが大声を出した理由と解釈するのは不適切です。

4 ◯ Bさんは、脳梗塞を発症する以前は大工で、手先が器用だったと言っています。将来に向けて、製品の組み立て作業を「ひとりで頑張る」と始めたものの、途中で何度も手が止まり、完成品にも不備がみられています。製品の組み立て作業の状況が理由で、Bさんが大声を出したと解釈するのは適切です。

5 ✕ **解説3**のとおりです。

問題112

1 ✕ 高次脳機能障害では、集中力が保てず、単純なミスが多くなる**注意障害**がみられます。完成品の不備を出すことへの反省を促すのは、Bさんの尊厳を傷つけることにもなり、支援内容として不適切です。

2 ✕ 左片麻痺であるBさんの短期目標は、「**右手を使い**、作業を自分ひとりで行える（3か月）」と設定されています。Bさんの左側に部品を置いて作業するように促すのは、**作業の効率化が図れなくなり**、支援内容として不適切です。

3 ◯ 高次脳機能障害では、**計画を立てて**物事を実行することができない**遂行機能障害**がみられます。絵などを用いて完成までの手順を理解しやすいように示すのは、Bさんへの具体的な支援内容として適切です。

4 ✕ Bさんは、初日に、製品の組み立て作業を「ひとりで頑張る」と始めています。生活支援員が横に座り続けて作業内容を指示するのは、Bさんの**自尊心を傷つけて**しまうため、支援内容として不適切です。

5 ✕ 高次脳機能障害では、同時に**2つ以上**のことをすると混乱する**注意障害**がみられます。製品を箱に入れる単純作業も同時に行うように調整するのは、支援内容として不適切です。

問題113

1 ◯ 事例研究を行うときは、研究内容や目的などを事例対象者本人やその家族に説明し、**文書で同意を得る**必要があります。

2 ✕ 「個人情報保護法」などに基づき、記録のなかで**特定の個人**を識別できる情報は、個人情報として**匿名化**する必要があります。

3 ✕ 事例研究で得られたデータは、**介護福祉士の**現任教育や**スーパービジョン**、介護福祉に関わる統計や社会福祉全般の向上などに役立ちます。研究終了後すぐに破棄するのは、不適切です。

4 ✕ 論文の一部であっても、事例研究で引用する場合は、引用した文献の名称や著者、出版社を**明示する**必要があります。

5 ✕ 事例研究の目的は、介護過程から介護実践を振り返ることで、**介護の一般原則を見出し**たり、新しい

援助方法を提案したりすることなどにあります。研究成果を得るために事実を拡大解釈することは、倫理的に認められません。

正解 **1**

総合問題

問題114

1 ○ **脱抑制**とは、社会のルールや規範がわからなくなり、**万引き**などの**反社会的な行動**をとってしまうことをいい、**前頭側頭型認知症**でみられる特徴的な症状のひとつです。**C**さんが八百屋でとった行動に該当します。

2 × **記憶障害**とは、過去の記憶は保持されているのに、新しいことを覚えるのが難しくなる障害をいいます。**C**さんが八百屋でとった行動には該当しません。

3 × **感情失禁**とは、自分の感情をコントロールできなくなり、ちょっとしたきっかけで激しく泣き出したり、怒り出したりする症状をいいます。**C**さんが八百屋でとった行動には該当しません。

4 × **見当識障害**とは、時間・場所・人の名前などがわからなくなる障害をいいます。**C**さんが八百屋でとった行動には該当しません。

5 × **遂行機能障害**は実行機能障害ともいい、物事を計画どおりに行うことができなくなる障害です。**C**さんが八百屋でとった行動には該当しません。

正解 **1**

問題115

1 ○ **C**さんは59歳で、介護保険制度の**第2号被保険者**に該当します。**C**さんが介護保険サービスを利用する際の利用者負担割合は**1割**です。

2 × **C**さんは第2号被保険者なので、介護保険料は**医療保険料と合わせて徴収**されます。特別徴収は、**第1号被保険者**で、年金が**年額18万円以上の場合**に、**年金から天引き**される方法です。

3 × 要介護・要支援認定が決定された場合、その効力は**申請日**までさかのぼります。このため、申請日から認定の結果が出るまでの間に利用した介護保険サービスも**保険給付の**対象となります。

4 × **解説1**のとおりです。利用者負担割合が2割となるのは、**一定以上の所得がある第1号被保険者**の場合です。

5 × 介護保険サービスの費用は、定額ではなく、サービスの種類や利用量に応じた負担（**応益負担**）となります。

正解 **1**

問題116

ICF（国際生活機能分類）における**参加**とは、社会的役割（仕事など）**の実行、社会への参加**などを指します。**C**さんは、八百屋で万引き行為を繰り返し、妻から外出を制限された（**参加制約**）ため、不穏な状況です。訪問介護員（ホームヘルパー）が環境因子である**C**さんの妻に対し、八百屋に事情を話して事前にお金を渡しておくようにはたらきかけることで、**C**さんが毎日同じ時間に同じコースを散歩できるようになります。

正解 **4**

1 × **養護老人ホーム**は、**環境上および経済的な理由**により居宅で養護を受けることが困難な高齢者（原則として**65歳以上**）が入所できる施設です。在宅復帰を目的としたリハビリテーション専門職がいる施設ではありません。

2 × **軽費老人ホーム**は、**無料または低額な料金**で高齢者（原則として**60歳以上**）を入所させ、日常生活上必要なサービスを提供する施設です。在宅復帰を目的としたリハビリテーション専門職がいる施設ではありません。

3 × **介護老人福祉施設**は、身体上または精神上著しい障害があるため**常時介護を必要とする**要介護者（原則として**要介護3以上**）に対し、入浴、排泄、食事等の介護その他の日常生活上の世話、機能訓練、健康管理、療養上の世話を行う施設です。機能訓練を行う機能訓練指導員はいますが、在宅復帰を目的としたリハビリテーション専門職がいる施設ではありません。

4 ○ **介護老人保健施設**は、病状が**安定期**にある要介護者に対し、看護、医学的管理のもとで介護・機能訓練その他必要な医療や、日常生活上の世話を行う施設です。施設にはリハビリテーション専門職がいるなど**在宅復帰**をめざす場としての機能を有しているため、Dさんが提案を受けた施設として適切です。

5 × **介護医療院**は、長期にわたり**療養が必要である**要介護者を対象に、療養上の管理、看護、医学的管理のもとでの介護・機能訓練その他必要な医療や、日常生活上の世話を行う施設です。リハビリテーション専門職はいますが、在宅復帰を目的とした施設ではありません。

正解 **4**

　居宅介護住宅改修費は、居宅の要介護者が、給付対象となる**住宅改修**を行ったときに保険給付されるものです。支給限度基準額は、居住する**同一住宅**について**20万円**が設定されています。なお、❶転居した場合、❷同一住宅であっても介護の必要の程度が**3段階以上**上がった場合は、**1回にかぎり**再度給付が受けられます。

正解 **3**

1 × **第1胸髄節（T1）**まで機能が残存している脊髄損傷の場合、**上肢の機能に支障はなく**、Dさんのように第4胸髄節（T4）まで機能が残存している場合は、**体幹バランスも一部安定**しています。このため、食事や更衣の際に自助具（万能カフ、ボタンエイドなど）を使用する必要はありません。

2 × Dさんの場合、**普通の車いす**で移動できます。

3 × Dさんの場合、自力での**起き上がりや寝返りが可能**なため、エアーマットレスを使用する必要はありません。

4 × 解説1のとおりです。

5 ○ 解説2のとおり、Dさんの移動方法は車いすです。外出時に自力で排泄できるよう、事前に多機能トイレの場所を確認しておく必要があります。

正解 **5**

1 × **変形性股関節症**は、先天性または後天性の疾患や外傷により、股関節に痛みや機能障害が生じる疾患です。脳性麻痺の二次障害でみられることもありますが、今後、Eさんに引き起こされる可能性が高

459

いと考えられる二次障害ではありません。

2　×　**廃用症候群**は生活不活発病とも呼ばれ、長期にわたって運動をしない状態が続いたり、寝たきりの状態が続いたりすることで、**心身の機能が低下**していく症状をまとめて指すものです。Eさんは自宅で生活し、週2回、生活介護を利用して油絵を描くことを楽しみにしています。寝たきりの状態ではないため、今後、Eさんに引き起こされる可能性が高いと考えられる二次障害ではありません。

3　×　**起立性低血圧**は廃用症候群でみられる症状のひとつで、臥位の状態が続くことで、**血圧調整作用が低下**し、座位や立位に体位変換すると血液が下半身に移動して、血圧が低下する状態をいいます。**解説2**のとおり、今後、Eさんに引き起こされる可能性が高いと考えられる二次障害ではありません。

4　×　**脊柱側弯症**は、脊柱が左右に曲がる疾患をいい、痛みなどが生じることは稀です。今後、Eさんに引き起こされる可能性が高いと考えられる二次障害ではありません。

5　○　**頸椎症性脊髄症**は脳性麻痺のアテトーゼ型でよくみられる疾患で、頸椎部で脊髄が圧迫されることで、**手足のしびれ**、**痛み**、歩行障害などが現れます。食事中に首を振る不随意運動が強くみられ、食事が終わると、「首が痛い、しびれる」と言っているEさんに、今後引き起こされる可能性が高いと考えられる二次障害として適切です。

正解　5

1　×　**吸い飲み**は、**臥位の状態でも安全に水分を補給**するための用具です。臥位の状態で食事をしているわけでもないEさんがお茶を飲むときに吸い飲みに変更するのは、介護福祉職の対応として不適切です。

2　○　Eさんは、取っ手つきのコップを上手に口元に運ぶのが困難な状況です。ストローつきコップに変更することで、お茶がこぼれることなく飲めるようになります。介護福祉職の対応として適切です。

3　×　Eさんは、首の痛みやしびれにより、**握力が低下**していると考えられます。重いコップに変更するのは、介護福祉職の対応として不適切です。

4　×　脳性麻痺では、本人の意思とは関係なく、手足が勝手に動いてしまう**不随意運動**がみられるため、Eさんがコップを両手で持ったとしても、上手に口元に運ぶのは困難といえます。介護福祉職の対応として不適切です。

5　×　Eさんは、日頃から自分のことは自分でやりたいと考えています。お茶を上手に飲めなくなってきたからといって全介助を行うのは、介護福祉職の対応として不適切です。

正解　2

1　×　**自立生活援助**は「障害者総合支援法」に基づく**訓練等給付**のひとつで、施設入所支援や共同生活援助を利用していた者等を対象としたサービスです。Eさんは、特別支援学校の高等部を卒業後、自宅で生活しているため、自立生活援助を利用することはできません。

2　×　**療養介護**は「障害者総合支援法」に基づく**介護給付**のひとつで、**医療を要する**障害者（気管切開を伴う人工呼吸器による呼吸管理を行っているALS患者で**障害支援区分が6**の人や、筋ジストロフィー患者や重症心身障害者で**障害支援区分5以上**の人など）で、**常時の介護を必要とする**者を対象としたサービスです。Eさんは**障害支援区分3**なので、療養介護を利用することはできません。

3　○　**移動支援**は「障害者総合支援法」に基づき、市町村が実施する**地域生活支援事業**の中で行われる事業です。屋外での移動が困難な障害者を対象に**外出支援**を行うものであり、Eさんが隣町の油絵教室に通う際に利用できるサービスとして適切です。

4　×　**自立訓練**は「障害者総合支援法」に基づく**訓練等給付**のひとつで、障害者が自立した日常生活や社会

生活を営むことができるように、身体機能や生活能力の向上のために必要な訓練を行うサービスです。Eさんが隣町の油絵教室に通う際に利用できるサービスではありません。

5　✕　**同行援護**は「障害者総合支援法」に基づく**介護給付**のひとつで、**視覚障害**によって、移動に著しい困難を有する者を対象としたサービスです。Eさんは、視覚障害者ではないため、同行援護を利用することはできません。

正解 3

1　✕　**学習障害（LD）**は、聞く、話す、読む、書く、計算する、推論するといった**学習能力**のうち、特定の能力に障害がみられるものをいいます。Fさんが自宅に帰ってきたときの状態には該当しません。

2　✕　**注意欠陥多動性障害（ADHD）**は、集中力を保つことが難しく、**不注意な行動**をとってしまったり、落ち着きなく動き回ったりするものをいいます。Fさんが自宅に帰ってきたときの状態には該当しません。

3　✕　**高次脳機能障害**は、脳血管疾患や脳炎の後遺症、交通事故による脳の損傷によって、**記憶障害、注意障害、遂行機能障害、失語・失行・失認**などの障害が現れるものをいいます。Fさんが自宅に帰ってきたときの状態には該当しません。

4　〇　**強度行動障害**は、自分や他人を傷つける、物を壊すなど、本人や周囲の人の暮らしに影響を及ぼす行動が著しく高い頻度で起こるため、**特別に配慮された支援が必要な状態**をいい、**自閉症スペクトラム障害**でみられます。Fさんが自宅に帰ってきたときの状態に該当します。

5　✕　**気分障害**は感情障害ともいい、**うつ病**と**双極性障害**（躁状態とうつ状態を交互に繰り返すもの）に大別されます。Fさんが自宅に帰ってきたときの状態には該当しません。

正解 4

1　✕　Fさんの姉は介護福祉職に対し、「弟を見捨てたようで、申し訳ない」と話していますが、Fさんが障害者支援施設に入所してからも月に1、2回は施設を訪ねています。また、Fさんの介護は、本来、施設職員が担うべきものであることから、記述の発言は、担当の介護福祉職の対応として不適切です。

2　✕　Fさんが施設では落ち着いていたとしても、「自傷他害行為があるようには見えませんね」と担当の介護福祉職が発言するのは、入所前のFさんの状況を疑っているように受け取られかねず、母親や姉が経験してきた苦労を否定することにもつながるため、対応として不適切です。

3　〇　Fさんの姉は、仕事をしている母親に代わり、小さい頃からFさんの食事や排泄の介護を行ってきました。記述の発言は、姉の言葉を**受容**しており、担当の介護福祉職の対応として適切です。

4　✕　「弟を見捨てたようで、申し訳ない」と話しているFさんの姉に対し、「訪問回数を減らしてはどうですか」と担当の介護福祉職が発言するのは、弟を見捨てるような気持ちを募らせてしまうため、対応として不適切です。

5　✕　Fさんの行動を家族では制止することが困難となったため、家族で今後のことを考えた結果、施設入所を選択しています。記述の「施設入所を後悔しているのですね」という発言は、担当の介護福祉職の**主観**であり、対応として不適切です。

正解 3

「障害者総合支援法」に基づく**相談支援**には、**基本相談支援**、**地域相談支援**（**地域移行支援、地域定着支援**）、**計画相談支援**（**サービス利用支援、継続サービス利用支援**）があります。

1 ✕ **地域定着支援**は、居宅に単身で生活している障害者と、常時の連絡体制を確保し、障害の特性によって起こる緊急事態に対して、必要な支援などを行うサービスです。障害者支援施設に入所している**F**さんは利用できません。

2 ◯ **計画相談支援**には、障害者支援施設に入所するために必要な**サービス等利用計画**を作成する**サービス利用支援**と、支給されたサービスの利用状況を検証し、利用者の状態や環境などを踏まえて、サービス等利用計画を見直す**継続サービス利用支援**があります。**F**さんの支援を修正するときに利用するサービスとして適切です。

3 ✕ **地域移行支援**は、障害者支援施設や精神科病院などを退所・退院する障害者が、スムーズに地域での生活に移行できるように、**情報提供、支援計画の作成、住居の確保**などを行うサービスです。**F**さんは、当面、施設で安定した生活が送れるように検討している段階であり、地域移行支援は利用できません。

4 ✕ **基幹相談支援**は、**基幹相談支援センター**で行われる地域の障害者やその家族等を対象とした**総合相談・専門相談**のことです。**F**さんの支援を修正するときに利用するサービスではありません。

5 ✕ **基本相談支援**は、地域の障害者等からの相談に応じ、必要な**情報**の**提供**および**助言**、サービス提供事業者との**連絡調整**（サービス利用支援および継続サービス利用支援に関するものを除く）などを行うサービスです。**F**さんの支援を修正するときに利用するサービスではありません。

正解 2

MEMO

MEMO

2025年版 みんなが欲しかった！介護福祉士の過去問題集

（2017年版　2016年5月20日　初版　第1刷発行）

2024年5月15日　初　版　第1刷発行

編　著　者	TAC介護福祉士受験対策研究会	
発　行　者	多　田　敏　男	
発　行　所	TAC株式会社　出版事業部	
	（TAC出版）	

〒101-8383 東京都千代田区神田三崎町3-2-18
電話 03(5276)9492（営業）
FAX 03(5276)9674
https://shuppan.tac-school.co.jp/

組　　版	朝日メディアインターナショナル株式会社
印　　刷	株　式　会　社　ワ　コ　ー
製　　本	株　式　会　社　常　川　製　本

© TAC 2024　　Printed in Japan

ISBN 978-4-300-11075-1
N.D.C. 369

TAC出版 書籍のご案内

TAC出版では、資格の学校TAC各講座の定評ある執筆陣による資格試験の参考書をはじめ、資格取得者の開業法や仕事術、実務書、ビジネス書、一般書などを発行しています！

TAC出版の書籍

*一部書籍は、早稲田経営出版のブランドにて刊行しております。

資格・検定試験の受験対策書籍

- ☑日商簿記検定
- ☑建設業経理士
- ☑全経簿記上級
- ☑税　理　士
- ☑公認会計士
- ☑社会保険労務士
- ☑中小企業診断士
- ☑証券アナリスト

- ☑ファイナンシャルプランナー(FP)
- ☑証券外務員
- ☑貸金業務取扱主任者
- ☑不動産鑑定士
- ☑宅地建物取引士
- ☑賃貸不動産経営管理士
- ☑マンション管理士
- ☑管理業務主任者

- ☑司法書士
- ☑行政書士
- ☑司法試験
- ☑弁理士
- ☑公務員試験(大卒程度・高卒者)
- ☑情報処理試験
- ☑介護福祉士
- ☑ケアマネジャー
- ☑電験三種　ほか

実務書・ビジネス書

- ☑会計実務、税法、税務、経理
- ☑総務、労務、人事
- ☑ビジネススキル、マナー、就職、自己啓発
- ☑資格取得者の開業法、仕事術、営業術

一般書・エンタメ書

- ☑ファッション
- ☑エッセイ、レシピ
- ☑スポーツ
- ☑旅行ガイド (おとな旅プレミアム/旅コン)

書籍の正誤に関するご確認とお問合せについて

書籍の記載内容に誤りではないかと思われる箇所がございましたら、以下の手順にてご確認とお問合せをしてくださいますよう、お願い申し上げます。

なお、正誤のお問合せ以外の**書籍内容に関する解説および受験指導など**は、一切行っておりません。
そのようなお問合せにつきましては、お答えいたしかねますので、あらかじめご了承ください。

1 「Cyber Book Store」にて正誤表を確認する

TAC出版書籍販売サイト「Cyber Book Store」の
トップページ内「正誤表」コーナーにて、正誤表をご確認ください。

CYBER TAC出版書籍販売サイト
BOOK STORE

URL：https://bookstore.tac-school.co.jp/

2 1 の正誤表がない、あるいは正誤表に該当箇所の記載がない
⇒ 下記①、②のどちらかの方法で文書にて問合せをする

★ご注意ください★

お電話でのお問合せは、お受けいたしません。
①、②のどちらの方法でも、お問合せの際には、「お名前」とともに、
「対象の書籍名（○級・第○回対策も含む）およびその版数（第○版・○○年度版など）」
「お問合せ該当箇所の頁数と行数」
「誤りと思われる記載」
「正しいとお考えになる記載とその根拠」
を明記してください。
なお、回答までに１週間前後を要する場合もございます。あらかじめご了承ください。

① ウェブページ「Cyber Book Store」内の「お問合せフォーム」より問合せをする

【お問合せフォームアドレス】

https://bookstore.tac-school.co.jp/inquiry/

② メールにより問合せをする

【メール宛先　TAC出版】

syuppan-h@tac-school.co.jp

※土日祝日はお問合せ対応をおこなっておりません。
※正誤のお問合せ対応は、該当書籍の改訂版刊行月末日までといたします。

乱丁・落丁による交換は、該当書籍の改訂版刊行月末日までといたします。なお、書籍の在庫状況等により、お受けできない場合もございます。
また、各種本試験の実施の延期、中止を理由とした本書の返品はお受けいたしません。返金もいたしかねますので、あらかじめご了承くださいますようお願い申し上げます。

（2022年7月現在）

【問題冊子ご利用時の注意】

　「問題冊子」は、この**色紙**を残したまま、ていねいに**抜き取り**、ご利用ください。

● 抜き取り時のケガには、十分お気をつけください。
● 抜き取りの際の損傷についてのお取替えはご遠慮願います。

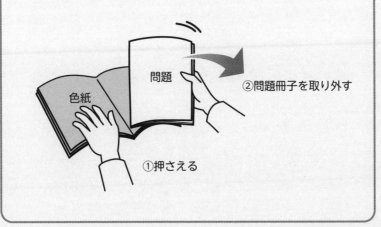

TAC出版

TAC PUBLISHING Group

別冊

第36回介護福祉士国家試験問題

<領域：人間と社会>

人間の尊厳と自立

問題　1　Aさん（76歳、女性、要支援1）は、一人暮らしである。週1回介護予防通所リハビリテーションを利用しながら、近所の友人たちとの麻雀を楽しみに生活している。最近、膝に痛みを感じ、変形性膝関節症（knee osteoarthritis）と診断された。同時期に友人が入院し、楽しみにしていた麻雀ができなくなった。Aさんは徐々に今後の生活に不安を感じるようになった。ある日、「自宅で暮らし続けたいけど、心配なの…」と介護福祉職に話した。

　　Aさんに対する介護福祉職の対応として、**最も適切なものを1つ**選びなさい。

1　要介護認定の申請を勧める。
2　友人のお見舞いを勧める。
3　膝の精密検査を勧める。
4　別の趣味活動の希望を聞く。
5　生活に対する思いを聞く。

問題　2　次の記述のうち、介護を必要とする人の自立についての考え方として、**最も適切なものを1つ**選びなさい。

1　自立は、他者の支援を受けないことである。
2　精神的自立は、生活の目標をもち、自らが主体となって物事を進めていくことである。
3　社会的自立は、社会的な役割から離れて自由になることである。
4　身体的自立は、介護者の身体的負担を軽減することである。
5　経済的自立は、経済活動や社会活動に参加せずに、生活を営むことである。

人間関係とコミュニケーション

問題 3 U介護老人福祉施設では、利用者の介護計画を担当の介護福祉職が作成している。このため、利用者の個別の介護目標を、介護福祉職のチーム全員で共有することが課題になっている。

この課題を解決するための取り組みとして、**最も適切なもの**を1つ選びなさい。

1 管理職がチーム全体に注意喚起して、集団規範を形成する。
2 現場経験の長い介護福祉職の意見を優先して、同調行動を促す。
3 チームメンバーの懇談会を実施して、内集団バイアスを強化する。
4 チームメンバー間の集団圧力を利用して、多数派の意見に統一する。
5 担当以外のチームメンバーもカンファレンス（conference）に参加して、集団凝集性を高める。

問題 4 Bさん（90歳、女性、要介護3）は、介護老人福祉施設に入所している。入浴日に、担当の介護福祉職が居室を訪問し、「Bさん、今日はお風呂の日です。時間は午後3時からです」と伝えた。しかし、Bさんは言っていることがわからなかったようで、「はい、何ですか」と困った様子で言った。

このときの、介護福祉職の準言語を活用した対応として、**最も適切なもの**を1つ選びなさい。

1 強い口調で伝えた。
2 抑揚をつけずに伝えた。
3 大きな声でゆっくり伝えた。
4 急かすように伝えた。
5 早口で伝えた。

問題 5 V介護老人福祉施設では、感染症が流行したために、緊急的な介護体制で事業を継続することになった。さらに労務管理を担当する職員からは、介護福祉職の精神的健康を守ることを目的とした組織的なマネジメントに取り組む必要性について提案があった。

次の記述のうち、このマネジメントに該当するものとして、**最も適切なもの**を1つ選びなさい。

1 感染防止対策を強化する。
2 多職種チームでの連携を強化する。
3 利用者のストレスをコントロールする。
4 介護福祉職の燃え尽き症候群（バーンアウト（burnout））を防止する。
5 利用者家族の面会方法を見直す。

問題 **6** 次のうち、介護老人福祉施設における全体の指揮命令系統を把握するために必要なものとして、**最も適切なもの**を1つ選びなさい。

1 組織図

2 勤務表

3 経営理念

4 施設の歴史

5 資格保有者数

社会の理解

問題 7 次のうち、セルフヘルプグループ（self-help group）の活動に該当するものとして、**最も適切なもの**を1つ選びなさい。

1 断酒会
2 施設の社会貢献活動
3 子ども食堂の運営
4 傾聴ボランティア
5 地域の町内会

問題 8 特定非営利活動法人（ＮＰＯ法人）に関する次の記述のうち、**最も適切なもの**を1つ選びなさい。

1 社会福祉法に基づいて設置される。
2 市町村が認証する。
3 保健、医療又は福祉の増進を図る活動が最も多い。
4 収益活動は禁じられている。
5 宗教活動を主たる目的とする団体もある。

問題 9 地域福祉において、19世紀後半に始まった、貧困地域に住み込んで実態調査を行いながら住民への教育や生活上の援助を行ったものとして、**最も適切なもの**を1つ選びなさい。

1 世界保健機関（ＷＨＯ）
2 福祉事務所
3 地域包括支援センター
4 生活協同組合
5 セツルメント

問題 10 社会福祉基礎構造改革に関する次の記述のうち、**適切なもの**を1つ選びなさい。

1 社会福祉法が社会福祉事業法に改正された。
2 利用契約制度から措置制度に変更された。
3 サービス提供事業者は、社会福祉法人に限定された。
4 障害福祉分野での制度改正は見送られた。
5 判断能力が不十分な者に対する地域福祉権利擁護事業が創設された。

問題 11 Cさん（77歳、男性）は、60歳で公務員を定年退職し、年金生活をしている。持病や障害はなく、退職後も趣味のゴルフを楽しみながら健康に過ごしている。ある日、Cさんはゴルフ中にけがをして医療機関を受診した。

このとき、Cさんに適用される公的医療制度として、**正しいものを1つ**選びなさい。

1 国民健康保険
2 後期高齢者医療制度
3 共済組合保険
4 育成医療
5 更生医療

問題 12 次のうち、介護保険法に基づき、都道府県・指定都市・中核市が指定（許可）、監督を行うサービスとして、**正しいものを1つ**選びなさい。

1 地域密着型介護サービス
2 居宅介護支援
3 施設サービス
4 夜間対応型訪問介護
5 介護予防支援

問題 13 「障害者差別解消法」に関する次の記述のうち、**適切なものを1つ**選びなさい。

1 法の対象者は、身体障害者手帳を交付された者に限定されている。
2 合理的配慮は、実施するときの負担の大小に関係なく提供する。
3 個人による差別行為への罰則規定がある。
4 雇用分野での、障害を理由とした使用者による虐待の禁止が目的である。
5 障害者基本法の基本的な理念を具体的に実施するために制定された。

(注)「障害者差別解消法」とは、「障害を理由とする差別の解消の推進に関する法律」のことである。

問題 14 「障害者総合支援法」に規定された移動に関する支援の説明として、**最も適切なものを1つ**選びなさい。

1 移動支援については、介護給付費が支給される。
2 行動援護は、周囲の状況把握ができない視覚障害者が利用する。
3 同行援護は、危険を回避できない知的障害者が利用する。
4 重度訪問介護は、重度障害者の外出支援も行う。
5 共同生活援助（グループホーム）は、地域で生活する障害者の外出支援を行う。

(注)「障害者総合支援法」とは、「障害者の日常生活及び社会生活を総合的に支援するための法律」のことである。

問題 15 Dさん（80歳、男性、要介護2）は、認知症（dementia）がある。訪問介護（ホームヘルプサービス）を利用しながら一人暮らしをしている。

ある日、訪問介護員（ホームヘルパー）がDさんの自宅を訪問すると、近所に住むDさんの長女から、「父が、高額な投資信託の電話勧誘を受けて、契約しようかどうか悩んでいるようで心配だ」と相談された。

訪問介護員（ホームヘルパー）が長女に助言する相談先として、**最も適切なもの**を**1つ**選びなさい。

1 公正取引委員会
2 都道府県障害者権利擁護センター
3 運営適正化委員会
4 消費生活センター
5 市町村保健センター

問題 16 災害時の福祉避難所に関する次の記述のうち、**適切なもの**を**1つ**選びなさい。

1 介護老人福祉施設の入所者は、原則として福祉避難所の対象外である。
2 介護保険法に基づいて指定される避難所である。
3 医療的ケアを必要とする者は対象にならない。
4 訪問介護員（ホームヘルパー）が、災害対策基本法に基づいて派遣される。
5 同行援護のヘルパーが、災害救助法に基づいて派遣される。

問題 17 「感染症法」に基づいて、結核（tuberculosis）を発症した在宅の高齢者に、医療費の公費負担の申請業務や家庭訪問指導などを行う機関として、**適切なもの**を**1つ**選びなさい。

1 基幹相談支援センター
2 地域活動支援センター
3 保健所
4 老人福祉センター
5 医療保護施設

(注)「感染症法」とは、「感染症の予防及び感染症の患者に対する医療に関する法律」のことである。

問題 18 Eさん（55歳、女性、障害の有無は不明）は、ひきこもりの状態にあり、就労していない。父親の年金で父親とアパートで暮らしていたが、父親が亡くなり、一人暮らしになった。遠方に住む弟は、姉が家賃を滞納していて、生活に困っているようだと、家主から連絡を受けた。

心配した弟が相談する機関として、**最も適切なもの**を**1つ**選びなさい。

1 地域包括支援センター
2 福祉事務所
3 精神保健福祉センター
4 公共職業安定所（ハローワーク）
5 年金事務所

こころとからだのしくみ

問題 19 次のうち、マズロー（Maslow, A.H.）の欲求階層説で成長欲求に該当するものとして、**正しいものを1つ選びなさい。**

1 承認欲求
2 安全欲求
3 自己実現欲求
4 生理的欲求
5 所属・愛情欲求

問題 20 次のうち、交感神経の作用に該当するものとして、**正しいものを1つ選びなさい。**

1 血管収縮
2 心拍数減少
3 気道収縮
4 消化促進
5 瞳孔収縮

問題 21 Ｆさん（82歳、女性）は、健康診断で骨粗鬆症（osteoporosis）と診断され、内服治療が開始された。杖歩行で時々ふらつくが、ゆっくりと自立歩行することができる。昼間は自室にこもり、ベッドで横になっていることが多い。リハビリテーションとして週3日歩行訓練を行い、食事は普通食を毎食8割以上摂取している。

Ｆさんの骨粗鬆症（osteoporosis）の進行を予防するための支援として、**最も適切なものを1つ選びなさい。**

1 リハビリテーションを週1日に変更する。
2 繊維質の多い食事を勧める。
3 日光浴を日課に取り入れる。
4 車いすでの移動に変更する。
5 ビタミンA（vitamin A）の摂取を勧める。

問題 22 中耳にある耳小骨として、**正しいものを1つ選びなさい。**

1 ツチ骨
2 蝶形骨
3 前頭骨
4 頬骨
5 上顎骨

問題 23 成人の爪に関する次の記述のうち、**正しいもの**を１つ選びなさい。

1 主成分はタンパク質である。

2 １日に１mm程度伸びる。

3 爪の外表面には爪床がある。

4 正常な爪は全体が白色である。

5 爪半月は角質化が進んでいる。

問題 24 食物が入り誤嚥が生じる部位として、**適切なもの**を１つ選びなさい。

1 扁桃(へんとう)

2 食道

3 耳管

4 気管

5 咽頭

問題 25 Ｇさん（79歳、男性）は、介護老人保健施設に入所している。Ｇさんは普段から食べ物をかきこむように食べる様子がみられ、最近はむせることが多くなった。義歯は使用していない。食事は普通食を摂取している。ある日の昼食時、唐揚げを口の中に入れたあと、喉をつかむようなしぐさをし、苦しそうな表情になった。

　Ｇさんに起きていることとして、**最も適切なもの**を１つ選びなさい。

1 心筋梗塞（myocardial infarction）

2 蕁麻疹(じんましん)（urticaria）

3 誤嚥性肺炎(ごえんせいはいえん)（aspiration pneumonia）

4 食中毒（foodborne disease）

5 窒息（choking）

問題 26 Ｈさん（60歳、男性）は、身長170cm、体重120kgである。Ｈさんは浴槽で入浴しているときに毎回、「お風呂につかると、からだが軽く感じて楽になります」と話す。胸が苦しいなど、ほかの訴えはない。

　Ｈさんが話している内容に関連する入浴の作用として、**最も適切なもの**を１つ選びなさい。

1 静水圧作用

2 温熱作用

3 清潔作用

4 浮力作用

5 代謝作用

問題　27 男性に比べて女性に尿路感染症（urinary tract infection）が起こりやすい要因として、**最も適切なもの**を１つ選びなさい。

1　子宮の圧迫がある。
2　尿道が短く直線的である。
3　腹部の筋力が弱い。
4　女性ホルモンの作用がある。
5　尿道括約筋が弛緩している。

問題　28 次のうち、眠りが浅くなる原因として、**最も適切なもの**を１つ選びなさい。

1　抗不安薬
2　就寝前の飲酒
3　抗アレルギー薬
4　抗うつ薬
5　足浴

問題　29 概日リズム睡眠障害（circadian rhythm sleep disorder）に関する次の記述のうち、**最も適切なもの**を１つ選びなさい。

1　早朝に目が覚める。
2　睡眠中に下肢が勝手にピクピクと動いてしまう。
3　睡眠中に呼吸が止まる。
4　睡眠中に突然大声を出したり身体を動かしたりする。
5　夕方に強い眠気を感じて就寝し、深夜に覚醒してしまう。

問題　30 鎮痛薬としてモルヒネを使用している利用者に、医療職と連携した介護を実践するときに留意すべき観察点として、**最も適切なもの**を１つ選びなさい。

1　不眠
2　下痢
3　脈拍
4　呼吸
5　体温

発達と老化の理解

問題 31 スキャモン（Scammon, R.E.）の発達曲線に関する次の記述のうち、**適切なもの**を **1** つ選びなさい。

1 神経系の組織は、4歳ごろから急速に発達する。
2 筋骨格系の組織は、4歳ごろから急速に発達する。
3 生殖器系の組織は、12歳ごろから急速に発達する。
4 循環器系の組織は、20歳ごろから急速に発達する。
5 リンパ系の組織は、20歳ごろから急速に発達する。

問題 32 幼稚園児のJさん（6歳、男性）には、広汎性発達障害（pervasive developmental disorder）がある。砂場で砂だんごを作り、きれいに並べることが好きで、毎日、一人で砂だんごを作り続けている。

ある日、園児が帰宅した後に、担任が台風に備えて砂場に青いシートをかけておいた。翌朝、登園したJさんが、いつものように砂場に行くと、青いシートがかかっていた。Jさんはパニックになり、その場で泣き続け、なかなか落ち着くことができなかった。

担任は、Jさんにどのように対応すればよかったのか、**最も適切なもの**を **1** つ選びなさい。

1 前日に、「あしたは、台風が来るよ」と伝える。
2 前日に、「あしたは、台風が来るので砂場は使えないよ」と伝える。
3 前日に、「あしたは、おだんご屋さんは閉店です」と伝える。
4 その場で、「今日は、砂場は使えないよ」と伝える。
5 その場で、「今日は、おだんご屋さんは閉店です」と伝える。

問題 33 生理的老化に関する次の記述のうち、**最も適切なもの**を **1** つ選びなさい。
1 環境によって起こる現象である。
2 訓練によって回復できる現象である。
3 個体の生命活動に有利にはたらく現象である。
4 人間固有の現象である。
5 遺伝的にプログラムされた現象である。

問題 34 エイジズム（ageism）に関する次の記述のうち、**最も適切なもの**を **1** つ選びなさい。
1 高齢を理由にして、偏見をもったり差別したりすることである。
2 高齢になっても生産的な活動を行うことである。
3 高齢になることを嫌悪する心理のことである。
4 加齢に抵抗して、健康的に生きようとすることである。
5 加齢を受容して、活動的に生きようとすることである。

問題 35 Kさん（80歳、男性）は、40歳ごろから職場の健康診査で高血圧と高コレステロール血症（hypercholesterolemia）を指摘されていた。最近、階段を上るときに胸の痛みを感じていたが、しばらく休むと軽快していた。喉の違和感や嚥下痛はない。今朝、朝食後から冷や汗を伴う激しい胸痛が起こり、30分しても軽快しないので、救急車を呼んだ。

　Kさんに考えられる状況として、**最も適切なもの**を1つ選びなさい。

1　喘息（bronchial asthma）
2　肺炎（pneumonia）
3　脳梗塞（cerebral infarction）
4　心筋梗塞（myocardial infarction）
5　逆流性食道炎（reflux esophagitis）

問題 36 次のうち、健康寿命の説明として、**適切なもの**を1つ選びなさい。

1　0歳児の平均余命
2　65歳時の平均余命
3　65歳時の平均余命から介護期間を差し引いたもの
4　介護状態に至らずに死亡する人の平均寿命
5　健康上の問題で日常生活が制限されることなく生活できる期間

問題 37 次のうち、前立腺肥大症（prostatic hypertrophy）に関する記述として、**最も適切なもの**を1つ選びなさい。

1　抗利尿ホルモンが関与している。
2　症状が進むと無尿になる。
3　初期には頻尿が出現する。
4　進行すると透析の対象になる。
5　骨盤底筋訓練で回復が期待できる。

問題 38 次のうち、高齢期に多い筋骨格系の疾患に関する記述として、**適切なもの**を1つ選びなさい。

1　骨粗鬆症（osteoporosis）は男性に多い。
2　変形性膝関節症（knee osteoarthritis）ではX脚に変形する。
3　関節リウマチ（rheumatoid arthritis）は軟骨の老化によって起こる。
4　腰部脊柱管狭窄症（lumbar spinal canal stenosis）では下肢のしびれがみられる。
5　サルコペニア（sarcopenia）は骨量の低下が特徴である。

認知症の理解

問題 39 高齢者の自動車運転免許に関する次の記述のうち、**正しいもの**を１つ選びなさい。

1 75歳から免許更新時の認知機能検査が義務づけられている。
2 80歳から免許更新時の運転技能検査が義務づけられている。
3 軽度認知障害（mild cognitive impairment）と診断された人は運転免許取消しになる。
4 認知症（dementia）の人はサポートカー限定免許であれば運転が可能である。
5 認知症（dementia）による運転免許取消しの後、運転経歴証明書が交付される。

(注)「サポートカー限定免許」とは、道路交通法第91条の２の規定に基づく条件が付された免許のこ
　　とである。

問題 40 認知症（dementia）の行動・心理症状（ＢＰＳＤ）であるアパシー（apathy）に関する次
　　の記述のうち、**適切なもの**を１つ選びなさい。

1 感情の起伏がみられない。
2 将来に希望がもてない。
3 気持ちが落ち込む。
4 理想どおりにいかず悩む。
5 自分を責める。

問題 41 認知症（dementia）の人にみられる、せん妄に関する次の記述のうち、**最も適切なもの**を
　　１つ選びなさい。

1 ゆっくりと発症する。
2 意識は清明である。
3 注意機能は保たれる。
4 体調の変化が誘因になる。
5 日中に多くみられる。

問題 42 レビー小体型認知症（dementia with Lewy bodies）にみられる歩行障害として、**最も適切**
　　なものを１つ選びなさい。

1 しばらく歩くと足に痛みを感じて、休みながら歩く。
2 最初の一歩が踏み出しにくく、小刻みに歩く。
3 動きがぎこちなく、酔っぱらったように歩く。
4 下肢は伸展し、つま先を引きずるように歩く。
5 歩くごとに骨盤が傾き、腰を左右に振って歩く。

問題　43　次の記述のうち、若年性認知症（dementia with early onset）の特徴として、**最も適切なもの**を１つ選びなさい。

1　高齢の認知症（dementia）に比べて、症状の進行速度は緩やかなことが多い。
2　男性よりも女性の発症者が多い。
3　50歳代よりも30歳代の有病率が高い。
4　特定健康診査で発見されることが多い。
5　高齢の認知症（dementia）に比べて、就労支援が必要になることが多い。

問題　44　Ｌさん（78歳、女性、要介護１）は、３年前にアルツハイマー型認知症（dementia of the Alzheimer's type）と診断された。訪問介護（ホームヘルプサービス）を利用し、夫の介護を受けながら二人で暮らしている。ある日、訪問介護員（ホームヘルパー）が訪問すると夫から、「用事で外出しようとすると『外で女性に会っている』と言って興奮することが増えて困っている」と相談を受けた。
　　Ｌさんの症状に該当するものとして、**最も適切なもの**を１つ選びなさい。

1　誤認
2　観念失行
3　嫉妬妄想
4　視覚失認
5　幻視

問題　45　認知機能障害による生活への影響に関する記述として、**最も適切なもの**を１つ選びなさい。

1　遂行機能障害により、自宅がわからない。
2　記憶障害により、出された食事を食べない。
3　相貌失認により、目の前の家族がわからない。
4　視空間認知障害により、今日の日付がわからない。
5　病識低下により、うつ状態になりやすい。

問題　46　バリデーション（validation）に基づく、認知症（dementia）の人の動きや感情に合わせるコミュニケーション技法として、**正しいもの**を１つ選びなさい。

1　センタリング（centering）
2　リフレージング（rephrasing）
3　レミニシング（reminiscing）
4　ミラーリング（mirroring）
5　カリブレーション（calibration）

問題 47 Mさん（80歳、女性、要介護1）は、アルツハイマー型認知症（dementia of the Alzheimer's type）であり、3日前に認知症対応型共同生活介護（認知症高齢者グループホーム）に入居した。主治医から向精神薬が処方されている。居室では穏やかに過ごしていた。夕食後、表情が険しくなり、「こんなところにはいられません。私は家に帰ります」と大声を上げ、ほかの利用者にも、「あなたも一緒に帰りましょう」と声をかけて皆が落ち着かなくなることがあった。

　Mさんの介護を検討するときに優先することとして、**最も適切なもの**を1つ選びなさい。

1　Mさんが訴えている内容

2　Mさんの日中の過ごし方

3　ほかの利用者が落ち着かなくなったこと

4　対応に困ったこと

5　薬が効かなかったこと

問題 48 Aさん（80歳、男性、要介護1）は、認知症（dementia）で、妻の介護を受けながら二人で暮らしている。「夫は昼夜逆転がある。在宅介護を続けたいが、私が体調を崩し数日間の入院が必要になった」と言う妻に提案する、Aさんへの介護サービスとして、**最も適切なもの**を1つ選びなさい。

1　認知症対応型通所介護（認知症対応型デイサービス）

2　短期入所生活介護（ショートステイ）

3　認知症対応型共同生活介護（認知症高齢者グループホーム）

4　特定施設入居者生活介護

5　介護老人福祉施設

障害の理解

問題 49 次のうち、ノーマライゼーション（normalization）の原理を盛り込んだ法律（いわゆる「1959年法」）を制定した最初の国として、**正しいものを1つ**選びなさい。

1　デンマーク
2　イギリス
3　アメリカ
4　スウェーデン
5　ノルウェー

問題 50 法定後見制度において、成年後見人等を選任する機関等として、**正しいものを1つ**選びなさい。

1　法務局
2　家庭裁判所
3　都道府県知事
4　市町村長
5　福祉事務所

問題 51 次の記述のうち、障害を受容した心理的段階にみられる言動として、**最も適切なものを1つ**選びなさい。

1　障害があるという自覚がない。
2　周囲に不満をぶつける。
3　自分が悪いと悲観する。
4　価値観が転換し始める。
5　できることに目を向けて行動する。

問題 52 統合失調症（schizophrenia）の特徴的な症状として、**最も適切なものを1つ**選びなさい。

1　振戦せん妄
2　妄想
3　強迫性障害
4　抑うつ気分
5　健忘

問題 53 Bさん（60歳、男性）は、一人暮らしをしている。糖尿病性網膜症（diabetic retinopathy）による視覚障害（身体障害者手帳1級）があり、末梢神経障害の症状がでている。Bさんの日常生活において、介護福祉職が留意すべき点として、**最も適切なもの**を1つ選びなさい。

1 水晶体の白濁
2 口腔粘膜や外陰部の潰瘍
3 振戦や筋固縮
4 足先の傷や壊疽などの病変
5 感音性の難聴

問題 54 Cさん（55歳、男性）は、5年前に筋萎縮性側索硬化症（amyotrophic lateral sclerosis：ALS）と診断された。現在は症状が進行して、日常生活動作に介護が必要で、自宅では電動車いすと特殊寝台を使用している。

次の記述のうち、Cさんの現在の状態として、**最も適切なもの**を1つ選びなさい。

1 誤嚥せずに食事することが可能である。
2 明瞭に話すことができる。
3 身体の痛みがわかる。
4 自力で痰を排出できる。
5 箸を上手に使える。

問題 55 Dさん（36歳、女性、療育手帳所持）は、一人暮らしをしながら地域の作業所に通っている。身の回りのことはほとんど自分でできるが、お金の計算、特に計画的にお金を使うのが苦手だった。そこで、社会福祉協議会の生活支援員と一緒に銀行へ行って、1週間ごとにお金をおろして生活するようになった。小遣い帳に記録をするようにアドバイスを受けて、お金を計画的に使うことができるようになった。

次のうち、Dさんが活用した支援を実施する事業として、**最も適切なもの**を1つ選びなさい。

1 障害者相談支援事業
2 自立生活援助事業
3 日常生活自立支援事業
4 成年後見制度利用支援事業
5 日常生活用具給付等事業

問題 56 次のうち、障害の特性に応じた休憩時間の調整など、柔軟に対応することで障害者の権利を確保する考え方を示すものとして、**最も適切なもの**を1つ選びなさい。

1 全人間的復権
2 合理的配慮
3 自立生活運動
4 意思決定支援
5 共同生活援助

問題 57 「障害者総合支援法」において、障害福祉サービスを利用する人の意向のもとにサービス等利用計画案を作成する事業所に置かなければならない専門職として、**最も適切なもの**を１つ選びなさい。

1 介護支援専門員（ケアマネジャー）
2 社会福祉士
3 介護福祉士
4 民生委員
5 相談支援専門員

(注)「障害者総合支援法」とは、「障害者の日常生活及び社会生活を総合的に支援するための法律」のことである。

問題 58 家族の介護力をアセスメントするときの視点に関する記述として、**最も適切なもの**を１つ選びなさい。

1 障害者個人のニーズを重視する。
2 家族のニーズを重視する。
3 家族構成員の主観の共通部分を重視する。
4 家族を構成する個人と家族全体の生活を見る。
5 支援者の視点や価値観を基準にする。

医療的ケア

問題 59 次の記述のうち、喀痰吸引等を実施する訪問介護事業所として登録するときに、事業所が行うべき事項として、**正しいものを1つ**選びなさい。

1 登録研修機関になる。

2 医師が設置する安全委員会に参加する。

3 喀痰吸引等計画書の作成を看護師に依頼する。

4 介護支援専門員（ケアマネジャー）の文書による指示を受ける。

5 医療関係者との連携体制を確保する。

問題 60 次のうち、呼吸器官の部位の説明に関する記述として、**正しいものを1つ**選びなさい。

1 鼻腔は、上葉・中葉・下葉に分かれている。

2 咽頭は、左右に分岐している。

3 喉頭は、食べ物の通り道である。

4 気管は、空気の通り道である。

5 肺は、腹腔内にある。

問題 61 次のうち、痰の吸引の準備に関する記述として、**最も適切なものを1つ**選びなさい。

1 吸引器は、陰圧になることを確認する。

2 吸引びんは、滅菌したものを用意する。

3 吸引チューブのサイズは、痰の量に応じたものにする。

4 洗浄水は、決められた消毒薬を入れておく。

5 清浄綿は、次亜塩素酸ナトリウムに浸しておく。

問題 62 次のうち、経管栄養で起こるトラブルに関する記述として、**最も適切なものを1つ**選びなさい。

1 チューブの誤挿入は、下痢を起こす可能性がある。

2 注入速度が速いときは、嘔吐を起こす可能性がある。

3 注入物の温度の調整不良は、脱水を起こす可能性がある。

4 注入物の濃度の間違いは、感染を起こす可能性がある。

5 注入中の姿勢の不良は、便秘を起こす可能性がある。

問題　**63**　Ｅさん（75歳、女性）は、介護老人福祉施設に入所している。脳梗塞（cerebral infarction）の後遺症があり、介護福祉士が胃ろうによる経管栄養を行っている。

　　ある日、半座位で栄養剤の注入を開始し、半分程度を順調に注入したところで、体調に変わりがないかを聞くと、「少しお腹が張ってきたような気がする」とＥさんは答えた。意識レベルや顔色に変化はなく、腹痛や嘔気はない。

　　次のうち、介護福祉士が看護職員に相談する前に行う対応として、**最も適切なものを１つ**選びなさい。

1　嘔吐していないので、そのまま様子をみる。
2　仰臥位（背臥位）にする。
3　腹部が圧迫されていないかを確認する。
4　注入速度を速める。
5　栄養剤の注入を終了する。

介護の基本

問題 64 介護を取り巻く状況に関する次の記述のうち、**最も適切なもの**を１つ選びなさい。

1 ダブルケアとは、夫婦が助け合って子育てをすることである。

2 要介護・要支援の認定者数は、介護保険制度の導入時から年々減少している。

3 家族介護を支えていた家制度は、地域包括ケアシステムによって廃止された。

4 要介護・要支援の認定者のいる三世代世帯の構成割合は、介護保険制度の導入時から年々増加している。

5 家族が担っていた介護の役割は、家族機能の低下によって社会で代替する必要が生じた。

問題 65 介護福祉士に関する次の記述のうち、**適切なもの**を１つ選びなさい。

1 傷病者に対する療養上の世話又は診療の補助を業とする。

2 喀痰吸引を行うときは市町村の窓口に申請する。

3 業務独占の資格である。

4 資格を更新するために５年ごとに研修を受講する。

5 信用を傷つけるような行為は禁止されている。

問題 66 施設利用者の個人情報の保護に関する次の記述のうち、**最も適切なもの**を１つ選びなさい。

1 職員がすべての個人情報を自由に閲覧できるように、パスワードを共有する。

2 個人情報を記載した書類は、そのまま新聞紙と一緒に捨てる。

3 個人情報保護に関する研修会を定期的に開催し、意識の向上を図る。

4 職員への守秘義務の提示は、採用時ではなく退職時に書面で行う。

5 利用者の音声情報は、同意を得ずに使用できる。

問題 67 個別性や多様性を踏まえた介護に関する次の記述のうち、**最も適切なもの**を１つ選びなさい。

1 その人らしさは、障害特性から判断する。

2 生活習慣は、生活してきた環境から理解する。

3 生活歴は、成人期以降の情報から収集する。

4 生活様式は、同居する家族と同一にする。

5 衣服は、施設の方針によって統一する。

問題　68　Aさん（48歳、女性、要介護1）は、若年性認知症（dementia with early onset）で、夫、長女（高校1年生）と同居している。Aさんは家族と過ごすことを希望し、小規模多機能型居宅介護で通いを中心に利用を始めた。Aさんのことが心配な長女は、部活動を諦めて学校が終わるとすぐに帰宅していた。

　　ある日、夫が、「長女が、学校の先生たちにも相談しているが、今の状況をわかってくれる人がいないと涙を流すことがある」と介護福祉職に相談をした。

　　夫の話を聞いた介護福祉職の対応として、**最も適切なもの**を1つ選びなさい。

1　長女に、掃除や洗濯の方法を教える。

2　家族でもっと頑張るように、夫を励ます。

3　同じような体験をしている人と交流できる場について情報を提供する。

4　介護老人福祉施設への入所の申込みを勧める。

5　介護支援専門員（ケアマネジャー）に介護サービスの変更を提案する。

問題　69　Bさん（61歳、男性、要介護3）は、脳梗塞（cerebral infarction）による左片麻痺がある。週2回訪問介護（ホームヘルプサービス）を利用し、妻（58歳）と二人暮らしである。自宅での入浴が好きで、妻の介助を受けながら、毎日入浴している。サービス提供責任者に、Bさんから、「浴槽から立ち上がるのがつらくなってきた。何かいい方法はないですか」と相談があった。

　　Bさんへのサービス提供責任者の対応として、**最も適切なもの**を1つ選びなさい。

1　Bさんがひとりで入浴できるように、自立生活援助の利用を勧める。

2　浴室を広くするために、居宅介護住宅改修費を利用した改築を勧める。

3　妻の入浴介助の負担が軽くなるように、行動援護の利用を勧める。

4　入浴補助用具で本人の力を生かせるように、特定福祉用具販売の利用を勧める。

5　Bさんが入浴を継続できるように、通所介護（デイサービス）の利用を勧める。

問題　70　社会奉仕の精神をもって、住民の立場に立って相談に応じ、必要な援助を行い、社会福祉の増進に努める者として、**適切なもの**を1つ選びなさい。

1　民生委員

2　生活相談員

3　訪問介護員（ホームヘルパー）

4　通所介護職員

5　介護支援専門員（ケアマネジャー）

問題 71　3階建て介護老人福祉施設がある住宅地に、下記の図記号に関連した警戒レベル3が発令された。介護福祉職がとるべき行動として、**最も適切なもの**を1つ選びなさい。

1　玄関のドアを開けたままにする。
2　消火器で、初期消火する。
3　垂直避難誘導をする。
4　利用者家族に安否情報を連絡する。
5　転倒の危険性があるものを固定する。

問題 72　次の記述のうち、介護における感染症対策として、**最も適切なもの**を1つ選びなさい。
1　手洗いは、液体石鹸よりも固形石鹸を使用する。
2　配膳時にくしゃみが出たときは、口元をおさえた手でそのまま行う。
3　嘔吐物の処理は、素手で行う。
4　排泄の介護は、利用者ごとに手袋を交換する。
5　うがい用のコップは、共用にする。

問題 73　介護福祉士が行う服薬の介護に関する次の記述のうち、**最も適切なもの**を1つ選びなさい。
1　服薬時間は、食後に統一する。
2　服用できずに残った薬は、介護福祉士の判断で処分する。
3　多種類の薬を処方された場合は、介護福祉士が一包化する。
4　内服薬の用量は、利用者のその日の体調で決める。
5　副作用の知識をもって、服薬の介護を行う。

コミュニケーション技術

問題 74 Cさん（85歳、女性、要介護3）は、介護老人保健施設に入所しており、軽度の難聴がある。数日前から、職員は感染症対策として日常的にマスクを着用して勤務することになった。

ある日、D介護福祉職がCさんの居室を訪問すると、「孫が絵を描いて送ってくれたの」と笑いながら絵を見せてくれた。D介護福祉職はCさんの言動に共感的理解を示すために、意図的に非言語コミュニケーションを用いて対応した。

このときのD介護福祉職のCさんへの対応として、**最も適切なもの**を1つ選びなさい。

1 「よかったですね」と紙に書いて渡した。
2 目元を意識した笑顔を作り、大きくうなずいた。
3 「お孫さんの絵が届いて、うれしかったですね」と耳元で話した。
4 「私もうれしいです」と、ゆっくり話した。
5 「えがとてもじょうずです」と五十音表を用いて伝えた。

問題 75 利用者の家族との信頼関係の構築を目的としたコミュニケーションとして、**最も適切なもの**を1つ選びなさい。

1 家族に介護技術を教える。
2 家族に介護をしている当事者の会に参加することを提案する。
3 家族から介護の体験を共感的に聴く。
4 家族に介護を続ける強い気持ちがあるかを質問する。
5 家族に介護保険が使える範囲を説明する。

問題 76 Eさん（70歳、女性）は、脳梗塞（cerebral infarction）の後遺症で言語に障害がある。発語はできるが、話したいことをうまく言葉に言い表せない。聴覚機能に問題はなく、日常会話で使用する単語はだいたい理解できるが、単語がつながる文章になるとうまく理解できない。ある日、Eさんに介護福祉職が、「お風呂は、今日ではなくあしたですよ」と伝えると、Eさんはしばらく黙って考え、理解できない様子だった。

このとき、Eさんへの介護福祉職の対応として、**最も適切なもの**を1つ選びなさい。

1 「何がわからないのか教えてください」と質問する。
2 「お風呂、あした」と短い言葉で伝える。
3 「今日、お風呂に入りたいのですね」と確かめる。
4 「あしたがお風呂の日で、今日は違いますよ」と言い換える。
5 「お・ふ・ろ・は・あ・し・た」と1音ずつ言葉を区切って伝える。

問題 77 Fさん（70歳、女性）は、最近、抑うつ状態（depressive state）にあり、ベッドに寝ていることが多く、「もう死んでしまいたい」とつぶやいていた。

Fさんの発言に対する、介護福祉職の言葉かけとして、**最も適切なもの**を**１つ**選びなさい。

1 「落ちこんだらだめですよ」
2 「とてもつらいのですね」
3 「どうしてそんなに寝てばかりいるのですか」
4 「食堂へおしゃべりに行きましょう」
5 「元気を出して、頑張ってください」

問題 78 Gさん（70歳、女性、要介護１）は、有料老人ホームに入居していて、網膜色素変性症（retinitis pigmentosa）による夜盲がある。ある日の夕方、Gさんがうす暗い廊下を歩いているのをH介護福祉職が発見し、「Hです。大丈夫ですか」と声をかけた。Gさんは、「びっくりした。見えにくくて、わからなかった…」と暗い表情で返事をした。

このときのGさんに対するH介護福祉職の受容的な対応として、**最も適切なもの**を**１つ**選びなさい。

1 「驚かせてしまいましたね。一緒に歩きましょうか」
2 「明るいところを歩きましょう。電気をつけたほうがいいですよ」
3 「見えにくくなってきたのですね。一緒に点字の練習を始めましょう」
4 「白杖があるかを確認しておきます。白杖を使うようにしましょう」
5 「暗い顔をしないでください。頑張りましょう」

問題 79 事例検討の目的に関する次の記述のうち、**最も適切なもの**を**１つ**選びなさい。

1 家族に介護計画を説明し、同意を得る。
2 上司に利用者への対応の結果を報告し、了解を得る。
3 介護計画の検討をとおして、チームの交流を深める。
4 チームで事例の課題を共有し、解決策を見いだす。
5 各職種の日頃の悩みを共有する。

問題 80 介護老人福祉施設における、レクリエーション活動に関する次の記述のうち、**最も適切な**
ものを1つ選びなさい。

1 利用者全員が参加することを重視する。
2 毎回、異なるプログラムを企画する。
3 プログラムに買い物や調理も取り入れる。
4 利用者の過去の趣味を、プログラムに取り入れることは避ける。
5 地域のボランティアの参加は、遠慮してもらう。

問題 81 関節リウマチ（rheumatoid arthritis）で、関節の変形や痛みがある人への住まいに関する
介護福祉職の助言として、**最も適切なもの**を1つ選びなさい。

1 手すりは、握らずに利用できる平手すりを勧める。
2 いすの座面の高さは、低いものを勧める。
3 ベッドよりも、床に布団を敷いて寝るように勧める。
4 部屋のドアは、開き戸を勧める。
5 2階建ての家の場合、居室は2階にすることを勧める。

問題 82 心身機能が低下した高齢者の住環境の改善に関する次の記述のうち、**最も適切なもの**を1
つ選びなさい。

1 玄関から道路までは、コンクリートから砂利敷きにする。
2 扉の取っ手は、レバーハンドルから丸いドアノブにする。
3 階段の足が乗る板と板の先端部分は、反対色から同系色にする。
4 車いすを使用する居室の床は、畳から板製床材（フローリング）にする。
5 浴槽は、和洋折衷式から洋式にする。

問題 83 仰臥位（背臥位）から半座位（ファーラー位）にするとき、ギャッチベッドの背上げを行
う前の介護に関する次の記述のうち、**最も適切なもの**を1つ選びなさい。

1 背部の圧抜きを行う。
2 臀部をベッド中央部の曲がる部分に合わせる。
3 ベッドの高さを最も低い高さにする。
4 利用者の足がフットボードに付くまで水平移動する。
5 利用者のからだをベッドに対して斜めにする。

問題 84 回復期にある左片麻痺(ひだりかたまひ)の利用者が、ベッドで端座位から立位になるときの基本的な介護方法に関する次の記述のうち、**最も適切なもの**を**1つ**選びなさい。

1 利用者の右側に立つ。
2 利用者に、ベッドに深く座るように促す。
3 利用者に、背すじを伸ばして真上に立ち上がるように促す。
4 利用者の左側に荷重がかかるように支える。
5 利用者の左の膝頭に手を当てて保持し、膝折れを防ぐ。

問題 85 標準型車いすを用いた移動の介護に関する次の記述のうち、**適切なもの**を**1つ**選びなさい。

1 急な上り坂は、すばやく進む。
2 急な下り坂は、前向きで進む。
3 踏切を渡るときは、駆動輪を上げて進む。
4 エレベーターに乗るときは、正面からまっすぐに進む。
5 段差を降りるときは、前輪から下りる。

問題 86 医学的管理の必要がない高齢者の爪の手入れに関する次の記述のうち、**最も適切なもの**を**1つ**選びなさい。

1 爪は、入浴の前に切る。
2 爪の先の白い部分は、残らないように切る。
3 爪は、一度にまっすぐ横に切る。
4 爪の両端は、切らずに残す。
5 爪切り後は、やすりをかけて滑らかにする。

問題 87 左片麻痺(ひだりかたまひ)の利用者が、端座位でズボンを着脱するときの介護に関する次の記述のうち、**最も適切なもの**を**1つ**選びなさい。

1 最初に、左側の腰を少し上げて脱ぐように促す。
2 右膝を高く上げて、脱ぐように促す。
3 左足を右の大腿(だいたい)の上にのせて、ズボンを通すように促す。
4 立ち上がる前に、ズボンを膝下まで上げるように促す。
5 介護福祉職は右側に立って、ズボンを上げるように促す。

問題 88 次のうち、嚥下(えんげ)機能の低下している利用者に提供するおやつとして、**最も適切なもの**を**1つ**選びなさい。

1 クッキー
2 カステラ
3 もなか
4 餅
5 プリン

問題 **89** 介護老人福祉施設の介護福祉職が、管理栄養士と連携することが必要な利用者の状態として、**最も適切なもの**を1つ選びなさい。

1 利用者の食べ残しが目立つ。
2 経管栄養をしている利用者が嘔吐する。
3 利用者の食事中の姿勢が不安定である。
4 利用者の義歯がぐらついている。
5 利用者の摂食・嚥下の機能訓練が必要である。

問題 **90** 次の記述のうち、血液透析を受けている利用者への食事の介護として、**最も適切なもの**を1つ選びなさい。

1 塩分の多い食品をとるように勧める。
2 ゆでこぼした野菜をとるように勧める。
3 乳製品を多くとるように勧める。
4 水分を多くとるように勧める。
5 魚や肉を使った料理を多くとるように勧める。

問題 **91** 介護老人福祉施設の一般浴（個浴）で、右片麻痺の利用者が移乗台に座っている。その状態から安全に入浴をするための介護福祉職の助言として、**最も適切なもの**を1つ選びなさい。

1 「浴槽に入るときは、右足から入りましょう」
2 「湯につかるときは、左膝に手をついてゆっくり入りましょう」
3 「浴槽内では、足で浴槽の壁を押すようにして姿勢を安定させましょう」
4 「浴槽内では、後ろの壁に寄りかかり足を伸ばしましょう」
5 「浴槽から出るときは、真上方向に立ち上がりましょう」

問題 **92** 次の記述のうち、椅座位で足浴を行う介護方法として、**最も適切なもの**を1つ選びなさい。
1 ズボンを脱いだ状態で行う。
2 湯温の確認は、介護福祉職より先に利用者にしてもらう。
3 足底は、足浴用容器の底面に付いていることを確認する。
4 足に付いた石鹸の泡は、洗い流さずに拭き取る。
5 足浴用容器から足を上げた後は、自然乾燥させる。

問題 **93** 身体機能が低下している高齢者が、ストレッチャータイプの特殊浴槽を利用するときの入浴介護の留意点として、**最も適切なもの**を1つ選びなさい。
1 介護福祉職2名で、洗髪と洗身を同時に行う。
2 背部を洗うときは、側臥位にして行う。
3 浴槽に入るときは、両腕の上から固定ベルトを装着する。
4 浴槽では、首までつかるようにする。
5 浴槽につかる時間は、20分程度とする。

問題 94 Ｊさん（84歳、女性、要介護３）は、認知症（dementia）があり、夫（86歳、要支援１）と二人暮らしである。Ｊさんは尿意はあるが、夫の介護負担を軽減するため終日おむつを使用しており、尿路感染症（urinary tract infection）を繰り返していた。夫が体調不良になったので、Ｊさんは介護老人福祉施設に入所した。

　　Ｊさんの尿路感染症（urinary tract infection）を予防する介護として、**最も適切なもの**を１つ選びなさい。

1　尿の性状を観察する。
2　体温の変化を観察する。
3　陰部洗浄の回数を検討する。
4　おむつを使わないで、トイレに誘導する。
5　膀胱留置カテーテルの使用を提案する。

問題 95 夜間、自宅のトイレでの排泄が間に合わずに失敗してしまう高齢者への介護福祉職の助言として、**最も適切なもの**を１つ選びなさい。

1　水分摂取量を減らすように勧める。
2　終日、リハビリパンツを使用するように勧める。
3　睡眠薬を服用するように勧める。
4　泌尿器科を受診するように勧める。
5　夜間は、ポータブルトイレを使用するように勧める。

問題 96 介護福祉職が行うことができる、市販のディスポーザブルグリセリン浣腸器を用いた排便の介護に関する次の記述のうち、**最も適切なもの**を１つ選びなさい。

1　浣腸液は、39℃～40℃に温める。
2　浣腸液を注入するときは、立位をとるように声をかける。
3　浣腸液は、すばやく注入する。
4　浣腸液を注入したら、すぐに排便するように声をかける。
5　排便がない場合は、新しい浣腸液を再注入する。

問題 97 訪問介護員（ホームヘルパー）が行う見守り的援助として、**最も適切なもの**を１つ選びなさい。

1　ゴミの分別ができるように声をかける。
2　利用者がテレビを見ている間に洗濯物を干す。
3　着られなくなった服を作り直す。
4　調理したものを盛り付け、食事を提供する。
5　冷蔵庫の中を整理し、賞味期限が切れた食品を捨てておく。

問題 98 高齢者が靴下・靴を選ぶときの介護福祉職の対応として、**最も適切なもの**を1つ選びなさい。

1 靴下は、指つきのきついものを勧める。

2 靴下は、足底に滑り止めがあるものを勧める。

3 靴は、床面からつま先までの高さが小さいものを勧める。

4 靴は、踵（かかと）のない脱ぎやすいものを勧める。

5 靴は、先端部に0.5～1cmの余裕があるものを勧める。

問題 99 Kさん（77歳、女性、要支援2）は、もの忘れが目立ちはじめ、訪問介護（ホームヘルプサービス）を利用しながら夫と二人で生活している。訪問時、Kさん夫婦から、「Kさんがテレビショッピングで購入した健康食品が毎月届いてしまい、高額の支払いが発生して困っている」と相談があった。

Kさん夫婦に対する訪問介護員（ホームヘルパー）の発言として、**最も適切なもの**を1つ選びなさい。

1 「健康食品は処分しましょう」

2 「クーリング・オフをしましょう」

3 「買い物は夫がするようにしましょう」

4 「契約内容を一緒に確認しましょう」

5 「テレビショッピングでの買い物はやめましょう」

問題 100 消化管ストーマを造設した利用者への睡眠の介護に関する記述として、**最も適切なもの**を1つ選びなさい。

1 寝る前にストーマから出血がある場合は、軟膏（なんこう）を塗布する。

2 寝る前に、パウチに便がたまっていたら捨てる。

3 寝る前に、ストーマ装具を新しいものに交換する。

4 便の漏れが心配な場合は、パウチの上からおむつを強く巻く。

5 睡眠を妨げないように、パウチの観察は控える。

問題 101 Lさん（79歳、男性、要介護2）は、介護老人保健施設に入所して1か月が経過した。睡眠中に大きないびきをかいていることが多く、いびきの音が途切れることもある。夜間に目を覚ましていたり、起床時にだるそうにしている様子もしばしば見られている。

介護福祉職がLさんについて収集すべき情報として、**最も優先度の高いもの**を1つ選びなさい。

1 枕の高さ

2 マットレスの硬さ

3 掛け布団の重さ

4 睡眠中の足の動き

5 睡眠中の呼吸状態

問題 102 Mさん（98歳、男性、要介護5）は、介護老人福祉施設に入所している。誤嚥性肺炎（aspiration pneumonia）で入退院を繰り返し、医師からは終末期が近い状態であるといわれている。

介護福祉職が確認すべきこととして、**最も優先度の高いもの**を1つ選びなさい。

1　主治医の今後の見通し
2　誤嚥性肺炎（aspiration pneumonia）の発症時の入院先
3　経口摂取に対する本人の意向
4　経口摂取に対する家族の意向
5　延命治療に対する家族の希望

問題 103 デスカンファレンス（death conference）の目的に関する次の記述のうち、**最も適切なもの**を1つ選びなさい。

1　一般的な死の受容過程を学習する。
2　終末期を迎えている利用者の介護について検討する。
3　利用者の家族に対して、死が近づいたときの身体の変化を説明する。
4　亡くなった利用者の事例を振り返り、今後の介護に活用する。
5　終末期の介護に必要な死生観を統一する。

問題 104 福祉用具を活用するときの基本的な考え方として、**最も適切なもの**を1つ選びなさい。

1　福祉用具が活用できれば、住宅改修は検討しない。
2　複数の福祉用具を使用するときは、状況に合わせた組合せを考える。
3　福祉用具の選択に迷うときは、社会福祉士に選択を依頼する。
4　家族介護者の負担軽減を最優先して選ぶ。
5　福祉用具の利用状況のモニタリング（monitoring）は不要である。

問題 105 以下の図のうち、握力の低下がある利用者が使用する杖として、**最も適切なものを 1 つ選**びなさい。

1

2

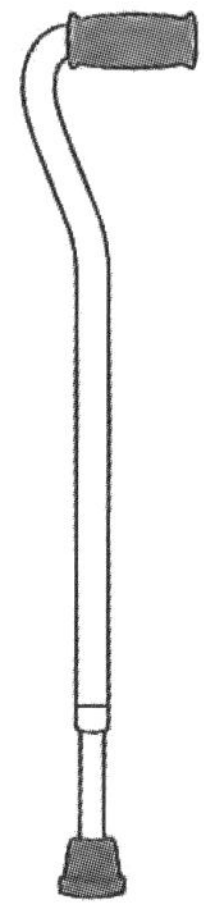

3

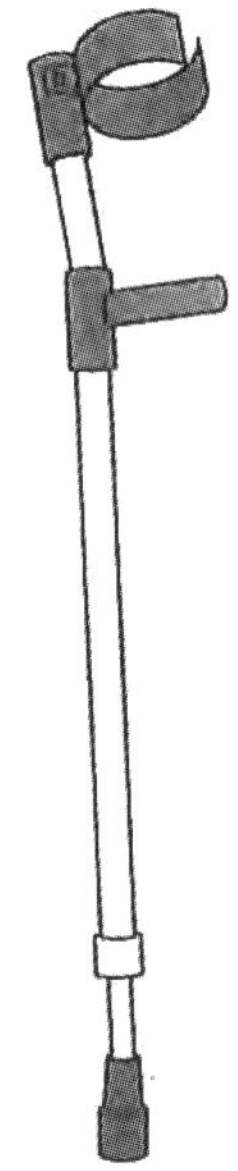

4

5

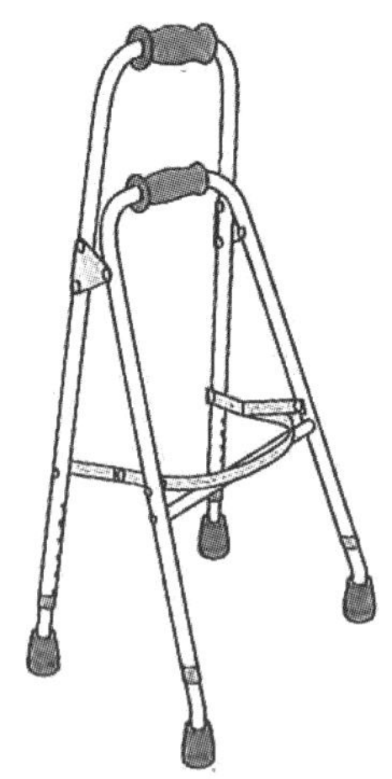

介護過程

問題 106 介護福祉職が、初回の面談で情報を収集するときの留意点として、**最も適切なものを１つ**選びなさい。

1 用意した項目を次から次に質問する。
2 目的を意識しながら話を聴く。
3 ほかの利用者が同席する状況で質問する。
4 最初に経済状態に関する質問をする。
5 家族の要望を中心に話を聴く。

問題 107 介護過程の評価に関する次の記述のうち、**最も適切なものを１つ**選びなさい。

1 生活状況が変化しても、介護計画で設定した日に評価する。
2 サービス担当者会議で評価する。
3 相談支援専門員が中心になって評価する。
4 利用者の満足度を踏まえて評価する。
5 介護計画の実施中に評価基準を設定する。

問題 108 次の記述のうち、介護老人保健施設で多職種連携によるチームアプローチ（team approach）を実践するとき、介護福祉職が担う役割として、**最も適切なものを１つ**選びなさい。

1 利用者の生活状況の変化に関する情報を提供する。
2 総合的な支援の方向性を決める。
3 サービス担当者会議を開催する。
4 必要な検査を指示する。
5 ほかの職種が担う貢献度を評価する。

次の事例を読んで、**問題109、問題110**について答えなさい。

〔事　例〕

Aさん（75歳、女性）は、一人暮らしで、身体機能に問題はない。70歳まで地域の子どもたちに大正琴を教えていた。認知症（dementia）の進行が疑われて、心配した友人が地域包括支援センターに相談した結果、Aさんは介護老人福祉施設に入所することになった。入所時のAさんの要介護度は3であった。

入所後、短期目標を、「施設に慣れ、安心して生活する（3か月）」と設定し、計画は順調に進んでいた。Aさんは施設の大正琴クラブに自ら進んで参加し、演奏したり、ほかの利用者に大正琴を笑顔で教えたりしていた。ある日、クラブの終了後に、Aさんは部屋に戻らずに、エレベーターの前で立ち止まっていた。介護職員が声をかけると、Aさんが、「あの子たちが待っているの」と強い口調で言った。

問題　109　大正琴クラブが終わった後のAさんの行動を解釈するために必要な情報として、**最も優先すべきもの**を1つ選びなさい。

1　介護職員の声かけのタイミング
2　Aさんが演奏した時間
3　「あの子たちが待っているの」という発言
4　クラブに参加した利用者の人数
5　居室とエレベーターの位置関係

問題　110　Aさんの状況から支援を見直すことになった。

次の記述のうち、新たな支援の方向性として、**最も適切なもの**を1つ選びなさい。

1　介護職員との関係を改善する。
2　身体機能を改善する。
3　演奏できる自信を取り戻す。
4　エレベーターの前に座れる環境を整える。
5　大正琴を教える役割をもつ。

次の事例を読んで、**問題111**、**問題112**について答えなさい。

〔事　例〕

　Bさん（50歳、男性、障害支援区分3）は、49歳のときに脳梗塞（cerebral infarction）を発症し、左片麻痺（ひだりかたまひ）で高次脳機能障害（higher brain dysfunction）と診断された。以前は大工で、手先が器用だったと言っている。

　現在は就労継続支援B型事業所に通っている。短期目標を、「右手を使い、作業を自分ひとりで行える（3か月）」と設定し、製品を箱に入れる単純作業を任されていた。ほかの利用者との人間関係も良好で、左片麻痺（ひだりかたまひ）に合わせた作業台で、毎日の作業目標を達成していた。生活支援員には、「将来は手先を使う仕事に就きたい」と希望を話していた。

　将来に向けて、生活支援員が新たに製品の組立て作業を提案すると、Bさんも喜んで受け入れた。初日に、「ひとりで頑張る」と始めたが、途中で何度も手が止まり、完成品に不備が見られた。生活支援員が声をかけると、「こんなの、できない」と大声を出した。

問題 111　生活支援員の声かけに対し、Bさんが大声を出した理由を解釈する視点として、**最も適切な**ものを1つ選びなさい。

1　ほかの利用者との人間関係
2　生活支援員に話した将来の希望
3　製品を箱に入れる毎日の作業量
4　製品の組立て作業の状況
5　左片麻痺（ひだりかたまひ）に合わせた作業台

問題 112　Bさんに対するカンファレンス（conference）が開催され、短期目標を達成するための具体的な支援について見直すことになった。

　次の記述のうち、見直した支援内容として、**最も適切な**ものを1つ選びなさい。

1　完成品の不備を出すことへの反省を促す。
2　左側に部品を置いて作業するように促す。
3　完成までの手順を理解しやすいように示す。
4　生活支援員が横に座り続けて作業内容を指示する。
5　製品を箱に入れる単純作業も同時に行うように調整する。

問題 113　事例研究を行うときに、遵守すべき倫理的配慮として、**適切な**ものを1つ選びなさい。

1　研究内容を説明して、事例対象者の同意を得る。
2　個人が特定できるように、氏名を記載する。
3　得られたデータは、研究終了後すぐに破棄する。
4　論文の一部であれば、引用元を明示せずに利用できる。
5　研究成果を得るために、事実を拡大解釈する。

総合問題

（総合問題Ⅰ）

　次の事例を読んで、**問題114から問題116まで**について答えなさい。

〔事　例〕

　Cさん（59歳、男性）は、妻（55歳）と二人暮らしであり、専業農家である。Cさんはおとなしい性格であったが、最近怒りやすくなったと妻は感じていた。Cさんは毎日同じ時間に同じコースを散歩している。ある日、散歩コースの途中にあり、昔からよく行く八百屋から、「Cさんが代金を支払わずに商品を持っていった。今回で2回目になる。お金を支払いにきてもらえないか」と妻に連絡があった。妻がCさんに確認したところ、悪いことをした認識がなかった。心配になった妻がCさんと病院に行くと、前頭側頭型認知症（frontotemporal dementia）と診断を受けた。妻は今後同じようなことが起きないように、Cさんの行動を常に見守り、外出を制限したが、疲労がたまり、今後の生活に不安を感じた。そこで、地域包括支援センターに相談し、要介護認定の申請を行い、訪問介護（ホームヘルプサービス）を利用することになった。

問題　114　Cさんが八百屋でとった行動から考えられる状態として、**最も適切なもの**を1つ選びなさい。

1　脱抑制

2　記憶障害

3　感情失禁

4　見当識障害

5　遂行機能障害

問題　115　Cさんの介護保険制度の利用に関する次の記述のうち、**適切なもの**を1つ選びなさい。

1　介護保険サービスの利用者負担割合は1割である。

2　介護保険料は特別徴収によって納付する。

3　要介護認定の結果が出る前に介護保険サービスを利用することはできない。

4　要介護認定の利用者負担割合は2割である。

5　介護保険サービスの費用はサービスの利用回数に関わらず定額である。

問題 116 その後、妻に外出を制限されたＣさんは不穏となった。困った妻が訪問介護員（ホームヘルパー）に相談したところ、「八百屋に事情を話して事前にお金を渡して、Ｃさんが品物を持ち去ったときは、渡したお金から商品代金を支払うようにお願いしてはどうか」とアドバイスを受けた。

訪問介護員（ホームヘルパー）が意図したＣさんへの関わりをＩＣＦ（International Classification of Functioning, Disability and Health：国際生活機能分類）に当てはめた記述として、**最も適切なもの**を１つ選びなさい。

1 個人因子への影響を意図して、健康状態に働きかける。
2 健康状態への影響を意図して、心身機能に働きかける。
3 活動への影響を意図して、身体構造に働きかける。
4 参加への影響を意図して、環境因子に働きかける。
5 環境因子への影響を意図して、個人因子に働きかける。

（総合問題２）

次の事例を読んで、**問題117から問題119まで**について答えなさい。

〔事　例〕

Ｄさん（70歳、男性）は、自宅で妻と二人暮らしで、年金収入で生活している。ある日、車を運転中に事故に遭い救急搬送された。医師からは、第４胸髄節まで機能が残存している脊髄損傷（spinal cord injury）と説明を受けた。Ｄさんは、入院中に要介護３の認定を受けた。

Ｄさんは、退院後は自宅で生活することを望んでいた。妻は一緒に暮らしたいと思うが、Ｄさんの身体状況を考えると不安を感じていた。介護支援専門員（ケアマネジャー）は、「退院後は、在宅復帰を目的に、一定の期間、リハビリテーション専門職がいる施設で生活してはどうか」とＤさんに提案した。Ｄさんは妻と退院後の生活について話し合った結果、一定期間施設に入所して、その間に、自宅の住宅改修を行うことにして、介護支援専門員（ケアマネジャー）に居宅介護住宅改修費について相談した。

問題 117 次のうち、Ｄさんが提案を受けた施設として、**最も適切なもの**を１つ選びなさい。

1 養護老人ホーム
2 軽費老人ホーム
3 介護老人福祉施設
4 介護老人保健施設
5 介護医療院

問題 118 次のうち、介護支援専門員（ケアマネジャー）がDさんに説明する居宅介護住宅改修費の支給限度基準額として、**適切なものを1つ**選びなさい。

1 10万円
2 15万円
3 20万円
4 25万円
5 30万円

問題 119 Dさんが施設入所してから3か月後、住宅改修を終えた自宅に戻ることになった。Dさんは自宅での生活を楽しみにしている。その一方で、不安も抱えていたため、担当の介護福祉士は、理学療法士と作業療法士に相談して、生活上の留意点を記載した冊子を作成して、Dさんに手渡した。

次の記述のうち、冊子の内容として、**最も適切なものを1つ**選びなさい。

1 食事では、スプーンを自助具で手に固定する。
2 移動には、リクライニング式車いすを使用する。
3 寝具は、エアーマットを使用する。
4 更衣は、ボタンエイドを使用する。
5 外出するときには、事前に多機能トイレの場所を確認する。

（総合問題3）

次の事例を読んで、**問題120から問題122まで**について答えなさい。

〔事 例〕

Eさん（34歳、女性、障害支援区分3）は、特別支援学校の高等部を卒業後、週2回、生活介護を利用しながら自宅で生活している。Eさんはアテトーゼ型（athetosis）の脳性麻痺（cerebral palsy）で不随意運動があり、首を振る動作が見られる。

食事は首の動きに合わせて、自助具を使って食べている。食事中は不随意運動が強く、食事が終わると、「首が痛い、しびれる」と言ってベッドに横になるときがある。

また、お茶を飲むときは取っ手つきのコップで飲んでいるが、コップを口元に運ぶまでにお茶がこぼれるようになってきた。日頃から自分のことは自分でやりたいと考えていて、お茶が上手に飲めなくなってきたことを気にしている。

Eさんは、生活介護事業所で油絵を描くことを楽しみにしている。以前から隣町の油絵教室に通い技術を高めたいと話していた。そこでEさんは、「自宅から油絵教室に通うときの介助をお願いするにはどうしたらよいか」と介護福祉職に相談した。

問題　120　Eさんの食事の様子から、今後、引き起こされる可能性が高いと考えられる二次障害として、**最も適切なもの**を１つ選びなさい。

1　変形性股関節症（coxarthrosis）
2　廃用症候群（disuse syndrome）
3　起立性低血圧（orthostatic hypotension）
4　脊柱側弯症（scoliosis）
5　頚椎症性脊髄症（cervical spondylotic myelopathy）

問題　121　Eさんがお茶を飲むときの介護福祉職の対応として、**最も適切なもの**を１つ選びなさい。

1　吸い飲みに変更する。
2　ストローつきコップに変更する。
3　重いコップに変更する。
4　コップを両手で持つように伝える。
5　全介助を行う。

問題　122　介護福祉職は、Eさんが隣町の油絵教室に通うことができるようにサービスを提案したいと考えている。

　次のうち、Eさんが利用するサービスとして、**最も適切なもの**を１つ選びなさい。

1　自立生活援助
2　療養介護
3　移動支援
4　自立訓練
5　同行援護

（総合問題４）

次の事例を読んで、**問題123から問題125まで**について答えなさい。

〔事　例〕

　Fさん（20歳、男性）は、自閉症スペクトラム障害（autism spectrum disorder）と重度の知的障害があり、自宅で母親（50歳）、姉（25歳）と３人で暮らしている。

　Fさんは生活介護事業所を利用している。事業所では比較的落ち着いているが、自宅に帰ってくると母親に対してかみつきや頭突きをすることがあった。また、自分で頭をたたくなどの自傷行為もたびたび見られる。

　仕事をしている母親に代わり、小さい頃から食事や排泄の介護をしている姉は、これまでFさんの行動を止めることができていたが、最近ではからだが大きくなり力も強くなって、母親と協力しても止めることが難しくなっていた。

　家族で今後のことを考えた結果、Fさんは障害者支援施設に入所することになった。

問題　123　次のうち、Fさんが自宅に帰ってきたときの状態に該当するものとして、**最も適切なもの**を1つ選びなさい。

1　学習障害
2　注意欠陥多動性障害
3　高次脳機能障害
4　強度行動障害
5　気分障害

問題　124　Fさんが入所してからも月1、2回は、姉が施設を訪ね、Fさんの世話をしている。

　ある日、担当の介護福祉職が姉に声をかけると、「小学生の頃から、学校が終わると友だちと遊ばずにまっすぐ家に帰り、母親に代わって、弟の世話をしてきた。今は、弟を見捨てたようで、申し訳ない」などと話す。

　介護福祉職の姉への対応として、**最も適切なもの**を1つ選びなさい。

1　「これからもFさんのお世話をしっかり行ってください」
2　「Fさんは落ち着いていて、自傷他害行為があるようには見えませんね」
3　「お姉さんは、小さい頃からお母さんの代わりをしてきたのですね」
4　「訪問回数を減らしてはどうですか」
5　「施設入所を後悔しているのですね。もう一度在宅ケアを考えましょう」

問題　125　Fさんが施設に入所して1年が経った。介護福祉職は、Fさん、母親、姉と共にこれまでの生活と支援を振り返り、当面、施設で安定した生活が送れるように検討した。

　次のうち、Fさんの支援を修正するときに利用するサービスとして、**正しいもの**を1つ選びなさい。

1　地域定着支援
2　計画相談支援
3　地域移行支援
4　基幹相談支援
5　基本相談支援

MEMO

第36回介護福祉士国家試験　解答用紙　午前問題

※実際の解答用紙とは異なります。コピーしてお使いください。

人間の尊厳と自立

問題 1	① ② ③ ④ ⑤
問題 2	① ② ③ ④ ⑤

人間関係とコミュニケーション

問題 3	① ② ③ ④ ⑤
問題 4	① ② ③ ④ ⑤
問題 5	① ② ③ ④ ⑤
問題 6	① ② ③ ④ ⑤

社会の理解

問題 7	① ② ③ ④ ⑤
問題 8	① ② ③ ④ ⑤
問題 9	① ② ③ ④ ⑤
問題 10	① ② ③ ④ ⑤
問題 11	① ② ③ ④ ⑤
問題 12	① ② ③ ④ ⑤
問題 13	① ② ③ ④ ⑤
問題 14	① ② ③ ④ ⑤
問題 15	① ② ③ ④ ⑤
問題 16	① ② ③ ④ ⑤
問題 17	① ② ③ ④ ⑤
問題 18	① ② ③ ④ ⑤

こころとからだのしくみ

問題 19	① ② ③ ④ ⑤
問題 20	① ② ③ ④ ⑤
問題 21	① ② ③ ④ ⑤
問題 22	① ② ③ ④ ⑤
問題 23	① ② ③ ④ ⑤
問題 24	① ② ③ ④ ⑤
問題 25	① ② ③ ④ ⑤
問題 26	① ② ③ ④ ⑤
問題 27	① ② ③ ④ ⑤
問題 28	① ② ③ ④ ⑤
問題 29	① ② ③ ④ ⑤
問題 30	① ② ③ ④ ⑤

発達と老化の理解

問題 31	① ② ③ ④ ⑤
問題 32	① ② ③ ④ ⑤
問題 33	① ② ③ ④ ⑤
問題 34	① ② ③ ④ ⑤
問題 35	① ② ③ ④ ⑤
問題 36	① ② ③ ④ ⑤
問題 37	① ② ③ ④ ⑤
問題 38	① ② ③ ④ ⑤

認知症の理解

問題 39	① ② ③ ④ ⑤
問題 40	① ② ③ ④ ⑤
問題 41	① ② ③ ④ ⑤
問題 42	① ② ③ ④ ⑤
問題 43	① ② ③ ④ ⑤
問題 44	① ② ③ ④ ⑤
問題 45	① ② ③ ④ ⑤
問題 46	① ② ③ ④ ⑤
問題 47	① ② ③ ④ ⑤
問題 48	① ② ③ ④ ⑤

障害の理解

問題 49	① ② ③ ④ ⑤
問題 50	① ② ③ ④ ⑤
問題 51	① ② ③ ④ ⑤
問題 52	① ② ③ ④ ⑤
問題 53	① ② ③ ④ ⑤
問題 54	① ② ③ ④ ⑤
問題 55	① ② ③ ④ ⑤
問題 56	① ② ③ ④ ⑤
問題 57	① ② ③ ④ ⑤
問題 58	① ② ③ ④ ⑤

医療的ケア

問題 59	① ② ③ ④ ⑤
問題 60	① ② ③ ④ ⑤
問題 61	① ② ③ ④ ⑤
問題 62	① ② ③ ④ ⑤
問題 63	① ② ③ ④ ⑤

第36回介護福祉士国家試験　解答用紙　午後問題

※実際の解答用紙とは異なります。コピーしてお使いください。

介護の基本

	①	②	③	④	⑤
問題　64	①	②	③	④	⑤
問題　65	①	②	③	④	⑤
問題　66	①	②	③	④	⑤
問題　67	①	②	③	④	⑤
問題　68	①	②	③	④	⑤
問題　69	①	②	③	④	⑤
問題　70	①	②	③	④	⑤
問題　71	①	②	③	④	⑤
問題　72	①	②	③	④	⑤
問題　73	①	②	③	④	⑤

コミュニケーション技術

	①	②	③	④	⑤
問題　74	①	②	③	④	⑤
問題　75	①	②	③	④	⑤
問題　76	①	②	③	④	⑤
問題　77	①	②	③	④	⑤
問題　78	①	②	③	④	⑤
問題　79	①	②	③	④	⑤

生活支援技術

	①	②	③	④	⑤
問題　80	①	②	③	④	⑤
問題　81	①	②	③	④	⑤
問題　82	①	②	③	④	⑤
問題　83	①	②	③	④	⑤
問題　84	①	②	③	④	⑤
問題　85	①	②	③	④	⑤
問題　86	①	②	③	④	⑤
問題　87	①	②	③	④	⑤
問題　88	①	②	③	④	⑤
問題　89	①	②	③	④	⑤
問題　90	①	②	③	④	⑤
問題　91	①	②	③	④	⑤
問題　92	①	②	③	④	⑤
問題　93	①	②	③	④	⑤
問題　94	①	②	③	④	⑤
問題　95	①	②	③	④	⑤
問題　96	①	②	③	④	⑤
問題　97	①	②	③	④	⑤
問題　98	①	②	③	④	⑤
問題　99	①	②	③	④	⑤
問題　100	①	②	③	④	⑤
問題　101	①	②	③	④	⑤

	①	②	③	④	⑤
問題　102	①	②	③	④	⑤
問題　103	①	②	③	④	⑤
問題　104	①	②	③	④	⑤
問題　105	①	②	③	④	⑤

介護過程

	①	②	③	④	⑤
問題　106	①	②	③	④	⑤
問題　107	①	②	③	④	⑤
問題　108	①	②	③	④	⑤
問題　109	①	②	③	④	⑤
問題　110	①	②	③	④	⑤
問題　111	①	②	③	④	⑤
問題　112	①	②	③	④	⑤
問題　113	①	②	③	④	⑤

総合問題

	①	②	③	④	⑤
問題　114	①	②	③	④	⑤
問題　115	①	②	③	④	⑤
問題　116	①	②	③	④	⑤
問題　117	①	②	③	④	⑤
問題　118	①	②	③	④	⑤
問題　119	①	②	③	④	⑤
問題　120	①	②	③	④	⑤
問題　121	①	②	③	④	⑤
問題　122	①	②	③	④	⑤
問題　123	①	②	③	④	⑤
問題　124	①	②	③	④	⑤
問題　125	①	②	③	④	⑤

／125点

第36回介護福祉士国家試験の合格基準は、得点67点以上で、①人間の尊厳と自立、介護の基本　②人間関係とコミュニケーション、コミュニケーション技術　③社会の理解　④生活支援技術　⑤介護過程　⑥こころとからだのしくみ　⑦発達と老化の理解　⑧認知症の理解　⑨障害の理解　⑩医療的ケア　⑪総合問題　の11科目群すべてにおいて得点があることでした。合格基準を満たすまで、繰り返しチャレンジしてください。